透过流行语看现代日本：
第二集（2011-2015年）【日中双语】

MODERN JAPAN AS REVEALED IN BUZZWORDS:
VOLUME Ⅱ（2011~2015）

【Japanese-Chinese Bilingual Book】

王 凌 著

TOKYO SKY TREE

南京大学出版社

图书在版编目（CIP）数据

透过流行语看现代日本.第二集,2011－2015年：中文、日文 / 王凌著. —南京：南京大学出版社，2016.10

ISBN 978 - 7 - 305 - 17628 - 9

Ⅰ. ①透… Ⅱ. ①王… Ⅲ. ①日语—社会习惯语—汉、日 Ⅳ. ①H363.3

中国版本图书馆 CIP 数据核字（2016）第 233587 号

出版发行　南京大学出版社
社　　址　南京市汉口路 22 号　　　邮　编　210093
出版人　金鑫荣

书　　名　**透过流行语看现代日本：第二集（2011 - 2015 年）【日中双语】**
英文书名　Modern Japan as Revealed in Buzzwords：Volume Ⅱ（2011～2015）【Japanese-Chinese Bilingual Book】
著　者　王　凌
责任编辑　田　雁　　　　编辑热线　025 - 83596027
照　排　南京紫藤制版印务中心
印　刷　江苏凤凰通达印刷有限公司
开　本　880×1230　1/32　印张 14.625　字数 340 千
版　次　2016 年 10 月第 1 版　2016 年 10 月第 1 次印刷
ISBN　978 - 7 - 305 - 17628 - 9
定　价　48.00 元

网　　址　http：//www.njupco.com
官方微博　http：//weibo.com/njupco
官方微信　njupress
销售热线　(025)83594756

目录 CONTENTS

前言

流行语——理解现代日本经济动态的新视角

本书是《透过流行语看现代日本》的第二集①，主要通过对过去五年（2011－2015）间新出现的日语流行语背后的经济现象进行深度剖析，来动态把握现代日本经济的变化，并进一步探索经济与社会、文化的互动机制。

一、为什么着眼于流行语？

流行语是时代的产物，随着时代的不断变化，新的流行语不断被人们创造出来并在社会中广泛使用。因此，流行语具有鲜明的时代性，是一种对时代现实的真实反映。通过对某个特定时代的流行语进行深度剖析，有助于我们正确把握该时代的重要特征。

人类在社会生活中通过语言来进行沟通，从这个意义上来说，作为语言的一个层面，流行语还具有广泛的社会性。而且，由于流

---

① 第一集于 2012 年由中国科技大学出版社出版。

行语传播速度快、范围广，一经创造出来，又会对不断使用它的社会产生强大的反作用。①

时代的发展与社会的变革必然导致语言的变迁，而流行语是语言文化变迁的突出表现。② 因此，流行语反映着人们在某个特定时期与社会大潮息息相关的文化导向。 从这个意义上来说，流行语又具有文化性。

由于流行语兼具时代性、社会性、文化性等特性，笔者认为日语流行语是我们理解现代日本的一个重要视角。 特别是二十世纪九十年代之后，泡沫经济的破灭、经济结构改革、少子老龄化、经济全球化的快速发展等因素导致日本经济出现了深刻变化，并催生出了许多真实反映这些变化的流行语。 笔者相信，对这些流行语进行解读与剖析，不仅有助于我们把握现代日本经济的脉动，也有助于我们进一步探索经济、社会、文化这三个领域的内在联系与相互作用。

二、 本书的内容

本书从 2011 年至 2015 年这五年间出现的日语流行新语中选取了在体现日本经济变化方面较具代表性的词汇为主题，并进行了深度分析，内容涉及财政税制、金融、雇佣与劳动、公司治理、社会保障、环境政策、人口动态、女性就业等现代日本经济的主要层

---

① Cornwall and Brock［2005］、Cornwall and Eade［2010］选取了与"发展"有关的流行语，探讨了流行语对发展政策所起的作用。

② 值得一提的是，语言变迁的另一个突出表现是"外来语"。 和流行语一样，外来语产生的背景同样也是时代的发展与社会的变革。 有关中日两国外来语的演变及其所提示的中日文化的不同特性，参见王凌［2015］。

面，意在从多个角度将现代日本像展现给读者。

日本经济体系中有着不少明显不同于其他资本主义发达国家的惯例和制度。譬如，公司雇佣方面有"终身雇佣制"、"年功序列制"、"定期统一录用应届毕业生制"等；公司治理方面有"企业间交叉持股"、"从企业内部提拔管理人员"等；金融结构方面有"以银行为主的金融体系"、"主银行融资"等。本书对这些日本式的经济惯例和制度给予了关注。另外，笔者认为，这些日本式的经济惯例和制度是由日本特定的社会意识、社会规范和价值观念所支撑的；要深入了解现代日本经济，就不能无视或者忽略这些社会因素和文化因素对日本经济的影响。因此，本书在对各经济主题进行分析时，并非光从经济的侧面，而是尽可能地考虑到现实中真实存在的社会因素和文化因素的影响。

值得指出的是，正如青木昌彦、奥野正宽［1996］所论，日本经济体系中那些带有浓郁日本特色的惯例和制度是相互依存、相辅相成的。笔者认为，这其中的互动机制非常有趣，也非常值得深入研究。战后的经济复兴和经济高度增长不但确立，还强化了不同层面制度间（譬如，经济制度、社会制度、企业制度等）的互动结构，而这种日益得到巩固的互动结构又反过来促进了日本经济体系成为一个紧密相连、统一稳定的有机体。如前所述，上世纪九十年代以后，日本经济面临的内外部环境出现了根本性的变化，时代呼唤适应新环境的经济成长模式的出现。然而，在新的时代背景下，推动日本创造经济奇迹的制度间互动不仅成为制约经济结构改革的阻力，还往往导致经济结构改革牵一发而动全身，这大大增加了改革的难度和成本。随着时代的变迁，不同层面制度间的互动机制、其对日本经济所起的作用及其有效性分别出现了何种变化，也是贯

穿本书的问题意识。

作为本书的内容，笔者还想强调的是，虽然本书透过流行语聚焦于当代日本经济发展的最新潮流，但这并不意味着割断与历史的联系，相反，本书通过各具体主题，追溯日本经济体系的历史演变轨迹，并在此历史考察的基础上，分析日本经济体系内部的动态变化，探讨其未来发展方向。

三、 本书的研究手法

笔者在撰写本书时沿用自己一贯的研究手法，对以下三点给予了特别注意：

第一，力图在经济、社会、文化相互影响的框架中把握、理解经济现象，而非仅局限于经济学视角，因此本书可谓是笔者近年来跨学科思考的集中呈现。 笔者认为，这个框架有助于我们理解经济体系的多样性；

第二，力图将一个真实具体的现代日本像呈现给读者，因此本书尽量避免抽象表述，而是以实证为基础，通过翔实的最新权威数据，如其所是地勾勒出各流行语的时代背景，并挖掘隐藏在那些特定词汇之中更深层次的要义；

第三，力图以人为本，以人的生活为中心，来对经济现象加以分析。 笔者一贯认为，经济分析无法脱离人的行为，因为所有经济现象都是以人的行为为基础。 立足于人的行为，是对现实生活中真实存在的经济现象加以理解的基本前提。

综上所述，本书试图通过日语流行语来为读者提供一个理解现代日本经济动态的新视角。 另外，和第一集一样，本书用中日双语

撰写，不仅便于日语学习者使用，也可供对经济学、日本学等领域感兴趣的广大读者阅读或研究参考。

本书得以完稿并出版，得益于诸多方面的热情帮助与支持。首先，感谢广大读者在《透过流行语看现代日本》第一集出版以后给我的积极反馈，读者的意见对我来说是莫大的鼓励和鞭策；其次，感谢南京大学出版社对出版本书的大力支持；也感谢大连理工大学出版社《一番日本语》编辑部对本书的部分内容以专栏形式予以连载。

特别需要指出的是，日本阪南大学青木郁夫教授对本书日语全稿进行了细致认真的审阅，并提出很多富有启发的宝贵意见，让笔者受益良多，谨在此表示真诚的谢意；东南大学王述坤教授为本研究提出了诸多建设性意见，在此一并深表谢忱。

如本书能对广大读者朋友加深对现代日本的认知有所裨益，笔者将感到无比荣幸和欣慰！

参考文献

王凌 [2015]《从外来语译法剖析中日文化特质(A Cross-Cultural Analysis of Chinese and Japanese Translations of Foreign Words)》,《东北亚外语研究 (*Foreign Language Research in Northeast Asia*)》(大连外国语大学),2015 年第 4 期(总第 11 期),pp.89—96。

青木昌彦・奥野正寛 [1996]『経済システムの比較制度分析』,東京大学出版社。

Cornwall, Andrea and Brock, Karen [2005] What do Buzzwords do for Development Policy? A critical look at 'participation', 'empowerment' and 'poverty reduction', *Third World Quarterly*, Vol. 26(7), pp.1043 - 1060.

Cornwall，Andrea and Eade，Deborah［2010］*Deconstructing Development Discourse：Buzzwords and Fuzzwords*，Rugby：Practical Action/Oxfam GB.

Introduction to the 2nd Volume

Buzzwords:

A New Lens through Which to View Economic Dynamism in Contemporary Japan

This book is the 2nd volume of *Modern Japan as Revealed in Buzzwords*. ① Through a comprehensive and in-depth analysis of the economic phenomena revealed by newly coined buzzwords over the past five years (2011 – 2015), it attempts to grasp the recent economic changes in contemporary Japan and to further explore the mechanism of interaction among economy, society and culture.

1. Why focus on buzzwords?

Buzzwords are a product of the times. With the changing times, people constantly create new buzzwords and they are widely used in society. These newly-coined words reflect the reality of the times in

---

① The 1st volume was published in 2012 by Press of University of Science and Technology of China.

which people live. I believe that analyzing the buzzwords of a particular period will help us to properly understand its important characteristics.

People use language to think, communicate and interact with others in social life. In this sense, buzzwords, as an element of language, have considerable social significance. Moreover, since buzzwords spread far and fast, once coined, they exert an essential reverse influence on the society in which they gain popularity, as the result of their frequent use. [①]

Social development and changing times will inevitably lead to changes in language, and therefore buzzwords are a good example of changes in language.[②] Buzzwords, therefore, reflect a cultural orientation closely associated with the social movements over a particular period. In this sense, we can say that buzzwords express cultural values.

From the above, we can know that an inherent property of buzzwords is that they are each the product of a particular historical, social and cultural context. Hence, I think that Japanese buzzwords shed an interesting light on contemporary Japan. In particular, after

---

① Cornwall and Brock [2005] and Cornwall and Eade [2010] examine a selection of buzzwords in today's development discourse, exploring what differences these words make for development policy.

② It is worth mentioning that another outstanding example of changes in language is "loan-words". Like buzzwords, loan-words are also created with the changes in the times and society. Wang [2015] analyzes the differences between Chinese and Japanese translations of the same foreign words, and discusses the contrasts between Chinese and Japanese culture that lay behind these differences.

the 1990s, interrelated factors such as the burst of the economic bubble, economic structural reform, population decline, the greying society, rapid development of globalization, etc. have caused profound changes in the Japanese economy, and spawned many buzzwords which vividly reflect those meaningful and far-reaching changes. I believe that interpreting these particular buzzwords and analyzing the reasons for their appearance and the hidden meaning behind them will not only help us take the pulse of the Japanese economic reality, but also facilitate our further exploration of interrelation and interaction among economy, society and culture.

2. The contents of this book

This book examines a selection of the buzzwords newly coined between 2011 and 2015 which typically reflect the economic changes that Japan underwent during that five-year period. The topics are diverse, covering the main dimensions of contemporary Japanese economy such as government spending and taxation, money and finance, labor and employment, corporate governance, social security, environmental policy, demographic changes, women's employment, etc. Through the multi-faceted analysis in this book, I attempt to present the real image of contemporary Japan from various angles.

Japan's economic system has many practices and institutions which are distinct in significant ways from those of other developed

capitalist countries. For example, from the point of view of employ-
ment, there are "lifetime employment", "senior-based wage system"
and "hiring new graduates"; from the point of view of corporate gov-
ernance, there are "cross-shareholdings between companies" and
"promoting from within"; from the point of view of financial struc-
ture, there are "bank-based financial system" and "main bank sys-
tem", etc. In this book, I pay close attention to and highlight Japa-
nese-style economic practices and institutions. Moreover, I believe
that these practices and institutions with strong Japanese characteris-
tics are peculiarly supported by Japanese social consciousness, social
norms and sense of values, and to better understand the Japanese
economy, we cannot ignore the impact of social and cultural factors.
Thus, when analyzing various economic topics, this book takes into
account the impact of the social and cultural factors of real life rather
than drawing conclusions based solely on economic factors.

It is worth mentioning that, as pointed out by Aoki and Okuno
[1996], Japanese-style practices and institutions in Japan's economic
system are interdependent and mutually reinforcing. I find the mecha-
nism of interaction very interesting. Post-war economic recovery and
high economic growth not only established the system of interaction
between multi-dimensional institutions (for example, economic insti-
tutions, social institutions, enterprise institutions, etc.), but also
strengthened the structure of interaction, and this increasingly rein-
forced structure in turn helped transform Japan's economic system
into a closely interlinked, unified and stable organism. As noted earli-

er, after the 1990s, the internal and external environment of the Japanese economy has fundamentally changed. A new model of economic growth has been called for to adapt to the new environment. In this fast-changing era however, the multi-dimensional interaction between the different institutions that promoted Japan's economic miracle is not only becoming a serious obstacle constraining economic structural reform, but is also responsible for the great size of the ripple effects resulting from economic structural reform, and this has substantially increased the difficulty and cost of the reform. The book also addresses the ways in which the multi-dimensional interaction between institutions, the roles it has played in the Japanese economy, and its effectiveness have evolved with the times.

Also, in regards to the contents of the book, I would like to emphasize that, although it focuses on the latest economic movements in contemporary Japan through the medium of buzzwords, this doesn't mean that historical context is ignored. On the contrary, this book explores the trajectory of the evolution of the Japanese economic system out of which such buzzwords arose. Based on this historical examination, the book analyzes the dynamism within Japan's economic system and considers its possible future direction.

3. The methodology of this book

When writing this book, I followed my usual research methodology, giving special attention to the following three aspects:

Firstly, instead of limiting myself to the economic perspective, I attempt to employ a framework within which the interaction of economic, social and cultural factors can be seen when analyzing the various economic phenomena. Therefore, this book can be described as the fruit of my recent years' interdisciplinary thinking. I believe that this framework is helpful for us to understand the diversity of economic systems;

Secondly, in order to offer readers a concrete understanding of contemporary Japan, I rely as much as possible on empirical evidence rather than abstract statements. Through an extensive use of the latest data from various reliable sources, I sketch the background of each buzzword, and try to delve deeply enough to reveal the economic essence implicit in those particular terms;

Thirdly, in order to reveal the economic side of human life, I try to take a human-oriented approach. I have always believed that economic analyses can never be isolated from *human behavior*, which is the basis of all economic phenomena. Thus, I consider human behavior to be the basic context within which to understand the economic issues of our real lives.

In summary, the book attempts to use Japanese buzzwords as a new lens through which to view economic dynamism in contemporary Japan. In addition, as with the 1st volume, this book is also written in both Japanese and Chinese, in order to meet the needs of both Japanese language learners and readers who are interested in fields such as Economics and Japan Studies.

This book could not have been completed and published without the enthusiastic help and support from all sides. First of all, I must thank readers for their feedback after the publication of the first volume of *Modern Japan as Revealed in Buzzwords*. Readers' opinions were a great encouragement and spurred me to keep on writing. Next, I would like to thank Nanjing University Press for its support in publishing this book. I must also thank the editorial board of *Yi Fan Ri Ben Yu* (Dalian University of Technology Press) for their publication in their column of an early version of some of the contents of this book.

I would especially like to express my sincere gratitude to Professor Ikuo Aoki at Hannan University for reading the entire Japanese manuscript, correcting my Japanese with care, and giving me many valuable suggestions from which I have benefited greatly. My special thanks also go to Professor Shukun Wang at Southeast University who has provided insightful criticism and advice concerning the entire study.

If readers find this book helpful in deepening their understanding of contemporary Japan, then my purpose will have been achieved.

References

Aoki, Masahiko and Okuno, Masahiro [1996] *Keizai Sisutemu no Hikaku Seido Bunseki* (*Comparative Institutional Analysis of Economic Systems*), Tokyo: University of Tokyo Press.

Cornwall，Andrea and Brock，Karen［2005］"What do Buzzwords do for Development Policy? A critical look at 'participation'，'empowerment' and 'poverty reduction'"，*Third World Quarterly*，Vol. 26（7），pp. 1043 - 1060.

Cornwall，Andrea and Eade，Deborah［2010］*Deconstructing Development Discourse：Buzzwords and Fuzzwords*，Rugby：Practical Action/ Oxfam GB.

Wang，Ling［2015］"Cong Wailaiyu Yifa Pouxi Zhongri Wenhua Tezhi（A Cross-Cultural Analysis of Chinese and Japanese Translations of Foreign Words）"，*Foreign Language Research in Northeast Asia*，No. 11，pp. 89 -96.

第1章　アベノミクス（安倍経済学）

＜日本語＞

　2012 年 12 月 26 日の衆議院総選挙で自民党が300 近くの議席を獲得し、圧勝した結果、安倍晋三自民党総裁を中心とする安倍内閣が誕生した（第 96 代内閣総理大臣）。[①]　その前後から、急速な円安・株高が進行した（図表 1 - 1）。景気がまだ本格的に回復していないのに、なぜそのような円安・株高が生じたのか？ 端的に言えば、それは安倍政権の新しい経済政策パッケージに対する金融市場の反応である。

　安倍政権の新しい経済政策パッケージは、「アベノミクス」（Abe-nomics）と呼ばれている。安倍晋三氏の名字（あべ）と英語の"eco-

---

[①]　今回は第 2 次安倍内閣である。第 1 次安倍内閣（第 90 代内閣総理大臣）は2006 年 9 月 26 日～2007 年 9 月 26 日の約 1 年間だった（2007 年 7 月 29 日の参議院選挙の敗北を受け、体調の悪化を理由に退任）。

図表1–1　円/米ドル為替レートと日経平均株価の推移

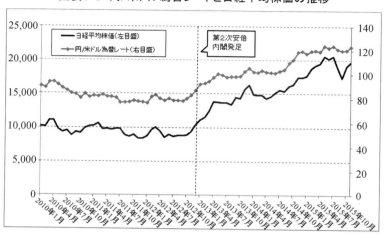

出所：日本銀行、Bloombergより筆者作成。

nomics"（経済学）を組み合わせてできた造語である。①

　アベノミクスは、「3本の矢」、すなわち大胆な金融緩和政策、機動的な財政政策および民間投資を喚起する成長戦略から構成されている。② 第1の矢である金融政策は、「2年程度での2％のインフレ率」（物価上昇率を2年以内に2％程度にする）という物価目標を設定し、目標を達成するまでは、継続的に金融緩和を行うものである。第2の矢である財政政策は、政府が公共投資などの政府支出を増やし、自ら率先して需要を創出するものである。第3の矢である

① 「アベノミクス」はアメリカの第40代大統領ロナルド・レーガン（Ronald W. Reagan）が行った経済政策「レーガノミクス」（Reaganomics）に倣って作られた造語である。
② 「3本の矢」は、もともと戦国時代の武将毛利元就（1497—1571）が三人の子供に、一本の矢は容易に折れるが、三本束ねるとなかなか折れにくいので、三人が結束しなければならないと説いたという日本史上有名な話から由来している。

成長戦略は、構造改革や規制緩和等によって企業の競争力向上や技術革新を後押しするものである。

　では、「アベノミクス」の目的は何なのか? 周知のように、バブル崩壊後、日本経済は長引く不況に陥っており、特に1998年以降、デフレに苦しんでいる(「失われた20年」と言われる所以)。したがって、「アベノミクス」は、積極的金融・財政政策による「デフレからの脱却」(景気回復)と成長戦略による「富の拡大」(経済成長)を目指している。

　アベノミクスが実施されてから間もなく3年になる(執筆時点)。円安の進行は輸出企業の業績改善をもたらしたが、企業収益が増え、企業の設備投資・生産・雇用が拡大し、実質賃金が上昇し、消費が拡大し、そして景気が回復していくという「実体経済の自律的な好循環」はまだ明確になっていない(図表1-2〜図表1-5)。したがって、アベノミクスの「3本の矢」にはいずれも、デフレ脱却・経済成長を阻む壁を突き破る力が備わっていないようである。そのため、最近では、アベノミクスの実効性を疑問視する声が強まっている。

(1) 第1の矢である金融緩和

　3本の矢のうち、金融緩和が先行する形で放たれて、それによって「円安・株高」に象徴される資産価格の大幅な変動が生じ、アベノミクスの基盤を築いたと言ってもよい。

　2013年4月から日本銀行が異次元の金融緩和(「量的・質的金融緩和」)を強力に推進してきた結果、日銀のバランスシートはか

図表1-2　経常利益（金融業、保険業を除く）

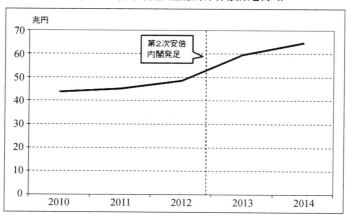

出所：財務省「法人企業統計調査」より筆者作成。

図表1-3　家計消費と企業設備投資の推移

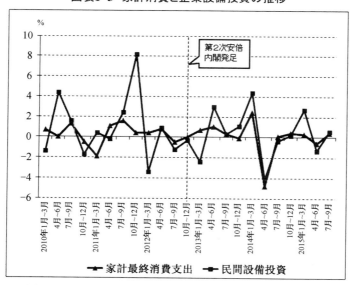

注：実質季節調整済系列の前期比年率
出所：内閣府「四半期別GDP速報」より筆者作成。

図表1-4　実質賃金指数の前年比増減率の推移

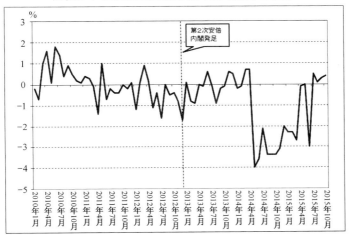

注：(1) 賃金指数は、事業所規模 5 人以上、調査産業計の現金給与総額の
　　　　指数である。
　　(2) 実質賃金指数は、名目賃金指数を消費者物価指数（持家の帰属家
　　　　賃を除く総合）で除して算出している。
出所：厚生労働省「毎月勤労統計調査」より筆者作成。

図表1-5　GDP成長率の推移

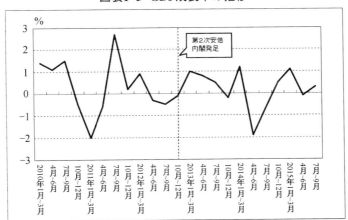

注：実質季節調整済系列の前期比年率。
出所：内閣府「四半期別 GDP 速報」より筆者作成。

つてない規模に膨らんでおり、対名目 GDP（国内総生産）比率は主要国の中央銀行のなかで突出して高い（図表 1 − 6）。

図表1–6　主要国の中央銀行のバランスシートの規模と対名目GDP比率の推移（単位：%）

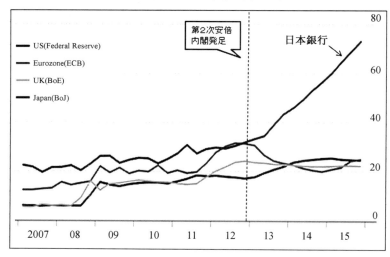

出所：Wolf［2016］のグラフに筆者加筆。

　実は、「量的・質的金融緩和」以前から、日銀はすでに大胆な金融緩和政策を長年実施してきた（例えば、1999 年 2 月〜2000 年 8 月の「ゼロ金利政策」、2001 年 3 月〜2006 年 3 月の「量的緩和」、2008 年 12 月に導入した「広い意味での量的緩和」、2010 年 10 月に導入した「包括的な金融緩和」など）。だが、いずれの場合も本格的な景気回復や経済成長につながらなかった。したがって、金融政策の矢が放たれる前に、日銀による金融緩和に経済を浮上させる力はほとんど残っていないとの見方が多かった。

　金融政策の矢は実質金利の低下や円安を通じて投資・生産・消費を押し上げると期待されたが、今のところ、案の定、「奇跡」が起きておらず、そのような効果ははっきりと現れていない。さらに、長期国債の保有残高を年間80兆円増やす資産買入などの過去に前例のない大規模な金融緩和にもかかわらず、目標とする物価上昇率2％の安定的持続はいまだ実現していない（図表1−7）。これを持って、第1の矢は失敗であると判断する見方もある（The Wall Street Journal［2015b］）。

図表1−7　物価上昇率の推移

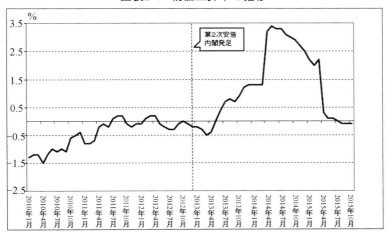

注：物価上昇率は消費者物価指数（生鮮食品を除く総合）の前年同月比である。
出所：総務省統計局「消費者物価指数（CPI）」より筆者作成。

（2）第 2 の矢である財政出動

　機動的な財政政策という第 2 の矢は、計 19 兆円超規模の3 度に
わたる財政出動を行った（図表 1－8）が、これも眼に見えるほどの
成果をあげていない。

図表 1－8　アベノミクスの財政出動（2015 年 11 月まで）

政　策	国の財政支出規模（兆円）	閣議決定日
「日本経済再生に向けた緊急経済対策」	10.3	2013 年 1 月 11 日
「好循環実現のための経済対策」	5.5	2013 年 12 月 5 日
「地方への好循環拡大に向けた緊急経済対策」	3.5	2014 年 12 月 27 日

出所：内閣府［2013a，2013b，2014］より筆者作成。

　アベノミクスは、財政拡張が景気拡大をもたらし、それが租税収
入を増大させることで財政再建を可能にするという論理だが、政
府支出が本当に景気刺激の効果を持つのかを不安視する声がずっ
とあった。なぜなら、1991 年にバブルが崩壊した後、日本政府は公
共投資に傾斜した景気対策を繰り返したが、期待したような効果
が表れず、いたずらに財政赤字を累増させるだけであったからで
ある（石［2014］、p.34）。[1]
　また、政府債務が先進国の中で一番深刻である日本政府にとっ
て、財政出動の余地がその巨大な政府債務によって厳しく制約さ

___

[1]　日本の財政問題については、詳しくは第 2 章と第 3 章を参照されたい。

れているため、財政出動を拡大していくと、財政規律への信認が維持できるのか、日本の財政が持続できるのかという疑問も多い。

　2015 年 9 月 16 日に、格付け会社スタンダード・アンド・プアーズ（S&P）は、日本国債の格付けを「AA マイナス」から「A プラス」に 1 段階引き下げた。①　その理由として、同社は、「過去 3〜4 年間、日本国債の信用力を支える経済面からのサポートが弱まりつづけている」（"Economic support for Japan's sovereign creditworthiness has continued to weaken in the past three to four years"）、「（日本）政府の景気対策『アベノミクス』は当初奏功する兆しがみられたものの、日本国債の信用力の低下傾向を今後 2〜3 年で好転させる可能性は低いと判断している」（"Despite showing initial promise, we believe that the government's economic revival strategy—dubbed 'Abenomics'—will not be able to reverse this deterioration in the next two to three years"）などを挙げ、「すでに脆弱な財政状況が高齢化や長引くデフレによってさらに悪化する」（"a very weak fiscal position that the country's ageing population and persistent deflation exacerbate"）という懸念も示した（McGee and Harding［2015］）。

（3）第 3 の矢である成長戦略

　総需要管理政策としての第 1 の矢と第 2 の矢と違って、第 3 の矢

---

①　2014 年 12 月に米ムーディーズ・インベスターズ・サービス（Moody's）、2015 年 4 月に欧州系フィッチ・レーティングス（Fitch）が日本国債を格下げている。今回の S&P による格下げは、格付けの大手 3 社がそろって格下げしたことになる。

である成長戦略は、構造改革の推進による供給サイドの強化であり、アベノミクスの本丸と位置付けられている。

　構造改革とは、労働力、資本などの資源が低生産性部門から高生産性部門に再配置されるような制度改革のことである。政府規制の緩和・撤廃などの構造改革が進めば、新分野の民間投資・技術革新が促進され、新産業・新ビジネスが生まれて、そして、経済全体の生産性と競争力が上昇していく。これが第3の矢である成長戦略の策定意図である。

　具体的には、「コーポレートガバナンス・コード」（企業統治指針）の導入（第 13 章参照）、女性が活躍する社会の実現（第 16 章参照）、環太平洋経済連携協定（TPP①）の大筋合意などが、その成長戦略の目玉と言える。

　多くの施策が次々と公表され、実施されているが、そのほとんどが道半ばの状態にあり、効果が発揮されるにはまだ時間がかかる。それゆえ、2015 年度 7〜9 月期実質 GDP が 4〜6 月期に続きマイナス成長となったこと（1 次速報値）が発表された後、構造改革の進展が遅れたため日本経済が再び景気後退期（recession）に陥ったとい

---

①　TPPはTrans-Pacific Partnershipの略語である。通常の経済連携協定と比べると、TPPの特徴は二つある。一つは、環太平洋地域の国々による経済連携協定である。もう一つは、モノやサービスの貿易自由化だけでなく、政府調達（国や自治体による公共事業やモノやサービスの購入など）、貿易円滑化、競争政策などの幅広い分野をカバーする自由化のレベルが高い多角的で包括的な経済連携協定で、加盟国のGDPは世界のGDPの約 4 割を占めるとされる。TPPの交渉は2015 年 10 月 5 日に大筋合意に至り、ブルネイ、シンガポール、ニュージーランド、チリ、アメリカ、オーストラリア、ペルー、ベトナム、カナダ、マレーシア、メキシコ、そして日本（交渉開始日順）という先進国から新興国までの12カ国が参加することとなっている。安倍首相は、2013 年 3 月 15 日に、「交渉参加はまさに国家百年の計だ」と述べたうえ、日本のTPP交渉への参加を正式に表明した。

う見方も出てきた（The Wall Street Journal［2015a］）。①

　2012年に自民党は三年前失った政権を奪回した。「アベノミクス」はまさにこのレジームチェンジの象徴であり、野田政権（民主党）から安倍政権（自民党）への政権交代に伴う経済政策の転換であると理解できる。政権が変わると、新政権に対する人々の期待は高まる。これまで、アベノミクスの1本目の矢である大胆な金融政策と2本目の矢である機動的財政政策によって人々の期待が先行して金融市場が活況を呈していたが、それは必ずしも企業の投資・生産・雇用や家計の消費など実体経済面での活性化に結び付いていない。金融政策も財政政策も一時的な「景気政策」としては機能しうるが、経済成長力を持続的に高めることはできない。金融・財政政策に過度に期待すると、本来行うべき構造改革を遅らせてしまう恐れがある。今後、アベノミクスが期待に見合った成果を上げることができないと、人々の期待はまたまた失望へと変わっていく。

　安倍首相の経済アドバイザーを務める浜田宏一（米イエール大名誉教授）は2013年に、アベノミクスの3本の矢を大学の成績通知表にならって採点すると「金融緩和はAプラス、財政政策はB、成長戦略の第三の矢はE」（即ち、安倍首相の名字「ABE」）と冗談を交えて述べたことがある（ロイター［2013］）。2年が経過して金融緩和も財政出動も効果が薄れてきたところ、日本経済新聞社とテレビ東京が実施した世論調査（2015年10月23日〜25日に実施）では、

---

①　日本では、景気後退期についての明確な定義がないが、国際的には、GDPが2四半期連続でマイナス成長になると「景気後退期」とみなされる。

アベノミクスによって今後景気が「よくなると思う」との回答は25％にとどまり、それに対して「よくなると思わない」と答えたものは58％だった（日本経済新聞［2015］）。

マクロ経済理論では、アベノミクスの1本目の矢である大胆な金融政策と2本目の矢である機動的財政政策は需要サイドを重視するケインズ派の経済政策であるとされており、3本目の矢である民間投資を喚起する成長戦略は、供給サイドを重視する新古典派の経済政策であると分類される。この視点からすると、アベノミクスの最大な特徴はケインズ派政策と新古典派政策との融合だと言えるかもしれない。ところが、Hausman and Wieland［2015］はこれまでのアベノミクスの効果を検証したうえで、「われわれの分析は、どのマクロ経済モデルが日本に適合するかについて不確実性があることを示している」（"Our analysis above suggests uncertainty about what macroeconomic model applies to Japan."）と指摘している。

円安とビザ発給要件緩和の効果で劇的に増えた中国人観光客による「爆買い」が予想外のアベノミクス効果と言えるかもしれない。[1] 安倍首相が脅威と「想定」する国（BBC［2014］）の人々の「行動」がアベノミクスに大きく貢献しているという事実は、実に皮肉であり、かつ興味深い。

---

[1] 日本政府観光局（JNTO）によると、2015 年 1〜10 月に日本を訪れた外国人観光客は前年同期比 48.2％増の1631 万 6900 人だった。その中で最も多かったのが中国からの観光客で、前年同期比 2.13 倍の428 万 3700 人だった。そして、中国人観光客による「爆買い」（大量に商品を買い集めること）が日本で大きな話題になり、「爆買い」という言葉は「2015ユーキャン新語・流行語大賞」の年間大賞にも選ばれた。

＜中文＞

　　在 2012 年 12 月 26 日的众议院大选中，自民党获得了近 300 个席位，取得了压倒性胜利。 然后，以自民党总裁安倍晋三为中心的安倍政权（第 96 届内阁总理大臣）诞生了。[①] 从那时开始，日元就持续贬值，股市也一直上涨（图表 1-1）。 经济状况并没有得到明显改善，为什么会出现这种日元贬值、股价上涨的情况呢？ 简单地说，这是市场对安倍政权一揽子新经济政策的反应。

图表1-1　日元汇率和日经指数的走势

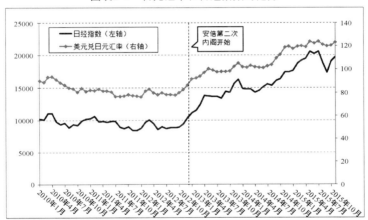

出处：笔者根据日本银行、Bloomberg 的数据制成。

　　这个一揽子新经济政策被人们称为"安倍经济学"（Abenomics），其实是将安倍晋三的姓（Abe）和英文的"economics"（经济学）拼

---

① 　这是安倍第二次组阁。 第一次安倍内阁（第 90 代总理大臣）从 2006 年 9 月 26 日至 2007 年 9 月 26 日，持续了大约一年（因 2007 年 7 月 29 日参议院选举失败，安倍以身体情况恶化为由辞职）。

在一起组合成的新词。①

安倍经济学由被称为"三支箭"的三大支柱构成，即大胆的货币宽松政策、灵活的财政政策以及鼓励民间投资的经济增长战略。② 作为"第一支箭"的货币政策设定"两年左右通胀率达 2％（即两年之内使物价上升 2％）"的物价目标，而且货币宽松政策将持续施行至该物价目标达标为止；作为"第二支箭"的财政政策是指政府增加公共投资等政府支出，率先创造需求；作为"第三支箭"的经济增长战略则是指通过结构改革和放松管制来提升企业的竞争力并推动科技创新。

那么，"安倍经济学"的目的是什么呢？ 众所周知，泡沫经济破灭后，日本经济陷入了长期萧条，特别是 1998 年之后，苦苦挣扎于通货紧缩之中无法自拔（故而人们称泡沫经济破灭后的二十年为"失去的二十年"）。 因此，"安倍经济学"旨在通过积极的货币政策和财政政策来"摆脱通货紧缩"（恢复景气），并依靠经济增长战略来"扩大财富"（实现经济增长）。

安倍经济学实施已近三年（到笔者撰稿时为止），日元的持续贬值固然带来了出口企业业绩的改善，然而，企业收益的增加促进设备投资的增长、生产和雇佣规模的扩大、实质工资的上涨、消费的扩大，进而推动景气的恢复——这种"实体经济内部的良性循环"尚不明朗（图表 1－2 至图表 1－5）。 也就是说，安倍经济学的"三支箭"，似乎哪

---

① "安倍经济学"（Abenomics）是模仿美国第 40 代总统罗纳德·里根（Ronald W. Reagan）施行的经济政策"里根经济学"（Reaganomics）所造出的新词。

② "三支箭"由来于日本历史上著名的故事——战国时代武将毛利元就（1497—1571）对三个孩子的说教：一支箭容易折断而三支箭捆在一起则难以折断，借此劝诫兄弟三人一定要团结。

一支也不具备摆脱通货紧缩、冲破阻碍经济增长壁垒的能力。 于是，目前，人们对于安倍经济学的功效表示怀疑的声音越来越强。

图表1-2　企业的主营业务利润（金融业、保险业除外）

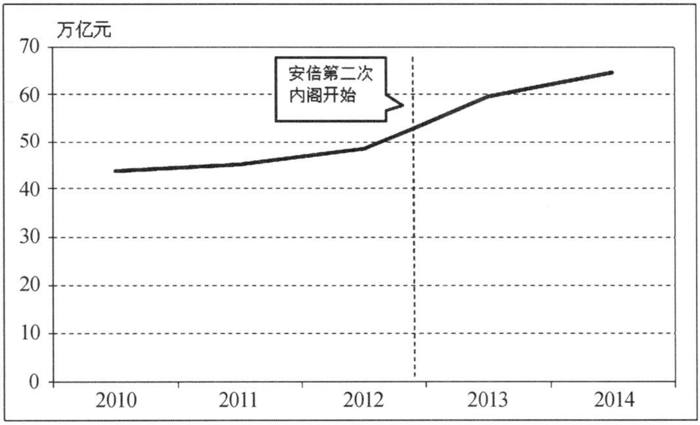

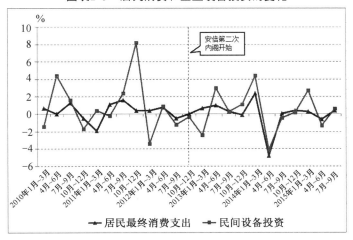

出处：笔者根据财务省《法人企业统计调查》制成。

图表1-3　居民消费和企业设备投资的变化

注：经季节调整后数值的环比折年率。
出处：笔者根据内阁府《各季度 GDP 速报》制成。

图表1-4　实际工资指数年增减率的变化

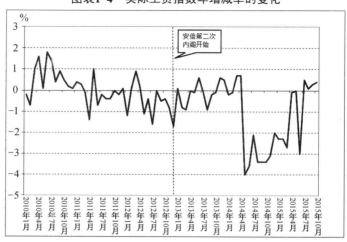

注：（1）工资指数取的是企业规模 5 人以上、调查产业总计的现金工资总额的指数。
　　（2）实际工资指数由名义工资指数除以消费者物价指数（除去自有房屋的市场租
　　　　赁价格的综合指数）算出。
出处：笔者根据厚生劳动省《每月劳动统计调查》制成。

图表1-5　GDP增长率的变化

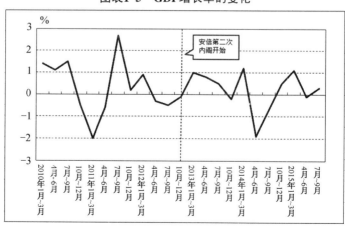

注：经季节调整后数值的环比折年率。
出处：笔者根据内阁府《各季度 GDP 速报》制成。

（1）第一支箭：货币宽松政策

在三支箭之中，货币宽松政策被先行推出，由此引发了以日元贬值、股票上涨为代表的资产价格的大幅变动，并构筑了安倍经济学的基础。

从 2013 年 4 月开始，日本银行（日本央行）着力推动异维度货币宽松（即"量化与质化宽松货币政策"）。 其结果，日本银行资产负债表的规模膨胀到空前程度，其占名义 GDP（国内生产总值）之比明显高于其他世界主要央行（图表 1-6）。

图表1-6　世界主要央行资产负债表的规模及其
占名义GDP之比的变化（单位：%）

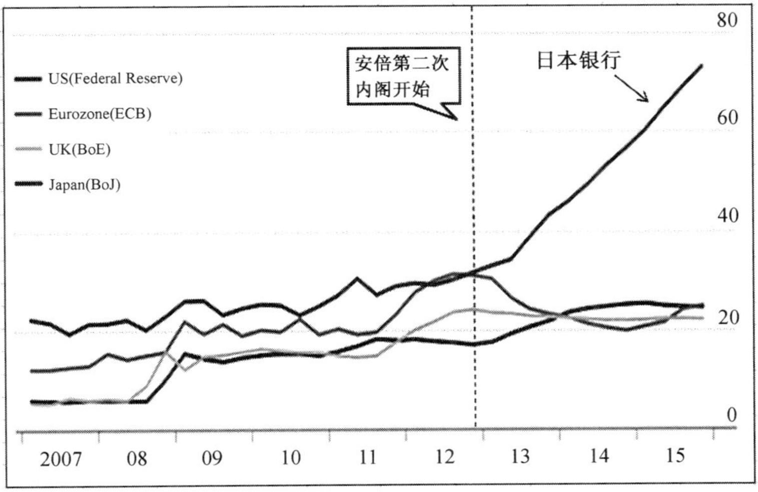

出处：笔者在 Wolf［2016］的基础上加工制成。

其实，在"量化与质化宽松货币政策"之前，日本银行已经持续多年大胆实施了货币宽松政策（譬如，1999 年 2 月至 2000 年 8 月的"零利率政策"；2001 年 3 月至 2006 年 3 月的"量化货币宽松"；2008 年 12 月推出的"广义的量化货币宽松"；2010 年 10 月推出的"包括性的货币宽松"等）。然而，哪一次也没能带来真正的景气恢复和经济增长。因此，在货币政策这支箭放出之前，很多人认为，日本银行依靠宽松货币政策来推动景气的余地已所剩无几。

图表1-7　物价上涨率的变化

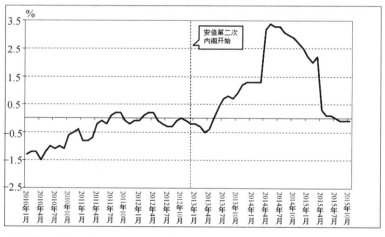

注：物价上涨率是消费者物价指数（除生鲜食品外的综合指数）的上年同月比。
出处：笔者根据总务省统计局《消费者物价指数（CPI）》制成。

虽然，安倍经济学试图通过货币政策这支箭来降低实际利率和日元汇率，进而拉动投资、生产和消费，但目前，正如人们所料，奇迹并没有发生，所预期的效果并没有清楚地显现出来。而且，尽管日本银行通过实施超大规模的资产购入（譬如，将长期国债年度

持有量增加至 80 万亿日元等）来放宽货币政策，"两年物价上涨2％"的目标也尚未实现（图表 1－7）。 因此，也有人据此判断，第一支箭已经失败（The Wall Street Journal ［2015b］）。

（2）第二支箭：积极的财政政策

作为第二支箭——灵活的财政政策的内容，总额超过 19 万亿日元规模的财政资金分三批放出（图表 1－8），不过这支箭也没有见到明显效果。

图表 1－8　（第二次）安倍政权出台的财政政策

政　策	国家财政支出总额 （万亿日元）	内阁通过日期
"重建日本经济的紧急经济对策"	10.3	2013 年 1 月 11 日
"实现良性循环的经济对策"	5.5	2013 年 12 月 5 日
"将良性循环向地方扩大的紧急经济对策"	3.5	2014 年 12 月 27 日

出处：笔者根据日本内阁府［2013a，2013b，2014］制成。

安倍经济学的基本逻辑是先通过增加财政支出来促进景气，进而提高税收来进行财政重建，不过，扩大政府支出真的能刺激景气吗？ 对此表示怀疑的声音一直不绝于耳。 若要问何故，因为 1991年泡沫经济破灭后，日本政府曾多次实行大规模的公共投资来试图恢复景气，但结果非但没有出现所期待的效果，反而徒然导致巨额财政赤字的逐年增加（石弘光［2014］，p.34）。[1]

而且，对于发达国家中政府债务问题最为严重的日本政府来

---

[1]　关于日本的财政问题，详情请参阅第 2 章和第 3 章。

说，实施积极财政政策的可能性受其巨额政府债务的严重制约，因此，对于持续实施积极的财政政策，人们自然会有很多疑虑，譬如，政府是否能遵守财政纪律？ 日本的财政状况是否具有可持续性？ 等等。

2015 年 9 月 16 日，信用评级公司标准普尔（S&P）将日本国债的等级从"AA－"降低一级至"A＋"。[①] 作为降级理由，该公司举出："在过去三、四年间，经济方面对日本国债信用度的支持日益衰弱"（"Economic support for Japan's sovereign creditworthiness has continued to weaken in the past three to four years"）；"虽然（日本）政府的景气措施——'安倍经济学'起初有所奏效，但我们判断日本国债信用度下降的趋势在今后两、三年内得以扭转的可能性很小"（"Despite showing initial promise, we believe that the government's economic revival strategy— dubbed 'Abenomics'— will not be able to reverse this deterioration in the next two to three years"）等，并表示担心"业已非常脆弱的财政状况由于老龄化和长期持续的通货紧缩将进一步恶化"（"a very weak fiscal position that the country's ageing population and persistent deflation exacerbate"）（McGee and Harding ［2015］）。

（3）第三支箭：经济增长战略

与属于总需求管理政策的第一和第二支箭不同，第三支箭的经

---

① 美国穆迪投资者服务公司（Moody's）与欧洲惠誉评级公司（Fitch）已分别于 2014 年 12 月和 2015 年 4 月将日本国债信用等级降级。 这次标准普尔公司的降级，在结果上成为国际三大信用评级公司一致对日本国债的信用等级降级。

济增长战略是依靠推进结构改革来强化总供给，被定位为安倍经济学的核心。

所谓结构改革，是指将劳动力、资本等资源从生产效率低的部门向生产效率高的部门转移的制度性改革。 如果像放宽、取消政府条条框框这样的结构改革能有进展，则可促进新领域的民间投资和技术创新，创造出新产业和新商机，这样，整个经济的生产效率和竞争能力即可上升，这就是第三支箭经济增长战略的制定意图。

具体来说，"公司治理准则"的导入（请参见第 13 章）、女性大放异彩社会的实现（请参见第 16 章），跨太平洋伙伴关系协定（TPP[①]）的大致达成一致等都可以说是经济增长战略的主要内容。

虽然政府接连公布并实施了诸多举措，但几乎全都处于半途，到实际发挥出效果尚需时间。 故而，当 2015 年第三季度的实际GDP 继第二季度连续呈负增长（第一次速报值）被公布出来之后，有人认为，因结构改革的进展滞后，日本经济已再次陷入了景气衰退（recession）（The Wall Street Journal ［2015a］）。[②]

---

① TPP 是 Trans-Pacific Partnership 的略语。 与通常的经济合作协定相比，TPP 的特点有二：第一，其是环太平洋的国家所达成的经济合作协定；第二，其是自由化水平高、多元化、总括型的经济合作协定，自由化范围不仅包括物资和服务的贸易自由化，还涵盖政府筹措（由国家或地方政府进行的公共事业和物资及服务的购买等）、贸易灵活化、竞争政策等多个领域，加盟国的 GDP 约占世界 GDP 的 40％。 TPP 的谈判于 2015 年 10 月 5 日大致达成一致，加盟国有文莱、新加坡、新西兰、智利、美国、澳大利亚、秘鲁、越南、加拿大、马来西亚、墨西哥、日本（以开始谈判时间先后为序）等从先进国到新兴国的共 12 个国家。 安倍首相于 2013 年 3 月 15 日说"参加谈判乃是国家的百年大计"，并表明正式参加 TPP 谈判。

② 在日本，关于经济衰退，没有明确的定义，但在国际上，GDP 连续两季度负增长则被视为"经济衰退"。

2012 年自民党夺回了三年前失去的执政党地位。 实际上，"安倍经济学"可以理解为随着政权由野田政权（民主党）过渡为安倍政权（自民党）而出现的经济政策转变。 政权变了，人们对新政权的期待自然高涨。 到目前为止，由于安倍经济学第一支箭大胆的货币政策和第二支箭灵活的财政政策，人们的期待先行于实体经济，使金融市场呈现出活跃境况，但这并没有带来企业的投资、生产、雇佣以及家庭的消费等实体经济方面的繁荣。 货币政策、财政政策所起的作用都不过是作为权宜之计的昙花一现，不能持续地提高经济增长力。 倘若过度期待于货币政策和财政政策，便有推迟本该进行的结构改革的危险。 今后，如果"安倍经济学"不能产生预期的效果，那么人们的期待又会变为失望。

安倍首相的经济顾问滨田宏一（美国耶鲁大学名誉教授）在2013 年曾经半开玩笑地给安倍经济学的三支箭打分，说"货币宽松政策为 A＋，财政政策为 B，第三支箭经济增长战略为 E"（安倍的姓氏用罗马音表示正好是"ABE"）（路透社［2013］）。 时隔两年，当货币宽松政策和积极的财政政策的效果都变得稀薄之时，日本经济新闻社和东京电视台共同进行的民意调查（2015 年 10 月 23日至 25 日实施）显示，认为由于安倍经济学，景气"将会变好"的仅占回答者总数的 25％，与此相对，回答"不会变好"的达 58％（日本经济新闻［2015］）。

在宏观经济学理论中，安倍经济学第一支箭大胆的货币放宽政策和第二支箭灵活的财政政策，被认为是重视需求的凯恩斯学派的经济政策，而第三支箭鼓励民间投资的经济增长战略则可分类为重视供给的新古典学派的经济政策。 从这个观点来看，安倍经济学的最大特征或许可以说是将凯恩斯学派和新古典学派融为一体。

然而，Hausman and Wieland［2015］在验证了安倍经济学效果之后指出："我们的分析显示，究竟何种宏观经济模式适合于日本，具有不确定性。"（"Our analysis above suggests uncertainty about what macroeconomic model applies to Japan."）

　　或许可以说，由于日元贬值和签证条件的放宽而剧增的中国访日游客的"爆买"，是意料之外的安倍经济学的效果。① 来自被安倍首相"想象"为威胁的国家（BBC［2014］）的人们，用自己的"行动"为安倍经济学大做贡献，这实在具有讽刺意味且耐人寻味。

---

① 据日本观光局（JNTO）发表的数据显示，2015 年 1 月至 10 月访问日本的外国观光客为 1631.69 万人，比上一年同期增加了 48.2%。 其中最多的是来自中国的观光客，为 428.37 万人，为上年同期的 2.13 倍。 中国观光客的"爆买"（即大量采购商品）在日本成为社会广泛议论的话题，"爆买"一词还甚至获得"2015 年 U‐CAN 新语、流行语大奖"的年度大奖。

第 2 章　消費税増税（消費税増税）

＜日本語＞

　2013 年 10 月 1 日に、日本政府は翌年の 4 月 1 日から消費税率（国・地方）を現行の 5 ％から 8 ％へ引き上げると正式に発表した（当時、2015 年 10 月にはさらに 10 ％へと引き上げられることも予定していた）。[①]　日本では、消費税は 1988 年に創設され、1989 年 4 月 1 日から実施された。当初の消費税率は 3 ％だったが、1997 年 4 月 1 日より 5 ％へ引き上げられた。今回の消費税増税は、1997 年以来のことである。

　消費税とは何だろうか。わかりやすく言えば、モノやサービスを消費したときにかかる税金のことである。したがって、消費税は消費者・国民にとってとても身近な税金であると言える。消費税率の引き上げは、消費者の負担増につながるため、どの国でも消

[①]　消費税は、国が課税する「消費税」（国税）と、都道府県が課税する「地方消費税」（都道府県税）との合計である。

費税増税への国民の反発は大きい。日本の場合も例外ではなく、
消費税導入と増税の歴史は紆余曲折の連続だった（図表 2－1）。例
えば、1988 年に消費税を創設した竹下登政権、1997 年に消費税を
3％から5％に増税した橋本龍太郎政権のいずれもが退陣に追い込
まれた。当然、今回も消費税増税をめぐって、日本国内で大きな論
争が起きた。政府が消費税増税の政策を公表する前の世論調査で
は、「消費税率を来年 4 月から8％に引き上げること」について賛成
47％・反対 48％と反対が賛成を上回る結果だった（日本経済新聞
［2013］）。

図表 2－1　日本における消費税「導入」と「増税」の歴史

首　相	年　月	関　連　政　策
大平正芳 （1910—1980）	1979 年 1 月	財政再建のため「一般消費税」[1] 導入を閣議決定。同年 10 月、総選挙中に導入断念を表明。
中曽根康弘 （1918—　）	1987 年 2 月	「売上税」法案を国会に提出。同年 5 月に廃案。
竹下　登 （1924—2000）	1988 年 12 月	消費税法成立。
	1989 年 4 月	消費税法を施行（税率 3％）。その直後、リクルート事件[2] 等の影響もあり、退陣を表明。同年 6 月に辞任。
細川護熙 （1938—　）	1994 年 2 月	消費税を廃止し、税率 7％の国民福祉税の構想を発表。発表翌日に撤回。
村山富市 （1924—　）	1994 年 11 月	消費税率を3％から4％に引き上げ、さらに地方消費税 1％を加える税制改革関連法が成立。
橋本龍太郎 （1937—2006）	1997 年 4 月	消費税率を5％に引き上げ。翌年、参議院選挙での惨敗を受け、引責辞任。
鳩山由紀夫 （1947—　）	2008 年 9 月	「消費税率は4年間上げない」とするマニフェストで民主党が総選挙で勝利、政権交代を実現。

続き

首　相	年　　月	関　連　政　策
菅　直人 （1946—　）	2010 年 6 月	参議院選挙直前に「消費税 10％」を打ち出し、選挙に惨敗。
野田佳彦 （1957—　）	2012 年 6 月	消費税率を 2014 年に 8％、15 年に 10％に引き上げる法案を提出。8 月に参院本会議で可決成立。
安倍晋三 （1954—　）	2014 年 4 月	消費税率を 8％に引き上げ。
	2014 年 11 月	2015 年 10 月の消費税引き上げを 1 年半延期。

注：(1)「一般消費税」とは、モノ・サービスの消費一般に広く課される租税である。特定の消費財（例えば、お酒、たばこ）に課せられる「個別消費税」と区別される。一般的に「消費税」という場合、「一般消費税」を指す。

　(2) リクルート事件とは、リクルート社（現リクルートホールディングス）の創業者が関連会社リクルートコスモス社の未公開株を賄賂として政官財界に譲渡した日本戦後最大級の贈収賄事件（1988 年に発覚）である。リクルートコスモス株の公開（1986 年）により譲受人が合計約 6 億円の売却益を得たとされている。

出所：『消費税の「導入」と「増税」の歴史』（Nippon.com）の資料を整理。

　反対意見の中には、国民の負担が大きくなるという懸念以外に、1997 年に消費税を上げて不況を招いた橋本龍太郎元首相の二の舞になるのではないかという声も多かった。増税実施の翌年（1998 年）から、日本はデフレに陥り、長期不況（いわゆる「失われた 20 年」）に突入した。多くの人々は、財政再建を急ぐあまり経済状況を十分に考慮しないまま消費税増税に踏み切ったことが経済不況の発端であり、そのタイミングの悪い消費税増税で景気回復の芽を摘んでしまったという認識を持っている。野田佳彦元首相の言葉を借りて言えば、「景気回復の局面にあったときに、言ってみれば、風邪から治りかけてきた時に、冷たい水を浴びせて肺炎になってしまって、その後の日本経済はえらい目に遭った」ということで

ある。

　今の安倍政権は、長期にわたるデフレと景気低迷からの脱却を目指し、「アベノミクス」という経済政策（第 1 章を参照）を実施している。多くの有識者は、消費税増税が消費支出を直撃し、デフレを助長し、「アベノミクス」の効果を阻害してしまうとの懸念を示した。日本経済研究センター（社団法人）が行った短期経済予測では、消費増税前の駆け込み需要により 2013 年度（2014 年 3 月 31 日まで）の実質 GDP（国内総生産）成長率は 2.6％と高い伸びになるのに対し、4 月の増税以後の 2014 年度には駆け込みの反動等により大幅減速し、0.6％に低下するとされた（日本経済研究センター［2013］）。

　本格回復に至っていない景気への配慮として、日本政府は 2013 年 12 月に、5.5 兆円規模の景気刺激策（「好循環実現のための経済対策」）を実施するとした。[①]　しかし、消費税増税があった 4 月以降、2014 年度 4〜6 月期と 7〜9 月期の 2 四半期続けて GDP がマイナス成長（1 次速報値）となり、経済に対する消費税増税の実際の影響は予想を超えるほど深刻だった。悪化した経済状況のもとで、日本政府は 2015 年 10 月に予定されていた消費税 10％への再増税の延期を余儀なくされた（第 3 章を参照）。

　では、どうして日本政府は、景気回復を脅かす恐れのある消費税増税政策に踏み切ったのか。実は、消費税増税は 2012 年の自民党・公明党・民主党の 3 党による「社会保障と税の一体改革」に関

---

① 消費税率の引き上げに伴う景気へのマイナスの影響に財政支出の増加によって対応する財政政策運営の仕方は、財政健全化が重要という政府の主張と整合性が取れないと思われる（中里［2014］）。

する合意で決めたものである。この「社会保障と税の一体改革」
は、社会保障の充実・安定化のための安定財源確保と財政健全化
を同時に達成するための改革である。具体的には、消費税率の引
上げによる増収分は、全て社会保障の充実・安定化のための財源
にする。

　なぜ「社会保障と税の一体改革」が必要なのか。社会保障は、医
療、介護、年金などにかかる費用の負担をみんなで分かち合い、支
え合う制度である。現行の社会保障制度がつくられた1970 年代
と今の経済・社会情勢は、大きく変わっている。① 急速な少子高齢
化が進む中、年金・医療・介護・子育てなどの社会保障関連費用
は急激に増加している（図表 2－2）。社会保障給付費が年々増加す
る中で、社会保険料収入は1990 年代後半からほぼ横ばいとなって
いるため、社会保障給付費と社会保険料収入との差がますます拡
大し、給付費に対して財源が大幅に不足する状態になっている。
その結果、税金や借金で賄う部分が毎年増加している（図表 2－3）。

図表 2－2　少子高齢化の進行と社会保障費の増加

	1970 年度	2014 年度
高齢化率 （65 歳以上の人口割合）	7.1％	26％
年少人口比率 （0～14 歳人口の割合）	24％	12.8％
歳出総額（一般会計歳出）に占める 社会保障関係費の割合	14.1％	31.8％

出所：総務省「国勢調査」・「人口推計」および財務省「財政統計」より筆者作成。

---

① 　日本の社会保障制度について、王［2012］の第 11 章を参照されたい。

図表2-3　社会保障給付費と財政の関係

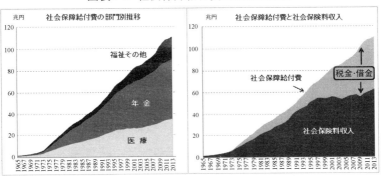

注：社会保険料収入は、社会保障財源のうち「被保険者拠出」と「事業主拠出」を合
　　計したものである。
出所：国立社会保障・人口問題研究所「社会保障費用統計（平成25年度版）」より
　　　筆者作成。

　もう一つ特筆すべきことは、日本の深刻な財政状況である。図
表2-4は、歳入（税収）・歳出のアンバランスの推移を示したもの
である。

　1970年代に、高度成長から安定成長への移行、公共事業の拡大
（例えば、「日本列島改造論」の具体化）、福祉充実策（例えば、老人医
療費無料化や年金制度の拡充など）、ニクソン・ショックと2度の
石油危機への経済対策などにより、日本の財政は、歳出が歳入を上
回る状況（財政赤字）が生じた。その差は、国債の発行によって賄
われてきたため、その結果として、国の借金残高も累増し始めた。

　1990年代初頭のバブル崩壊以降、経済不況から脱却するため
に、日本政府は、財政政策をフル稼働させ、公共投資・減税・給付
などによって不足している民間部門の有効需要を補う景気刺激策

図表2–4　日本における歳入·歳出のアンバランス

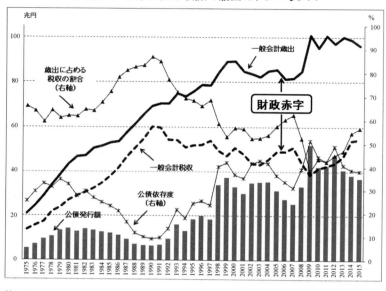

注：（1）2014 年度までは決算、2015 年度は予算による。
　　（2）公債発行額は、建設国債発行額および特例国債（赤字国債）発行額の合計
　　　　である。
　　（3）公債依存度とは、一般会計歳出に占める公債発行額の割合である。
　　出所：財務省［2015］より筆者作成。

　を取ってきた。しかし、積極的な財政政策も未曾有のデフレ・ス
パイラルの前には、やはり無力だった。結局、財政支出の拡大に伴
う大量の国債増発がもたらした膨大な政府債務の累積だけが「負
の遺産」として残っている。今進行中のアベノミクスにおいても、
その「3 本の矢」のうち、2 本目が「機動的な財政政策」であり、それ
は歳出増を通じて需要を創出することを目的とする政策である
（第 1 章を参照）。

　成長の鈍化・長引くデフレにより、税の自然増収が長期的に続かず（図表2－5）、1990年代以降、税収は歳出に対して大幅に不足している。その結果、図表2－4が示しているように、国債発行額は、1975年度の5.3兆円から2015年度の36.9兆円へと、実に7倍近くに膨らんでおり、公債依存度も40％以上、すなわち、国の一般会計歳出額の約4割以上を国債の発行（日本政府の借金）に頼らざるを得ないという厳しい状況がここ数年、続いている。

図表2–5　主要税目の税収（一般会計分）の推移

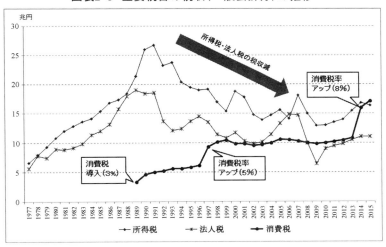

注：2014年度までは決算、2015年度は予算による。
出所：財務省「わが国の税制・財政の現状全般に関する資料（平成27年5月末現在）」より筆者作成。

　国債発行の累増により、国債の利払いや償還に充てる国債費も年々増加している。財務省の「財政統計」によると、1970年度に3.5％だった歳出総額（一般会計歳出）に占める国債費の割合が2015年度には24.3％にまで上昇している。国債費の増大は、「財政の硬

直化」を引き起こしかねない。すなわち、国債費以外の歳出（例えば、ほかの政策需要に応じる支出）をその分抑制せざるを得なくなり、財政における政策運営の自由度が減ってしまう。

　現在、日本が抱えている債務の規模は、歴史的に見ても国際的に見ても、極めて高いレベルになっている。例えば、債務残高の対GDP 比を見ると、日本の公的債務はGDPの約 2.3 倍に膨れ上がり、主要先進国の中でも一番高い水準となっている（図表 2－6）。言うまでもなく、現在の債務は将来世代への負担の先送りである。

図表2-6　G7諸国の債務比率（債務残高の対GDP比）

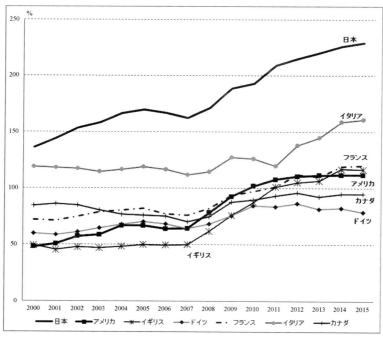

注：数値は一般政府（中央政府、地方政府、社会保障基金を合わせたもの）　ベースである。
出所：OECD Economic Outlook 98 Database（2015 年 11 月）より筆者作成。

　人口に関する政府の将来推計によると、今後も高齢者の数が増加し続け、2060 年には高齢化率は約 40％になると予測されている。年金・医療・福祉などに関連する社会保障費は今後も更に大きくなるとみられる。すでに困窮している財政状況は、増え続ける社会保障費には対応しきれない。したがって、財政再建（財政の健全化）のためにも、社会保障の財源確保のためにも、増税が必要になってきたのである。それに関する具体的な政策が、前述した「社会保障と税の一体改革」である（図表 2-7）。

図表2-7　「社会保障と税の一体改革」の政策意図（イメージ）

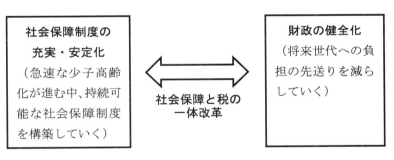

　では、なぜ増税される税目が消費税なのか。所得税や法人税のように現役世代などの特定の者に負担が集中することなく、消費活動に対して高齢者を含めて国民全員（消費者）から広く徴収することが消費税の大きな特徴である。また、食料などの生活必要品を必ず買わなければならないため、所得税や法人税などに比べ、消費税は経済動向や人口構成の変化に影響される程度が小さく税収を安定的に確保できる税だと言える。例えば、図 2-5 に示されているように、所得税や法人税の税収は不景気の時に減少しているが、消費税の税収は景気変動に左右されにくく、1997 年の増税以

来、毎年 10 兆円程度の税収が続いている。したがって、広く課税され高い財源調達力があり、安定的に税収を確保できる租税源として、消費税は、政府の財政健全化にとっても、高齢化社会における社会保障の充実・安定化にとっても重要な財源であると考えられる。

　巨大な財政赤字と急増する社会保障費用に直面している日本政府にとって、消費税増税以外に残された選択肢はもう極めて少ないと言わざるを得ない。しかも、経済がデフレに足を取られていることが、問題をより複雑にしている。財政再建・社会保障の安定化・デフレ脱却の同時実現は、果たして可能だろうか。その点については、次章に譲るつもりである。

＜中文＞

　2013 年 10 月 1 日，日本政府正式决定，从 2014 年 4 月 1 日起将消费税率（国税与地税）从目前的 5％提高至 8％（当时还预定于 2015 年 10 月将消费税率进一步增加至 10％）。① 在日本，消费税是 1988 年设立，1989 年开始实施的。 一开始，消费税率是 3％，但是 1997 年 4 月 1 日起被增加至 5％。 这次是 1997 年以来首次提高消费税率。

　什么叫"消费税"？ 简单地说，就是消费者购买商品或服务时所缴纳的税金。 因此，可以说，对于消费者来说，消费税是关乎切

---

① 　日本的消费税由中央政府征收的"消费税"（国税）和各地方政府（都道府县）征收的"地方消费税"（地税）两大部分组成。

身利益的税金。 消费税率的提高将导致消费者负担的增加，不管在哪个国家，国民对消费税增税的抗拒都是很强烈的。 日本也不例外，设立消费税以及增税的历史可谓错综复杂（图表2-1）。比如，在日本，1988 年创设消费税的竹下登政权、1997 年增加消费税的桥本龙太郎政权最终都落得个被迫下台的下场。 当然，这次围绕着消费税增税，日本国内也是议论纷纷，舆论一片哗然。 在政府正式发表消费税增税政策之前的舆论调查中，关于"从明年 4 月开始将消费税率提高至 8％"，有 47％的人表示赞成，48％的人表示反对，出现了反对高于赞成的结果（日本经济新闻［2013］）。

图表 2 - 1　日本消费税"设立"及"增税"的历史沿革

首　　相	年　　月	有　关　政　策
大平正芳 （1910—1980）	1979 年 1 月	为重建财政，内阁决定设立"一般消费税"[1]，但同年 10 月大选中表示对此加以放弃。
中曾根康弘 （1918—　）	1987 年 2 月	向国会提出"营业额税"法案，同年 5 月废弃。
竹下登 （1924—2000）	1988 年 12 月	《消费税法》成立。
	1989 年 4 月	实施《消费税法》（税率为 3％）。后因受里库路特事件等的影响[2]，宣布下台并于同年 6 月辞职。
细川护熙 （1938—　）	1994 年 2 月	宣布废除消费税以及实行 7％国民福祉税的方案，次日即撤回该方案。
村山富市 （1924—　）	1994 年 11 月	《税制改革关联法》成立，其内容是将消费税率从 3％提高至 4％，并在此基础上征收 1％的地方消费税。
桥本龙太郎 （1937—2006）	1997 年 4 月	将消费税率提高至 5％。次年的参议院选举中惨败并引咎辞职。

续表

首　相	年　月	有　关　政　策
鸠山由纪夫 （1947—　　）	2008 年 9 月	靠"四年内不涨消费税"的政治宣言，民主党大选胜出，从长期执政的自民党手中夺取了政权。
菅直人 （1946—　　）	2010 年 6 月	在临近参议院选举时提出"将消费税率升至10％"，选举惨败。
野田佳彦 （1957—　　）	2012 年 6 月	提出消费税率 2014 年升至 8％、2015 年升至10％的法案，并于 8 月在参议院全体大会通过。
安倍晋三 （1954—　　）	2014 年 4 月	将消费税率提高至 8％。
	2014 年 11 月	将原定于 2015 年 10 月的消费税再增税延期一年半。

注：（1）"一般消费税"指的是对商品或服务的消费普遍征收的消费税，与针对特定消
费品（如烟酒等）所征收的个别消费税有所区别。一般所说的"消费税"，系指
"一般消费税"而言。
　　（2）里库路特事件，指的是里库路特公司（现在的里库路特持股公司）创始人将子
公司里库路特 Cosmos 公司的未上市股票作为贿赂赠送给官商界的日本战后
最大的贿赂事件（1988 年事发）。据估计，由于其后里库路特 Cosmos 公司股
票的上市，收受股票者获利合计约 6 亿日元。
出处：笔者根据《消费税的"导入"和"增税"的历史》（Nippon.com）的资料整理而成。

　　反对意见中，除了对国民的负担将会增加表示忧虑的以外，担
心会重蹈 1997 年桥本龙太郎首相覆辙的也很多。 当时，从增税的
第二年（1998 年）起日本即陷入通货紧缩，走上了经济长期低迷的
不归路（即所谓的"失去的二十年"）。 很多人认为，由于急于重
建财政，未对当时的经济状况加以充分考虑就决定增加消费税是长
期经济萧条的导火索；在那个节骨眼上不合时宜地推出消费税增
税，将日本经济刚刚复苏的萌芽"扼杀"在摇篮中了。 借用前首相
野田佳彦的话来说，就是"在景气开始恢复的时候，或者说，在感
冒刚开始好的时候，浇了冷水，患上了肺炎。 其后的日本经济便一
蹶不振。"

现在执政的安倍政权正在实施旨在摆脱长期通货紧缩和经济低迷的"安倍经济学"的经济政策（参见第 1 章）。 很多有识之士非常忧虑消费税增税会直接给消费者支出带来巨大打击，助长通货紧缩，从而直接抵消安倍经济学的效果。 当时，日本经济研究中心（社团法人）进行的短期经济预测显示，由于消费税增加之前人们的大规模抢购，日本的实际 GDP（国内生产总值）增长率在 2013 年度（到 2014 年 3 月 31 日为止）将达到 2.6％；与此相对，2014 年 4 月增税后的第一个年度，即 2014 年度，由于抢购骤停所造成的回落，实际 GDP 增长率则将降至 0.6％（日本经济研究中心［2013］）。

考虑到经济还没有真正进入到复苏的状态，日本政府在 2013 年 12 月，向国民承诺了将实施约 5.5 万亿日元规模的经济刺激政策（"实现良性循环的经济对策"）。① 但是，在 2014 年 4 月增加消费税之后，2014 年第二季度和第三季度 GDP 连续出现负增长（第 1 次速报值），增加消费税对经济的实际打击远远超出人们的预想。在经济状况恶化的情况下，政府不得不将原定于 2015 年 10 月消费税增至 10％的计划延期（请参见第 3 章）。

那么，为什么日本政府要冒着景气恢复有可能半途夭折的风险来增加消费税呢？ 其实，消费税增税是 2012 年自民党、公明党、民主党三政党就"社保与税收的一体化改革"问题达成协议所决定的。 该"社保与税收的一体化改革"试图同时实现以下两个目标：（1）充实、稳定社保所需的财源；（2）财政的健全化。 具体来

---

① 有学者提出，通过增加政府支出来减轻消费税增税对经济的负面影响，这种财政政策的运作方法其实是与"财政的健全化很重要"这一政府主张是相悖的（中里透［2014］）。

说，就是将通过增加消费税所获得的税款，全部作为用于充实、稳定社保的财源。

为什么要进行"社保和税收的一体化改革"呢？ 社保，是大家相互分担医疗、看护、养老金等费用的制度。 与日本现行社保制度得以成形的 20 世纪 70 年代相比，现在的经济社会情况已经发生了相当大的变化。①

在少子老龄化的快速进展中，养老金、医疗、看护、抚养儿童等有关社保费用正在急剧增加（图表 2－2）。 在社会保障给付费年年增长的过程中，由于社会保险费收入从 20 世纪 90 年代开始基本没有增长，社会保障给付费与社会保险费收入的差额不断扩大，给付费的财源出现大幅短缺，从而导致不得不用税金和借款来筹措的部分逐年增加（图表 2－3）。

图表 2－2　少子老龄化的进展和社保费的增加

	1970 年度	2014 年度
老龄化率 （65 岁以上人口占总人口比例）	7.1％	26％
少年儿童人口比率 （0～14 岁人口占总人口比例）	24％	12.8％
社保费占财政总支出（一般会计支出）比例	14.1％	31.8％

出处：笔者根据日本总务省《国势调查》、《人口推计》以及财务省《财政统计》制成。

另一方面，目前日本财政问题十分严重。 图表 2－4 显示的是财政收入（税收）和财政支出之间不平衡的长期变化。

在上世纪七十年代，由于经济从高速增长过渡到平稳增长、公

---

① 关于日本的社会保障制度，请参见王凌［2012］第 11 章。

图表2-3　日本社会保障给付费与财政的关系

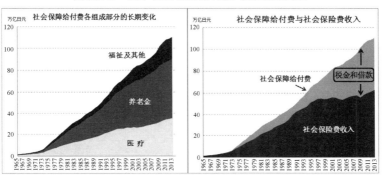

注：社保保险费收入是社保财源中"被保险者缴纳费用"与"单位缴纳费用"之和。
出处：笔者根据国立社会保障及人口问题研究所《社会保障费用统计（2013 年度版）》制成。

共投资的扩大（如"日本列岛改造论"的具体化）、强化福利的政策（如老人就医免费化、年金制度的扩大等）以及对尼克松危机、两次石油危机的应对，日本财政出现了支出超过收入的状况（即财政赤字）。由于收支逆差是靠发行国债来解决的，其结果，国家债务额也随之递增。

上世纪九十年代初泡沫经济破灭后，为了摆脱经济萧条，日本政府全方位出台财政政策，采取了以公共投资、减税、补贴等方式来弥补民间部门总需要不足的经济刺激政策。然而，积极的财政政策在前所未有的通货紧缩恶性循环面前，显得微弱无力。由于财政支出的扩大导致国债的大量增发，到头来，只有巨额的政府债务作为"负面遗产"遗留下来。在目前正被推行的安倍经济学中，其"三支箭"里的第二支便是"灵活的财政政策"，即通过增加财政支出来创造需求的经济政策（参见第一章）。

图表2-4　日本财政收支的不平衡

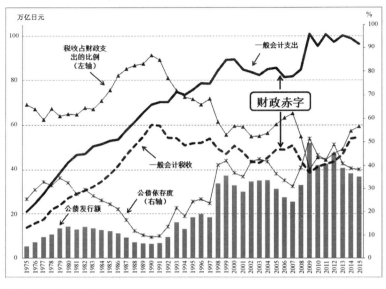

注：（1）2014 年度为止的数据取自决算数据；2015 年度的数据取自预算数据。
　　（2）公债发行额为建设国债发行额与特例国债（赤字国债）发行额的总和。
　　（3）公债依存度指公债发行额在当年财政支出中所占的比例。
出处：笔者根据财务省［2015］制成。

　　由于经济增长的停滞和通货紧缩的持续，税收的增收无法持续（图表 2－5），进入上世纪九十年代之后，与财政支出相比，税收出现明显不足。 其结果正如图表 2－4 所示，国债发行额从 1975 年度的 5.3 万亿日元增加到 2015 年度的 36.9 万亿日元，几乎膨胀了七倍；公债依存度也达到 40％以上，即国家的一般会计支出中超过四成的财源不得不依靠发行国债（即日本政府的债务）来筹措，而且如此严峻的财政状况近年来年年如是。

　　由于国债发行量的递增，国债的还本付息所需的国债费用也逐年增加。 据日本财务省的《财务统计》显示，国债费用在 1970 年

图表2-5　主要税种（一般会计）的长期变化

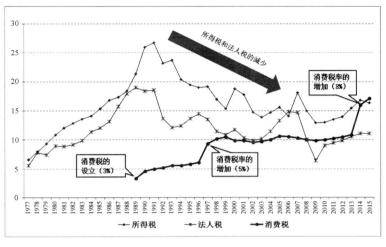

注：2014 年度为止的数据取自决算数据；2015 年度的数据取自预算数据。
出处：笔者根据日本财务省《关于我国税制、财政整个现状的资料（2015 年 5 月末）》
　　　制成。

度仅占财政支出总额（一般会计年度支出）的 3.5%，而到了 2015
年，竟猛增到 24.3%。 国债费用的增加很可能会导致"财政僵
化"，即，不得不相应地减少用于国债费用以外的财政支出（譬
如，其他政策所需的支出），因此，财政政策的机动灵活性将大打
折扣。

现在，日本的债务规模无论从历史上看，还是从国际上看都达
到了极高的水平。 譬如，看看政府负债总额与 GDP 之比即可明
白，日本公共债务已经膨胀到 GDP 的 2.3 倍（图表 2-6）。 这不仅
在先进国之中，就是在全世界也是最高水平。 当然，现在的债务是
需要由子孙后代来偿还的。

据政府对未来人口的推算，今后老龄者人数还将继续增加，到

2060年老龄化率预计将达到约40%，与养老金、医疗、福利等相关的社保费用也将变得越来越巨大。 已经相当严峻的财政状况是无法完全承受持续膨胀的社保费用的。 因此，为了重建财政（财政的健全化），也为了确保社保的财源，增税都变得十分必要。 与此相关的具体政策即是前面提到的"社保和税收的一体化改革"（图表2－7）。

图表2-6　G7各国债务比例（负债总额与GDP之比）

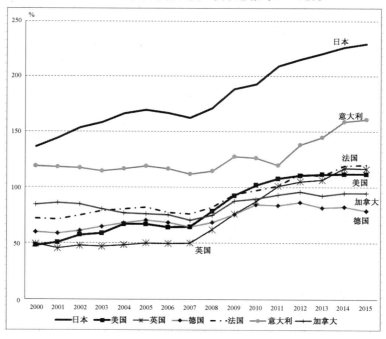

注：数据为一般政府（中央政府、地方政府、社保基金之和）。
出处：笔者根据 OECD Economic Outlook 98 Database（2015年11月）制成。

图表2-7　"社保和税收的一体化改革"的政策意图（示意图）

那么，为什么增税的税种是消费税呢？ 消费税不像所得税、法人税等负担只集中在特定人群，而是对包括老龄者在内的所有国民（消费者）的消费活动进行广泛征收，这是消费税的一大特征。 另外，因食品等生活必需品必须购买，与所得税、法人税等税金相比，消费税可以说是受经济动向、人口构成变化影响程度较小的稳定税种。 如图表 2－5 所示，如果经济变得不景气的话，所得税和法人税的税收也会相应变少，但消费税就比较稳定。 1997 年增税以来，每年税收都持续达到 10 万亿日元。 故而，作为广泛征收、具有较高财源筹措能力，而且数额稳定的税收，消费税不管是对于政府的财政健全化，还是老龄化社会社保的充实与稳定，都是非常重要的财源。

对于面对着巨大的财政赤字和骤然增加的社保费用的日本政府来说，现在，除了消费税增税以外已经近乎无其他选择。 但是，经济被通货紧缩拖住后腿，这使得问题变得更为错综复杂。 同时实现重建财政、稳定社保、摆脱通货紧缩，这终究可能吗？ 关于这一点，拟在下一章讲解。

第3章　消費税再増税延期
（消費税再増税延期）

＜日本語＞

　年末になると、何かと忙しくなる。日本では、12月のことを「師走」とも言う。「師」は僧侶の意味で年末の仏事の準備で走るくらい忙しいという説もあれば、「師」は先生の意味で日ごろ落ちついている学校の先生も忙しくて走り回るという説もある。

　2014年の秋から冬にかけて、予想もしなかった事態が立て続けに起こった。10月31日の黒田ショック（日本銀行総裁黒田東彦が追加緩和策を発表①）、11月17日のGDPショック（7〜9月期のGDP速報値がマイナス成長）、翌日11月18日の安倍晋三首相による消費税再増税延期と衆院解散・総選挙の表明、そして、11月21日の衆議院解散および「12月2日公示・12月14日投票」の衆院選日程の決定と、わずか20日あまりの間に、こういう予想外の大きな流

---

① 　2014年10月31日に、日本銀行が金融政策決定会合で、市場関係者やエコノミスト達が予想していなかった大規模な追加金融緩和を決定した。

れがあっという間に出来上がってしまった。

　年末の慌しい時期にこのような「師走選挙」（12 月に衆議院議員総選挙を行うこと）になった直接的な原因は、安倍首相が「消費税再増税延期」という大きな決断を下したことにある。11 月 18 日に、安倍首相は首相官邸で会見を開き、2015 年 10 月に予定されていた消費税率の8％から10％への再引き上げは1 年半延期され、2017 年 4 月からとなることを発表した。2014 年 4 月に行われた「消費税増税」（第 2 章を参照）から7ヶ月後のことであった。

　実は、消費税率を2014 年 4 月に8％、さらに2015 年 10 月に10％に引き上げる方針は、財政健全化および社会保障の充実・安定化のための安定財源確保を同時に達成することを意図した「社会保障と税の一体改革」関連法案に明記されているため、今回の消費税再増税延期には法改正が必要になる。①

　なぜ安倍首相は、法改正までして消費税再増税の見送りに踏み切ったのか。その最大の理由は、景気の悪化である。内閣府が11 月 17 日に発表した2014 年 7〜9 月期国民所得統計１次速報によると、4 月の消費税増税後、日本経済が4〜6 月期と7〜9 月期の2 四半期連続のマイナス成長（実質 GDP 成長率はマイナス）になった（図表 3 - 1）。まず、増税直後の4〜6 月期の実質 GDPは駆け込み需要

---

① 「社会保障と税の一体改革」関連法案には、経済情勢が改善しない場合には増税時期を見直す景気判断条項がある。今回の消費税再増税延期についての安倍首相の判断はこの景気判断条項に基づいたものである。2015 年 3 月 31 日に成立した税制改正関連法では、この景気判断条項が削除された。したがって、経済状況の悪化を理由に消費税再増税を再び延期することが法律上、できないことになっている。消費税率を8％から10％へ引き上げる時期を、2017 年 4 月からさらに延期するにはまた法改正が必要になる。

の反動減により前期比年率換算で7.1％減で、1997 年の前回増税時
の3.5％減を超える大幅なマイナス成長となった。次の7〜9 月期
の実質 GDP は年率換算で前期比 1.6％減で、駆け込み需要の反動減
の影響が和らぎ、再び回復基調に戻るだろうという政府や市場関
係者の楽観的な予想を裏切る結果となった。

図表3-1　消費税増税前後の実質GDP成長率と内外需寄与度

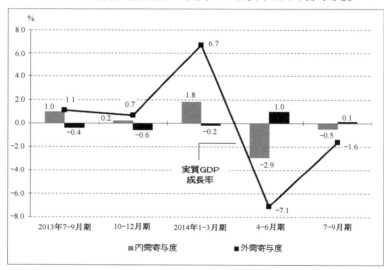

注：（1）実質 GDP 成長率の値は季節調整済み前期比（年率換算）である。
　　（2）2013 年 7—9 月期〜2014 年 4—6 月期の値は2 次速報値で、2014 年 7—9 月
　　　　期の値は1 次速報値である。
出所：内閣府「四半期別 GDP 速報」より筆者作成。

　実質 GDP の増減にどれだけ貢献したかを示す寄与度を見ると、
4〜6 月期と7〜9 月期においては、内需がそれぞれマイナス2.9％
とマイナス0.5％と落ち込んだことがわかる。この2 四半期の実質
GDP 成長率を主要な内需項目別にさらに細かく見ると、民間消費、

民間住宅投資や設備投資の低迷が内需不振の大きな要因であることがわかる（図表3‐2）。例えば、日本のGDPの約6割を占める民間消費が増税直後の4〜6月期の実質GDP前期比減少に大きく寄与し、民間住宅投資の寄与度も2四半期連続マイナスになってい

図表3-2　内需項目別の実質GDP成長率への寄与度

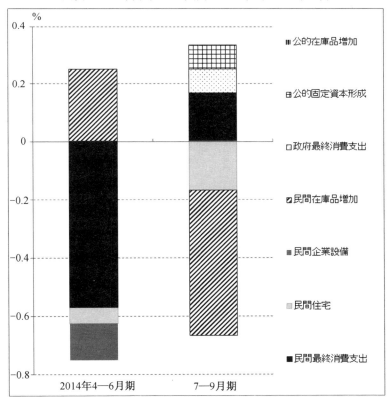

注：2014年4—6月期の値は2次速報値で、2014年7—9月期の値は1次速報値である。

出所：内閣府「四半期別GDP速報」より筆者作成。

る。また、7〜9 月期の実質 GDPを押し下げた最大な要因となった民間在庫品増加は、消費増税前の駆け込み需要の反動減により、過剰な在庫（4〜6 月期に積み上がった在庫）を民間企業が取り崩して生産を縮小した結果であり、消費の弱さが窺われる。

　さらに、消費税増税に加えて、アベノミクスの一本目の矢である「大胆な金融緩和」（第 1 章を参照）で円安が進行し、輸入品価格が上昇したことも、消費低迷や内需不振を助長した。それは、輸入品価格の上昇は一般物価水準を押し上げ、実質所得を減少させるからである。図表 3－3 では、消費税増税前後の物価上昇率（インフレ率）と物価上昇率を考慮した可処分所得の実質増減率が示されている。ここから、増税や物価上昇に可処分所得の伸びが追い付かず、増税後、人々の実質的な購買力が大きく低下してしまったことが読み取れる。

増税前、人々は消費税増税が税負担の増加（実質所得の減少）につながり、景気に冷や水をあびせることになるとある程度予想していたが、「まさか 2 期連続のマイナス成長になるとは」と大きな衝撃を受けた。一連の経済指標の悪化は、4 月の消費税増税後、経済全体の落ち込みが当初の想定以上に深刻で、景気の回復力もまた想定以上に弱いことを浮き彫りにした。このまま景気低迷が長引けば、デフレ脱却は遠のき、アベノミクスの効果も低下してしまう。その結果、消費税の税率を引き上げても税収が増えない可能性も高くなる。

　このような状況の下で、安倍首相は、2015 年 10 月に予定していた消費税率 10％への再引き上げ延期を決断した。これについて、記者会見で彼は、「現時点では 3％分の消費税率引き上げが、個人消

図表3-3　消費税増税前後の物価上昇率と可処分所得の実質増減率

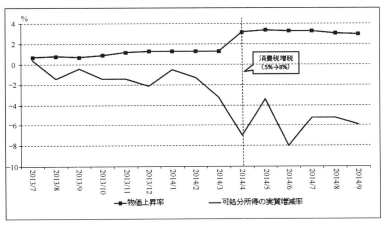

注：(1) 物価上昇率は消費者物価指数（生鮮食品を除く総合）の前年同月比である。
　　(2) 可処分所得の増減率は可処分所得（実収入から税金・社会保険料などの非消費支出を差し引いた額）の対前年同月増減率である。
出所：総務省統計局「消費者物価指数（CPI）」および「家計調査（勤労者世帯）」より筆者作成。

費を押し下げる大きな重しとなっています。本年4月の消費税率3％引き上げに続き、来年10月から2％引き上げることは、個人消費を再び押し下げ、デフレ脱却も危うくなると判断いたしました。」と説明した。さらに、「このように、（消費税再増税延期は）国民生活にとって、そして国民経済にとって重い重い決断をする以上、すみやかに国民に信を問うべきである。そう決心いたしました。今週21日に衆議院を解散いたします。消費税の引き上げを18カ月延期すべきであるということ、そして平成29年（2017年）4月には確実に10％へ消費税を引き上げるということについて、私

たちが進めてきた経済政策、成長戦略を前に進めていくべきかどうかについて、国民の皆さまの判断を仰ぎたいと思います。」とも述べ、消費税再増税延期を国民に問うために衆議院の解散総選挙に踏み切ることを表明した。①

　もともと消費税再増税をすることは、社会保障の充実・安定化と財政健全化の同時達成を図る「社会保障と税の一体改革」の一環であり、再増税による税収は膨らみ続ける社会保障費の財源に充てる予定である。したがって、安倍政権は、景気回復のもたつきを受け、消費税再増税延期を余儀なくされたが、その余波は社会保障費の財源確保および財政再建に及んでいくことになる。

　社会保障においては、消費税再増税を前提としていた政策（例えば、低年金者への月5千円の給付支援、公的年金受給に必要な加入期間の短縮など）を、必要な財源のめどがたたなくなったことで、見送らざるを得ないという状況に陥っている。

　財政再建においても懸念が増大している。日本政府の中期財政計画では、国・地方を合わせたプライマリー・バランス（Primary Balance、図表 3－4）について、2015 年度までに2010 年度に比べ赤字の対 GDP 比を半減、2020 年度までに黒字化するという目標（いわゆる2020 年度の財政健全化目標）を掲げてきた。② 安倍首相は前述の記者会見では、消費税再増税を延期しても2020 年度の財政健全化目標はしっかりと堅持していくと述べたが、その達成を疑問

---

① 安倍首相の発言内容（全文）について、自民党［2014］を参照されたい。
② プライマリー・バランスとは、公債費関連を除いた基礎的財政収支のことで、その時点で必要とされる政策的経費（例えば、社会保障費）を、その時点の税収等でどれだけ賄えているかを示す指標である。日本の場合、政策的経費が税収等を上回っているため、プライマリー・バランスは赤字となっている。

視する見方が広がっている（Reuters［2015］）。

図表3-4　国・地方のプライマリー・バランスの推移（対GDP比）

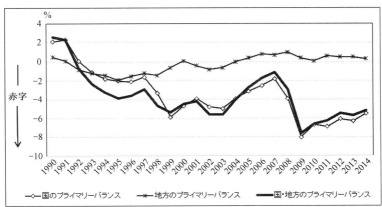

出所：内閣府「国民経済計算確報」より筆者作成。

　さらに、財政健全化の柱として認識されている消費税再増税が先送りされることで、日本の財政再建が難しくなったという印象を国際社会に与えることになれば、日本政府・日本国債への「信認」が揺らぐ可能性もある。安倍首相は、消費税再増税について「再び延期することはない…平成29年（2017年）4月の引き上げについては景気判断条項を付すことなく確実に実施いたします。3年間、『三本の矢』をさらに進めることにより、必ずや、その経済状況を作り出すことができる。私はそう決意しております。」と明言しているが、2017年4月に景気がよくなる保証はどこにもない。

　社会保障費は景気に関係なしに増えていく。そして、消費税再増税なしに、財政再建を実現するのは困難な状況である。今後ま

すます大きくなる社会保障費の規模および日本政府の財政状況を考えれば、消費税再増税は避けられない。しかし、そのタイミングについて、日本政府は、景気回復（デフレ脱却）優先か、社会保障改革優先か、それとも、財政再建優先かという非常に難しい舵取りを迫られている。実は、今回の消費税再増税延期を巡って、専門家の中でも賛否が分かれている。賛成派の主張は、拙速な消費税率の引き上げによって消費税収が増えても、経済が低迷すれば税収全体が減少し、かえって財政再建が一層難しくなるというものだ。これに対して反対派は、財政赤字の規模があまりにも大きく、消費税再増税により財政再建が進むと、財政危機のリスクが小さくなり、経済にとってプラスであるという意見である。反対派の中には、「増税先送りは日本経済の不透明感を高め、負の連鎖を招くことになりかねない」という厳しい見方（週刊ダイヤモンド［2014］）もある。

　消費税再増税延期は、景気回復、社会保障改革と財政再建の兼ね合いがますます難しくなっている一方で、政策の自由度が低下しつつあるという苦境におかれた日本政府の苦渋に満ちた決断と言えよう。それによって政策運営の袋小路から抜け出すことができるかどうかは、現状では未知数であるが、消費税再増税延期は、日本の将来を大きく左右する重大な決断だと言っても過言ではないだろう。

＜中文＞

到了年终岁尾，人们总是会变得格外忙碌。 在日本，12 月也被称为"师走"。 有人说"师"乃"僧侣"之意，每到年关他们为准备法事而忙得团团转，简直到了走路都要跑的程度（笔者注：日语的"走"表示汉语"跑"的意思）；还有人说"师"是"老师"之意，连平素举止稳重的老师们到了岁暮也忙碌起来，四处奔走。

2014 年秋冬两季，风云突变，紧急事态接踵而来。 10 月 31 日的"黑田冲击"（日本银行总裁黑田东彦突然宣布进一步放宽货币政策①）、11 月 17 日的 GDP 冲击（7 月-9 月的 GDP 快报披露负增长）、11 月 18 日安倍晋三首相宣布消费税再增税延期和解散众议院进行大选，紧接着，11 月 21 日众议院解散、"12 月 2 日公示、12 月 14 日投票"的众议院选举日程确定。 仅仅二十余天，就出现了这一系列大大出乎人们意料的动态。

在年末的匆忙时节，导致"年末大选"（即 12 月进行众议院大选）的直接原因，是安倍首相做出了"消费税再增税延期"的重要决策。 11 月 18 日，安倍首相在首相官邸召开记者招待会，宣布消费税率从 8％提高至 10％的日程由原定的 2015 年 10 月再延期一年半，推迟到 2017 年 4 月。 这距离 2014 年 4 月实施的"消费税增

---

① 2014 年 10 月 31 日，日本银行在货币政策决策会议上决定进一步大规模实施货币宽松政策，这一决定出乎市场人士及经济学家们的预料。

税"（参见第 2 章）仅仅七个月。①

为什么安倍首相不惜修改法律法规而断然决定推迟消费税再增税呢？ 其最大的理由就是经济状况的恶化。 根据内阁府于 11 月 17 日公布的 2014 年第三季度国民所得统计第一次快报值，4 月提高消费税率以后，日本经济在第二季度和第三季度连续两季度出现负增长，即实际 GDP 增长率为负（图表 3－1）。 先是由于增税前

图表3-1　消费税率提高前后的实际GDP增长率与内外需求贡献率

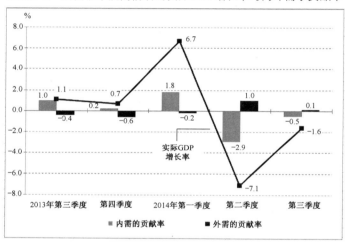

注：（1）实际 GDP 增长率是季节调整后的季度环比增长率（换算成年率）。
　　（2）2013 年第三季度至 2014 年第二季度用的是第二次快报值，2014 年第三季度用的是第一次速报值。
出处：笔者根据内阁府《各季度 GDP 快报》制成。

――――――――

① "社保与税收的一体化改革"相关法案中，设有景气判断条款：在经济状况尚未好转时可调整增税时期。 安倍首相关于本次消费税再增税延期问题的判断，便是依据该条款做出的。 在 2015 年 3 月 31 日通过的税制改正关联法中，删去了该景气判断条款。 也就是说，以经济状况恶化为由再次推迟消费税税率的提高，在现行法律上已经不可能。 若想将消费税率从 8％提高到 10％的时期从 2017 年 4 月再次延期，则需要再次修改法律条文。

人们大量突击抢购而增税后抢购骤停的影响，第二季度的实际 GDP
下降了 7.1％（按年率换算），远远大于上次（1997 年）提高消费税
率时 3.5％的回落程度，经济陷入严重的负增长；接着，第三季度的
实际 GDP 又是 1.6％的负增长（按年率换算），这与政府和市场有
关人士所预测的抢购骤停的影响将有所缓解、经济将重新回暖的结
果完全相反。

　　如果我们看一下贡献率（即对实际 GDP 的增减起到多少贡
献），便可以发现 2014 年第二季度和第三季度的内需均呈现负值，
即分别为负 2.9％和负 0.5％。 如果对这两个季度的实际 GDP 增长
率按照主要的内需构成项目进行具体分析，还可以发现民间消费、
民间住房投资、设备投资等的低迷是内需疲软的重要原因（图表
3-2）。譬如，约占日本 GDP 六成的民间消费对增税后第二季度实
际 GDP 的回落起到了主要作用，民间住房投资的贡献率也是连续
两季度呈现负增长。 另外，造成第三季度实际 GDP 下降的最大因
素民间库存增加，就是由于增税前人们突击抢购、增税后抢购骤停
造成需求减少，从而导致民间企业为了处理过剩库存（即增税后的
第二季度所囤积的库存）而缩小生产规模，由此我们也可以看出消
费势头的减弱。

　　除了消费税率提高的影响之外，由于安倍经济学的第一支箭
"大胆的货币宽松政策"（请参见第 1 章），日元持续贬值，进口商品
品价格上涨，这也加剧了消费的低迷和内需的疲软，因为进口商品
价格的上涨抬高了一般物价水平，从而减少了人们的实际收入。
图表 3-3 显示了消费税率提高前后的物价上涨率（通胀率）以及剔
除物价变动后的可支配收入实际增减率。 从中我们可以看出，可
支配收入的增长赶不上增税和物价上涨，增税后人们的实际购买力

图表3-2　内需各项目对实际GDP增长率的贡献率

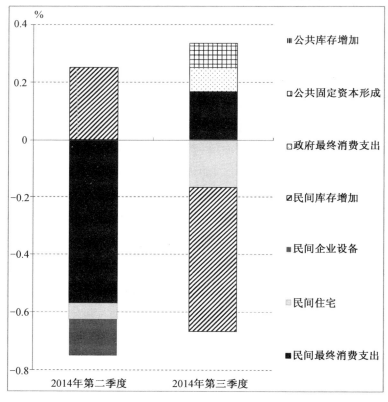

注：2014 年第二季度用的是第二次快报值，2014 年第三季度用的是第一次速报值。
出处：笔者根据内阁府《各季度 GDP 快报》制成。

大幅下降了。

　　增税之前，人们在某种程度上预想到了消费税增税会增加税负担（减少实际收入）、给景气带来负面影响，但连续两季度的经济负增长显示出整个经济的恶化程度超出人们的想象，给了人们当头一棒。 一系列经济指标的恶化凸显出 4 月消费税增加后整个经济

图表3-3　消费税率提高前后的物价上涨率和可支配收入的实际增减率

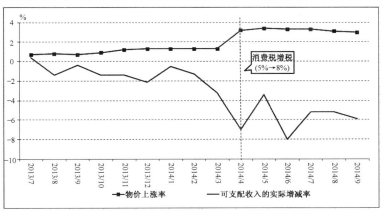

注：(1) 物价上涨率为消费者物价指数(生鲜食品除外)上年同月比的数值。
　　(2) 可支配收入的增减率为可支配收入(＝总收入－税金及社保费等非消费支
　　　　出)的上年同月增减率。
出处：笔者根据总务省统计局《消费者物价指数(CPI)》、《家计调查(职工家庭)》
　　　制成。

陷入全面衰退的严重程度、景气回升力度的薄弱程度都远远超过当初的想象。

　　对于安倍政权来说，如果景气低迷如此持续下去的话，则摆脱通货紧缩将会变得遥遥无期，安倍经济学的效果也将会降低。其结果，将很有可能导致虽然提高了消费税率却没能增加税收的结果。

　　在这种情况下，安倍首相做出了将原定于 2015 年 10 月消费税率提至 10％的日程延期的决定。关于这一点，他在记者招待会上解释说："在现阶段，3％的消费税率上调，已经成为压制个人消费的大秤砣。我判断，在今年 4 月已经提高 3％的基础上，再于明年

10月提高2%的话，将会进一步抑制个人消费，摆脱通货紧缩也将会变得困难。"他还说："正如此，对国民生活来说，对国民经济来说，（消费税再增税延期）既然是个十分重大的决断，就应该迅速地问信于民。我就是这样下了决心。本周21日我将解散众议院。关于消费税率的上调是否应该推迟18个月，即于2017年4月将消费税率切实提高至10%，关于我们一直推行的经济政策、成长战略是否应该继续往前推进，这一切我都想仰赖各位国民的判断。"其向日本国民表明是为了就消费税再增税延期征求民意，才当机立断决定解散众议院进行大选。①

本来，消费税再增税是"社保与税收的一体化改革"（其目的是同时达成社保的充实、稳定化以及财政的健全化）的一环，再增税获得的税收原本计划用做日益膨胀的社保费用的财源。因此，虽然安倍政权由于经济回升的进展缓慢而不得不将消费税再增税延期，但其影响已波及社保费用财源的确保和财政的重建等方面。

在社保方面，以消费税再增税为前提的政策（比如，给养老金收入较低的居民每月补贴5000日元、缩短受领公共养老金所需的付费年限等），由于所需财源无法落实而不得不被搁置。

在重建财政方面，人们的担心也在不断加大。关于国家（中央）与地方的基础财政收支（Primary Balance，图表3－4），日本政府在中期财改计划中明确提出了截至2015年度，使其赤字水平在GDP中所占比重降至2010年度的一半，截至2020年度使其实现盈

---

① 关于安倍首相的发言内容（全文），请参见自民党［2014］。

余的目标（即所谓"2020 年度财政健全化目标"）。① 虽然安倍首相在前面提到的记者招待会上表示即使消费税再增税延期也仍然会将 2020 年度财政健全化目标坚持下去，但对该目标能否达成抱有疑问的人越来越多（路透社［2015］）。

图表3-4　　国家（中央）与地方的基础财政收支的变化（占GDP比重）

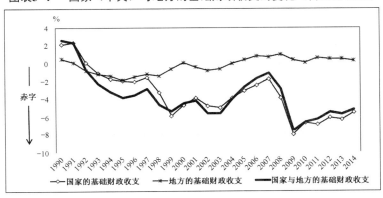

出处：笔者根据《国民经济计算确报》制成。

　　而且，由于消费税再增税被人们认为是重建日本财政的主要手段，如果其延期给国际社会带来一种"日本重建财政将变得困难"的印象，那么日本政府以及日本国债在国际社会上的"信任度"自然就会下降。 关于消费税再增税，虽然安倍首相明确表示"不会再次延期了……关于平成 29（2017）年 4 月消费税率的提高，将不附带景气判断的条件而切实加以实施。 接下来的三年，我决心进一步推动三支箭，以此必能打造出消费税再增税得以实施的经济状

① 　"基础财政收支"指的是扣除公债还本付息费用后的基础财政收支，表示某时点所需的政策经费（如社保费）用该时点的税收能支付多少的指标。 在日本，目前，由于政策经费超过税收，所以其"基础财政收支"呈赤字状态。

况。”但没有任何人能保证到 2017 年 4 月时景气一定会好转。

　　不管经济状况如何，社保费用都将持续增加；不提高消费税，重建财政就将变得十分困难。考虑到今后越来越大的社保费用规模以及日本政府的财政困境，消费税再增税无法避免。但是，关于其时机，究竟是优先恢复景气（摆脱通货紧缩）？还是优先社保改革？抑或是优先重建财政？日本政府陷于左右为难、进退维谷的三重困境。实际上，围绕这次消费税再增税的延期，专家之间也是分成了赞成与反对两派意见。赞成派的主张是，即使现在匆忙提高消费税率增加了消费税收入，但如果经济陷入低迷的话，税收整体水平将下降，反而会使得财政状况恶化。与此相对，反对派则认为财政赤字的规模已经过大，如果通过再次提高消费税率切实推进财政的重建，那么发生财政危机的风险将降低，有利于经济成长。在反对派意见中，还存在着“推迟增税将导致日本经济的未来走向变得难以预测，很有可能导致负的连锁反应”这样很不乐观的看法（《钻石周刊》［2014］）。

　　消费税再增税的延期可以说是在恢复景气、改革社保、重建财政越来越难以兼顾、政策选择自由度日趋下降的困境中，日本政府做出的痛苦决断。靠此能否走出困境，现在还是个未知数，不过，说消费税再增税的延期是关乎日本未来的重要决断，这并不言过其实吧。

第4章　でんき予報（电力预报）

＜日本語＞

　「でんき予報」という言葉を見た瞬間、「えっ、間違っていないの?」と思う読者もいるだろう。確かに、生活用語「天気予報」は「てんきよほう」と発音する。実は、「でんき予報」は、2011年3月11日東日本大震災の後に広く知られた流行語であり、電力の需給に関する予報のことである。

　電力は国民生活・経済活動に不可欠な基本的なインフラの一つである。電力の安定供給は、人々の日常生活、企業の生産活動から、国の経済発展ないし国際競争力までを支える基盤であると言っても過言ではない。

　周知のように、3・11の巨大地震および津波によって、東京電力・福島第一原子力発電所（略して、東電福島第1原発）で非常に深刻な原子力事故が起こった。また、今回の大震災で設備の損傷を受けて、運転停止になった発電所も少なくなかった。同時に、福島の原子力事故が原子力発電所の安全性に対する不安をもたら

し、被災地以外の複数の原子力発電所も定期点検の長期化や運転停止状態となっており、2015 年 11 月現在もその状況が続いている。[1]

エネルギー資源の乏しい日本にとって、少ない資源で大量のエネルギーを生み出すことができる原子力発電は電力の安定供給に大きく貢献している。世界原子力協会（World Nuclear Association）の資料によると、大震災が発生する前は、原子力発電は日本の電力の約 3 割を賄っていたそうである（図表 4 - 1）。また、原子力発電は二酸化炭素（CO_2）を排出しないので、地球温暖化防止の取り組みにも重要な役割を果たしていると言われている。京都議定書（先進国に温室効果ガスの排出削減を義務づけた国際協定）の締約国である日本は、京都議定書の第 1 約束期間（2008 年度～2012 年度）に、二酸化炭素など 6 種類の温室効果ガスの排出量を基準年の 1990 年度に比べ 6％削減する義務を負った。[2] 原子力発電は日本が京都議定書に明記された国際公約を達成するためにも不可欠なのである。こうして、日本では、原子力発電は、国民生活や経済活動の中に深く根をおろし、欠かせない存在となったのである。

---

[1] 2015 年 8 月 11 日、鹿児島県にある九州電力・川内原子力発電所 1 号機が再稼働した。2011 年 3 月の東電福島第 1 原発の事故を受けて、2012 年 9 月に原子力規制委員会が発足し、2013 年 7 月に新規制基準が施行され、安全対策は大幅に強化された。川内原発 1 号機の再稼働は、原子力規制委員会が新規制基準に基づく審査をクリアした原発運転再開の第 1 号として、大きな社会的注目を集めることになった。

[2] 環境省［2014］によると、京都議定書第 1 約束期間中の平均排出量は基準年比 8.4％減となり、同 6％減という京都議定書の目標を達成した。また、United Nations［2015］によふと、京都議定書第 1 約束期間の参加国・地域全体の削減幅は 22.6％で、目標の 5％を大幅に上回って達成した。次の約束である京都議定書第 2 約束期間（2013 年度～2020 年度）には、日本は不参加を表明した。

図表4–1　日本における総発電量に占める原子力発電の比率

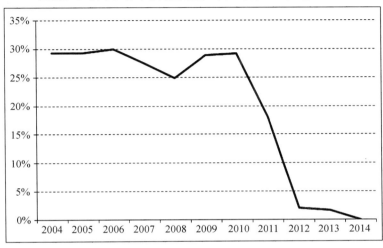

出所：World Nuclear Associationの資料より筆者作成。

　言うまでもなく、原子力事故や複数の原子力発電所の運転停止により、被災地のみならず、日本全国各地で、電力供給の不足および生活・経済活動への悪影響が懸念された。[①]　特に、冷房・暖房などの電力需要が急増する夏場・冬場に電力の需給状況が逼迫する事態が予想された。　一方、電気の特性からいうと、電気は貯蔵できないため、電気の安定供給を維持するためには、常に需要に合わせて供給を調整し、需要と供給を一致させる必要がある。需要と供給のバランスが崩れると、大規模な停電が発生する恐れ

① 　環境省［2012］によると、東日本大震災の影響で約2100万kW分の発電所の運転が停止し、特に、被災地域である東京電力管内および東北電力管内において、電力供給力が通常と比べると大幅に落ち込んだため、電力需給が逼迫する事態となったそうである。

もある。

　このような状況のなかで、政府と各電力会社が国民に対し、「節電」を呼びかけている。政府は、節電に関するホームページ（節電.go.jp：http：//setsuden.go.jp/）を作って、節電の必要性、節電のアイデア、各省庁の節電の取組みなどを国民に分かりやすく紹介している。各電力会社も、家庭および企業などの利用者に対して、ホームページで節電方法を紹介するほか、夜間など比較的電力需要の少ない時間帯（ピークタイム以外の時間帯）の電気料金を割安に設定するなどの工夫によって「ピークシフト」（電気の使用時間帯を夜間などに移行する）を促し、節電に対する理解と協力を求めている。また、多くの企業はサマータイム（生活を1時間前倒しにし、早朝の涼しい時間帯から仕事を始める制度）や休日変更・土日操業（休日を通常の土曜日・日曜日から平日にシフトし、電力消費量が少ない土日に勤務・操業する制度）を導入した。さらに、国民一人ひとりの節電意識の向上を促すために、テレビCM（コマーシャル）や新聞広告に節電に関するものが増えてきている。

　「でんき予報」はこの「節電」という大きなムーブメントのなかで生まれたものである。日本には、地域独占の電力会社が10社ある（図表4－2）。震災後、まず2011年7月1日に、東京電力が「でんき予報」の運用を開始した。続いて、7月11日に、東北電力も「でんき予報」を始めた。さらに、被災していない地域の電力会社も、それぞれ独自の「でんき予報」を実施した。

　「でんき予報」によって、予想最大電力やピーク時供給力、電力使用実績など、日々の電力情報がリアルタイムで表示され、電力の使用状況および需給状態の見通しを社会に広く知らせることができ

図表4-2　日本の電力会社

出所：東京電力株式会社。

た。また、「電力の使用状況グラフ」（図表4-3）や電力需給の逼迫
度に応じた色分け（例えば、関西電力の場合：青・黄・赤①、図表4-
4）など、電力情報をわかりやすく伝える・提供する工夫もなされ
た。大震災後、各電力会社だけではなく、経済産業省やYahooなど
のインターネット会社も、ホームページにおいて「でんき予報」を
実施した。その多くは今でも続けられている。

　「でんき予報」のような、日々の電力需給状況に関する情報を目
に見える形で、わかりやすく社会に広く発信するやり方は、人々の

①　青・黄・赤はそれぞれ、「使用率90％未満、安定した需給状況」、「使用率90％以
　　上～95％未満、やや厳しい需給状況」および「使用率95％以上、厳しい需給状況」
　　を表す。

図表4–3　電力の使用状況グラフ（イメージ）

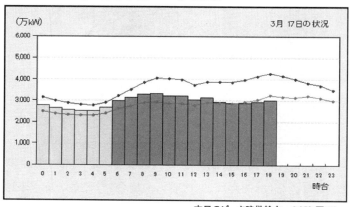

電力の使用状況グラフ（当社サービスエリア内）

計画停電により、お客さまをはじめ、広く社会の皆さまに大変なご迷惑と
ご心配をおかけしており、誠に申し訳ございません。
また、節電にご協力いただき、誠にありがとうございます。
本日の1時間ごとの電力の使用実績は、以下のグラフのとおりです。

| 本日は、6:20〜22:00 に計画停電を予定しています。

出所：東京電力株式会社。

柔軟な対応を促し、人々の節電意識に働きかける効果もあり、節電
により協力しやすくできるようになるのではないか。実際、環境
省が震災の翌年に行ったアンケート調査（平成 24 年 2 月実施）の結
果（図表 4－5）によると、震災後に生じた電力需給の逼迫およびそ
れを受けて生じた節電ムーブメントは、多くの人々の節電意識の
変化をもたらした。10 個の項目すべてについて、震災前に比べ

図表4-4　電力需給の逼迫度合いに応じた色分け（イメージ）

出所：関西電力株式会社。

て、震災後、取り組んでいること又は取り組もうと思っている人が増えている。

　実は、「でんき予報」が実施される前の震災直後に深刻な電力不足に対応するため、一部の地域では「計画停電」が実施された。その時、電力会社の説明不足と情報提供の遅れで、停電に向けた準備をしていたのに実際には計画通りに停電は起きなかったことや、詳しい停電場所が公表されなかったことがあり、住民・工場・企業などは停電への対応に追われ、生活と生産活動の混乱を招いた。「でんき予報」も非常事態に対応する非常手段として始められたが、「電力の使用状況グラフ」や電力需給の逼迫度に応じた色分けなどの可視化されたデータを通じて、しだいに人々は電力需給状況を常に把握できるようになった。この意味で、「でんき予報」と

図表4-5 「震災前から取り組んでいたこと、現在も取り組んでいること」

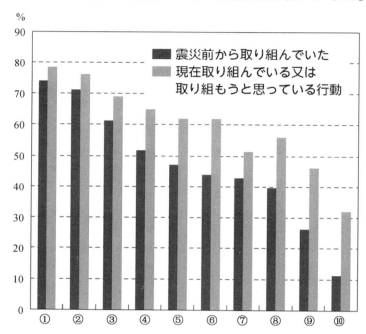

注：① エアコンの温度調整等の家電の節電対策。

② マイバッグの持参、不要なものは買わないなどの取組。

③ クールビズやウォームビズなど服装面での節電対策 ①。

④ シャワー使用時間の短縮などの節水。

⑤ 寝具や敷物、カーテンなどインテリア関係の節電対策。

⑥ 省エネ型のエアコン、TV、冷蔵庫等省エネ型製品の購入。

⑦ 公共交通機関や自転車の積極的な利用（自動車利用の抑制）。

⑧ エアコンの使用を控えるため緑のカーテン等、日陰をつくること。

⑨ 窓や壁の断熱性能の向上。

⑩ 太陽光発電等の再生可能エネルギーや高効率給湯器の導入。

出所：環境省［2012］。

___

① 「クールビズ」「ウォームビズ」について、第 5 章を参照されたい。

いう情報提供の方法は試行錯誤からの学習効果があらわれた結果
であり、危機対応の新しい知恵であるとも言えよう。

＜中文＞

　　见到「でんき予報」这个日语词汇，或许会有读者朋友想"哎
呀，是不是错了？"确实，生活用语「天気予報」的日语发音是「て
んきよほう」。 其实，「でんき予報」（"电力预报"）是 2011 年
3 月 11 日东日本大地震后才流传开来的流行语，指的是关于电力供
需状况的预报。

　　电力，是国民生活、经济活动必不可少的基础设施之一。 说电
力的稳定供给是人们的日常生活、企业的生产活动、国家的经济发
展乃至国家竞争力的基础都不过分。

　　众所周知，"3.11"特大地震和海啸，引发了东京电力公司福岛
第一核电站（简称：东电福岛第一核电站）的严重核事故。 不少发
电站由于此次大震灾造成设备受损而停止运转。 与此同时，福岛
的核事故激发了全社会对核发电安全性的担忧，导致位于非灾区的
一些核发电站也出现了定期检查持久化或停止运转的情况，而且该
状况一直持续至 2015 年 11 月的现在。①

　　对于能源匮乏的日本来说，仅靠少量资源就能释放出大量能源
的核发电，在稳定电力供应方面功不可没。 据世界核能协会

---

①　2015 年 8 月 11 日，位于鹿儿岛县的九州电力公司川内核电站 1 号机重新启动。
　　吸取 2011 年 3 月东京电力公司福岛第一核电站事故的教训，原子能限制委员会
　　于 2012 年 9 月成立；2013 年 7 月，新的限制基准开始实施，安全对策得到了大
　　幅度的加强。 川内核电站 1 号机的重新启动，作为首个机组通过原子能限制委
　　员会基于新限制基准的审查，引起了社会的广泛关注。

（World Nuclear Association）发表的数据显示，大震灾发生前，核发电解决了日本总用电量的大约三分之一（图表 4 - 1）。 另外，据

图表4-1　日本的核发电率

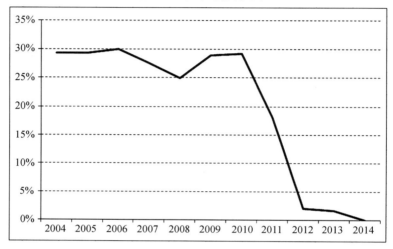

出处：笔者根据 World Nuclear Association 的资料制成。

说由于核发电不产生二氧化碳，对防止地球温暖化也起着重要作用。作为《京都议定书》（加给发达国家削减温室效应废气排出量义务的国际公约）的缔约国，日本承担着削减温室效应有害气体排放量的义务，即，与 1990 年的水平相比，第一承诺期间（2008 年至 2012 年）需将二氧化碳等六种温室效应有害气体排放量削减 6%。[1] 核发电对日本履

---

[1]　据日本环境省［2014］发表的数据显示，《京都议定书》第一承诺期间，日本的平均排放量比基准年减少了 8.4%，从而达成了《京都议定书》所规定的 6% 目标。 另外，在 United Nations［2015］中，《京都议定书》第一承诺期间全体参加国或地区的减少幅度为 22.6%，大大超过 5% 的目标。 至于《京都议定书》的第二承诺期（2013 年至 2020 年），日本已表态不参加。

行《京都议定书》的国际公约也是不可或缺的。 就这样，在日本，核发电深深扎根于国民生活及经济活动中，成为不可或缺的存在。

无疑，核事故以及不少核电站的停止运转，造成了全国范围（不仅限于受灾区）人们对电力供应不足以及生活、生产受到影响的忧虑。^① 特别是在制冷、供暖等用电量大幅增加的夏季和冬季，出现电力供需紧张的可能性将大大上升。 另一方面，从电力本身的特性来说，因为电力无法存储，为保证电力的稳定供给，就必须按需要调整供给使供需一致。 供需平衡一旦被打破，就有发生大规模停电的危险。

在这种情况下，日本政府和各家电力公司都向国民积极呼吁"节电"。 政府制作了专门有关节电的网页（節電.go.jp: http://setsuden.go.jp/），简单易懂地向国民介绍节电的必要性、节电的好主意以及各政府部门的节电举措。 此外，各电力公司也都在公司网页上向家庭和企业等用户介绍节电方法，并通过降低夜间等用电需求较少时段的电费等方法，来促进"转移用电高峰"（将用电时段转移至晚间），并寻求民众对节电的理解和配合。 很多企业还引进了夏令时（将生活时间提前一个小时，从早晨的凉爽时间带开始工作的制度）和变更休息日，周六周日上班（将休息日从周六周日调换到平时，在用电量较少的周六周日上班的制度）等节电办法。 另外，为提高每位国民的节电意识，关于"节电"的电视广告、报纸

① 据环境省［2012］发表的数据显示，受东日本大震灾的影响，有相当于总量2100万千瓦发电能力的发电站停止运转，尤其是地处受灾区的东北电力公司管辖区内以及东北电力公司管辖区内，与通常相比，供电能力大幅下落，因此，电力供需陷入极度紧张。

广告也增多了。

　　"电力预报"就是在这种大环境下应运而生的。 在日本，地区垄断的电力公司有 10 家（图表 4 - 2）。 大震灾后的 2011 年 7 月 1 日，东京电力公司率先开始实施"电力预报"；7 月 11 日，东北电力公司也立即跟进；进而，地处非受灾区的电力公司也都分别开始实施了各自的"电力预报"。

图表4-2　日本的电力公司

出处:东京电力股份有限公司。

　　有了"电力预报"，每天的最大用电量预计值、高峰时供电量，以及实际用电量都能得到实时表示，从而有利于人们广泛了解用电状况以及预测电力的供需状态。 另外，我们从"用电状况图"（图表 4 - 3），以及与电力供需紧张程度对应的不同颜色标识（譬

如，关西电力公司用的是绿、黄、红三色①；见图表4-4）等也能看出各电力公司在巧妙传达、提供有关电力信息方面所动的脑筋。其实，在大震灾发生之后，不仅是各电力公司，经济产业省以及雅虎等互联网公司，也都在各自的网页上实施了"电力预报"，其中的大多数至今仍在继续。

图表4-3　用电状况图（示意图）

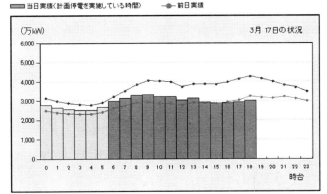

出处：东京电力股份有限公司。

---

① 绿、黄、红三色分别表示"使用率不满90％，供需状况稳定"、"使用率在90％至95％之间，供需状况较为紧张"以及"使用率为95％以上，供需状况紧张"。

图表4-4　電力需給の逼迫度合いに応じた色分け（イメージ）

本日の状況（6月30日）　　　6月30日 7時40分 更新

やや厳しい
需給状況

節電にご協力いただき、ありがとうございます。
電気の需給は厳しくなることが予想されます。
ご迷惑をお掛けしますが、9時～20時までの間、
より一層の節電のご協力をお願いいたします。

予想最大電力
2,660万kW
（14時～15時）
ピーク時供給力
2,890万kW

凡例　※見込情報です。

安定した　　やや厳しい　　厳しい
需給状況　　需給状況　　需給状況
緑　　　　黄　　　　紅

出处：关西电力股份有限公司。

　　像"电力预报"这样，将每天的电力供需信息用一目了然的形式广泛地向全社会发布的办法，是不是能促进人们采取灵活的应急措施，加强人们的节能意识，从而更易于人们参与到节电行动中去呢？ 实际上，根据日本环境省在大震灾后的第二年进行的民意调查（2012 年 2 月实施）结果（图表 4－5）显示，震灾后产生的电力供需的紧张以及由此而出现的节电浪潮确实导致了人们在节电意识方面出现了变化。 对于所有十个调查事项，与震灾之前相比，震灾之后有所行动或者准备有所行动的人都有所增加。

　　其实，在大震灾发生后（"电力预报"实施之前），为了缓解严重的电力不足，部分地区实施了"计划停电"。 当时，由于电力公司的说明不到位以及信息滞后，出现了明明做好了停电的准备而实际上未按计划停电、没有能详细公布停电具体地区等情况，从而造

图表4-5　震灾前就有所行动的事项、现在也有所行动的事项

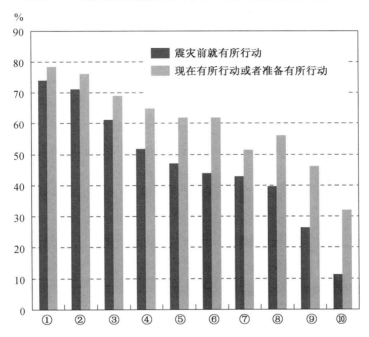

① 采取空调调温等家电节电对策。
② 自带购物袋，努力做到不需要的东西不买。
③ 在穿衣方面响应环境省号召，实行清凉商务和温暖商务①。
④ 缩短淋浴时间来节水。
⑤ 在床上用品、铺垫品、窗帘等家居装饰品方面采取节电对策。
⑥ 购买节能型空调、电视、冰箱等节能产品。
⑦ 多利用公共交通或骑自行车（少开自家车）。
⑧ 种植绿色植物墙、制造背阴处以减少空调的使用。
⑨ 提高窗户和墙壁的隔热能力。
⑩ 利用太阳能发电等再生能源，使用高效能热水器。
出处：环境省［2012］。

————————

① 关于"清凉商务"和"温暖商务"，请参见第 5 章。

成居民、工厂、企业疲于应付，导致生活和生产活动出现了混乱。
"电力预报"尽管也是非常时期的应急手段，但人们可以通过"电力
使用情况曲线"、与电力供需紧张程度对应的不同颜色标识等可视
化数据，随时掌握电力的供需状况。 在这个意义上，"电力预报"
这一信息提供方式可以说是从之前的错误中吸取经验教训的结果，
也是应对危机的新智慧。

第5章　スーパークールビズ（**超级清凉商务**）

<日本語>

　最初日本に来た時、サラリーマンの服装を見て、大変驚いた。なぜなら、彼らはいつもきちんとしたフォーマルな服装をしており、真夏でもスーツと長袖シャツを着て、ネクタイを締め、革靴を履いていたからだ。猛暑日のニュースでは決まって、外で歩いているサラリーマンが汗だらけの顔をハンカチで拭く映像が流れる。暑いのになぜこのような格好をしているのか、夏にふさわしい服装をなぜしないのかと不思議に思う読者がいるかもしれないが、実は、こういった服装のあり方は、日本型ビジネスマナーおよびワークスタイルの重要な内容の一つなのだ。それがどれほど重要であるのかは、それに関わる流行語から窺うことができる。

　2005 年の「ユーキャン新語・流行語大賞」のトップテンに「クール・ビズ」（Cool Biz）という造語が選ばれた。この造語は、「涼しい」や「格好いい」を意味する「クール」（cool）と、仕事や業務の意味を表す「ビジネス」（business）の短縮形「ビズ」（biz）を組み合わせた

ものである。当時、環境省が音頭をとり、夏季にネクタイや上着を
なるべく着用せず（いわゆる「ノーネクタイ・ノージャケット」）、摂
氏 28 度の冷房の温度設定に対応できる服装を着用するという「ク
ール・ビズ」キャンペーンを全国で推進していた。その背景には、
温室効果ガス排出量の削減目標を定めた京都議定書が2005 年 2 月
に発効し、日本は6％の削減量が義務付けられたことがある。[1]　し
たがって、「クール・ビズ」キャンペーンの主な狙いは、冷房の節約
による温室効果ガスの削減にある。[2]

　2006 年に環境省が実施した「クール・ビズ」に関するアンケー
ト調査では、「クール・ビズ」の認知度は96.1％、昨年または今年か
ら冷房の設定温度を高くしている企業の割合は43.2％であり、そし
て、この割合をもとに推計した二酸化炭素（CO_2）削減量は約 114
万トン（約 250 万世帯の1ヶ月分のCO_2排出量に相当）という結果で
あった（環境省［2006］）。また、2009 年に内閣府が行った「クール・
ビズ」に関する世論調査の結果によると、職場で「クール・ビズ」を
実践していると答えた人は57.0％で、前回（2007 年）より10.4％、前
々回（2005 年）より26.1％増加したという（IT media［2009］）。これ
らの結果を見ると、「クール・ビズ」への取り組みが一定の成果を
あげていると言えよう。

　日本の「クール・ビズ」は、海外でも取り入れられた。例えば、韓
国は、2006 年夏季から「クール・ビズ」を開始しており、しかも温室

---

[1]　京都議定書について、第 4 章を参照されたい。
[2]　こういう背景のもとで、近年、日本政府は積極的に地球温暖化対策などの環境
　　政策を推進している。環境配慮を実践する取組として、「エコ・ポイント」も挙
　　げられる。「エコ・ポイント」について、王［2012］の第 2 章を参照されたい。

効果ガスの削減には有効であると発表している（Kwon［2009］）。また、イギリスの全国的な労働組合連合組織であるTUC（The Trades Union Congress）も、2006年7月に日本の「クール・ビズ」に倣って、服装の簡素化を内容にした「クール・ワーク」キャンペーン（"cool work" campaign）を提唱した（TUC［2006］）。さらに、国連でも2008年8月から、冷房設定温度を5℉引き上げ、軽装を奨励する「クールUN」（cool UN）を始めた（Ban［2008］）。

　実は、夏の「クール・ビス」に対して、冬季には過度に暖房に頼らず、摂氏20度の暖房温度でも暖かく働きやすい冬のビジネススタイルも考案された。「クール・ビス」の対義語「ウォーム・ビズ」（Warm Biz）と呼ばれている。

　第4章で述べたように、2011年には、東日本大震災の影響を受け、福島第1原発事故や多数の原子力発電所の稼動停止による深刻な電力不足が懸念される中、節電が全国に大きく呼びかけられた（「節電」という言葉はその年の「ユーキャン新語・流行語大賞」候補語にもなった）。その節電を最も強いられるのは、電力需要のピークを迎える真夏である。そこで、夏の電力不足に対応する節電対策として、環境省は2011年に、クール・ビズの実施期間を従来の6月〜9月から5月〜10月に拡大し、さらに、6月から、これまで推奨してきたクール・ビズをさらに徹底し、より一歩進んだ取り組み「スーパークールビズ」を実施した。この「スーパー」（super）とは、ノーネクタイとノージャケットが基本内容だった従来のクール・ビズに加え、ポロシャツ、アロハシャツ、無地のTシャツ、ジーンズ（「破れてだらしないもの」は不可）、スニーカー、サンダルなど、より一層の軽装や暑さを凌ぐ工夫をし、従来のクール・ビズをさ

らに強化するという意味である。

　「スーパークールビズ」として、環境省は、室温28℃の徹底のほか
に、ファッション、ワーク、ハウス、アイデア、シェアという五つのポ
イントを取り上げ、それらについて様々な工夫を提案している（図
表5-1）。例えば、勤務時間を朝型にシフト、夜の残業はなるべく
禁止に、ノー上着を夏のフォーマルに、オフィスの窓際にグリーン
カーテンを設置、打ち水でビジネス街の温度調整、などである。こ
の中で、特に、注目されるのが「スーパークールビズ」に適した職場
の新しいドレスコード（服装規定）である。環境省は、それを推進
するために、百貨店などと協力して全国各地でファッションショー
などのイベントも開催している。

　国が一丸となって省エネ・節電に向けて努力することについて
は多くの人々が賛意を示しているが、スーパークールビズの服装
については意見が割れた。「ビジネスシーンに合わない」「襟なし
は失礼にあたるのでは」「サンダルで人に会うのはちょっとどうか
と思う」「初対面のお客さんと会う時、そのような恰好では信頼さ
れない」とビジネスマナーを懸念する声もあれば、「カジュアルに
なるのは涼しくて良いのでは」「外の人と会うときはともかく、デ
スクワークの時なら問題ないのではないか」と歓迎する声もある。

　日本では、職場で、特に顧客訪問・来客対応の場合、今でも厳格
な服装着用を求める声が根強い。職場の服装スタイルはビジネス
文化の積み重ねであり、簡単には崩せさいだろう。サラリーマン
（ビジネスマン、公務員なども含む）の多くには、スーツというなじ
みの「鎧」を脱ぎ捨て、軽装で勤務するにはかなり心理的な抵抗が
あるようである。したがって、スーパークールビズの新しいドレ

図表5–1　環境省が提唱した「スーパークールビズ」の5つの取り組み

出所：環境省。

スコードが政府によって提案されたが、職場において定着するに
はまだまだ程遠い。例えば、大半の大手企業がノーネクタイやノ
ージャケットのクール・ビズを実施しているものの、アロハシャツ
やポロシャツなどのスーパークールビズ姿までは許容していな
い。「スーパークールビズ」の旗振り役である環境省でも、2013年
の夏から、どこまでがいいのかが分かりにくいという理由で、無地
のTシャツ、ジーンズ、サンダルの着用を不可とした（The Japan
Times［2013］）。

　さらなる軽装化への文化的・社会的障壁以外に、「クール・ビ
ズ」と「スーパークールビズ」の効果を疑問視する声もある。例え
ば、推奨される28℃の温度設定はオフィスで快適に働くには高す

ぎで、仕事に集中するのが難しくなることが指摘されている。小林他[2006]は、オフィスの温度が25℃から26℃に1℃上昇した時に生産性が1.9%程度低下することを明らかにした。このことは、「クール・ビズ」や「スーパークールビズ」を推進する際に、省エネの観点だけではなく、生産性を考慮する必要もあることを示唆している。

　日本の「スーパークールビズ」は海外のマスメディアによっても取り上げられ、話題になった。2011 年に当時の松本龍環境大臣が英国放送協会 BBCのインタビューに対して、「スーパークールビズ」は単なる夏の節電対策ではなく、日本人の生き方・生活様式を変える大きなターニング・ポイントであると答えた（BBC[2011]）。米ナショナル・パブリック・ラジオNPRも「スーパークールビズが実施される前に、日本でこんなにカジュアルな服装で出勤したら解雇される」「日本でオフィス・ウェアの革命が起こるかもしれない」と報じた（NPR[2011]）。果たして「スーパークールビズ」は日本人の生き方・生活様式を変えられるかどうか、職場での服装革命になるかどうかは、今後の展開を待つしかないが、「スーパークールビズ」は大震災後の日本社会で生じた「節電」ムーブメント（第 4 章を参照）と同様、人々に日常生活においてエネルギー問題や環境問題を意識させる効果があるのではないだろうか。

＜中文＞

初来日本的时候，看到这里上班族的衣装很是吃惊。 为什么呢？ 因为他们总是着装正式、衣冠楚楚，即使盛夏也穿着笔挺的西装和长袖衬衣，系着领带，穿着皮鞋。 酷暑天的电视新闻中，一定会出现上班族拿着手帕擦拭满头大汗的镜头。 或许有的读者会觉得奇怪：天那么热，怎么还这种装束啊？ 为什么不穿与夏日相符的服装呢？ 其实，如此装束是日本式商务礼仪、工作方式的重要内容之一。 至于到底有多重要，我们可以从与其有关的流行语中可见一斑。

2005 年"U－CAN 新语、流行语大奖"的前 10 名中，「クール・ビズ」（"清凉商务"）这一新词榜上有名。 该词是将表示"凉爽"、"帅"的「クール」（"cool"）与表示"工作"、"业务"的「ビジネス」（"business"）的简化形式「ビズ」相结合而成的。 当时，日本环境省带头，在全国掀起了一场「クール・ビズ」（"清凉商务"）运动，即夏天尽量不系领带、不穿西装外套（即所谓"无领带、无外套"装束），而改穿轻便服装以便在空调温度设定为 28 摄氏度的情况下也能过得舒适。 其背景是《京都议定书》2005 年 2 月开始生效，议定书规定各国承诺削减温室效应气体排出量，而按照规定，日本将承担削减 6％的义务。[1] 因此，"清凉商务"运动的主要目的在于，靠夏季轻装来节电减排。[2]

---

[1]　关于《京都议定书》，请参见第 4 章。

[2]　在这种背景下，近年来日本政府积极推动治理地球温暖化等方面的环境政策。作为环保方面的具体实践，还可举出"环保积分"的事例。 关于"环保积分"，请参见王凌［2012］第 2 章。

据 2006 年环境省实施的问卷调查显示，"清凉商务"的认知度达到 96.1％；回答"从去年或今年开始调高空调温度"的企业达到 43.2％；而以该比例推算，可得出二氧化碳减排量为 114 万吨（相当于 250 万个家庭一个月的排放量）的结果（环境省［2006］）。另外，据 2009 年内阁府实施的舆论调查结果显示，回答在工作单位"实践'清凉商务'"的人数占到了 57.0％，比两年前（2007）的调查结果提高了 10.4％；比四年前（2005）更是提高了 26.1％（IT media［2009］）。 从这些结果来看，可以说关于"清凉商务"的举措取得了一定的成果。

日本的"清凉商务"运动在国际上也被采纳。 譬如，韩国从 2006 年夏季开始实行"清凉商务"，并表示："对减排温室效应气体确有效果"（Kwon［2009］）。 另外，英国的全国性工会组织 TUC（The Trades Union Congress）也于 2006 年 7 月效仿日本的"清凉商务"运动，倡导以简装为内容的"清凉工作"活动（"cool work" campaign）（TUC［2006］），而联合国也从 2008 年 8 月开始将空调温度提高 5 华氏度，展开了鼓励穿轻便服装的"清凉联合国"（cool UN）运动（Ban［2008］）。

与夏季的"清凉商务"相对，人们还想出了在冬季不过度依赖空调，在摄氏 20 度的空调温度下工作也不感觉冷的工作方式，并用"清凉商务"的反义词"温暖商务"（「ウォーム・ビズ」，Warm Biz）来命名。

正如第 4 章所述，2011 年受东日本大震灾的影响，预想到福岛第一核电站事故以及其他核电站停止运转将导致严重的电力不足，节电在日本全国范围内得到大力推行（"节电"这个词也成了 2011 年"U－CAN 新语、流行语大奖"的候选词之一）。 最迫切需要节

电的季节，是用电高峰的盛夏。于是，作为应对夏季电力不足的节电措施，环境省将"清凉商务"的实施期间从过去的 6 月至 9 月扩展为 5 月至 10 月，并从 6 月开始实施了比过去的"清凉商务"更进一步的「スーパークールビズ」（"超级清凉商务"）。这里所谓的「スーパー」（"超级"），指的是进一步强化原来的"清凉商务"的意思：即在"清凉商务"不系领带、不穿西装外套等基本内容之上提倡穿着更加轻便的服装，比如开领短袖 T 恤、夏威夷衫、单色 T 恤、牛仔裤（"有破洞、显得邋遢的"不行）、轻便运动鞋、拖鞋等，并更进一步开动脑筋想点子来度过酷暑。

　　作为"超级清凉商务"的具体举措，除了彻底贯彻将空调房温度设定为 28 度之外，环境省还列举出以下五大点，即着装、工作、房间、想点子、共享清凉资源，并就此提出了各种建议方案（图表 5-1）。譬如，将上班时间提早、尽量不要晚间加班、将不穿西装外套列入夏季正装规定、办公室设置绿色植物窗帘、用洒水法来降低商业街的温度等。其中，尤其引人注目的则是适合"超级清凉商务"的新型工作服装规定。为推进该新型工作服装规定，环境省还与百货商店等合作，在全国各地举办时装秀等活动。

图表 5-1　环境省大力倡导的"超级清凉商务"五大要点

① COOL FASHION（清凉着装）:简化服装清凉过夏 ・进一步轻装,如穿着冲绳衫、开领短袖 T 恤等 ・不是很热的时候,使用团扇、纸扇、遮阳伞等来防暑
② COOL WORK（清凉工作）:工作方式变得高效 ・上班时间调整到清晨清凉时段 ・不加班 ・暑天休长假

③ COOL HOUSE(清凉房间)：巧用设备舒适清凉 ・窗户加装百叶窗、隔热板 ・种植"绿色植物窗帘"、加装竹帘或苇帘 ・勤测室温以防中暑
④ COOL IDEA(想点子找清凉)：略施小技即可清凉 ・早晚往地上洒水 ・吃冷食腹内降温 ・活用"冷却贴"、冰袋等小物品
⑤ COOL SHARE(共享清凉资源)：大家积聚清凉场所 ・全家大小集中在一个房间 ・到大自然中凉爽处过夏 ・有效利用公共设施 ・有效利用咖啡店、餐馆等

出处：环境省。

　　对于举国上下致力于节能减排，很多人持赞赏态度，不过，对于"超级清凉商务"的服装规定，人们意见却出现了分歧。既有对商务礼仪表示担心的，认为"不符合商务场面"、"无领服装有失体统"、"穿着拖鞋与人会面总觉得不太好"、"与客人初次见面时，那副打扮对方会信不过你"等；也有表示欢迎的，认为"穿便装很凉爽，不是很好？""外事场合另当别论，在办公室工作时应该没问题吧"等。

　　在日本，即便如今，对于工作场合，特别是访问、接待客户时的着装要求依然十分严格。工作着装方式有着厚重的商务文化的积淀，不会轻易消失。很多上班族（包含商务人员和公务员）似乎在心理上对脱下西装这一倍感亲切的"铠甲"而"轻装上班"还有着相当大的抵触情绪。因此，尽管政府提出了"超级清凉商务"的

新型工作服装规定的提案，但各个工作单位还远没有将其落到实处。譬如，多半的大企业尽管实施了不打领带、不穿西装外套的"清凉商务"，但还不允许穿着夏威夷衫、开领短袖 T 恤之类的"超级清凉商务"服装来上班。就连"超级清凉商务"的倡导者环境省也从 2013 年夏天开始，以难以判断是否出格为由，出台了禁止穿素色 T 恤、牛仔裤、拖鞋上班的规定（The Japan Times［2013］）。

　　对于进一步的轻装化，除来自文化、社会的阻碍以外，也不乏对"清凉商务"、"超级清凉商务"的功效置疑的声音。譬如，有人指出，政府提倡的室温摄氏 28 度超出了人们可舒适工作的温度水准，让人难以集中精力工作。小林弘造等［2006］的研究结果显示，办公室温度从 25 摄氏度提高 1 度到 26 度时，生产效率将降低 1.9％左右，从而表明在推广"清凉商务"、"超级清凉商务"时，不能光着眼于节能，还有必要同时兼顾到生产效率。

　　日本的"超级清凉商务"也受到了海外媒体的关注，在海外成了话题。2011 年时任环境大臣的松本龙在回答英国广播协会 BBC 记者采访时说："'超级清凉商务'不仅仅是单纯的夏季节电措施，也是改变日本人生活态度、生活方式的一个转折点。"（BBC［2011］）；美国国家公共广播电台也报道说"在实施'超级清凉商务'前，在日本穿着这样的便装上班要被炒鱿鱼的"、"日本或许将发起一场工作着装的革命"（NPR［2011］）。"超级清凉商务"是否真能改变日本人的生活态度、生活方式？是否真能带来工作着装的革命？我们只能拭目以待，不过，可以说它和大震灾后日本出现的"节电"等社会运动（参见第 4 章）一样，具有让人们在日常生活中时刻意识到能源与环境问题的效果吧。

第6章　空き家（閑置房）

＜日本語＞

　2015年5月26日に、「空家等対策の推進に関する特別措置法」という新しい法律が日本で全面施行され、大きな注目を集めた。

　「空き家」とは、文字通り、常時居住者のいない家屋のことである。総務省統計局の「平成25年住宅・土地統計調査」によると、平成25年（2013年）10月1日時点で日本全国の総住宅数は6063万戸、うち空き家はおよそ820万戸（7戸に1戸）で、空き家率は13.5％に達している。空き家戸数と空き家率は、両者とも過去最高となり、空き家問題の深刻な実態が浮き彫りになった（図表6‐1）。

　図表6‐1に示されているように、1963年以降、5年ごとに調査が行われる度に空き家戸数、空き家率の両方とも増加の一途を辿っている。空き家の数は1993年から2013年にかけて、20年間で約1.8倍になっており、空き家率は1998年に初めて1割を超え、その後も一貫して上昇を続けている。

　どうして今、空き家が増えて社会問題化しつつあるのか。いく

図表6-1 空き家数および空き家率の推移

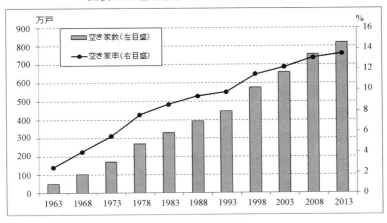

注：(1)「空き家」とは3か月以上にわたって住んでいない場合をいう。
　　(2) 1963年と1968年の数値は、沖縄県を含まない。
出所：総務省統計局「住宅・土地統計調査結果」より筆者作成。

つかの理由が考えられる。

　まず挙げられることは、少子高齢化、世帯数の減少、過疎化という人口構造の変化である（人口構造の変化について、詳しくは第15章を参照）。川口［2007］は、高度成長期（1950年代半ば〜1970年代初頭）やバブル期（1980年代後半〜1990年代初頭）に開発された数々の郊外住宅地では、多くの住民が住宅地とともに高齢化したが、住宅地の「世代交代」ができていないことを指摘している。子どもたちは独立して家を巣立っていき、残された老夫婦は老人ホームに入居したり、交通便利な駅前のマンションなどに引っ越したりするケースが増えている。一方、人口の減少や晩婚化・未婚化が進み、こうした住宅地に移り住む若い世帯は少ない。国立社会保障・人口問題研究所［2013］によると、一般世帯総数は2020年の

5307 万世帯でピークに達し、2035 年には4956 万世帯まで減少する
と見込まれる。また、地方（都市圏以外の地域）では、仕事を求めて
大都市に行く若者も多い。こうした結果、過疎化（人口密度の急激
な減少）が進んでいる。過疎化と少子高齢化・世帯数の減少が同
時進行し、空き家問題は地方を中心に深刻な問題となっているの
である。

　野村総合研究所が空き家所有者を対象に行ったインターネッ
ト・アンケート調査の結果（榊原・今井・杉本［2015］）によると、
空き家所有者の約 48％は空き家を活用せずに放置しており、東
京・大阪・名古屋三大都市圏を除く地方圏では、その比率は55％
に達している（図表 6－2）。

図表6–2　空き家の処分方法（アンケート調査結果）

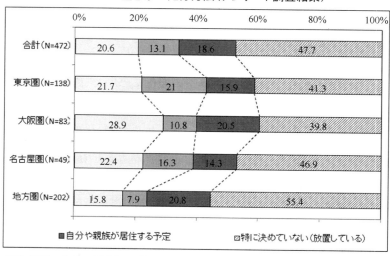

出所：榊原・今井・杉本［2015］。

　第 2 に、世帯数の減少に応じた新設住宅数の調整が行われていな

いことである。図表6‐3は、1958年から2013年までの日本におけ
る総住宅数および総世帯数の推移を示している。1963年以前に
は総世帯数が総住宅数を上回っていたが，1968年にはそれが逆転
し，その後も総住宅数は総世帯数の増加を上回っており，しかもそ
の超過分（新設住宅の供給過剰と理解してもよい）も5年ごとに調
査が行われる度にどんどん大きくなっている。

図表6–3　総住宅数と総世帯数の推移

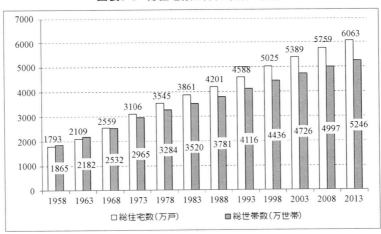

出所:総務省統計局「住宅・土地統計調査結果」より筆者作成。

　Harding[2015]は、アメリカやイギリスの住宅市場全体に占める
中古住宅の割合が90％であるのに対して日本ではわずか15％であ
ること、そして、地震やシロアリにより、日本の住宅（木造）の平均
寿命は約30年であることなどを指摘している。日本の住宅市場
における新築住宅の圧倒的な優位性は、日本人の強い新築志向を
反映している一方、「スクラップ・アンド・ビルド」を繰り返す日

本型家づくりの結果でもある。①

　次に、世代間のライフスタイルの違いが挙げられる。高度成長期やバブル期に各地に開発された郊外住宅地に移り住んだのは、当時、より豊かな住環境を求めた核家族世帯である。すなわち、夫は都市部で働くサラリーマンで、妻は自宅で家事・育児に専念する専業主婦という家族形態であった。しかし、子どもたちのライフスタイルは、親の世代とは大きく異なる。現在、多くの若者カップルが共働きしており、郊外住宅地より交通の便のよい都市部のマンションを選ぶ傾向がある。

　税制の影響も無視できない。これまで、空き家であっても住宅が建っていれば、土地にかかる固定資産税が最大本来の6分の1に軽減されていた。これも空き家の所有者が空き家を取り壊さず放置する原因の一つとなっている。それゆえ、2015年5月に施行された「空き家に対する特別措置法」では、税制も改正され、老朽化が進み倒壊の恐れなどがある「特定空き家」については、その軽減対象から外すことになった。

　さらに、空き家を有効に活用するという考えがまだ浸透していない。例えば、空き家の所有者には、「代々続いてきた家を貸すなんてご先祖様に申し訳ない」とか「見知らぬ人に家を貸すのは抵抗がある」とか「家の中を片付けるのが面倒だ」など否定的な考えを

---

① 　近年、日本では、長く住み継ぐことを前提とした家づくり（例えば、「100年住宅」、「200年住宅」や「長期優良住宅」）など、住宅の長寿命化への取り組みが行われている。国土交通省は住宅の長期使用を促進するために、2009年6月4日に「200年住宅」の普及を目指す「長期優良住宅の普及の促進に関する法律」を施行した。長期優良住宅として認定される新築住宅は税制優遇を受けられることになる。

持っているものも少なくない。

　空き家は、街の景観を乱すだけでなく、火災や犯罪の温床になったり、地震や台風などで倒壊したりして、周りの住宅や通行人に危険を及ぼす恐れがあるなど、防災面でも大きな問題となっている。また、ゴミなどの不法投棄を誘発し、衛生上、有害となる恐れもある。米山[2012]は、空き家問題を現状のまま放置すれば、空き家率は2028年には23.7％に上昇すると計算している。榊原[2014]も、除却・減築が進まなければ、2023年の空き家数は約1397万戸で、空き家率は2割を超える（21％）と予測している。

　こうした状況を受けて、日本政府は新たな空き家対策を盛り込んだ特別措置法を制定し、本格的に対策に乗り出すことになったのである。これが、2015年が「空き家対策元年」と言われる所以である。これまで、自治体が条例を制定し、撤去などの空き家対策を実施してきたが、権限が限られていたため、なかなか対策が進んでこなかった。今回の空き家対策のための特別措置法のもとでは、市町村にさまざまな権限が与えられている。例えば、空き家の所有者を迅速に把握できるようにするため、市町村が固定資産税の情報を利用することができるようになり、所有者が分からない場合でも、問題が生じるおそれがある空き家に立ち入り、危険性などを調査することができるようになった。また、著しく安全上の危険や衛生上有害となる恐れがある空き家等については、市町村が「特定空き家」と判断し、所有者に対して撤去や修繕の勧告や命令ができ、命令に従わない場合や所有者が不明の場合には、強制的に撤去することもできるようになった。

　土地は人間が作り出し得ない「再生不能財」であるため、空き家

問題の改善・解消は、希少な土地の有効利用につながり、経済を活性化することができる。そのためには、どのように空き家を有効に活用していくのかがカギになるだろう。

　総務省の「平成 20 年・25 年住宅・土地統計調査」によると、空き家の25％は腐朽・破損があり、そのままの居住は困難であるが、その一方、空き家の約 70％は活用可能性が高いということである。今、日本でに、空き家バンク、空き家リフォームサービス、空き家の管理を代行するサービスなど、空き家対策に関連する新たなビジネスが登場し始めている。

　今後、さらなる既存住宅ストックの活用、中古住宅市場の活性化および優良な住宅ストックの形成が必要となってくるだろう。また、空き家問題は、人口減少・少子高齢化・過疎化など現代日本が抱えている課題と密接にかかわっているため、空き家対策とともに、こうした課題の解決に向けた取り組み（例えば、空き家を高齢者福祉施設、保育所、外国人向け宿泊施設として活用する）も同時に進めていく必要もあるだろう。

＜中文＞

　2015 年 5 月 26 日，日本全面出台了一个新法令——《关于推动闲置房等对策的特别措施法》，引起了人们的广泛关注。

　所谓闲置房，顾名思义，就是长期没有住户的房屋。据总务省统计局的《平成 25 年住房、土地统计调查》显示，平成 25 年（2013 年）10 月 1 日，日本全国的总住宅数为 6063 万套，其中，闲置房约达 820 万套（即每 7 套房中就有 1 套是闲置房），占总住

宅数的 13.5％。 闲置房总户数与其占总住宅数的比例（闲置率）均达到历史最高，凸显出了闲置房问题的严重性（图表 6-1）。

图表6-1 闲置房数量以及闲置率的长期变化

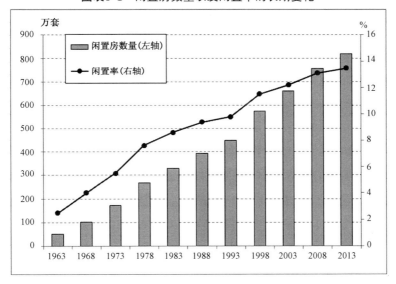

注：（1）所谓"闲置房"，是指无人居住 3 个月以上的房屋。
（2）1963 年和 1968 年的数值不包括冲绳县。
出处：笔者根据总务省统计局《住房、土地统计调查》制成。

正如图表 6-1 所示，在 1963 年之后每五年进行的调查中，闲置房数量和闲置率都是有增无减。 闲置房数量从 1993 年到 2013 年的二十年间增加了八成，闲置率在 1998 年首次突破 10％，其后也一直呈持续上升趋势。

为什么闲置房不断增加并逐渐成为一大社会问题了呢？ 笔者认为可以考虑以下几个理由：

首先，可举出的是少子老龄化、家庭数量的减少、过疏化等人

口构造上的变化（关于日本人口构造的变化，请详见第 15 章）。
川口太郎［2007］指出，经济高度增长期（20 世纪 50 年代中期至
70 年代初）、泡沫时期（20 世纪 80 年代后半期至 90 年代初）大量
修建的郊外住宅区内，很多居民和住宅区一起在老龄化。 孩子们
自立门户陆续离开父母家，留下来的老夫妇进了老人院，抑或是搬
到交通便利的站前公寓，这种现象有增无减。 而另一方面，人口持
续减少，很少有年轻人搬到那些郊外住宅区，因此，住宅区的住户
没能实现"新老交替"。 据国立社会保障人口问题研究所［2013］
的预测，家庭数量在 2020 年将达到峰值 5307 万户，到 2035 年将减
少到 4956 万户。 尤其在地方城市（大城市以外的地区），很多青
年为找工作而流入大城市，其结果，过疏化（人口密度的急剧下
降）日益严重。 过疏化和少子高龄化、家庭数量的减少等现象的同
时发生，共同导致了闲置房问题成为以地方城市为主的严重问题。

　　野村综合研究所对闲置房房主进行的网络民意调查结果（榊原
涉、今井绚、杉本慎弥［2015］）显示，闲置房房主的约 48％对其
闲置房没有加以有效利用而一直白白闲置，在东京、大阪、名古屋
三大都市圈以外其比例高达 55％（图表 6－2）。

　　第二个原因，就是新建住房数没有进行与家庭数量的减少相适
应的重新调整规划。 图表 6－3 是 1958 年到 2013 年日本住房总数
与家庭总数的长期变化示意图。 1963 年以前，家庭总数超过住房
总数，而到了 1968 年，结果颠倒过来，其后住房总数一直超过家庭
总数的增加，而且每五年进行的调查显示，其超过的部分（可理解
为新建住房的供给过剩）也是不断递增。

　　Harding［2015］指出，英美住宅市场中二手房比例占 90％，而
与此形成鲜明对照的是，日本二手房比例仅占 15％，而且受地震和

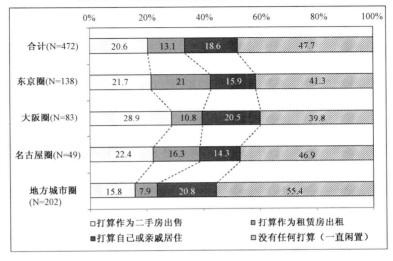

图表6-2 闲置房的处理办法（民意调查结果）

出处：榊原涉、今井绚、杉本慎弥[2015]。

白蚁破坏影响，日本的住房（木造）平均寿命大约只有三十年。 日本住宅市场中新房占压倒优势，这一方面反映了日本人购房时喜欢新房的心理，同时也是日本式造房模式，即反复进行"废旧建新"的结果。①

　　接下来，作为理由，可以举出的是不同辈的人生活方式的不同。 搬入修建于经济高度增长期和泡沫时期的郊外住宅区的，都是当时为了改善居住环境的核家庭。 即，丈夫是在城市里工作的

---

① 近年来，日本在大抓住房寿命经久化问题，造房时均以能长期居住为前提（比如，"百年房"、"两百年房"、"长期优质住房"等）。 国土交通省为了促进住房的经久耐用，在2009年4月实施了旨在普及"两百年房"的《有关促进普及长期优质住宅的法律》。 被认定为"长期优质住房"的新建住房在法律上可享受纳税方面的优惠政策。

图表6-3　住房总数与家庭总数的长期变化

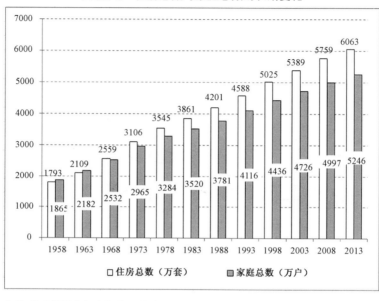

出处：笔者根据总务省统计局《住房、土地统计调查》制成。

工薪者，妻子则是在家一门心思从事家务劳动和带孩子的专业主妇。　然而，和上一代相比，这一代的生活方式出现了很大的不同。现在，很多青年夫妇都是双职工，在选择居住地时，比起郊外住宅区，他们更倾向于选择交通方便的城市公寓。

　　另外，税制的影响也不可小觑。　以前，即便是闲置房，只要盖有住宅，土地的固定资产税最多就可减到原来的六分之一。　这也是闲置房房主之所以没有把房子拆除而一直放置的原因之一。　正因为此，在2015年5月生效的对闲置房的特别措施法中，政府修改了税制，把老朽化严重、有倒塌危险的"特定闲置房"从减税对象中剔除。

　　还有就是有效活用闲置房的观点尚未深入人心。比如，有不少闲置房房主认为"世世代代延续下来的房子，要是出租出去对不起祖先"呀，"对把房子租给陌生人有顾虑"呀，"收拾房子里里外外太麻烦"呀等等，对将闲置房加以有效利用持否定态度。

　　闲置房，不仅在市容景观上有碍观瞻，而且有可能成为火灾及犯罪的温床，还会因地震、台风等倒塌，从而给周围住户和行人带来危险，因此，在防灾方面也是个问题。另外，还有可能引发乱扔垃圾的现象，在卫生方面带来危害。米山秀隆［2012］的计算结果是，对于闲置房问题如不采取任何措施一任其发展下去的话，那么到 2028 年闲置率将会上升到 23.7％；榊原涉［2014］也做了如下预测：如果拆除已建房屋、减少新建房屋的相关工作停滞不前的话，那么 2023 年闲置房数量将达到 1397 万套，闲置率将超过两成（21％）。

　　正是在这种情况下，日本政府推出了内含很多闲置房新对策的特别措施法，开始为治理闲置房问题动真格了。这也是 2015 年被称为"闲置房对策元年"的缘由。以前，虽然各地方政府制定了条例，采取了拆除等措施，但因受职权的局限，措施没取得什么进展。这次闲置房新对策的特别措施法中，市町村等各级地方政府均被授予各种权限。譬如，为尽快掌握闲置房由谁所有，市町村等可以利用固定资产税信息；对有隐患的闲置房，即使在房主不明的情况下，也可进入并对其危险程度进行调查；而且，对于那些有明显安全和卫生问题的闲置房，市町村等可将其定为"特定闲置房"，对房主提出拆除或修缮的规劝或命令，对于不服从命令或房主不明的情况，还可以强制执行拆除。

　　土地，是人类不能再造的"非再生资源"，故而，闲置房问题

的改善和解决，直接关系到原本就有限的土地资源的有效利用，从而有利于搞活经济。因此，如何对闲置房加以有效利用就成了关键。

其实，据总务省《平成 20 年、25 年住房、土地统计调查》披露，虽然闲置房的 25％存在腐朽、破损情况，不加修缮很难居住，但另外的约 70％，可有效利用的可能性很大。目前在日本，闲置房银行、闲置房装修服务、代行闲置房管理服务等与闲置房对策相关的新业务也开始问世。

在进一步活用现存住房库存，搞活二手房市场并建立优质住房库存方面，今后还需加大力度吧。另外，由于闲置房问题与人口减少、少子老龄化、过疏化等现代日本所背负的课题紧密相关，笔者认为，在解决闲置房问题的同时，也可通过将闲置房用作老龄者福利设施、保育园、面向外国人的住宿设施等，来推动这些课题的解决。

第 7 章　車離れ（远离汽车）

<＜日本語＞

　中国では、目覚しい経済成長に伴い、自動車に対する需要がここ二十年、爆発的に増加している。その結果、中国の自動車市場も驚異的な成長を続けてきた。2009 年に、販売台数も生産台数も、米国、日本を抜いて世界最大となった（それ以降もこの状況が続いている）。2014 年に、中国新車販売台数は前年比 6.9％増の2349 万1900 台に達し、世界全体（8767 万台、世界 85 カ国計[1]）の 4 分の1を占める規模となり（図表 7‐1）、国内自動車生産台数も2372 万台に達し、世界全体（9131 万台、世界 50 カ国計[2]）の 4 分の1を占める規模となっている。

　こうした状況の中で、中国の多くの若者は自動車をステータスシンボルと見なし、高い関心を示している。興味深いことに、日本

---

[1]　FOURIN［2015b］。
[2]　FOURIN［2015a］。

図表7–1　中国市場における自動車需要の推移

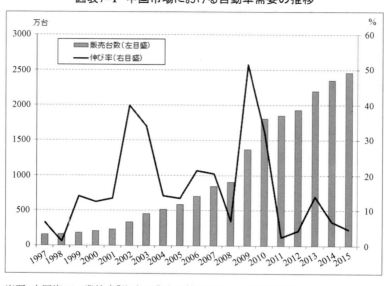

出所：中国汽亘工業協会「汽車工業産銷情況簡析」より筆者作成。

　では、それとは逆の現象——若者の「車離れ」、すなわち、自動車に興味がない若者、特に自動車を買わない若者が増える現象が起きている。日経 MJ［2007］の調査結果によると、20 代の若者で「乗用車に興味がある」と回答した比率は、2002 年の74.1％から2007 年の53.5％へと５年間で20ポイントほど大きく減少した。日本自動車工業会が実施している「乗用車市場動向調査」によると、乗用車の主運転手（その車の運転頻度が最も多いドライバー）の年代別構成比の推移を見ると、20 代以下（18〜29 歳）は1993 年には主運転者全体の20％を占めていたが、20 年後の2013 年には7％と、1993 年のほぼ3 分の1にまで低下している（図表７–2）。

　自動車産業は、日本経済を牽引してきた基幹産業である。経済

図表7-2　主運転者の年代別構成比（%）

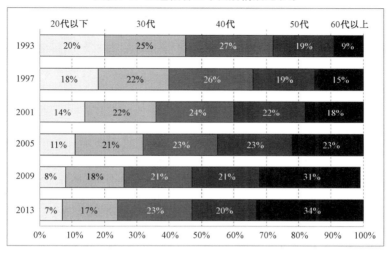

出所：日本自動車工業会「乗用車市場動向調査」より筆者作成。

産業省［2015］によると、自動車産業の出荷額は全製造業の約2割（50兆円）、自動車関連産業就業人口は全就業人口の約1割（547万人）、貿易黒字額は全体の約半分（14兆円）を占めている。また、世界自動車市場における日本勢の存在感は大きい（図表7-3）。

　車は、戦後日本の高度成長期からバブル期まで、ずっと若者たちの象徴であり、多くの若者（特に男性）は車に対する思い入れが強かった。中高年世代の男性の多くは、20代（給料が少ない[①]）の頃、免許を取ればローンを組んででも自慢の愛車を手に入れて、あち

---

① 年功序列という日本型雇用慣行のもとでは、実力ではなく、勤続年数や年齢などに応じて組織内での役職や賃金が決まる。したがって、20代の若者は上の世代と比べると、給料が低く、労働能力に対して相対的低賃金となっている。年功序列型賃金について、詳しくは第11章を参照されたい。

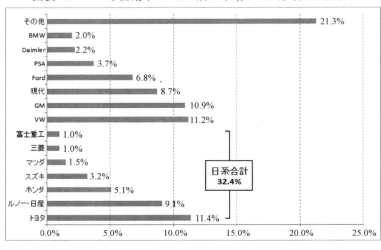

図表7-3　2014年自動車メーカー別の市場シェア（世界85ヵ国計）

出所：FOURIN［2015b］より筆者作成。

らこちらドライブした経験を持っている。そのため、若い時に無理をしてでも車を買っていた上の世代にとっては、「車離れ」している今時の若者を見ると、まさに隔世の感があるだろう。

　どうして日本の若者は車を欲しがらなくなったのか? かつて若者の消費シンボルであった車に対する消極的な態度はいったいどこから生まれてきたのか?

　理由として、まず挙げられるのは、若者の収入減少である。バブル崩壊（1990 年代初期）以降の長引く経済不況および労働市場における規制緩和（例えば、労働者派遣事業の規制緩和）により、企業が新規採用を抑制し、高コストで調整が困難な正社員を減らす一方、低コストかつ雇用調整が容易な非正規雇用（正社員としての雇

佣形態以外で働く形態）の労働者を増やした。①　こうした影響を
最も強く受けているのが労働市場への新規参入者である若者たち
である。その結果、若年労働者の雇用不安定が生じている。例え
ば、バブル崩壊後、新卒者の就職難は「就職氷河期」「就職超氷河期」
などと呼ばれるほど深刻になった時期もあり（例えば、1995 年卒〜
1996 年卒、1999 年卒〜2005 年卒、2011 年卒〜2014 年卒、図表 7 - 4
の網掛け部分）、若年労働者の失業率は労働者全体や他の世代に比
べて相対的に高水準になっている（図表 7 - 5）。また、若年層の非
正規雇用も大きく上昇し、特に15〜24 歳の場合、3 人に1 人が非正
規労働者となっている（図表 7 - 6）。②　非正規雇用労働者は雇用保
障や年功賃金に恵まれず、収入は正社員に比べると格段に低い。
国税庁の「民間給与実態統計調査」のデータによると、25〜29 歳の
勤労者の平均年収は、1997 年から2009 年の12 年間の間に、373 万
円から328 万円へと45 万円も減少している。③

　厚生労働省［2014］によると、正社員以外の労働者を正社員へ転
換させる制度がない事業所は45.6％であり、2010 年 10 月〜2013 年
9 月の3 年間に正社員以外の若年労働者がいた事業所のうち、正社

---

① 　日本の労働市場における規制緩和については、伍賀［2010］、鶴［2011］などを参
　照されたい。
② 　なぜ人口が減少している（換言すれば、労働供給が減っている）中で若者の就職
　が難しくなっているというパラドックスが生じるか。樋口［2012］が指摘してい
　るように「就職難は人口が減少する以上に良質な雇用機会が減ったことで続い
　ている。15〜24 歳の男子人口は2010 年までの15 年間で31.2％も減ったが、正
　規雇用はこれを上回る52.9％も減った。また、学卒後の25〜34 歳層の男子人口
　は51 万人減ったが正規雇用は128 万人も減った。この結果、少なくなった正規
　雇用の機会を求め就職難が続くこととなった」。
③ 　日本若年層の非正規雇用化については、王［2012］の第 5 章、第 6 章を参照され
　たい。

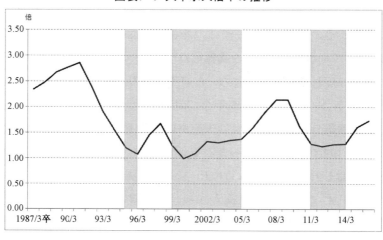

図表7–4　大卒求人倍率の推移

出所：リクルートワークス研究所「大卒求人倍率調査」より筆者作成。

員以外の若年労働者を正社員へ転換させたことがない事業所割合は53.4％となっている。OECD［2008］は、日本の若年層労働市場における正規雇用と非正規雇用という二重構造を取り上げ、非正規雇用の低い収入や低い社会保障水準のもとに置かれている若年労働者の技能・キャリア開発の可能性はほとんどなく、非正規から正規への転換が非常に困難になっていると指摘している。

　1980 年代まででは安定した高成長を背景に、日本企業は長期雇用を前提とした所得再配分（例えば、年功賃金）やセーフティネット（例えば、終身雇用）を構築してきたが、長引く不況、グローバルな競争激化、将来の不確実性の増大などで、そのシステムを維持することが難しくなってきた（鶴［2011］）。したがって、長期安定的雇用

図表7-5　年齢階級別完全失業率の推移

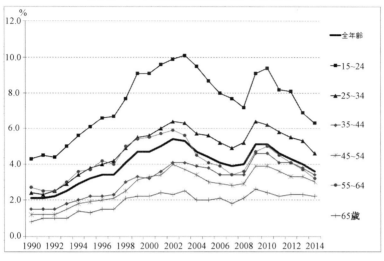

注：完全失業率とは、労働力人口（15 歳以上人口のうち、就業者と完全失業者を合
　　わせた人口）に占める完全失業者（仕事がなく仕事を探していた者で、仕事が
　　あればすぐに就ける者）の割合である。
出所：総務省統計局「労働力調査」より筆者作成。

制度（日本的雇用システムのもっとも大きな特徴①）に守られた以
前の若者世代（すなわち、賃金や年金においてさまざまな既得権益
を享受してきた上の世代）と異なり、現在の若者の雇用・所得環境
は厳しいものとなっている。

---

① 大竹［2000］は、長期雇用制度を特徴とする日本的雇用システムは中規模の景気
　変動に対しては比較的にうまく機能してきたが、バブル崩壊後の長引く不況の
　ような大規模な景気変動には脆弱な面を持っており、うまく機能しないだけで
　はなく、悪影響をもたらした可能性があると指摘した。

図表7-6　若年層非正規労働者比率の推移

注：2001 年の値は「労働力調査特別調査」（2 月調査）、2002 年以降は「労働力調査
　　（詳細集計）」（1〜3 月平均）による。
出所：総務省総務局「労働力調査」より筆者作成。

　ソニー損害保険株式会社は、新成人（新たに20 歳に達した若
者①）を対象に実施した車に関する意識調査（ソニー損保［2015］）で
は、「車に興味がある」と答えた割合は45.5％であるが、「車を所有
する経済的な余裕がない」とする回答が70.7％に達しており、経済
要因が若者の車離れに大きく作用していることを浮き彫りにして
いる。
　次に、将来の経済に対する不安も若者の自動車保有意欲をそい
でいる一因である。現在の若者達は、バブル崩壊後の長期経済低

①　日本では、年齢 20 歳をもって成人とする（民法第 4 条）。飲酒、喫煙などの行為
　　は、法律上 20 歳以上でなければできないと決まっているが、普通自動車の運転
　　免許は18 歳から取得することができる。

迷の中で育ち、高度成長期やバブル期のような好景気を知ること
なく過ごしてきたため、将来を悲観的に見る傾向が強い世代であ
る。一方で、将来の収入増をあまり期待できず、老後の年金にも不
安を持っており、他方で、少子高齢化の進行で増大すると見込まれ
る将来の重い社会保障費用が彼らによって負担されることになっ
ている。閉塞感が漂う経済環境の中で、若者たちは、将来の雇用や
収入に対して強い不安感を抱いている。

　内閣府［2014］によると、日本を含む先進国7ヵ国の13〜29歳の若
者を対象とした意識調査（「平成25年度我が国と諸外国の若者の
意識に関する調査」）では、諸外国と比べて、日本の若者は、自分の
将来に明るい希望を持っている者が一番少ない（図表7-7、図表
7-8）。

図表7-7　将来への希望

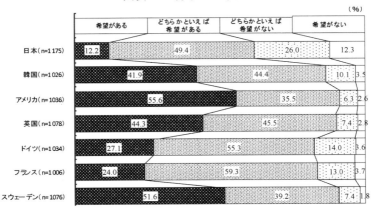

注：「あなたは、自分の将来について明るい希望を持っていますか」との問いに
　　対する回答である。
出所：内閣府「平成25年度　我が国と諸外国の若者の意識に関する調査」。

図表7-8　40歳になったときのイメージ（幸せになっている）

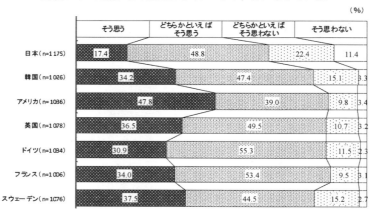

(%)

	そう思う	どちらかといえば そう思う	どちらかといえば そう思わない	そう思わない
日本 (n=1175)	17.4	48.8	22.4	11.4
韓国 (n=1026)	34.2	47.4	15.1	3.3
アメリカ (n=1086)	47.8	39.0	9.8	3.4
英国 (n=1078)	36.5	49.5	10.7	3.2
ドイツ (n=1034)	30.9	55.3	11.5	2.3
フランス (n=1006)	34.0	53.4	9.5	3.1
スウェーデン (n=1076)	37.5	44.5	15.2	2.7

注：「あなたが40歳くらいになったとき、幸せになっていると思いますか」との
　　問いに対する回答である。
出所：同上。

　このように、車を持てる経済的余裕も心理的余裕もなくなった
ら、当然、車を買いたいとは思わないだろう。

　経済的要因以外に、インターネットやゲームなどの普及による
趣味の多様化、社会の個人化（人々が個を好む傾向が強くなってい
ること）による移動範囲の縮小、交通網の発達、環境意識の向上、車
についての価値観の変化などの諸要因も、若者の車への関心が下
がっている理由として考えられる。

　例えば、車についての価値観の変化であるが、前述したソニー損
保の新成人への意識調査では、車の価値として最もあてはまるも
のを聞いたところ、「単なる移動手段」として捉える若者の割合は
53.8％で、「自己表現の手段・ステータスシンボル」と考える若者
の割合はわずか2.9％だった。また、「同年代で車を所有している人

はカッコイイと思う」若者の割合は2012年の54.2％から2015年の44.7％へ減少し、特に都市部では、この減少傾向が顕著で、2012年の58.7％から2015年の38％へと約21ポイントも大きく減少した。さらに、「車に乗る必要性を感じない」と答えた若者の割合は29.8％となり、居住地別にみると、都市部は33.3％で地方（28.9％）より高い結果となった。したがって、都市部の若者を中心に、車の魅力を感じなくなり、「車離れ」が進んでいるようである。

　日本自動車工業会［2009］では、現役大学生（18〜24歳の大学・短大在学中の男女）を対象に意識調査を行い、若者世代が車に感じる「効用」および「負担」には変化が生じ、そして、今の若者は以前の若者と逆で、車を通じて得られる「効用」より、車保有の「負担」のほうを強く感じていると分析している。

　この分析のなかで、車保有についての意識に関連して現在の若者の特徴として挙げられているのは、（1）デジタル機器や個人で楽しむコンテンツ（例えば、ゲーム・アニメ、携帯音楽プレーヤー、携帯電話、パソコン、インターネットなど）が普及した環境で育ち、屋内で遊ぶことが多く、移動せずともいつでもコミュニケーションが取れるため、車の使用機会が減っていること。（2）親と仲がよく、休日に買い物、外食、旅行など、親と行動をともにする若者、また異性より同性の友人との気楽な付き合いを好む若者が増えているため、家族と車を共用したり、休日に異性とデートする機会が少なくなったりすることで、自分専用の車を持つ必要性を感じなくなっていること。（3）豊かで不足のない時代に生まれ、乗用車のある環境で育ったため、以前の若者より物欲が少ないこと。（4）生まれた時から豊かなモノに囲まれ、興味関心を持つ財・サービスの

選択肢が多いため、車に対して以前の若者ほど魅力を感じなくなったこと。（5）ゆとり教育（授業内容・授業数の削減など①）、絶対評価（成績順位ではなく、生徒本人の成績・意欲で評価する制度）が導入された結果、他者との競争を意識する機会が少なく、何かを持って自己アピールするような顕示志向を持たないため、車で見栄を張っていた以前の若者と違って、車をただ「生活を便利に快適にする財」であると考えている、などである。これらの特徴が、現在の若者が車に感じる「効用」の低下を引き起こしたと考えられる。

　一方、先に述べたように、現在の若者たちは経済不況期に育ったため、車は費用（車の購入費用、駐車場代、ガソリン代、車検費用、自動車保険料、自動車関連の税金など）負担の大きい財だと考えるようになっており、また車による環境負担や交通事故リスクを気にする若者が増えているため、以前の若者と比べると、車に感じる「負担」は一層大きなものとなっていると考えられる。

　もう一つ特筆に値する要因は、インターネットや携帯電話の発達を背景に、現在の若者は情報検索先行の消費パターンを形成したことである。つまり、買い物する前にインターネットを活用し、関連情報をよく調べてから買うか買わないかを決めるようになっている。以前の若者と比べると、堅実な消費をしているが、店舗で実際に商品を見て触れて、店員と話して説明をうけることをせずにネット上の情報に触れるだけで消費判断をするというこの消費パターンは、「大金をかけて買うほどの価値がない」「価格のわりに

---

① ゆとり教育など日本近年の教育改革については、王[2012]の第8章を参照されたい。

満足感が得られない」のようなネガティブな思考が生じやすく、若者の「車離れ」を引き起こしかねない。なぜならば、車の購入には専門知識が必要で、しかも、実際に車に乗ってみないと本当の乗り心地、運転の快感などがわからないはずからである。

　実は、「若者がモノを買わなくなった」とか、「近ごろの若者が消費をしない」とか、最近よく耳にするフレーズがある。車だけではなく、ブランド品・海外旅行・高級レストランでの食事などの派手な消費にお金をかける若者も少なくなっている。その一方で、貯蓄を重視する若者が増えている。例えば、インターネット調査会社マクロミル（Macromill, Inc.)が東京都・神奈川県・千葉県・埼玉県の20代男女を対象に実施した生活意識調査（マクロミル［2008］）によると、20代の若者が今後積極的にお金をかけたい項目のトップは「貯金」(44％)であった。

　無理に消費せず節約志向を持った現在の若者世代は、「嫌（けん）消費世代」「欲しがらない若者」などと呼ばれている（松田［2009］；山岡［2009］）。また、「車離れ」以外に、「○○離れ」の形で今の若者が過去の若者像から大きく離れていることを表現する新語もある。例えば、「酒離れ」「活字離れ」「理系離れ」などである。

　ガソリン自動車が誕生して、約130年が経った。車によって人々の生活は便利になっているが、交通渋滞、交通事故、不法駐車、環境汚染、エネルギー不足など、さまざまな問題を引き起こしている。現在、少なからぬ国では、コストを惜しまずに次世代車（例えば、電気自動車、水素燃料電池自動車、ソーラーカーなど）の開発に取り組むとともに、公共交通機関や環境負荷の小さい自転車の利用、歩行を呼び掛けている。この視点から言えば、「車離れ」は社会にと

ってプラスの側面もあり、社会が成熟ステージに入った兆しとも言えるだろう。

図表7–9　新車販売台数・中古車登録台数の推移

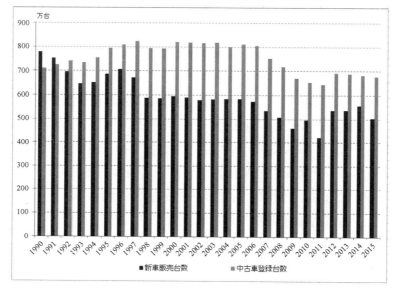

注：新車も中古車も数値は登録車と軽自動車との合計である。

出所：日本自動車販売協会連合会、全国軽自動車協会連合会の統計データより筆者作成。

　一方、自動車は住宅に次ぐ高額耐久財であるため、若者の「車離れ」は、消費税増税と相まって、日本の自動車産業ひいては景気に悪影響を及ぼすのではないかと懸念されている。1990 年代後半に入ってから、日本国内での新車・中古車販売台数が伸び悩んでいる（図表 7 - 9）。この若年世代の消費スタイルの変化に日本の自動車産業がどう対応していくのか、今後も注目していきたいところである。

<中文>

在中国,随着经济的快速发展,近二十年来人们对汽车的需求呈现爆炸性增长。 其结果,中国的汽车市场持续保持着惊人的增长势头。 自从 2009 年起,汽车产销量均超过美、日,成为世界最大的汽车市场。 2014 年,中国新车销售量达 2349.19 万辆,比上一年增加 6.9％,占全世界总销售量（8767 万辆,世界 85 个国家的总计值①）的四分之一（图表 7-1）;国内汽车产量达 2372 万辆,也占到世界总产量（9131 万辆,世界 50 个国家的总计值②）的四分之一。

图表7-1　中国汽车市场需求的变化

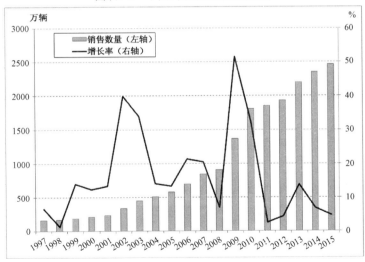

出处:笔者根据中国汽车工业协会《汽车工业产销情况简析》制成。

---

① FOURIN ［2015b］。
② FOURIN ［2015a］。

在这种环境中，中国的很多年轻人将汽车当作身份的象征，对其显示出强烈的兴趣。 耐人寻味的是，在日本，却出现了完全相反的现象，那就是年轻人的"远离汽车"，即：不买汽车的年轻人在不断增加。 据日经 MJ［2007］的调查结果显示，20 岁至 30 岁之间"对汽车感兴趣"的年轻人比例，从 2002 年的 74.1％降至 2007年的 53.5％，仅仅五年间降幅达 20％之多。 根据日本汽车工业会的《汽车市场动向调查》，可知汽车主驾（对某辆特定汽车来说，开此车频度最高的司机）的年龄层构成比例的变化：1993 年，30 岁以下的人（18—29 岁）占主驾的 20％，而到了二十年后的 2013年，该比例已降至 7％，即 1993 年的三分之一左右（图表 7-2）。

图表7-2 主要驾驶者的年龄构成（%）

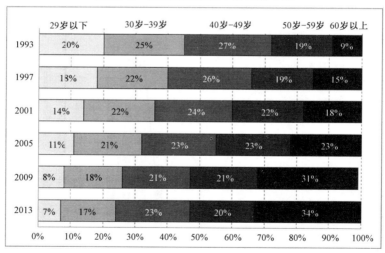

出处：笔者根据日本汽车工业会《轿车市场动向调查》制成。

汽车产业是带动日本经济的基干龙头产业。 据经济产业省［2015］有关资料显示，汽车产业的出货量总额约占日本整个制造

业的 20%（50 万亿日元），汽车相关产业的就业人数占约日本就业总人数的 10%（547 万人），汽车产业的贸易盈余占到日本整个贸易盈余的一半左右（14 万亿日元）。 而且，在世界汽车市场上，日本汽车产业的影响力也不容小觑（图表 7-3）。

图表7-3　2014年汽车各厂家市场占有率（世界85个国家的总计值）

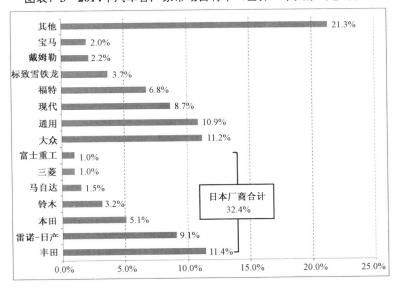

出处：笔者根据 FOURIN［2015b］制成。

汽车，从战后的高度经济增长期到泡沫经济期一直都是日本年轻人的象征，很多年轻人（特别是男性）对车都怀有一种特殊的感情。 比如，不少中老年男性都有过 20 多岁（收入低[1]）时，刚拿到

① 在年功序列这样一个日本式雇佣惯例之下，组织中的职务和工资并非根据实力，而是根据工龄和年龄来决定，因此，20 多岁的年轻人的工资不仅大大低于年纪大的人，而且也低于其实际劳动能力所应获得的薪酬。 关于年功序列型工资，请详见第 11 章。

驾照就用贷款买引为自豪的爱车，然后到处兜风的经历吧。因此，对于年轻时即使勉为其难也要买辆车的上代日本人来说，看到"远离汽车"的当代年轻人，真是有恍如隔世的感觉。

为什么如今的日本年轻人不想要车了呢？他们对于曾是年轻人消费象征的汽车的那种消极态度究竟是从何而来的呢？

其原因首先在于年轻人收入的减少。由于泡沫经济破灭（20世纪 90 年代初）后长期持续的经济萧条和劳动市场的管制放松（譬如，放松对劳动者派遣业的管制），企业一方面对录用新人的名额加以控制，减少了劳动成本高、不易解雇的正式员工的数量，另一方面则大幅增加了劳动成本低、可随时解雇的非正式员工（雇佣形式不同于正式员工）的数量。[①] 受此影响最大的便是正准备步入劳动市场的年轻人。其结果导致了年轻人就业环境的不稳定。譬如，泡沫经济破灭以后，出现了甚至被人们称为"就职冰河期"、"就职超冰河期"的应届毕业生就业极其困难的时期（如，1995 年至 1996 年的应届毕业生、1999 年至 2005 年的应届毕业生、2011 年至 2014 年的应届毕业生，见图表 7 - 4 的阴影部分），而且，与全体劳动者或其他年龄层劳动者相比，年轻劳动者的失业率相对处于高位（图表 7 - 5）。另外，青年层中的非正式员工也大幅增加，特别是在 15 岁至 24 岁这个年龄层，每三个人当中就有一个

---

① 关于日本劳动市场的管制放松，请参见伍贺一道 ［2010］、鹤光太郎 ［2011］等。

是非正式员工（图表 7-6）。① 非正式员工工作不稳定，也享受不到年功工资（即工资不会随着年龄的增长而上升），因此与正式员工相比，他们的收入要低得多。 据国税厅《民间工资实际状态统计调查》的数据显示，在 1997 年至 2009 年的 12 年间，25 岁至 29 岁劳动者的平均年收从 373 万日元下降到 328 万日元，减少了 45 万日元之多。②

图表7-4　大学毕业生求人倍率的变化

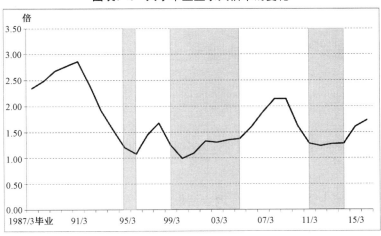

出处：笔者根据 Recruit Works Institute《大学毕业生求人倍率调查》制成。

---

① 为什么会出现人口在减少（即，劳动力供给的减少），年轻人就业反而更困难的悖论现象呢？ 樋口美雄［2012］指出，"由于好的就业机会的减少程度超过了人口减少的程度，就业难问题依然在持续。 15 岁至 24 岁的男性人口在 1996 年至 2010 年的 15 年间减少了 31.2％，而作为正式员工就业的机会则减少了 52.9％，大大超过男性人口减少的幅度。 另外，已毕业的 25 岁至 34 岁的男性人口虽然减少了 51 万人，但正式员工却减少了 128 万人。 其结果，很多人去挤日益变窄的正式员工的独木桥，因此，就业难问题依旧持续。"
② 关于日本青年层的非正式员工化，请参见王凌［2012］的第 5 章与第 6 章。

图表7-5　各年龄层完全失业率的变化

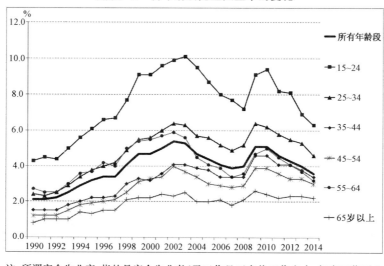

注:所谓完全失业率,指的是完全失业者(无工作且正在找工作之中,如有工作可立
　即上岗的人)占劳动人口(15 岁以上人口中就业者与完全失业者之和)的比例。
出处:笔者根据总务省统计局《劳动力调查》制成。

　　据厚生劳动省［2014］调查结果显示,有 45.6％的企业没有将
非正式员工转正成正式员工的制度;在 2010 年 10 月至 2013 年 9 月
的三年间,雇佣非正式青年员工的企业中有 53.4％从未将非正式青
年员工转正。 OECD［2008］对日本青年层劳动市场中正式雇佣和
非正式雇佣这一双重结构进行了分析,并指出处于低收入和低社保
条件下的非正式青年员工几乎没有可能接受技术与职业培训,由非
正式员工转正为正式员工非常困难。

　　到上世纪 80 年代为止,在经济稳定高速增长的背景下,日本
企业构筑起了以长期雇佣为前提的所得再分配体系（如年功工资）
和社会安全网体系（如终身雇佣）,然而,由于持续的经济萧条、

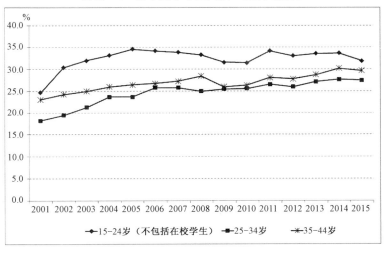

图表7-6　青年层中非正式员工比例的变化

注：2001 年的数值取自《劳动力调查特别调查》（2 月调查），2002 年以后的数据取自
　　《劳动力调查（详细合计）》（1 月至 3 月的平均）。
出处：笔者根据总务省统计局《劳动力调查》制成。

全球化竞争的激化、未来不确定性的增大等原因，继续维持那样的
体系已变得十分困难（鹤光太郎［2011］）。　因此，如今的年轻人
与受到终身雇佣（日本式雇佣体系的最大特点①）保护的过去的年
轻人（即在工资和养老年金方面享有种种既得利益的上一代人）不
同，其雇佣环境和收入环境都很严酷。

　　索尼损失保险股份有限公司以新成年人（刚满 20 周岁的青

---

① 　大竹文雄［2000］指出，以长期雇佣为特征的日本式雇佣体系对中等规模的景气
　　变动尚能较灵活地应对，但对像泡沫经济崩溃后一直持续的长期萧条这样的大
　　规模景气变动则较为脆弱，不仅无法灵活应对，而且还有可能导致严重后果。

年①）为对象进行的有关对汽车意识的调查（索尼损保［2015］）中，回答"对汽车有兴趣"的比例占 45.5％，但回答"没有经济条件购车、养车"的比例却高达 70.7％，这凸显出经济因素对年轻人远离汽车起着很大的作用。

其次，对未来经济的不安也减弱了青年们买车的念头。 如今的年轻人没有经历经济高度增长期、泡沫经济期等景气好的时候，他们是在泡沫经济崩溃后的长期经济低迷中长大的，因此，他们这一代人对未来持悲观态度的倾向很强。 一方面，他们对未来收入的增加无法抱有多大期待、对老后能拿到多少养老金也感到不确定；另一方面，他们还需负担因少子老龄化的加剧而日益增大的社保费用。 在充斥着闭塞感的经济环境中，年轻人们对未来的雇佣和收入有着强烈的不安。

根据内阁府［2014］，在以包括日本在内的发达国家七国 13 周岁至 29 周岁青少年为对象进行的意识调查（《平成 25 年度我国与诸外国青年的意识调查》）中，对自己的未来抱有美好希望的日本青年为数最少（图表 7－7、图表 7－8）。

正如此，对于买车，现在的年轻人既没有经济上的宽裕，也没有那个心情，不想买车也就理所当然了。

除经济因素外，还有一些因素也被认为是青年对汽车关心程度弱化的原因。 如互联网和游戏机等的普及所导致的兴趣爱好的多元化、社会的个人化（人们倾向于喜欢个人行动）程度加深所导致的与朋友直接见面的必要性的降低、交通网的发达、环保意识的提

---

① 在日本，年龄到了 20 岁即是成人（《民法》第四条）。 虽然法律规定只有 20 岁以上才允许饮酒、吸烟等行为，但普通汽车驾照满 18 岁即可获取。

图表7-7 对未来的希望

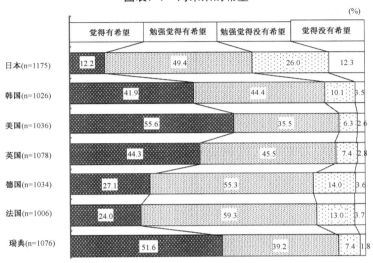

注：对问题"你对自己的未来抱有美好的希望吗?"的回答。
出处：内阁府《2013年度我国与诸外国青年意识调查》。

高、青年对车的价值观的改变等等。

譬如，关于对车的价值观的变化，在上述索尼损失保险公司对新成年人进行的汽车意识调查中，当问到汽车的价值是什么时，回答是"单纯的交通工具"的青年占53.8%，而认为是"自我表现的手段、身份地位的标志"的仅占2.9%。另外，认为"同年龄层的人有车很酷"的青年从2012年的54.2%降至2015年的44.7%，特别是在大城市，这个下降趋势尤为明显，从2012年的58.7%降至2015年的38%，降幅达21%。还有，回答"感到没有必要驾车"的青年比例占29.8%，从居住地点来看，持有如此态度的大城市青年的比例占33.3%，比地方城市青年的比例（28.9%）高。因此，

图表7-8　想象自己四十岁时的境况（过得幸福）

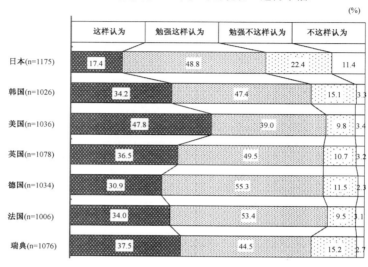

(%)

	这样认为	勉强这样认为	勉强不这样认为	不这样认为
日本(n=1175)	17.4	48.8	22.4	11.4
韩国(n=1026)	34.2	47.4	15.1	3.3
美国(n=1036)	47.8	39.0	9.8	3.4
英国(n=1078)	36.5	49.5	10.7	3.2
德国(n=1034)	30.9	55.3	11.5	2.3
法国(n=1006)	34.0	53.4	9.5	3.1
瑞典(n=1076)	37.5	44.5	15.2	2.7

注：对问题"你认为自己四十岁时会过得幸福吗？"的回答。
出处：同上。

我们可以说，以大城市为主，青年们不再对汽车感到有魅力，反而越来越倾向于"远离汽车"。

日本汽车工业会［2009］以在校大学生（18 岁至 24 岁的男女本科、大专生）为对象进行了意识调查，并做出了如下分析：年轻一代在对汽车的"效用"和"负担"的认识上发生了变化，如今的年轻人与过去的年轻人相反，强烈感到购车、养车的"负担"远远大于从汽车获得的"效用"。

作为与购车意识相关的现代日本青年的特征，该分析报告列举出以下五点：（1）在数码设备和自己一个人就能享乐的娱乐方式（如动漫游戏、随身听、手机、个人电脑、互联网等）已经普及的

环境中长大，大多时间在室内玩，不必移动即可随时获取信息，故而用车的机会减少；（2）与父母关系好且经常一起外出（如节假日与父母一起去购物、下馆子、旅行等）的青年增多，因为可以用家里的车，所以自己就没必要买车了；另外，觉得与异性相比，跟同性朋友交往更省事随意的青年也增多，由于节假日跟异性约会的机会少了，所以也就没必要买车装门面了；（3）生于物质丰富的时代，从小在有车的环境中长大，因此，与过去的年轻人相比，物欲较低；（4）自出生时就被各种丰富的物品围绕着，感兴趣的商品或服务的选项很多，所以就不像过去的年轻人那样感觉汽车很有魅力了；（5）宽松教育（削减授课内容和课时数①）、绝对评价（不是按分数高低排序，而是根据学生本人的成绩、学习欲望进行评定的制度）的引入导致激发学生竞争意识的机会减少，并造成现在的年轻人从小就没有多少自我显示欲。因此，与用汽车来炫耀、装阔的过去的年轻人不同，他们认为汽车只不过是一种使生活变得便利舒适的商品而已。这些特征共同导致了现在的日本年轻人从车中所获"效用"的下降。

　　另一方面，正如前述，由于现在的年轻人成长于经济萧条期，汽车被认为是非常费钱（如需缴纳购车费、停车费、油费、车检费、车保费、与车有关的税金等等）的商品，加之担心汽车会造成环境污染以及交通事故的年轻人增多，因此比起过去的年轻人，现在的年轻人感觉汽车是"负担"的程度更甚。

　　还有一个值得指出的重要原因，那就是在互联网日益发达和手机日益普及的背景下，如今的年轻人已形成了干什么都要先在网上

---

① 关于宽松教育等近年来日本的教育改革，请参见王凌［2012］第 8 章。

检索的消费模式。 比如说，购物之前先利用互联网将有关信息彻查后再决定购买与否。 与过去的年轻人相比，这样的消费模式固然踏实稳健，但既不实际到店里亲身体验感受商品，也不听店员有关商品的讲解和介绍，而只是接触网上的信息来判断购买与否，就很容易产生"不值得花大价钱来买"、"性价比不高"之类的负面思考，这也有可能导致年轻人的"远离汽车"。 为什么这么说呢？因为汽车你不亲自坐一坐、开一开，是不可能了解乘坐是否舒服、开起来是否心旷神怡的。

实际上，"年轻人变得不买东西啦！""现在的青年不消费！"等等，这些话最近经常能听到。 不仅汽车，在购买名牌、海外旅行、高级餐馆用餐等高档消费方面投入金钱的年轻人也在减少。 而另一方面，重视存钱储蓄的年轻人却在增加。 比如，根据互联网调查公司马克罗密尔（Macromill，Inc.）对东京都、神奈川县、千叶县、埼玉县 20 岁至 30 岁青年男女进行的生活意识调查（马克罗密尔［2008］）显示，年轻人今后打算积极投入金钱的项目首位就是"储蓄"（比例高达 44％）。

人们把喜欢节约而不大手大脚花钱的现代日本青年称之为"讨厌消费的一代"、"无欲青年"等等（松田久一［2009］；山冈拓［2009］）。 另外，除了"远离汽车"以外，用"远离××"的形式来形容现在的年轻人已经与过去年轻人大不相同的流行语也应运而生，比如"远离酒"、"远离铅字"、"远离理科"等等。

燃油汽车自发明到现在已大约 130 年。 有了汽车，人们的生活的确变得方便了，然而，汽车的增加，也带来了交通拥堵、交通事故、到处乱停车、环境污染、能源不足等一系列问题。 现在，不少国家在不惜工本地研发电动汽车、氢燃料车、太阳能车等新一代

车的同时，也在呼吁人们利用公共交通工具、环境负荷小的自行车或安步当车。 从这一角度来说，"远离汽车"对社会也有积极的一面，可看作是社会进入成熟阶段的一个象征。

图表7-9 新车销售数量与二手车登记数量的变化

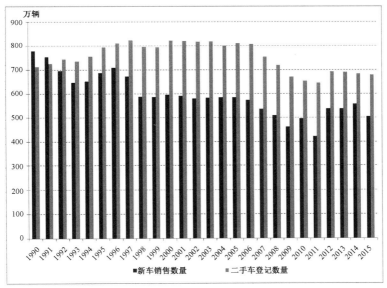

注：新车与二手车的数值都是普通汽车与轻汽车（排气量660cc以下）的总和。
出处：笔者根据日本汽车销售协会联合会、全国轻汽车协会联合会的统计数据制成。

不过，另一方面，由于汽车是仅次于住房的高价耐用消费品，人们担心年轻人的"远离汽车"与消费税增税的影响相结合，会给日本的汽车工业，进而整个景气带来恶性影响。 20世纪90年代后半期以来，日本国内市场的新车与二手车的销售量一直处于停滞状态（图表7-9）。 日本汽车工业将如何应对这种当代日本年轻人消费方式的转变呢？ 我们拭目以待。

第8章 就職留年・就活解禁
（就业留级与就职活动解禁）

<日本語＞

　卒業を控える学生にとっては、就職活動（略して「就活」）はこれからの人生やキャリアを方向付ける重要な活動である。これは世界共通と言えるが、日本では、卒業予定の学生（新規学卒者）の就活は特に重要な意味合いを持っている。本章では、就活にまつわる二つの流行語を通して、日本の若者を取り巻く就職環境、日本の若年者就労問題の特質および日本における大学と雇用システムとの連関に焦点を当てて考察してみよう。

　日本では、若年正社員の採用は、大きく二つの類型に分けることができる。一つは新卒定期一括採用であり、職業経験のない新規学卒者を対象としている。もう一つは中途採用であり、即戦力として期待される職務経験者が採用対象となる。前者の新卒定期一括採用は、卒業見込み学生について、学卒後すぐに働き始めることを前提に在学中に採用内定が決まり、年度初めに一括して大量に職務を限定せずに採用することである。これは、日本企業に独特

の正社員採用慣行である。[1]　言い換えると、日本の労働市場の中核は新卒労働市場であり、新卒採用偏重は日本企業（特に大企業）の採用構造の大きな特徴である。

　図表 8 - 1に示されているように、毎年定期的に新卒者を一定数以上採用する大企業（従業員数 1000 人以上）においては、新卒採用が主体であり、20〜24 歳の入職者に占める新卒者の割合は1990 年代以降、大体 50％〜70％の幅の中で変動している。それに比べると、臨機応変な経営戦略が求められる中小企業（従業員数 100〜299 人）の新卒採用割合は90 年代前半には低い水準であったが、その後傾向的に、しかも大きく増加してきており、大企業と大差ない状況にまでなっている。

　労働政策研究・研修機構が全国の従業員 30 人以上の企業 2 万社を対象に実施したアンケート調査（労働政策研究・研修機構[2013]）では、若年者の採用方法について聞いたところ、「正社員・新規学卒者（第二新卒含む[2]）を定期的に採用する」方法を現在取っ

---

① 　日本企業に比べて言うと、中国（特に民営企業）や欧米の企業では、採用方式は基本的に「欠員補充」（必要な知識・能力・経験のある労働者を、必要な数だけ、必要なときにいつでも採用可能という募集方法）で、しかも仕事の内容・範囲・責任・権限などを明確に決めておく「職種別採用」の形を取っている。田中[1980]の言い方（p.366）を借りれば、中国や欧米の企業は「仕事に人をはりつける」というやり方を取っているのに対して、日本企業の場合、「人に仕事をはりつける」というやり方である。このような「仕事」と「人」の結び付け方の違いがまた人事管理の違いをもたらす。前者の場合、労働者は、仕事・職業と関係のない属人的な要素（例えば、入社年次、年齢、性別、出身など）によって管理されることがほとんどないが、後者の場合、労働者の評価・報酬は、そういった属人的な要素に強く影響される。

② 　第二新卒とは、学卒後、数年間（主に 1 年未満〜3 年）、就職以外の活動をした後、就職しようとする若者と、就職した会社を数年で辞め（「早期離職」）、転職しようとする若者などを指す。

図表8-1　新卒採用比率の推移

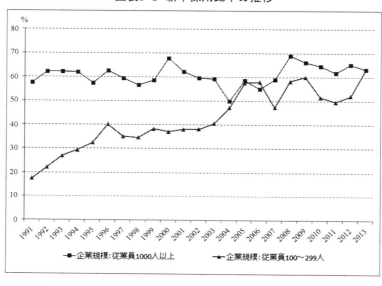

注：新卒採用比率は、新規学卒者一般労働者（20～24 歳）の入職者と一般労働者の
　　入職者との比率である。
出所：厚生労働省「雇用動向調査」より筆者作成。

ていると回答した企業の割合は56.7％で、今後その方法を重視す
ると回答した企業は58.4％に達した。

　特筆に値するのは、新卒偏重の採用慣行と表裏の関係にある若
年既卒者や若年転職者の採用に対する企業の消極的な態度であ
る。多くの日本企業は、学卒後無業であったり、非正規労働者とし
て働いていたり、海外留学やボランティア活動していたりする若
者、あるいは、早期離職し転職しようとする若者は、「新卒採用」の
対象とはしていない。その結果、若年既卒者や若年転職者の多く
は、適職探しの際に、就職の機会が狭まってしまうのである。彼ら

は、新卒採用枠からは締め出されてしまう一方、職務経験や専門的
能力の蓄積が不十分であるため即戦力が重視される中途採用市場
にも入れないといった極めて不利な状況に置かれている。

　企業採用コンサルティング会社ディスコが「日経就職ナビ」掲載
企業など全国の有力企業を対象に実施した新卒採用に関する最新
調査では、(1) 卒業後 3 年以内の既卒者に新卒枠で内定を出した企
業は全体の 1 割強にとどまり、(2) 既卒者の新卒枠での応募は受け
つけているが、内定は出していない企業は 5 割ほどあり、(3) さら
に、そもそも既卒者の新卒枠での応募を受けつけていない企業も 3
割強に及ぶなど、既卒者への企業側の「冷たい」対応が明らかにな
った（図表 8 - 2）。「卒業後 3 年以内の既卒者は新卒扱いする」とい
う政府の要請が 2011 年に出されて以降、状況はわずかながら改善
傾向にはあるが、既卒者を新卒枠で採用する企業はまだまだ少
ない。①

　そもそも、なぜ日本企業は新卒定期一括採用という採用方法に
こだわるのであろうか。内閣府が 2006 年に実施した「企業の採用
のあり方に関する調査」の結果（図表 8 - 3）にその答えのヒントが
ある。「新卒一括採用システムのメリットについてどのようにお
考えですか」という問いの答えを最大 3 つ選んでもらったところ、
回答企業（921 社）が新卒一括採用を行う理由のトップ3は、「社員の
年齢構成を維持できる」、「他者の風習などに染まっていない

---

① 2011 年 7 月 8 日に、政府は当時の厚生労働大臣・文部科学大臣・経済産業大臣
　連名の形で、「新規学校卒業予定者の採用枠拡大等」を主要経済団体および業界
　団体に要請した。そのなかで、既卒生の就職に対して、「卒業後 3 年以内の既卒
　者は新卒扱いとする」ことを企業の努力義務とした。

図表8-2　既卒者の新卒枠採用の状況

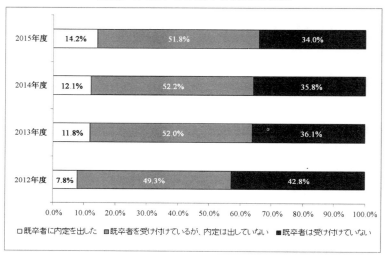

出所：株式会社ディスコ「2015 年度・新卒採用に関する企業調査－内定動向調査」
　　　より筆者作成。

図表8-3　新卒一括採用を行う理由

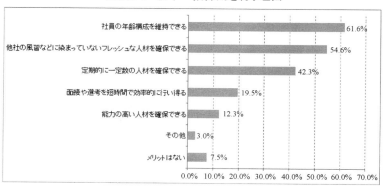

出所：内閣府「企業の採用のあり方に関する調査」より筆者作成。

フレッシュな人材を確保できる」、「定期的に一定数の人材を確保できる」となっている。

　企業にとって、「白無垢の花嫁」のような何色にも染まっていない「新卒」を自社カラーに染めやすい。[1]　言い換えれば、自社の経営理念を植え付けやすく、高い忠誠心を生み出しやすいという意味で育てやすいのである。[2]　また、企業から見れば、新卒定期一括採用を行えば、特定の時期に集中して学生を選考し、内定を出すことにより採用コストが抑えられると同時に、一括新人研修で新入社員をまとめて教育することもでき、効率がよい。[3]　さらに、新卒定期一括採用制度のもとでは、長期的な視点に立って、人材を正確に評価し、育てることができる。つまり、入社時点で皆が新卒者であるということは同じスタートライン（給与面でも初任給一律[4]）に立っていることを意味し、企業にとって、同期意識を醸成できると

----

[1]　白無垢は、日本の伝統的な、穢れのない純白の花嫁衣装（和装）である。「嫁ぎ先の家風に染まる」という意味合いを持つとされる。

[2]　この点について、濱口[2013]は、欧米と日本の若者採用制度を対照させた上で、欧米の若者はスキルが乏しいがゆえに採用されにくいのに対して、日本の若者は余計なスキルを身につけていない方が採用されやすいと指摘している（p.23）。

[3]　日本企業では、新卒採用者はまず新人研修（実施期間は一般的に1ヵ月～3ヵ月程度）を受け、仕事を遂行する上で基本的な知識（企業の業務内容、企業理念・歴史、企業文化、ビジネスマナーなど）を身につけてから、各部署に配置される（最近、新入社員本人の希望にあわせて配属する傾向が増えているが、企業側の都合で一方的に配置される場合がまだ多い）。新人研修は日本企業の教育訓練による内部人材育成システムの重要な一環である。なお、バブル崩壊後、不況が長引くなかで日本企業の教育訓練への支出額が大幅に低減している（日本経済新聞[2012]；厚生労働省[2012]、p.268）。

[4]　初任給とは、新卒採用者の入社後最初の給与のことである。日本では、同一企業の初任給は全員同じで、個人の能力などによる差はほとんどなく、しかも企業規模間の格差はあるものの、差は極めて小さい。一律の初任給は、日本的賃金制度の大きな特徴の一つである。

ともに、新人同士の競争・切磋琢磨を刺激することができる。そのうえ、社員の成長を比較しやすくなり、長期間に渡ってリーダーとなれる資質や能力を備えた人材を見極めることもできる。したがって、雇用管理において、「入口」としての新卒定期一括採用は、年功序列・終身雇用と極めて整合的であり、長期安定的雇用制度を特徴とする日本的雇用システムの基盤・根幹であると言っても過言ではないだろう。①

　新卒定期一括採用によって、多くの学生は卒業前に採用内定をもらい（就職先が決まり）、学校を卒業すると同時に就職できることは、学卒後に職がなく所得が得られないという不確実性を避けられることになるため、学生にとってもメリットが大きい。換言すれば、企業が大量に新規労働力を雇い入れる形で、若者の学校から社会・職業への間断のない移動が可能である。

　しかしながら、人々は一生に一回しか「新卒」とはなれない。したがって、若者にとって、新卒定期一括採用は適職探しを行う際の厳しい制約でもある。新卒のときにうまく自分の希望する会社に就職できないと、「極端にいえば、そのあとの一生を世間一般並みに安定し、充実したものとして送ることができなくなってしまうことすら起こりかねないのである」（田中［1980］、p.373、傍点は筆者）。特に、近年、長期にわたる景気低迷のもとで多くの企業が雇用調整を行い、新卒採用数を抑制していた結果、この制約はますます厳しいものとな

①　田中［1980］は、（日本の）新卒定期一括採用方式では、企業への"入口"が「新規学卒という特定の時期と年齢層に限定されている」のに対して、（中国や欧米諸国の）欠員補充方式では、企業への"入口"が「企業組織の中のどこにでも、そして、いつでも、誰に対しても開かれている」（p.378）と指摘したうえ、日本的雇用慣行の最大の特質をその入口である新卒採用制度に求めている。

っており、就活に失敗してやむを得ず非正社員になった若者も多い。

　こうした企業の根強い新卒採用志向を背景に、卒業までに就職先が決まらなかった場合には、「新卒」にこだわって意図的に留年し、次年度再び「新卒」として就職活動に臨む、いわゆる「就職留年」の学生が増えている。読売新聞社が行った「大学の実力」調査（読売新聞［2010、2014］）によると、卒業学年で留年した学生は、2010年度には日本全国の大学で少なくとも7万9000人（7人に1人）おり、2014年度は10万人（6人に1人）を超えたそうである。卒業単位不足で留年した学生も含まれるが、多くは就職留年の学生だったという。大学経営・政策研究センター（東京大学）が大学4年生を対象に実施した全国調査では、留年した大学4年生にその理由について聞いたところ、「望ましい就職ができなかった」「将来の希望を確定できなかった」と答えた学生の割合はそれぞれ14.5％、10.5％で、その合計は「卒業の単位が不足した」と答えた学生の割合（28.9％）とほぼ同じであった（大学経営・政策研究センター［2009］）。就職できない学生が増えれば，大学の人気・評判は損なわれるため、就職留年の学生に対して授業料を減額するなどの特別措置によって支援をしている大学も少なくない（朝日新聞［2010］）。

　中国社会においては、留年について非常にマイナスのイメージを持っている。留年してしまうと、就職に極めて大きな悪影響を及ぼすことになるため、就職のために留年することは考えられない。したがって、中国の学生から見れば、どうして日本の学生が就職のために留年を選択するのか、きっと不思議に思うだろう。

　就職留年の最大のメリットは、言うまでもなく、新卒採用枠を狙えるということである。しかしながら、デメリットも多い。まず、

学費が 1 年分余計にかかるため金銭的負担が大きい。次に、元同級生がみんな就職したことで、留年生は孤立化しやすく、就活について情報交換できる友達が少なくなる。さらに、就職留年をしたからといって「新卒」としての再挑戦で必ず就職先を見つけられるとは限らない。なぜならば、就職留年した学生の数だけ、翌年の就職戦線が更に激しくなってしまうからである。

したがって、就活生にとって、もし卒業までに就職先が決まらなかったなら、これからの人生を左右するほどの重大な決断を迫られることになる。つまり、大学を卒業して「既卒」（就職浪人）として就職活動を続けるか、それとも、就職留年して翌年に「新卒」として就職活動を続けるかを選択しなければならないのである。

近年、世界的に若者の雇用状況が一層厳しくなっている。興味深いことに、日本では、「就職留年」は、新卒偏重の採用慣行のもとで、就職難に直面している若者の新たな選択肢になっている。また、「就職留年」という流行語から、日本社会においては、若者の「卒業前の回り道」（例えば、大学入学前の浪人経験や入学後の留年）には寛容であるが、「卒業後の回り道」には大変厳しいということも窺える。

新卒偏重の採用慣行は大学教育の現場にも問題をもたらしている。就活が長いスパンで自分の人生に大きな影響を与えること、そして新卒時に就職できないとやり直すのが非常に難しいことを知った学生にとって、就職にかかわるリスクおよびストレスが新卒時という一点だけに集中しているため、授業よりも卒論よりも就職が焦眉の課題になるのは当然である。取り返しのつかない就活の失敗はできる限り避けたいと思い、緊張感を持って就活に人生

の勝負をかけている学生が多い。他方で、企業側ではよい人材を
囲い込もうと学生の取り合いが激しくなっている。その結果、学
生の就活が早期化するとともに長期化にし、大学での勉強が疎か
になってしまう弊害が生じている。矢野［2011］は、就活が大学教
育を混乱させている現状と弊害を紹介したうえ、日本的大学が日
本的雇用システムと深く連動していると指摘している。

　1996 年に就職協定が廃止されて以降①、年々就職活動は早まっ
てきており、以前であれば就職活動は4 年生の春頃から始まってい
たが、最近では3 年生の夏〜秋頃から始まるところまで早期化し、
しかも4 年生の秋〜冬へと一年以上続いている（日本の大学は、毎
年の4 月から新学期が始まり、翌年の3 月で終わる）。

　大学生の本分は学業に努め、教養を高めることだが、就活があま
りに早く始まり、しかも長期化しているため、大学生活の三分の一
が就活に費やされてしまうことになり、学業に支障が生じてしま
う。そのため、大学で充分な教育を受ける時間を確保できず、学業
に励む時間も短くなる。これは、海外の大学生と比べて日本の大
学生の勉強時間が少ないことの一因でもある（図表 8 - 4）。② 特
に、現在、18 歳人口は減少したにもかかわらず、大学の数（大学定

①　就職協定とは、大学と企業の間で結ばれた卒業見込み者の就職（例えば、採用選考
　開始日や内定日など）に関する自主的な協定である。1953 年に、戦後の経済復興
　および朝鮮戦争特需による人手不足による採用早期化を背景に開始された。し
　かし、就職協定を破って抜け駆け採用（いわゆる「青田買い」）で有能な学生を獲得
　する企業が続出し、次第に就職協定は形骸化し、結局、1996 年に廃止された。
②　辻［2013］は、勉強しない大学生が生み出されている構造的なメカニズムについ
　て分析し、大学生・企業・大学教員という当事者全員が自分の利益を最大化す
　るように行動した結果、「勉強しない大学生」を生み出す負のスパイラルが出来
　上がったと指摘している。

員）が増加した結果、進学を希望する者は誰でも進学できる、いわゆる「全入時代」となっている。図表 8 - 5に示したように、日本の大学進学率は6 割弱までに達している。多くの人々が大学教育を受けられるメリットがある一方、この「大学の大衆化」や「大学教育のユニバーサル化」と呼ばれる現象が大学生の学力の低下をもたらしていることも事実である。学力がそもそも不足した学生は、もし大学で学業に専念できる時間が確保できないなら、その質は必然的に低くなる。実際、大学卒業生の質が求める人材レベルに達していないという求人側の指摘も多い。

図表 8 - 4　大学生の勉強時間の日米中の比較

日本（単位：%）	1 週間あたりの時間（休日を含む）							
	0 時間	1 - 5	6 - 10	11 - 15	16 - 20	21 - 25	26 - 30	31 時間以上
授業など（実験・実習を含む）	3.3	16.4	12.5	17.6	19.6	15.5	7.7	6.7
授業の予習・復習や課題をする	15.8	55.2	17.4	5.6	2.8	1.5	0.5	0.6
卒業論文、卒業研究に取り組む（最終学年のみ）	6.0	20.1	18.2	12.0	6.2	6.9	5.3	16.5
大学の授業とは関係ない自主的な学習	32.2	45.2	10.7	4.1	2.3	1.8	0.9	1.8

アメリカ（単位：%）		0 時間	1 - 5	6 - 10	11 - 15	16 - 20	21 - 25	26 - 30	30 時間以上
一週間（7 日）あたりの授業準備に使う時間（学習、読書、文章作成、課題もしくは実験をすること、データ分析、リハーサルおよびその他の学術的な活動）*	1 年生	0	13	23	22	18	11	6	6
	4 年生	0	14	23	20	17	11	7	8

＊原文：Hours per 7-day week spent preparing for class (studying, reading, writing, doing homework or lab work, analyzing data, rehearsing, and other academic activities)

続き

中国（単位：時間）	１日あたりの勉強時間
授業の勉強	4.9
外国語の勉強	1.6
その他の自習	1.5

出所：国立教育政策研究所［2014］、NSSE［2012］および新生代市場検測機構、中華全
国学生連合会、中国青年校園先鋒文化有限公司［2006］より筆者作成。

図表8-5　日本における大学数と進学率の推移

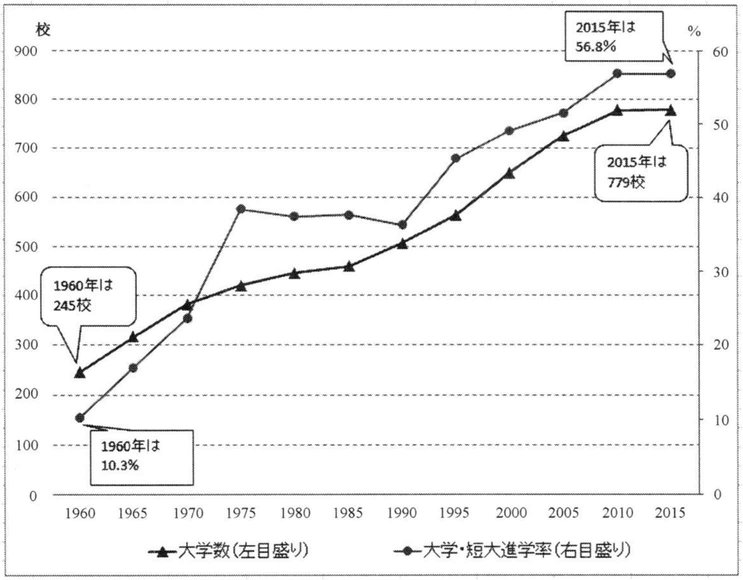

注：進学率は大学（学部）・短期大学（本科）への進学率（過年度高卒者等を含む）
　　である。
出所：文部科学省「大学基本調査」より筆者作成。

　こうしたことを背景として、ベストな就職活動の解禁時期を模
索する動きが近年、活発になっており、世間でも話題となっている。
例えば、2011年3月に、日本経済団体連合会（経団連）は大学生の就

職活動のルールを見直し、就活の解禁時期をそれまでの「3年生の
10月解禁、4年生の4月選考開始」から「3年生の12月解禁、4年生
の4月選考開始」に2カ月後ろ倒しした。2013年4月に、「成長戦
略」(アベノミクスの3本目の矢)の一環として、安倍政権は、学業
に専念できる時間の確保や海外留学しやすい環境の整備などを理
由に、就活の解禁時期をさらに3カ月遅らせ、「3年生の3月から解
禁、4年生の8月選考開始」に変更することを、経済3団体(経団連、
経済同友会、日本商工会議所)に要請した。① しかし、今回の解禁
時期の繰り下げの結果、現実的には、学生の就活が長期化し、学業
に専念できた期間が逆に短くなってしまった。また、大手企業の選
考の後で始まる中小企業や人気が低い業種の採用選考期間が短く
なったために、これらの企業では必要とする人材が確保できない
という支障も大きくなった。さらに、経団連のルールに縛られな
い企業(例えば、経団連非加盟の外資系企業)が早期内定を出した
りする「青田買い」のような事例も多く生じた。それを受けて、
2015年11月に、経団連はわずか1年で就活ルールを再び見直し、
企業選考の解禁時期を「4年生の8月」から2ヵ月前倒しして「4年生
の6月」にするとの方針を発表した。こうした状況は、人々の混乱
や戸惑いを引き起こしかねず、文部科学大臣によって「朝令暮改」

---

① 日本の海外留学人数は2004年の約8.3万人をピークに減少しており、10年前に
比べて3割も減っている(文部科学省[2015])。「3年生の12月解禁、4年生の4
月選考開始」という就活ルールのもとでは、留学先から帰国する時には就活が
すでに終盤に入っており、新卒で就職できるために就職留年をせざるを得なく
なるケースも出てくる。そうした不安が、大学生が留学を断念する大きな理由
となっている。日本政府が「就活解禁」の後ろ倒しを推進する動きの背後には、
大学生の海外留学を促進し、国際舞台で活躍できるグローバル人材を育成する
意図もある。

であるとも批判された。このことから、新卒定期一括採用制度の
もとでは大学生、企業、大学三者全員にとっての合理的な就活解禁
のルール作りが如何に難しいかがわかる。

　「就職留年」「就活解禁」という流行語を通して、日本の若年労働
市場の構造的な問題が透けてみえる。新卒定期一括採用という日
本企業の採用慣行によって、新卒者と既卒者（特に無業の経験者や
非正規労働者）の間には強固な分断線が引かれている。新卒時に
適職探しにつまずくと（例えば、景気が悪い時）、その影響をずっと
引きずることとなり、その後の「正社員」としての就職が極めて困
難になってしまう。このような状況のなかで、「就職留年」という
ある意味で姑息の対応策は大学生のやむを得ない選択肢の一つに
なっている。また、新卒定期一括採用のもとでは、「就活解禁」時期
についての関係者全員にとっての最善策を見つけることも非常に
難しい。

　経済が右肩上がりで伸びていた成長時代には、新卒定期一括採
用で優秀な学生を早めに囲い込むという採用方法は効率的で経済
的合理性もあったが、長引く経済不況および激化したグローバル
競争のもとで、日本労働市場では非正規雇用の拡大や企業側の厳
選採用などの構造変化が生じ、企業にとって新卒定期一括採用の
メリットと必要性は薄れている。若者の再チャレンジを可能にし、
既卒者採用や転職市場の整備にもっと力を入れ、若者の採用活動
をより柔軟にすべきという声が近年、高まっている。

　この意味で新卒定期一括採用は日本若年労働市場における古く
て新しい問題と言えよう。

＜中文＞

对面临毕业的大学生来说，"就职活动"（简称"就活"，即找工作）是决定今后人生走向及职业方向的大事。 这一点可以说是世界共通的，不过在日本，应届毕业生的就职活动则具有格外重要的意义。 本章将通过与就职活动有关的两个日语流行语来聚焦日本青年的就业环境、日本青年就业问题的特点以及其与大学、雇佣体系之间的连动关系。

在日本，青年正式员工的录用大致可分为两种类型：一种是应届毕业生定期（春季）统一录用，即以毫无工作经验的应届毕业生为录用对象；另一种是中途录用，即以有工作经验的、且一经录用后立刻就能为用人单位做出贡献的跳槽者为对象。 前者的应届毕业生定期统一录用，更具体地来说，是用人单位以应届生一毕业（3月底）即参加工作为前提，在其在学期间即发出录用承诺通知，新年度之初（4月1日）一次性大量录用但不限定职务的录用方法。这种方法是日本企业特有的录用正式员工的惯例。[①] 换句话说，日本劳动市场的核心是应届毕业生劳动市场，在录用人才时，严重偏向于录用应届毕业生是日本企业（特别是大企业）的一大特征。

---

① 与日本企业相比，中国企业（特别是民营企业）以及欧美企业的录用方法基本上是"补缺"（即在必要的时候录用所需数量的，具有所需知识、能力和经验的员工），而且采取明确其工作内容、范围、责任和权限的"按职业录用"的形式。借用田中博秀［1980］的说法（p.366）来说，就是中国企业和欧美企业是"给工作安排人"，而日本企业是"给人安排工作"。 这种在人与工作结合的方式上的差异又进而带来了人事管理上的差异。 譬如说，前者的员工管理并不受与工作、职业无关的个人因素（如进公司的时间长短、年龄、性别、出身等）的影响；而后者呢，员工的评价和工资待遇等受那些个人因素的影响非常大。

　　如图表 8-1 所示，在每年定期录用一定人数以上应届毕业生的
大企业（员工人数为 1000 人以上）中，录用应届毕业生是其人才录
用的主要方法，而且，自 1990 年以后，应届毕业生在 20 岁至 24 岁
新员工中所占比例大致在 50％—70％之间波动。 与此相比，经营
灵活机动的中小企业（员工人数为 100 人至 299 人）录用应届毕业
生的比例较低，但 1990 年之后也开始不断增加，目前与大企业已
没有很大差别。

图表8-1　应届毕业生录用比例的变化

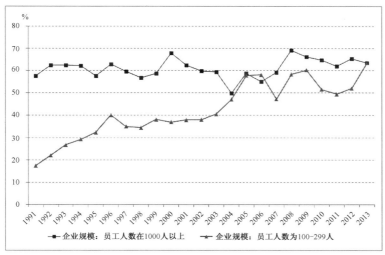

注:应届毕业生录用比例为应届毕业生新员工占新员工总数的比例。
出处:笔者根据厚生劳动省《雇佣动向调查》制成。

　　在劳动政策研究研修机构对员工人数超过 30 人的全国 2 万家
企业进行的民意调查（劳动政策研究研修机构［2013］）中，有关
青年员工的录用方式，回答目前采取"定期录用应届毕业生（含第

二应届毕业生①）为正式员工"方式的企业占 56.7％，回答今后将重视该录用方式的企业比例也达到 58.4％。

特别值得一提的是，在严重偏重于录用应届生的雇佣惯例背后，是企业对往届毕业生以及青年跳槽者的"偏见"。很多日本企业都将毕业后无业、干过临时工、海外留过学或当过志愿者的青年，抑或是工作没几年就离职试图跳槽的青年排除在"应届生录用对象"之外。因此，很多青年往届生以及青年跳槽者在寻找适合自己的工作时，可选择的机会很少，并被置于极其不利的境地：他们一方面被排除于"应届生"名额之外；而另一方面，由于他们工作经验和专业能力又不足，因此，也无法参与重视"即战力"的中途招聘市场。

企业录用咨询公司"狄斯科"以全国优良企业（《日经就业指南》榜上有名的企业等）为对象实施的有关录用应届生问题的最新调查结果显示：（1）将毕业后不满三年的往届生作为应届生发出录用承诺通知的企业仅占一成有余；（2）虽然也接受往届生以应届生名额应聘，但不予录用的企业达到五成；（3）不接受往届生以应届生名额应聘的企业达三成多。这些结果表明企业对往届生的冷漠态度（图表 8－2）。虽然在 2011 年政府提出"对毕业不满三年的往届生要以应届生来看待"的要求之后，情况有稍许的改善，但将

———————————

① 所谓"第二应届毕业生"，是指毕业后若干年间（主要指毕业三年以内）没有就业、试图重新就业的青年，以及工作了没几年辞职（"早期离职"）、打算跳槽的青年。

往届生作为应届生来录用的企业还是非常少。①

图表8-2　往届生作为应届生录用的状况

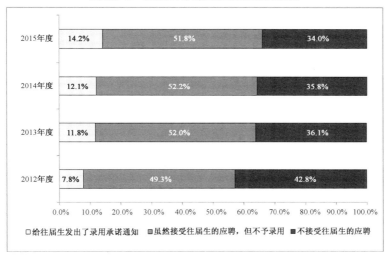

出处：笔者根据"狄斯科"公司《2015年度关于应届生录用的企业调查——内定动向
　　调查》制作。

　　说来，为什么日本企业要拘泥于定期统一录用应届毕业生这样
一种录用方式呢？ 对此，我们从内阁府2006年实施的《关于企业
录用方式的调查》结果（图表8-3）中可获得某些启示。 在要求被
调查企业对问题"你认为统一录用应届毕业生这一录用方式有何益
处？"进行多项选择（最多可选三个）时，企业（921家）列举出的
统一录用应届毕业生的最大三条理由分别是"可维持员工的年龄结

<hr>

①　2011年7月8日，政府以当时厚生劳动大臣、文部科学大臣、经济产业大臣联名
　　的形式，要求主要经济团体以及产业界团体"扩大应届毕业生录用名额"。 其
　　中对往届生的就业，将"毕业后不满三年的往届生按应届生处理"规定为企业的
　　努力义务（笔者按：由于不是法定义务，所以即使违反，也不会受惩罚）。

构"、"可确保尚未沾染其他公司风俗习惯的崭新人才"、"能够定期
确保一定数量的人才"。

图表8-3　统一录用应届毕业生的理由

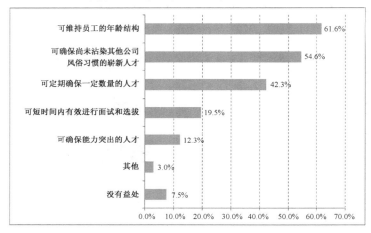

出处：笔者根据内阁府《关于企业录用人才方式的调查》制成。

　　对企业来说，就像"白无垢"一样的应届毕业生更容易染上录
用企业的"颜色"。[①]　换言之，就是更容易对其灌输录用企业的经
营理念，增强其对录用企业高度的忠诚，因此更容易培养。[②]　其
次，在企业看来，采用统一录用应届生的录用方式，可以在特定的
时期集中进行选拔、发出录用承诺通知，从而减少录用成本。　与此

同时，还可以对大量录用的新员工进行统一培训，效率较高。① 第三，在定期统一录用应届生的录用制度下，可以从长远的角度对人才进行评价和培养。 之所以这样说，是因为进入企业时大家都是新人，这意味着在同一起跑线起跑（工资待遇如"初任给"也大致相同②），对企业来说，这不仅易于培养员工的同期意识，也可以刺激新人之间的互相切磋钻研，提高其工作积极性，而且还易于企业对员工的成长加以比较，通过长期考察找准能够继承企业理念、具备领导资质和能力的人才。 因此，在雇佣管理上，作为"入口"的定期统一录用应届生的录用办法，与年功序列、终身雇佣等日本企业其他的雇佣惯例相互契合、配套，甚至说其是以长期稳定的雇佣制度为主要特征的日本雇佣体系的基石也不过言。③

　　另一方面，由于企业定期统一录用应届生的录用办法，很多学生在 3 月毕业前就已拿到录用承诺通知（即就业单位有了着落），

---

① 在日本企业，被新录用的应届毕业生首先要参加新员工研修（一般为 1 - 3 个月左右），掌握了工作上所需的基本知识（企业的业务内容、企业理念及历史、企业文化、商业礼仪等）后，将被分配到各部门（虽然近年来按照新员工本人希望进行分配的企业有所增加，但大多仍为由企业单方面硬行分配部门和岗位）。新员工研修是日本企业通过企业内部的教育训练来培养人才的"内部人才培训体系"的重要一环。 不过，泡沫经济崩溃之后，在持续的经济萧条之中，日本企业用于员工培训的支出被大幅度缩减（日本经济新闻［2012］；厚生劳动省［2012］，p.268）。

② "初任给"（新员工的起薪），就是新录用的应届生进入企业后的最初月薪。 在日本，同一企业的"初任给"几乎都一样，个人能力差带来的工资差别很小，而且企业间"初任给"的差别也很小。 新员工的起薪水平大致相同，这也是日本工资制度的一大特征。

③ 田中博秀［1980］指出，在（日本的）定期统一录用应届生的录用方式中，员工进入企业的入口"被限定在应届毕业生这一特定的时期和年龄层"，而在（中国和欧美各国的）补缺方式中，员工进入企业的入口则是"企业组织中的所有部门都随时对所有人敞开着"（p.378），并认为日本雇佣惯例的最大特点就在于其入口——应届毕业生录用制度。

一毕业就能就业，从而避免毕业后无业无收入的不确定性，这对学生来说也很有好处。 换句话说，通过企业大量雇佣新劳力的形式，使青年们从学校到社会、到职业的"顺利过渡"得以实现。

然而，人的一生仅有一次机会以"应届"的身份毕业。 因此，对青年们来说，定期统一录用应届生的录用办法也是找工作时的严格制约（即不是应届毕业生就很难作为正式员工就业）。 毕业时如果未能进入理想的单位，那么"极端地说，其后就有可能甚至一辈子都无法像世间一般人那样过平稳、安定的生活。"（田中博秀
〔1980〕，p.373，下加点为笔者所加）。 特别是近些年来，因经济不景气，很多企业调整雇佣人数，缩减录用应届生名额，导致该制约变得越来越严苛，很多日本青年因找工作失败而不得不沦为非正式员工。

在这种企业严重偏重于录用应届毕业生的背景下，由于找工作不顺利而故意留级以翌年再次以"应届"身份参加就职活动的学生，即"就业留级"生有增加的趋势。 据读卖新闻社进行的《大学实力》（读卖新闻〔2010，2014〕）调查，2010 年度在毕业学年留级的大学生日本全国至少有 79000 人（每 7 人中有 1 人），2014 年度该人数超过了 10 万人（每 6 人中有 1 人）。 尽管其中包括了因学分不够而留级的，但据说多数是就业留级的学生。 大学经营政策研究中心（东京大学）对大四学生进行的调查中，留级的大四学生在回答其留级理由时，回答"没能找到理想的工作"、"没能确定自己将来想要干什么"的分别占 14.5％和 10.5％，两项的合计与回答"没达到毕业所需学分"的学生比例（28.9％）几乎相同（大学经营政策研究中心〔2009〕）。 由于大学的受欢迎程度及名声会因无法就业的学生人数的增加而受影响，因此，也有不少大学对"就业

留级"生施行减低学费等特别措施来加以支援（朝日新闻
[2010])。

　　在中国，留级是个极具负面影响的事，一旦留级将会严重影响
就业前景，所以学生是绝对不愿意留级的。 因此，日本大学生为了
就业而选择留级的做法在国内学生看来，或许会觉得非常不可
思议。

　　选择"就业留级"的最大好处，无疑就是可以获得应届毕业生
的身份。 然而，"就业留级"也有诸多不利之处。 首先，因为要多
交一年学费，经济负担很重；其次，原来的同窗们都就业了，留级
生很容易被孤立，在找工作过程中能够交流信息的朋友变得少了；
再者，即便选择了"就业留级"，翌年也未必就一定能就业成功，
因为有多少学生选择了"就业留级"，那么第二年要就业的人数就
会相应增加多少，这样一来就使就业市场的竞争变得更加激烈。

　　因此，对于大四学生来说，如果在毕业前没有找到工作，那么
就需要非常无奈地做出影响今后人生的重大决断，即在以下两种选
择中选一：要么先毕业，以"往届生"的身份继续找工作；要么就
业留级，在第二年以"应届生"的身份继续找工作。

　　近年来，世界范围内年轻人的就业形势都很严峻。 耐人寻味
的是，在日本，在企业严重偏重于录用应届毕业生的录用惯例下，
"就业留级"成了面临就业难的年轻人的新选择。 另外，从"就业
留级"这个流行语我们也可看出，日本社会对青年"毕业前走弯
路"（如上大学前的复读和上大学后的留级）较宽容，但对"毕业后
走弯路"却十分苛刻。

　　偏重于录用应届生的录用惯例也给大学教育带来了不少问题。
对于深知就职活动对自己的人生影响深远、一旦应届时找工作失败

则极难补救的在校学生来说，就业风险和压力全部集中在应届毕业这一年，所以，与上课、写毕业论文相比，找工作更是燃眉之急。极力想避免难以挽回的就业失败而极其紧张地在就职活动上赌人生胜负的学生非常多。另一方面，企业间竞相网罗优秀人才、对学生的争夺也愈加激烈。因此，学生开始找工作的时间变得越来越早，并且越来越长，以致学业荒疏。矢野真和［2011］介绍了学生忙于就职活动而导致大学教育出现混乱的局面及其不良影响，并指出日本的大学和日本的雇佣体系有着很深的联动关系。

1996 年"就职协定"废除以后①，学生开始找工作的时间逐年提前，以前本是从大四的春季开始，而现在已经提早到了大三的夏秋季便开始，且一直持续到大四的秋冬季，跨度竟然长达一年以上（日本的大学每年 4 月新学年开始，至翌年 3 月结束）。

大学生的本分是努力学习、提高教养，可是由于学生就职活动开始得过早，持续时间又长，结果大学生活三分之一的时间都耗费在找工作上，学业往往流于荒疏。因此，学生在大学接受足够教育的时间难以确保、用于治学的时间也变短。这是日本大学生学习时间少于外国大学生的原因之一（图表 8－4）。②特别是现在，尽管 18 岁人口数量在减少，但大学数量（大学招生数量）却在增加的

---

① 所谓"就业协定"，是指大学和企业间签订的有关预定毕业者就业的自主性协定（比如，开始录用选拔的日期、发放录用承诺通知的日期等）。该协定开始的背景是，1953 年战后经济复兴以及朝鲜战争特别需求（笔者按：美国对日在军火等物资方面的大量订货）造成人手不足从而导致企业录用的早期化。但是，打破就业协定、竞相抢先录用优秀学生（所谓"买青苗"）的企业不断出现，就业协定逐渐有名无实，最终于 1996 年被废除。

② 辻太一郎［2013］分析了催生出不学习的大学生的构造机制，指出大学生、企业、大学老师这三方当事人都采取将自己的利益最大化的行动，从而造成催生出"不学习的大学生"的恶性循环。

结果导致了只要想上大学就能上的所谓"全入时代（个个录取时代）"的来临。如图表 8－5 所示，日本的大学升学率已达近 60%。很多人能够接受大学教育固然不错，但这个被称为"大学的大众化"、"大学的普及化"的现象导致了大学生学力低下也是不争的事实。本来学力就不足的学生，倘若专心学习的时间再无法保证，那么其质量必然会降低。实际上很多用人单位已经指出大学毕业生的质量达不到他们的用人要求。

图表 8－4　日美中大学生学习时间的比较

日本（单位：%）	1 周内所花的时间（包含双休日）							
	0 小时	1—5	6—10	11—15	16—20	21—25	26—30	31 小时以上
上课等（包括实验、实习）	3.3	16.4	12.5	17.6	19.6	15.5	7.7	6.7
课程的预习、复习和准备课题	15.8	55.2	17.4	5.6	2.8	1.5	0.5	0.6
写毕业论文、做毕业研究（仅限于处于最后一学年的学生）	6.0	20.1	18.2	12.0	6.2	6.9	5.3	16.5
与大学课程无关的自修	32.2	45.2	10.7	4.1	2.3	1.8	0.9	1.8

美国（单位：%）		0 小时	1—5	6—10	11—15	16—20	21—25	26—30	30 小时以上
一周七天内用于课程准备的时间（学习、阅读、写作、做课题或做实验、分析数据、预演或其他学术性的活动。）*	大一学生	0	13	23	22	18	11	6	6
	大四学生	0	14	23	20	17	11	7	8

＊原文：Hours per 7-day week spent preparing for class（studying，reading，writing，doing homework or lab work，analyzing data，rehearsing，and other academic activities）

续　表

中国（单位：小时）	平均一天的学习时间
课程的学习	4.9
外语的学习	1.6
其他的自修	1.5

出处：笔者根据国立教育政策研究所［2014］、NSSE［2012］以及新生代市场检测机构、
中华全国学生联合会、中国青年校园先锋文化有限公司［2006］制成。

图表8-5　日本的大学数和大学升学率的变化

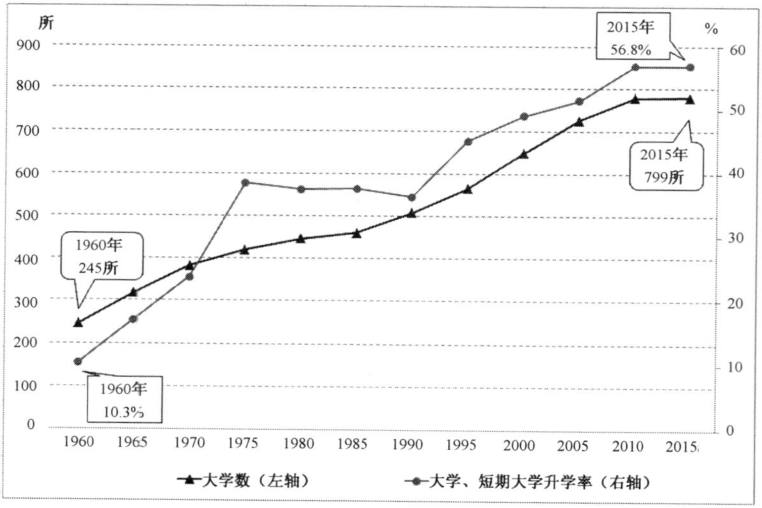

注：升学率是大学（本科）、短期大学（大专）的升学率（包括往届高中毕业生等）。
出处：笔者根据文部科学省《大学基本调查》制成。

　　在此背景下，近年来，关于对最佳就职活动解禁期的摸索不仅十分活跃，还成了人们广泛关注的话题。譬如，2011 年 3 月，日本经济团体联合会（经团连）修改了有关大学生就职活动的规定，将就职活动解禁期推后了两个月，即从过去的"大三生 10 月解除

就职活动禁令（即学生可以开始找工作），大四生 4 月开始录用选拔"推迟为"大三生 12 月解除就职活动禁令，大四生 4 月开始录用选拔"。 2013 年 4 月，作为"经济增长战略"的一环（安倍经济学的第三支箭），安倍政权以确保治学时间、创造易于海外留学的环境为由，直接向三大经济团体（经团联、经济同友会、日本工商会议所）提出将就职活动的解禁期再推迟三个月，即改为"大三生 3 月解除就职活动禁令、大四生 8 月开始录用选拔"的要求。[①] 但是，这次就职活动解禁期的推后，实际上却导致了学生就职活动的时间变得更长，专心学业的时间变得更短。 而且，由于中小企业和不太受欢迎的行业一般都是在大企业录用完之后"捡漏"，就职活动解禁期的推迟使他们的录用期间进一步缩短，造成了其招不到所需人才的困难局面。 另外，不受经济团体约束的企业（如未加盟经团联的外资企业）则出现了过早发放录用承诺通知的"买青苗"现象。 看到这些，2015 年 11 月，经团联仅时隔一年再次修改有关就职活动的规定，并宣布将企业录用选拔的解禁时间从"大四生 8 月"提前到"大四生 6 月"。 如此状况的持续难免令人感觉混乱和疑惑，文部科学大臣甚至将此举批判为"朝令夕改"。 不过，从这件事中我们也能明白在定期统一录用应届毕业生的录用制度下，要制定出一个对大学生、企业、大学均为合理的就职活动解禁规定是

① 日本的海外留学人数在 2004 年达到高峰值的约 8.3 万人后逐年下降，目前的留学人数比十年前减少了 30％之多（文部科学省［2015］）。 在"大三生 12 月解除就职活动禁令、大四生 4 月开始录用选拔"的就职活动解禁规定下，当其留完学回国的时候，就职活动已进入尾声，因此出现了为了以"应届生"身份就业而不得不"就业留级"的情况。 这种担心成了如今大学生放弃留学的一个很大的理由。 日本政府推迟就职活动解禁的另一目的就是为了促进大学生去海外留学，培养能活跃于国际舞台的全球型人才。

何等的困难。

透过"就业留级"、"就职活动解禁"这两个流行语，我们能看出存在于日本青年劳动市场的结构问题。 由于定期统一录用应届生的录用惯例，应届毕业生和往届毕业生（特别是当过无业游民以及非正式员工的往届生）之间被划出了一条难以跨越的鸿沟。 一旦毕业时就业失败（比如因景气萧条），其影响将会一直持续，而且之后以正式员工就业这条路会变得越来越难。 在这样一种情况，就业留级这一权宜之计便成了大学生无奈的选择。 而且，在定期统一录用应届毕业生的录用惯例下，关于"就职活动解禁"的最佳时期，要找到一个令各方都满意的答案也是非常之难。

在经济持续增长的时代，利用定期统一录用应届毕业生的录用办法及早地选拔优秀学生，既高效又经济，有其合理性。 然而，在经济长期低迷以及越演越烈的国际竞争之下，日本劳动市场出现了非正式员工增加、企业选拔变得严苛等结构变化。 现在，对日本企业来说，定期统一录用应届毕业生的优势与必要性都在减弱。 因此，近年来，应给青年再次挑战的机会、进一步加强和完善往届生的录用以及中途招聘市场、对青年的录用应变得更加灵活的呼声日益高涨。

从这个意义上来说，定期统一录用应届毕业生可谓是日本青年劳动就业市场上一个既老又新的问题吧。

第9章　ブラック企業（黒企业）

＜日本語＞

　2013年に、ある大手居酒屋チェーン店（東京証券取引所1部上場企業）が従業員の過労死事件で提訴されたことをきっかけに、「ブラック企業」という言葉が一気に社会に広まり、その年の「ユーキャン新語・流行語大賞」のトップテンにも選ばれた。「ブラック企業」に当てはまる企業がインターネットをはじめ、マスコミに頻繁に取り上げられ、その結果、流行語だった「ブラック企業」は人々の注目を集めた社会問題にもなった。

　日本語において、「ブラック」という外来語は本来の英語"black"と同様、悪いものを指すときに使うことがある。例えば、危険人物を記載した表を「ブラック・リスト」（"blacklist"）と言い、"black market"（非合法な取引を行う闇市場）もそのまま「ブラック・マーケット」という外来語にする。「ブラック企業」の「ブラック」もこの意味合いである。

　では、「ブラック企業」とは一体、どのような企業だろうか。まだ

定まった定義がなく見分けることも難しいが、一般的には働き方のルールを守っておらず、労働者を過酷な労働条件で働かせ、使い捨てにする悪質な企業を指すことが多い。言うまでもなく、働く側の労働者にとっては、ブラック企業の存在は大変悩まされる問題である。

　問題視されるブラック企業の特徴として、よく挙げられるのが、（1）サービス残業（残業してもそれに見合う賃金が支払われない）①、（2）異常な長時間過密労働②、（3）パワーハラスメント（略して「パワハラ」、皆の前で怒鳴るなど労働者の尊厳や人格を傷つける上司の発言・行動）による社員統制、（4）不当な解雇、などである。

　連合総研（連合総合生活開発研究所）が2013年10月に、首都圏と関西圏で20～64歳の民間企業に勤める会社員2千人を対象に、労

---

① 会社の経営に全然関与せず、十分な権限も報酬も得ていないのに、名義上だけ管理監督者（経営者と同程度に企業経営や自身の働き方に裁量を持っている人）扱いされ、労働時間管理の対象とならず、残業代を支払われないケース、いわゆる「名ばかり管理職」（2008年「ユーキャン新語・流行語大賞」のトップテン受賞）も含まれる。

② 日本では、労働時間は1日8時間、1週間で40時間までに制限され、労働時間が8時間を超える場合には、1時間の休憩を与えると法律（労働基準法）で定められている。この法律に定める労働時間の原則を超えて労働者の労働時間を延長するには、労働基準法第36条に基づき、企業側と労働者側（労働組合など）とで労使協定、いわゆる「36（サブロク）協定」を締結して行政官庁（労働基準監督署）に届け出ることが必要である。換言すれば、36協定を締結して労働基準監督署に届け出ることによって、労働者を、法定労働時間を超えて勤務させることが可能になる。厚生労働省（厚生労働大臣）は、延長できる労働時間は、1週間に15時間まで、1ヵ月に45時間まで、1年に360時間までという基準を定めている。また、労働時間を延長した分（「時間外労働」）については、企業は通常より高い「割増賃金」を労働者に払わなければならない。

働環境・労働条件などに関するアンケート調査を実施した（連合総合生活開発研究所［2013］）。その調査により、ブラック企業も含めた自分の職場に関する労働者の認識がある程度、明らかになった。ここでは、主な調査結果について紹介する。

　まず、「過去1年間に職場で違法（労働基準関係法令の違反）状態があったか」という質問に対し、全体の約3割（29.2％）が「ある」と答え、しかも、規模の小さい企業ほどその割合は高く、「従業員規模が99人以下」では35.9％にのぼった。具体的には、「払われるべき残業代（全額または一部）が支払われない」（19.3％）が最も多く挙げられ、「有給休暇を申請しても取れない」（14.4％）などが続いた（図表9-1）。

図表9-1　過去1年間の職場の違法状態についての認識

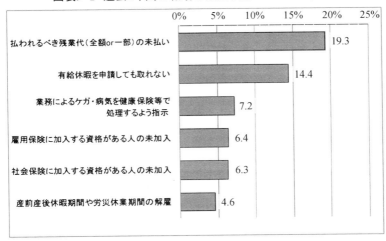

注：数値は「過去1年間に、あなたの職場において次の（設問にある）ような違法状態があったと認識していますか」との問いに「はい」と答えたものの割合である。

出所：連合総合生活開発研究所［2013］。

　次に、過去 1 年間に職場で何らかの問題状況があったと認識し
ている労働者の割合は、約 6 割(61.1％)にのぼった。具体的に挙げ
られた問題のトップ5は、「仕事により心身の健康を害した人がい
る」(35.6％)、「長時間労働が日常的に行われている」(30.6％)、「短
期間で辞めていく人が多い」(26.9％)、「パワーハラスメントが行
われている」(21.1％)、「求人時に示された労働条件と実際の労働
条件が違う」(17.2％)であった(図表 9－2)。

図表9–2　過去1年間の職場の問題状況についての認識

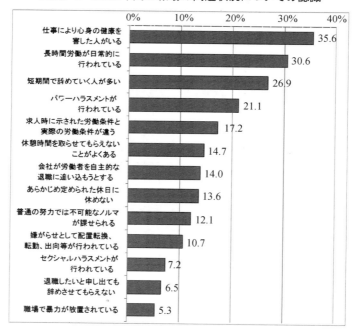

注：数値は「過去 1 年間に、あなたの現在の職場において次の(設問にあ
　　る)ような問題のある状況があったと認識していますか」との問いに
　　「はい」と答えたものの割合である。
出所：連合総合生活開発研究所[2013]。

　また、勤め先が「ブラック企業」にあたると思うと答えた労働者の割合は全体の17.2％に上り、しかもその割合は、20代（23.5％）が最も高く、30代（20.8％）、40代（15.4％）と年代が高くなるほど低かった（図表9-3）。

図表9-3　勤め先が「ブラック企業」にあたるとの認識

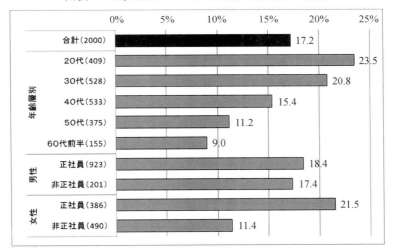

注：（1）数値は自分の勤め先がいわゆる「ブラック企業」にあたると「思う」と回答する割合と、「どちらかというと思う」と回答する割合の合計である。
　　（2）括弧内は回答者数である。
出所：連合総合生活開発研究所（2013）。

　さらに、ブラック企業の特徴としてよく挙げられる長時間労働や残業代不払いなどの法令違反行為について、詳しく聞いたところ、調査対象月に、（1）時間外労働（残業・休日出勤）を行った労働者の割合は35.3％で、そして、時間外労働の平均時間は月35.3時間であり、（2）時間外労働を行った労働者の35.3％は賃金不払い残業（サービス残業）があり、そのサービス残業の平均時間は月18.5時

間であり、(3) 時間外労働を行った労働者のうち、残業手当を全て支払われたとする割合は49.3％と半分に満たなかった（残業手当を全く支払われなかった割合は6.5％）などの実態が明らかになった。労働者の個人属性別に細かく見ると、男性正社員の場合、その49.5％が時間外労働を行っており（時間外労働の限度時間である月45 時間を超えた割合は11.9％）、行った時間外労働の平均時間は40.0 時間にも及んだという。

　「ブラック企業」が社会的に注目され、社会問題化していることを受けて、厚生労働省はこの問題に取り組み、過重労働や賃金不払残業を改善するために様々なキャンペーンを実施してきた。2013年から、労働環境・労働条件に関する無料電話相談を行い（図表 9－4）、さらに寄せられた相談のうち、労働基準関係法令違反やブラック企業の疑いがある事業場に対して、全国規模での立ち入り調査（「過重労働重点監督」）も実施してきた。

　その結果、2013 年に重点監督を実施した5111 事業場のうち、4189 事業場（全体の82.0％）で労働基準関係法令違反があり、2014年に重点監督を実施した4561 事業場のうち、3811 事業場（全体の83.6％）で労働基準関係法令違反が認められた（図表 9－5）。法令違反の中で最も多かったのは2 年とも「違法な時間外労働」で、それぞれ全体の43.8％、50.5％を占めている。「賃金不払い残業」は2 年連続2 位で、全体の2 割を超えている。また、2 年とも約 4 分の1 の事業場で1ヵ月当たりの残業や休日出勤の時間外労働が80 時間を超えており、約 15％の事業場では、時間外時間が過労死の認定基準の一つである月 100 時間を超えていたことも分かった（厚生労働省［2013b、2015a］）。

図表9-4　厚労省に寄せられた主な相談内容の件数（2013年~2015年）

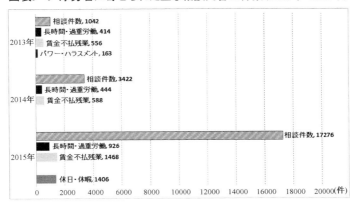

注：2013年の数値は、9月1日に実施した若者の「使い捨て」が疑われる企
　業・事業所等に関する電話相談の結果である。2014年の数値は、「過重
　労働解消相談ダイヤル」（11月1日実施）と「労働条件相談ほっとライ
　ン」（9月1日〜11月1日分）の相談結果の集計である。2015年の数値
　は、同じく「過重労働解消相談ダイヤル」（11月7日実施）と「労働条件相
　談ほっとライン」（4月1日〜11月7日分）の相談結果の集計である。
出所：厚生労働省［2013a,2014,2015c］より筆者作成。

図表9-5　過重労働重点監督実施の結果

	重点監督実施事業場数	労働基準関係法令違反があった事業場数	主な違反事項			
			違法な時間外労働	うち月*80時間*超	うち月*100時間*超	賃金不払い残業
2013年	5111 （100.0％）	4189 （82.0％）	2241 （43.8％）	1230 （24.1％）	730 （14.3％）	1221 （23.9％）
2014年	4561 （100.0％）	3811 （83.6％）	2304 （50.5％）	1093 （24.0％）	715 （15.7％）	955 （20.9％）

注：（1）括弧内は、重点監督実施事業場数を100.0％とした場合の割合である。
　（2）違法な時間外労働は、36協定なく時間外労働を行っているものと、36協定で
　　定める限度時間を超えて時間外労働を行っているものとの合計である。
　（3）厚生労働省は、過労死の判断基準に関して、発症前1ヵ月間に100時間、または発
　　症前2ヵ月〜6ヵ月の平均で1ヵ月当たりおおむね80時間を超える時間外労働を
　　している場合は、業務と発症との関連性が強いとの見解を発表している。すな
　　わち、厚生労働省は月80時間超の時間外労働は「過労死ライン」の労働時間だと
　　定めている。
出所：厚生労働省［2013b,2015a］より筆者作成。

　　上記の複数の調査は、「ブラック企業」問題の深刻さを浮き彫りにした。実は、サービス残業や長時間労働は、最近始まったことでもなく、ましてや一部の企業の問題でもなく、慣行として、日本企業が共通して抱えている問題であるとされている。

　　高度経済成長期に、日本企業（特に大企業）は「新卒採用」「終身雇用」「年功序列」などを雇用慣行として採用し始めた。この慣行のなかで労働者（特に男性正社員）の学校卒業後から定年までの長期安定雇用（その間賃金は確実に上がっていく）が労使双方の「暗黙の合意」となっていた。

　　興味深いことに、この「暗黙の合意」のもとで、もう一つの「暗黙の合意」が生まれた。企業側は、長期安定雇用で労働者を守ってあげているから、その代わり、労働者は残業や長時間労働を応諾・受忍すべきだという論理を持つようになった（配置転換・転勤・単身赴任などについても同じ論理が用いられる）。他方で、労働者側も、雇用や給料は企業が長期的に保障してくれると思い、残業や長時間労働を受け入れてきた。その典型は、自分の人生をかけて会社のためにがむしゃらに働く、いわゆる「モーレツ社員」「企業戦士」である（当時、そのような働き方は「美徳」として賞賛される風潮があった）。こうした雰囲気のなかで、残業や長時間労働をしたくない労働者もそれを断るのが難しかった。

　　言い換えれば、長期安定雇用という労使双方の「暗黙の合意」は、企業側の「暗黙の強制」と労働者側の「暗黙の服従」をもたらし、結局、残業や長時間労働という「暗黙の合意」を生み出した。長期安定雇用のもとでは、企業は労働の需要と供給の変化に応じて雇用者数を調整することが難しいため、労働時間を調整することでそ

れに対応する必要がある。そのため、企業にとって、残業や長時間
労働はある意味で「必要悪」になった（特に労働需要が増した繁忙
期に）。

　残業や長時間労働は長期安定雇用保障の代償として甘受すべき
だという考え方が社会通念となっているなかで、残業や長時間労
働は雇用調整のときのクッションにもされてきた。例えば、1980
年代から90年代にかけて時間外労働の上限を設定するかどうか
について議論された時、政府の労働基準法研究会が、「時間外・休
日労働の弾力的運用がわが国の労使慣行の下で雇用維持の機能を
果たしている」（濱口［2013］、p.91、傍点は筆者）という考え方を示
したこともあった。実際、経営不振・業績悪化によるリストラを
行うための要件（いわゆる「整理解雇の四要件」[①]）の一つ、「解雇回
避努力」（企業側は人員削減を行う前に、まず配転・出向・転籍、新
規採用の停止、希望退職募集等の手段によって解雇回避の努力を
尽くさなければならない）には、残業の削減が含まれている。すな
わち、残業を減らすことは危機への対応策であり、そのためにも、
図表9-2に示されているように、日常的に残業があるようにして
おいた方がいいということになってしまう。今野［2012］による
と、「東証一部上場企業（筆者注：大手・優良企業）の売り上げ上位
100社（2011年決算期）のうち、約7割が過労死ラインを超える36

---

① 整理解雇の四要件とは、人員削減の必要性、解雇回避努力、人員選定の合理性お
　よび手続きの相当性である。

協定を提出していた」ということである（p.96）。①

　上記のように、残業・長時間労働が日本的雇用慣行に内在していると言っても過言ではないだろう。その結果、日本のフルタイム労働者（男性も女性も）の労働時間はほかの先進国と比べると突出して長く（図表 9－6）②、「ホワイトカラーの過労死」という世界でも稀な現象も生じている。③　日本の労働者の"働きすぎ"について、川村［2014］は、「…"働きすぎ"の問題は、そういった一部の会社

---

① 　36 協定には「特別条項」がある。生産上の必要性など（例えば、業務の繁忙）一定の条件を満たせば、1 週間に15 時間まで、1ヵ月に45 時間まで、1 年に360 時間までという厚生労働省が定める基準をさらに上回る残業が可能になる。したがって、時間外労働の基準はなきに等しく、事実上、無制限となっている。

② 　国際労働機関（ILO：International Labour Organization）の基準では、週 48 時間以上働く場合、長時間労働とされる（ILO［2008］、p.8）。

③ 　過労死（かろうし）は、英単語"karoshi"として、2002 年にオックスフォード英語辞典（Oxford English Dictionary）オンライン版に登録され、次のように解釈されている：(In Japan) death caused by overwork or job-related exhaustion（「（日本における）働きすぎや仕事による極度の疲労を原因とする死亡」、http://www.oxforddictionaries.com/definition/english/karoshi）。この意味で、コインの裏表のように、日本的雇用慣行の「三種の神器」（終身雇用・年功賃金・企業別組合）の対極として、働きすぎ・長時間労働は日本的雇用慣行の「凶器」とも言えるだろう。厚生労働省の定義によると、「過労死等」とは、過労死等防止対策推進法第 2 条において、「業務における過重な負荷による脳血管疾患若しくは心臓疾患を原因とする死亡若しくは業務における強い心理的負荷による精神障害を原因とする自殺による死亡又はこれらの脳血管疾患若しくは心臓疾患若しくは精神障害をいう（厚生労働省［2015b］）。日本では、行政によっても司法によっても過労死等の防止のための対策が色々と打ち出されてきたが、過労死等の被害は依然として多発している（過労自殺を含めると、被害件数は減るどころかむしろ増え続けている）。2014 年における脳心臓疾患等による過労死（脳・心臓疾患に関する事案）に関わる労災補償の請求件数は763 件、決定件数は637 件、支給決定件数は277 件に及んでおり、精神障害等による過労自殺（精神障害に関する事案）に関わる労災補償の請求件数は1456 件、決定件数は1307 件、支給決定件数は497 件に上がっている（Ibid.）。

（筆者注：過労死を起こした会社）だけが成り立たせているような脆弱なものではけっしてない。あらゆる企業の慣行の中に"働きすぎ"が埋め込まれ、そしてそれを支える制度や慣行は企業の外にも広がっていた」と述べている（p.84）。

図表9–6　フルタイム労働者の週労働時間の国際比較（**2011年**）

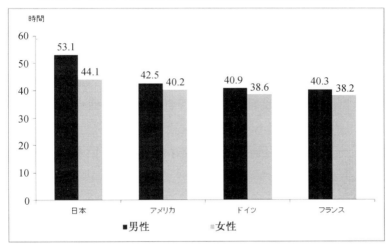

　労働者は、いったん正社員として入社し、企業組織（集団）の一員になれば、定年までの職業生活を年功賃金・生活給（家族手当、通勤手当、住宅手当などの生計費を補完するために支給される賃金[①]）に

①　日本では、労働者の生活を営む上で必要なコスト（例えば子供の養育費、教育費、住宅費など）は、企業の賃金によって賄われている部分が大きい。それに比べると、公的な制度が支えている部分は少ない。

よって、退職後の老後生活を退職金や企業年金によって支えられるという長期生活保障が企業から与えられる一方で、その分、企業に対して職務も働く時間・場所も限定なく働かなければならない義務（いわゆる「無限定就労義務」）を負うことになる。

このトレードオフから、日本においては、労働者の所属企業（労働力の使用者）が労働者本人およびその家族の人生にどれほど強力な影響力を持っているか、労働者の生活（職業生活および家族生活）にどれほど深く介入しているかが窺われる。言うまでもなく、このような雇用システムのなかで、労働者の企業組織への帰属意識・コミットメントが自発的にも非自発的にも、意識的にも無意識的にも強化されていくことになる。そして、社会的な役割を多く担っている企業が社会の中心的な存在となるという社会構造が出来上がる。[1]

山口［2009］は、この日本的雇用慣行のもとで生まれた「保障と拘束との交換」を「見返り的滅私奉公」（雇用保障を与える見返りとして、「私」である個人の都合を考慮せず企業の意向・都合に従うことを要求される）として捉え（p.230）、濱口［2013］は、その表現に倣って、ブラック企業の雇用を「保障なき拘束」「見返りのない滅私奉公」（サービス残業や長時間労働等の過酷な労働条件を受け入れたとしても、その見返りとしての長期安定雇用が保障されない）と解釈している（p.223）。言い換えれば、日本的雇用慣行を土壌とし、従来の対価である「長期的な安定雇用」がないという新たな特徴を

---

[1]　この意味で、近年の労働市場の規制緩和や非正規雇用の増大などの動きは、経済のみならず、日本の社会構造および社会連帯のあり方にも大きな影響を及ぼしている。

帯びた企業をブラック企業としているのである。これについて、伊藤［2014］は、「ブラック企業問題は21世紀になって急に現れた問題なのでなく，従来の日本的雇用システムの中にすでに胚胎していたのである。つまり日本的雇用システムの中にブラック企業問題に転化する可能性はすでにあったといえる」と指摘している（p.507）。

　したがって、ブラック企業問題の本質を考える・理解しようとする際には、「ブラック企業」が日本的雇用慣行と密接な関係にあるという構造は看過できないだろう。

　「ブラック企業」について、もう一つ特筆に値するのは、ブラック企業問題は若者の雇用・労働問題および近年日本で深刻になってきた非正規雇用問題と関連づけて論じられる場合が多いことである（例えば、森岡［2011］、今野［2012］、川村［2014］）。

　ブラック企業問題には、第7章と第8章で述べた、若年層を中心に非正規雇用が拡大し続け、新卒でも正社員としての就職が難しくなっているという厳しい若者雇用・労働情勢が深く絡んでいる。したがって、ブラック企業問題の背後に、ブラック企業なのに若者が辞められないという事情があることを理解・把握する必要がある。

　ブラック企業がよく使う手口は若者を正社員として採用しながら、過酷な労働条件を押し付けて働かせることである。若者としては、たとえ自分の勤め先がブラック企業だと認識しても、この仕事を辞めた場合には、次の職は非正規雇用になってしまうかもしれないという不安がつきまとう。ブラック企業はこの若者の不安につけこんで過重労働を強いている。若者の雇用・労働情勢が厳しい状況にある中で、ブラック企業から過酷な労働を強いられて

も泣き寝入りする若者が多い。

　前掲の図表 9 - 3 に示されているように、自分の勤め先が「ブラック企業」にあたるという認識は若い世代ほど高い。厚生労働省［2013a］によると、若者の使い捨てが疑われるブラック企業等に関する無料電話相談では、相談の対象となった労働者のうち、20 代と30 代の若者が圧倒的に多い（図表 9 - 7）。また、若年層の過労死・過労自殺（特に後者）も多い（図表 9 - 8）。

図表 9 - 7　相談の対象となった労働者の年齢（件数上位 3 年齢層）

年齢層	相談件数	相談総件数に占める割合
1.　30〜39 歳	253 件	24.3％
2.　20〜29 歳	252 件	24.2％
3.　40〜49 歳	182 件	17.5％

出所：厚生労働省［2013a］より筆者作成。

図表9-8　年齢層別の過労死・過労自殺の労災請求件数

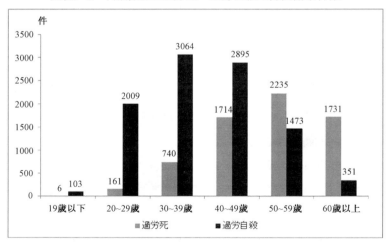

出所：厚生労働省「脳・心臓疾患と精神障害の労災補償状況」（平成 20 年度〜平成25 年度）および「過労死等の労災補償状況」（平成 26 年度）より筆者作成。

　長引く不況と厳しいグローバル競争の中で、コストを圧縮して収益を確保しようと思っている企業が増えている。企業のコスト削減だけを考えると、ブラック的な労務管理手法にも経済的合理性があるようにみえるが、労働のもつ特殊性および雇用・労働問題の特質を考慮に入れると、労働者を過酷な労働条件で働かせれば働かせただけ、企業が得になるという短絡的な論理には決して合理性はない。長期的視点から考えてみれば、「ブラック企業」の経済的・社会的不合理性がはっきりと見えてくる。

　労働市場において売買される商品としての労働は労働法学でいわれる「従属労働」としての性格を有しながら[①]、人間である労働者の人格と不可分である（いわゆる「労働と労働者との不可分離性」）。すなわち、労働は行為主体である労働者によって行われない限り、存在しえないのである。

　そのため、労働者が自分の勤め先を「ブラック企業」だと認識している場合、労働意欲を失い、働きがいを感じなくなってしまう。実際に、前出の連合総合生活開発研究所［2013］の調査から、勤め先を「ブラック企業」だと思っているどうか別に見たところ、勤め先を「ブラック企業」だと思っている場合には、労働者の労働意欲や定着志向が顕著に低いことが明らかになった（図表9-9）。

　労働者の労働意欲の低下・喪失は、言うまでもなく、労働者、そ

---

① 「従属労働」（もしくは「労働の従属性」）は、労働関係を「従属関係」として理解する考え方である。その主たる内容として、「人的従属性」（労働者は時間的・場所的に拘束された形で、使用者の指揮命令にしたがって労働を提供すること）と「経済的従属性」（賃金等の収入が賃労働者の生活の基礎になるという経済的な弱さ）がよく挙げられる。労働には「従属労働」という属性があるため、法規制で労働者を保護する必要性が導かれる。

図表9–9 「ブラック企業」との認識が労働者の労働意欲や
定着志向への影響

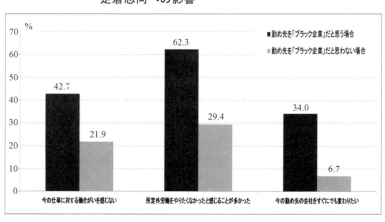

出所：連合総合生活開発研究所［2013］より筆者作成。

して企業全体の生産性の低下につながり、結局、企業の業績に悪影響を及ぼすことになる。そして、離職が増えれば、労働者を入れ替えることに大きなコスト（例えば、離職費用、採用費用、新人の教育費用、人材流出による企業内のスキル・ノウハウの毀損など）が生じてしまい、企業の経営を圧迫しかねない。

　労働者は誰でも個人の尊厳が確保される形で人間としてふさわしい条件の下で働きたい。このことが、「ブラック企業」に当てはまる企業の情報が、瞬く間に労働者に共有され、そして、強く批判されることになる根本的な理由である。ブラック企業であるかどうかの判断・見分けは難しい（例えば、どこまでの労働条件が劣悪と言えるか、どれくらいの労働量が過重になるのか、どの線を超えるとパワハラになるのかなどが判断しにくい場合が多い）が、現代

のようにソーシャルメディアが普及している時代においては、一旦
「ブラック企業」のレッテルを貼られてしまえば（例えば、「ブラック
企業大賞」を受賞してしまえば①）、企業イメージが大きく損なわれ
ることになる。こうした社会的評価の低下も、労働者や顧客など
からの反感・不信感をもたらし、企業の経営に深刻な影響を及ぼ
すかもしれない。最近、厚生労働省の審査を受けて、「非ブラック
企業」というお墨付きをもらい、労働者たちにアピールする企業も
増えている。この意味から言えば、労働者（特に若者）が自分の労
働環境を守る意識を持って、企業の違法な労務管理を広く社会に
訴えたことにこそ、「ブラック企業」という流行語の意義があると
言えよう。

　「ブラック企業」は日本社会にもさまざまな弊害をもたらしてい
る。なぜならば、労働・雇用が安定しないなら、安心して結婚・出
産・育児などができない。その結果、少子高齢化問題や社会保障
問題などがより深刻になりかねない。ブラック企業問題の中心的
な被害者が未来の日本の社会を担う若者だということを考える
と、社会へと視野を広げてブラック企業問題を捉える必要がある
だろう。

　日本は、1990年代以降、米英主導の市場原理主義にならって、労
働・雇用における規制緩和を推進し、現在も雇用形態・契約形式
の多様化（例えば、裁量労働、派遣労働、有期雇用契約、有料職業紹
介など）を内容とした新しい労働・雇用システムを構築している

---

①　日本では、ブラック企業を選出する「ブラック企業大賞」（ブラック企業大賞実行
　　委員会）がある。2012年から毎年行われている。

途上にある。それと同時に、従来の日本的雇傭慣行は経済・社会の中に色濃く残されている。ブラック企業はそうした制度・慣行の間隙をぬって不当な利益を得ようとしていると言えよう。

ここ数年、日本政府は音頭を取り、仕事と生活のバランスを大事にする、いわゆる「ワークライフバランス」の考え方を日本社会に広げようとしている。ブラック企業が生み出される土壌、すなわち、労働者の職業生活と家族生活に対する企業側の大きな影響力（広範かつ強力な指揮命令権・拘束力）を支える制度や慣行をなくさない限り、ワークライフバランスの実現は難しいだろう。

＜中文＞

2013 年，某大型居酒屋连锁店（东京证券交易所一部市场上市公司）因店员过劳死问题被起诉，以此为发端，"黑企业"一词在社会上广泛扩散而流行起来，并名列 2013 年度"U－CAN 新语、流行语大奖"前 10 名之内。有"黑企业"之嫌的企业因此成为因特网等新闻媒体的热议话题，就这样，本是流行语的"黑企业"逐渐演变成人们广泛关注的社会问题。

在日语中，「ブラック」这一外来语词义和其原英语单词"black"的词义一样，有时被用于指坏的事物。比如，「ブラック・リスト」是记载危险人物的"黑名单"（"blacklist"），而"black market"（进行非法交易的黑市）也原封不动地成了外来语「ブラック・マーケット」。"黑企业"（「ブラック企业」）中的"黑"（「ブラック」）字，也是这个意思。

那么，所谓"黑企业"，究竟是什么样的企业呢？虽然尚没有

统一的定义，鉴别也比较难，但是，一般来说，"黑企业"是指那些不遵守劳动规范，让劳动者在极其苛刻的劳动条件下工作，且用完即抛弃的恶劣企业。 无疑，对于劳动者来说，黑企业的存在是个非常恼人的问题。

　　被广泛视为问题的"黑企业"的特征主要有四点：（1）少付或甚至不付加班工资（劳动者加班却不按规定付报酬）[①]；（2）劳动时间过长且不给劳动者休息的时间[②]；（3）用"强权骚扰"（即上司在大庭广众之下伤害劳动者自尊和人格的言行）来控制劳动者；（4）非法解雇，等等。

　　联合总研（联合综合生活开发研究所）于 2013 年 10 月在首都圈和关西圈，以 2000 名在民间企业工作的 20 - 64 岁公司职员为对象，就"黑企业"的劳动环境和劳动条件进行了调查（联合综合生活开发研究所［2013］）。 该调查在一定程度上掌握了劳动者对所在单位（包括黑企业）的有关想法。 在这里，笔者将介绍一下其主要调查结果。

---

① "挂名管理人员"（该词入选 2008 年"U - CAN 新语、流行语大奖"前 10 名），即根本不参与公司经营，既无充分权限，又无相对应的薪酬，只是名义上被当作管理人员（与总经理一样可自主做出企业经营决策、决定自身工作方式的人员），加班也不给加班费的情况，也包括在内。

② 在日本，劳动时间规定为每天 8 小时，每周 40 小时之内；如果超过 8 小时，法律（《劳动基准法》）规定要让劳动者休息 1 小时。 如果要超过该法定劳动时间而延长工时，根据《劳动基准法》第 36 条，劳动者（工会等）和企业双方需要签订劳资协定，即所谓"36 协定"并向政府部门（劳动基准监督署）呈报备案。 换言之，只有签订了 36 协定并向劳动基准监督署呈报，企业才能让劳动者超法定工时工作。 厚生劳动省（厚生劳动大臣）规定可延长的劳动时间为一周 15 小时之内，一个月 45 小时之内，一年 360 小时之内。 另外，关于劳动时间的延长部分（"时间外劳动"），企业必须给劳动者发放高于平常工资水平的加班费。

首先，对于"过去一年你所在的单位有违法（违反劳动基准相关法令）的情况吗"的提问，回答"有"的劳动者占全体回答者的约 30％（29.2％），而且，企业规模越小，其比例越高。劳动者人数不满 100 人的企业中，回答"有"的比例竟高达 35.9％。关于具体的违法情况，举出"该发的加班费（全额或部分）没发"（19.3％）的最多，"即使申请带薪休假，也不被批准"（14.4％）次之（图表 9－1）。

图表9-1　劳动者对过去一年间工作单位违法情况的认识

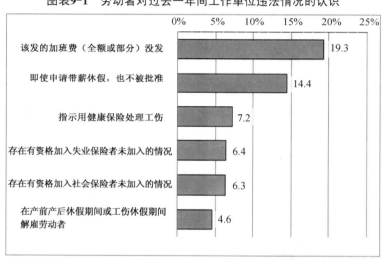

注：数值为对问题"过去一年间你是否认识到自己的工作单位有下列（问题中所示）违法情况"回答"有"的劳动者所占比例。
出处：联合综合生活开发研究所［2013］。

其次，在过去一年间认识到自己的工作单位存在问题的劳动者比例高达约六成（61.1％）。作为具体举出的事例，最多的五项为："有因工作身心健康受到损害的人"（35.6％）；"长时间劳动是

家常便饭"（30.6％）；"很多人没干多长时间即辞职"（26.9％）；
"存在强权骚扰现象"（21.1％）；"实际工作条件与招人时所承诺的
工作条件不符"（17.2％）（图表9-2）。

图表9-2　劳动者对过去一年间工作单位存在问题的认识

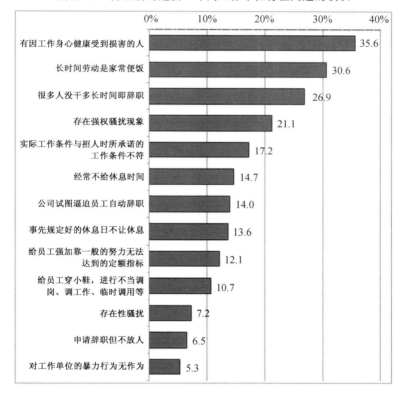

注：数值为对问题"过去一年间你是否认识到你现在的工作单位有下列（问题中所
　　示）问题"回答"有"的劳动者所占比例。
出处：联合综合生活开发研究所［2013］。

　　另外，认为自己的工作单位是"黑企业"的劳动者占到全体回

答者人数的 17.2%，而且其比例在 20－29 岁年龄层最高
（23.5%），30－39 岁年龄层为20.8%，40－49 岁年龄层为15.4%，
显示出随着年龄的增大比例变低的倾向（图表9－3）。

图表9-3　劳动者对自己的工作单位是否是"黑企业"的认识

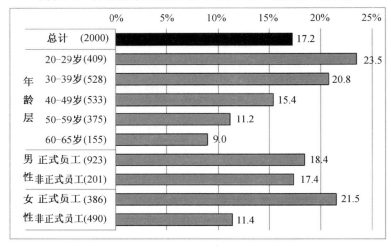

注：（1）数值为回答"认为自己单位是所谓'黑企业'"的劳动者比例和回答"有'黑企
业'之嫌"的劳动者比例之和。

　（2）括号内为回答者人数。

出处：联合综合生活开发研究所［2013］。

　　另外，关于长时间劳动、加班不给加班费等黑企业的主要特
征，经详细调查，以下三点浮出水面：在被调查的月份里，（1）从
事时间外劳动（日常加班和节假日上班）的劳动者比例占35.3%，
而且时间外劳动的平均时长为每月 35.3 个小时；（2）从事时间外
劳动的劳动者的 35.3% 没有领到加班工资，白加班的平均时长为每
月 18.5 个小时；（3）从事时间外劳动的劳动者之中，全额领到加班
补贴的仅有 49.3%，还不到半数（没领到任何加班补贴的占

6.5％）。就劳动者的性别、正式员工与否等个人特性来看，男性正式员工的49.5％从事时间外劳动（超过45个小时，即一个月内时间外劳动上限的占11.9％），而且从事时间外劳动的平均时长达到每月40个小时。

社会对"黑企业"关注程度的高涨已使"黑企业"变为社会问题。为了应对这一社会问题，厚生劳动省开展了各种活动以试图改善劳动者超负荷劳动和白加班的情况。譬如，从2013年开始，厚生劳动省进行了有关劳动环境、劳动条件的免费电话咨询（图表9-4），并且还对咨询中出现的有违反劳动基准相关法令或有黑企业之嫌的单位进行了全国规模的内部查实（即"超负荷劳动重点监督"）。

图表9-4　向厚生劳动省咨询的件数（2013年~2015年）

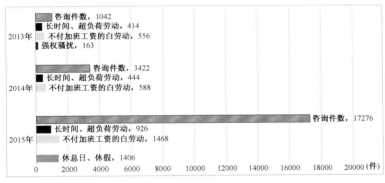

注：2013年的数值是9月1日关于对劳动者有"用完即扔"之嫌的企事业单位进行电话咨询的结果；2014年的数值是"消除超负荷劳动咨询电话"（11月1日实施）和"劳动条件咨询热线"（9月1日至10月1日）的总和；2015年的数值同样是"消除超负荷劳动咨询电话"（11月7日实施）和"劳动条件咨询热线"（4月1日至11月7日）的总和。

出处：笔者根据厚生劳动省［2013a，2014，2015c］制成。

其结果，2013 年实施重点监督的 5111 所企事业单位中，有 4189 所（占全体的 82.0％）存在有违反劳动基准法相关法令的行为；2014 年实施重点监督的 4561 所企事业单位中，有 3811 所（占全体的 83.6％）承认违反了劳动基准法相关法令（图表 9－5）。 违法最多的情况，两年连续都是"非法的时间外劳动"，分别占总数的 43.8％和 50.5％。"加班不付加班工资"（白加班）连续两年居第 2 位，超过了总数的 20％。 另外，调查结果还显示，连续两年都有近四分之一的企事业单位平均每月的时间外劳动（日常加班和节假日上班）的总时数超过 80 个小时，约 15％的企事业单位平均每月的时间外劳动总时数超过了过劳死认定基准之一的 100 个小时（厚生劳动省［2013b，2015a］）。

图表 9－5　"超负荷劳动重点监督"的实施结果

	实施重点监督的企事业单位数	违反劳动基准相关法令的企事业单位数	主要违反事项		
			违法的时间外劳动	其中每月超过 **80 个小时**	其中每月超过 **100 个小时**	不付加班工资的白加班
2013 年	5111 (100.0％)	4189 (82.0％)	2241 (43.8％)	1230 (24.1％)	730 (14.3％)	1221 (23.9％)
2014 年	4561 (100.0％)	3811 (83.6％)	2304 (50.5％)	1093 (24.0％)	715 (15.7％)	955 (20.9％)

注：(1) 括号内系将实施重点监督的企事业单位数设定为 100.0％时的比例。
　　(2) 违法的时间外劳动是无 36 协定的时间外劳动和超过 36 协定所规定限度的时间外劳动的合计。
　　(3) 关于过劳死的判断基准，厚生劳动省发表了如下见解：发病前的一个月内时间外劳动超过 100 个小时；或发病前 2 个月至 6 个月内时间外劳动每月平均超过 80 个小时的场合，发病与工作关系甚大。也就是说，厚生劳动省规定月时间外劳动超过 80 个小时，为"过劳死红线"。
出处：笔者根据厚生劳动省［2013b，2015a］制成。

上述多项调查凸显出了"黑企业"问题的严重性。 实际上，白加班问题和劳动时间过长问题并非是近些年才有，也并不仅是一部

分企业的问题，作为劳动惯例，其被认为是日本企业共同存在的问题。

在经济高度增长时期，日本企业（尤其是大企业）开始将"录用应届生"、"终身雇佣"、"年功序列"等作为雇佣惯例。 在这样的雇佣惯例中，劳动者（尤其是男性正式员工）从学校毕业后直到退休期间的长期稳定雇佣（在此期间工资逐步增加）成为劳资双方之间不成文的约定。

耐人寻味的是，在这个不成文的约定之下，又产生了另一个不成文的约定。 企业一方开始抱有如下逻辑：作为以长期稳定雇佣来保护劳动者的"回报"，劳动者应该同意且忍受加班和长时间劳动（调换岗位、调转工作、单身赴任等也都是基于该逻辑）；而作为另一方的劳动者呢，觉得既然企业在雇佣和工资方面给予长期保障，也就接受了加班和长时间劳动。 其典型就是那些不惜一切为公司干活、为企业奉献一辈子的所谓"公司猛将"、"企业战士"（当时的社会风潮将这种工作方式视为美德大加赞赏）。 在这种氛围下，不想加班和长时间劳动的劳动者也很难张口对企业的要求加以拒绝了。

换言之，长期稳定雇佣这一劳资双方之间的不成文约定，带来了企业一方"不成文的强制"和劳动者一方"不成文的服从"，其结果，就产生了加班和长时间劳动这样一种不成文约定。 由于在长期稳定雇佣的雇佣惯例下，企业难以根据劳动供需的变化来调整雇佣人数，因此就需要通过调整劳动者的劳动时间来应对劳动供需的变化。 故而，对企业来说，加班以及长时间劳动就成了某种意义上的"不得已的选择"（尤其在需要劳力的业务繁忙期）。

加班以及长时间劳动作为长期稳定雇佣保障的条件甘而受之，

在这种逻辑成为"天经地义"的社会氛围中，加班以及长时间劳动就成了企业进行雇佣调整的缓冲器。 譬如，关于是否制定时间外劳动的上限，政府的劳动基准法研究会发表了如下方针："在我国的劳资惯例中，对时间外劳动和节假日上班的灵活运用起到了维持雇佣的作用。"（滨口桂一郎［2013］，p.91，下加点为笔者所加）实际上，因经营不善、业绩恶化而进行裁员的必要条件（所谓"裁员四大条件"①）之一的"避免裁员的努力"（企业进行裁员之前，首先必须采取调换岗位、调配到关联企业、转换所属单位、停止招收新人、征求自愿离职者等手段来尽量避免解雇劳动者）里，就包含削减加班时间这一条。 也就是说，削减加班时间是应对经营危机的一个办法，因此也就如图表 9－2 所示，对企业来说日常进行长时间劳动显得好像有其必要性。 今野晴贵［2012］指出："东京证券交易所市场一部上市公司（笔者按: 大企业、业绩优良企业）销售收入前 100 强（2011 年度结算）之中，约有 70％的企业提交了超出过劳死红线的 36 协定。"（p.96）②

　　如上所述，说加班以及长时间劳动内嵌于日本的雇佣惯例之中也不过分。 其结果，日本全职劳动者（不论是男性还是女性）的劳动时间与其他发达国家相比，显得格外的长（图表 9－6）③，还导

---

① 裁员四大条件，分别指的是裁员的必要性、避免裁员的努力、人员选定的合理性以及裁员手续的周到性。

② 36 协定中有项"特别条款": 如果满足生产上的必要性（如业务繁忙）等一定条件，则可允许劳动者的加班时间超过厚生劳动省制定的 1 周最多 15 个小时、1 个月最多 45 小时、1 年最多 360 小时的上限。 因此，时间外劳动的基准名存实无，时间外劳动实际上是无限制。

③ 按照国际劳动机构（ILO: International Labour Organization）的基准，每周劳动超过 48 个小时，即算长时间劳动（ILO［2008］，p.8）。

致出现"白领的过劳死"这样的全球罕见现象。①　关于日本劳动者的"过劳"，川村辽平［2014］指出："……'过劳'问题，绝不仅仅是在那一部分企业（笔者按：发生过劳死的公司）中才有的脆弱的东西。'过劳'深深嵌入所有企业的惯例中，而且，为其提供支撑的制度和惯例，已经扩展到了企业的外部。"（p.84）

　　在日本，劳动者一经作为正式员工进入企业、成为企业组织（集团）的一员，那么，一方面他今后的人生有了来自企业的长期生活保障：到退休为止的职业人生靠年功工资和生活工资（家属补贴、交通补贴、住房补贴等为补足生活费而发的工资②）来支撑，退休后的生活则靠退职金和企业养老金来支撑；但另一方面，与此相应，他对企业也负有必须不受工作岗位、时间、地点的限制来劳动的义务（所谓"无限定就劳义务"）。

---

①　过劳死，作为英文单词"karoshi"，2002 年被登录在牛津英语辞典（Oxford English Dictionary）网上版中，其解释如下：(In Japan) death caused by over-work or job-related exhaustion ["（在日本）由于过劳及工作带来的极度疲劳而造成的死亡"，http://www. oxforddictionaries. com/definition/english/karoshi]。　在此意义上，正如硬币的正反面，如果说终身雇佣、年功工资、企业内工会是日本雇佣惯例的"三种神器"的话，那么过劳和长时间劳动可谓日本雇佣惯例的"凶器"了。　根据厚生劳动省的定义，所谓"过劳死等"，在《防止过劳死等对策推进法》第 2 条中，指的是"业务上过重负荷引起的以心血管疾患为原因的死亡，或在业务上过强的心理负担引起的以精神障碍为原因的自杀死亡，抑或是指这些心血管疾患以及精神障碍"（厚生劳动省［2015b］）。　在日本，尽管在行政和司法上都实施了各种各样的防止过劳死等的对策，但过劳死等现象依然频繁发生（如果包含过劳自杀的话，受害案件数量有增无减）。　2014年关于心脑血管疾患引起的过劳死（关于脑、心血管疾患的个案）的申请工伤补偿件数达 763 件，批准件数达 637 件，决定赔偿件数达 277 件；关于精神障碍等引起的过劳自杀（关于精神障碍的个案）的申请工伤补偿件数达 1456 件，批准件数达 1307 件，决定赔偿件数达 497 件（Ibid.）。

②　在日本，劳动者生活所需的费用（如孩子的抚养费用和教育费用、住房费用等）大部分由企业所发工资来解决，相比之下，靠政府政策、制度支持的部分较少。

图表9-6　全职劳动者每周劳动时间的国际比较（**2011年**）

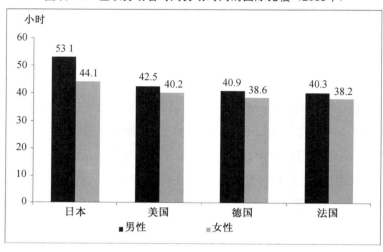

出处：笔者根据总务省统计局，2011 年《社会生活基本调查》（每五年施行一次）；
OECD，"Average usual weekly hours worked on the main job"（Employment Status：Dependent employment；Job type：Full-time employment），Labour Force Statistics 制成。

　　透过上述这种"交换"，我们可以看出，在日本，劳动者所属的企业（劳力的使用者）对劳动者本人及其家属的人生具有多么大的影响，介入劳动者的生活（职业生活以及家庭生活）到多么深的程度。无疑，在这样的雇佣体系中，劳动者对所属企业的归属感和忠诚度便自发或非自发地，有意识或无意识地被强化。于是，担负诸多社会角色的企业成为社会的中心这样一种社会结构便形成了。①

　　山口一男［2009］将这种在日本式雇佣惯例下产生的"保障与

① 从这个意义上来说，近年来劳动市场的管制放松、非正式员工的增加等动向不仅给经济带来巨大影响，同时也给日本的社会结构以及社会连带的方式带来深远的影响。

束缚的交换"理解为"回报式的灭私奉公"（作为给予雇佣保障的回报，就被要求舍弃"自我"而服从企业的意志和安排）（p.230），而滨口桂一郎［2013］模仿其表现，将黑企业的雇佣解释为"无保障的束缚"、"无回报的灭私奉公"（即使接受白加班以及长时间劳动等严苛的劳动条件，也无法得到作为其回报的长期稳定雇佣）（p.223）。换言之，以日本式雇佣惯例为土壤，但没有以前的"长期稳定雇佣"这种补偿——具有这种新特征的企业就是黑企业。 关于这一点，伊藤大一［2014］指出："黑企业问题并非是 21 世纪才突然出现的问题，而是源于历来的日本式雇佣体系。 即，可以说日本式雇佣体系中早已存在转化为黑企业问题的可能性。"（p.507）

因此，在思考和把握黑企业问题的本质时，我们不能忽略黑企业与日本式雇佣惯例之间的密切关系。

关于黑企业，还有一点值得一提，那就是人们往往将黑企业问题与年轻人的雇佣、劳动问题，以及近年来日益严重的非正式雇佣问题结合起来讨论（譬如，森冈孝二［2012］；今野晴贵［2012］；川村辽平［2014］）。

我们在第 7 章和第 8 章讲过，日本年轻人的雇佣、劳动形势越发严峻：以青年层为主的非正式雇佣不断扩大，就算是应届毕业生，以正式员工的身份就业也变得困难。 黑企业问题，和这种状况紧密相连。 换言之，我们需要明白在黑企业问题的背后有青年们明知是黑企业却无法"脱身"的难言之隐。

黑企业惯用的手法是把青年录用为正式员工，但迫使其在恶劣的劳动条件下工作。 而青年呢，纵然明知自己所在企业是黑企业，但担心一旦辞职，再找的工作说不定是非正式员工而下不了辞职的决心。 黑企业正是抓住青年这个软肋而迫使其进行超负荷劳动。

在年轻人的雇佣、劳动形势变得严峻的情况下，很多劳动者即便被黑企业强迫超负荷劳动也只能忍气吞声。

如前面的图表9－3所示，越是青年，认为自己的工作单位是"黑企业"的比例就越高。据厚生劳动省［2013］，在关于对青年员工有"用完即扔"之嫌的黑企业进行的免费电话咨询中，咨询对象里，20多岁和30多岁的年轻人占压倒的多数（图表9－7）。而且，青年层中过劳死、过劳自杀（特别是后者）的事例也很多（图表9－8）。

图表9－7　咨询对象劳动者的年龄（咨询件数最多的三个年龄层）

年龄层	咨询件数	占咨询总件数的比例
1. 30－39 岁	253 件	24.3％
2. 20－29 岁	252 件	24.2％
3. 40－49 岁	182 件	17.5％

出处：笔者根据厚生劳动省［2013a］制成。

图表9-8　各年龄层过劳死、过劳自杀申请工伤件数（2008年度-2009年度）

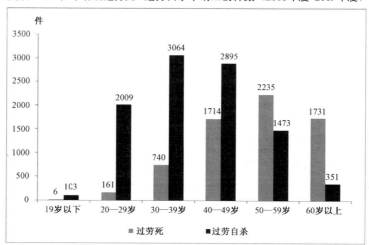

出处：笔者根据厚生劳动省《脑、心脏病患与精神障碍的工伤赔偿状况》（2008年度—平成2013年度）以及《过劳死等的工伤赔偿状况》（2014年度）制成。

在持续的经济萧条和激烈的全球竞争中，越来越多的日本企业试图缩减劳动成本以确保利润。 仅仅考虑到企业成本的压缩，黑企业式的劳务管理手法看上去好像有其经济上的合理性。 可是，如果考虑到劳动所具有的特殊性以及雇佣、劳动问题的特别之处，那么，越是让劳动者在恶劣的劳动条件下干活，企业就越能获利——这种过于简单的逻辑里没有任何合理性。 如果我们从长远的观点来看，可以很明显地看出"黑企业"在经济、社会方面所具有的种种不合理性。

作为在劳动市场上被买卖的商品，劳动在劳动法学中，一方面有着所谓"从属劳动"的性质①；另一方面，又与作为人的劳动者的人格密不可分（所谓"劳动和劳动者的不可分离性"）。 也就是说，劳动，只要作为行为主体的劳动者不进行，就不可能存在。

因此，当劳动者认为自己所在单位是"黑企业"时，便失去劳动干劲，不再感到劳动有意义。 实际上，前面提到的联合综合生活开发研究所［2013］的调查显示，对比是否认为所在单位是"黑企业"的结果，可以发现当劳动者认为自己的企业是黑企业时，劳动者的劳动干劲和打算在该单位一直干下去的意愿显著低下（图表9-9）。

劳动者的劳动干劲低下甚而丧失，这无疑会带来劳动者乃至整个企业生产力的低下，最终，企业业绩也会受到严重影响。 而辞职者的增加，将产生劳动者新旧交替的高额费用（比如，辞职费用、

---

① 　"从属劳动"（或曰"劳动的从属性"）是将劳动关系作为"从属关系"来理解的思路。 作为其主要内容，人们经常举出"人的从属性"（劳动者以受时间和场所束缚的形式，依照使用者的指挥命令来提供劳动）和"经济的从属性"（工资等收入构成工薪劳动者的生活基础这一经济弱势）。 因为劳动有"从属劳动"的属性，由此推导出用法律来保护劳动者的必要性。

图表9-9　认为所在单位是"黑企业"对劳动者的劳动干劲和在该单位长期工作意愿的影响

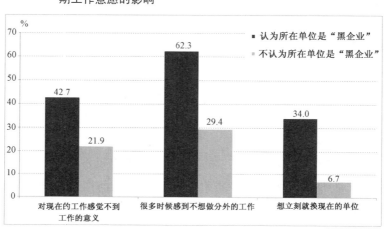

出处：笔者根据联合综合生活开发研究所［2013］制成。

录用费用、新人教育培训费用、人才流失导致的企业内部技术技能的消失等），从而威胁到企业的经营。

　　任何劳动者都希望以个人尊严得以确保的形式，在人能够接受的条件下工作。 这就是为什么有"黑企业"之嫌的企业信息转眼便在劳动者间传开并遭到强烈批判的根本原因。 虽然判断和区分黑企业有一定难度（比如，什么程度的劳动条件算恶劣？ 多大的劳动量算超负荷？ 越过了什么线算强权骚扰？ 等往往很难判断），但是，在像现代的社会化媒体时代，一旦被贴上"黑企业"的标签（比如，中了"黑企业大奖"①），则企业形象将大打折扣。 这种坏名声将带来劳动者和顾客的反感和不信任，并有可能深刻影响到

① 　在日本，有评选黑企业的"黑企业大奖"（黑企业大奖实行委员会），从 2012 年开始每年举行。

企业的经营。 最近，越来越多的企业接受厚生劳动省的审查、获得
"非黑企业"的"免罪牌"来吸引劳动者。 从这个意义上来说，劳
动者（特别是青年）抱有保护自己劳动环境的意识，将企业违法的
劳务管理伎俩广泛诉诸社会——这正是"黑企业"这个流行语的
意义。

　　"黑企业"，给日本社会也带来了种种弊害。 为什么这样说
呢？ 因为劳动、雇佣状况不稳定的话，则无法安心结婚、生孩子和
养育孩子，其结果，少子化问题、老龄化问题和社保问题等有可能
变得更加严重。 考虑到黑企业问题的主要受害者是肩负着日本未
来的青年，我们有必要把视野扩展到整个社会来看待黑企业问
题吧。

　　在 20 世纪 90 年代以后，日本学习美英主导的市场原理主义，
推进劳动、雇佣问题上的管制放松，目前正在构筑以雇佣方式、合
同方式多元化（譬如，弹性劳动、派遣劳动、定期劳动合同、有偿
介绍工作等）为内容的新劳动雇佣体系。 与此同时，日本历来的雇
佣惯例却依然在经济和社会中影响很深。 可以说，黑企业企图钻
这种新旧制度、惯例之间的空子来获取不当利益。

　　近几年来，日本政府带头试图将重视工作与生活的平衡，即所
谓"工作生活平衡"的想法在日本社会上推广。 然而，如果产生黑
企业的土壤，即支撑企业对劳动者职业生活和家庭生活发挥巨大影
响力（广泛且强大的指挥命令权与束缚力）的制度和惯例不去除，
那么，工作与生活的平衡恐怕是很难实现的吧。

第 10 章　働かないオジサン（不工作的大叔）

＜日本語＞

　最近、新聞・雑誌などで中高年の雇用・労働問題がよく取り上げられるようになってきた。そのなかで、「働かないオジサン」という言葉をよく目にする。雑誌 AERA が会社勤めの20～50 代の男女 1053 人を対象に「使えない社員」について調査したところ、全世代が共通して挙げたのは「50 代男性」だった。50 代男性をお荷物だと感じる理由としては、(1) 仕事の効率が悪い、(2) 仕事への意欲が低い、(3) 仕事の能力が低い、(4) 雇用や給料が手厚すぎるなどが挙げられた（朝日新聞社［2013］、p.11）。

　また、日本生産性本部［2013、2014］が全上場企業を対象にした調査では、「業務内容や成果・貢献度に比べて賃金水準が見合っていない（賃金水準が高い）正社員」は、どの年齢層に多く見られるか尋ねたところ、「50 歳代」という回答がそれぞれ50.6％、39.5％となり、2 年ともほかの年齢層より突出して高いという結果になった。

　興味深いことに、世間の目はこれほど厳しいのに、「もらいすぎ

世代」だと批判された当の50代男性には「使えない社員」「働かないオジサン」の意識が薄い。前出した雑誌 AERA の調査に参加した50代男性の6割は「自分の給料は働きに見合わず少ない」と思っており、「自分がお荷物だと感じたことがある」のはわずか8％だった。

　なぜ若いときに懸命に働いた人々は中高年になると、働かなくなってしまうのか。なぜ「働かないオジサン」といわれた人たちの多くは、自分自身にその意識があまりないのか。本章では、オジサンを働かなくさせるような要因、言い換えれば、「働かないオジサン」を生み出す構造について考えてみたい。

　第8章で述べたように、中国や欧米の欠員補充方式の採用方法に対して、日本は、新卒定期一括採用という方法を取っている。企業が卒業予定の高校生や大学生を対象に内定を出し、卒業直後の毎年4月にまとめて採用し、そして、職務経験もなく実務に直結したスキルもない新卒者に対して、企業内教育・訓練を行い、人的資本を蓄積する。言うまでもなく、企業内教育・訓練には様々なコストが生じる。具体的に言えば、教育担当者に支払う報酬、研修施設関連費用、社内指導役・教育係のOJT(On the Job Training、現場における教育・指導)を行うことから発生する機会費用、訓練期間中に新卒者に支払う生産性を上回る賃金などである。これら様々なコストは、人的資本への投資として理解することができる。日本的雇用慣行では、企業は、労働者の長期勤続を確保することで、長期にわたってこの人的資本への投資を回収する。企業は長期安定的雇用関係を構築することで人材育成に安心して投資することができる。そのため、労働者の長期勤務へのインセンティブとし

て、企業は勤務年数に応じて給料や役職を上げて行く年功序列を採用する。このように、日本的雇用システム内の制度は、相互に補完し、強化しあう関係、いわゆる「制度的補完」(青木・奥野[1996])関係にある。

　新卒定期一括採用により、毎年大量の若手新入社員が入ってくる。しかも、入社後、配属が決定されるまで若手社員は自分がどの部署でどのような仕事をするのかが分からない。その上、数年ごとに社内のいろいろな部署に配転される(「ジョブローテーション」)。つまり、若手社員を一つの業務に精通し専門性の高いスペシャリスト、もしくは特定の職種のエキスパートではなく、なんでもできるジェネラリストとして育成していく。

　学校を出て会社に入るところから定年までの長い期間にわたって、正規労働者は、ただ1回限りの職業選択で、一つの会社だけに所属し、1社だけと労働契約(期間の定めなき労働契約)を結ぶ。しかも、その労働契約では職務も限定されておらず、入口から出口までの長い期間において特定の職務に固定されることもない。そのため、菅山[1998、2011]は、『就社』社会(ある特定の職務・仕事に就くのではなく、ある特定の会社に「就く」ことが一般化している社会)という言葉を以て、現代日本の企業社会を表現している。

　したがって、日本的雇用システムのなかで、いったん正規労働者として採用されると、長期安定的な雇用関係のもとで、よほどのことがない限り、解雇されない。日本企業の多くは、経営状況が悪くなっても、アメリカのリーマンショック直後の大規模なリストラのように、正規労働者のクビをたやすく切ることはない。政府も、企業の経営困難時の雇用維持を後押ししている。例えば、雇用保険

制度には、雇用調整助成金という解雇（失業）を予防する制度がある。その制度のもとで、経営が悪化した企業が労働者を解雇せずに一時的な雇用調整（休業、教育訓練など）で難局を乗り切ろうとする場合、労働者の雇用を維持するために企業が負担することになる費用（休業手当、教育費用など）の一部を政府が助成する。また、第 9 章で説明したように、経営不振・業績悪化のためにリストラを行う場合には、原則として満たさなければならない要件（「整理解雇の四要件」）があり、当該企業は解雇回避のための努力を尽くし、人員削減をしなければ経営を維持できないということが認められなければ、解雇が無効とされる。

　新卒採用・年功序列・終身雇用が一体化した雇用システム構造によって、労働者は不確実性の少ない、安定した人生設計を立てられるし、企業も短期的な景気動向に左右されず、長期的な収益と確実な成長を追求する経営モデルを確立できる。しかし、経済成長を前提にして成立つこの雇用システムは、長期経済不況のなかで、経済的合理性を失い、逆に不合理な側面が露わになってしまった。

　企業は正規労働者（特に中堅以上の男性正社員）を簡単に解雇することができないため、バブル崩壊後、企業の雇用調整は若年者の新規採用の縮小および非正規労働者の増加を中心に行われるようになってきた。中高年正規労働者の雇用を維持することは、新規採用者の雇用を抑制するという効果をもたらし（玄田［2001］）、第 7 章と第 8 章でみた若者の雇用・労働環境を急速に悪化させた一因であると考えることができる。

　また、興味深いことに、このような企業と政府の雇用維持への努

力が、長年日本を苦しめてきたデフレをもたらしたという考え方がある。例えば、前日銀総裁の白川方明氏は、「物価の下落は企業が労働者を解雇するのではなく労働者報酬を下げることを優先するという「社会契約」の結果である」(falling prices resulted from the "social contract" of firms cutting salaries rather than workers)とし、「デフレは極めて低い失業率の裏返しだ」(deflation is the flip side of very low employment)と指摘したことがある(The Wall Street Journal [2014])。

さらに、長年に渡って日本的雇用慣行が維持されてきた結果として、日本の労働市場は主に閉鎖性の強い内部労働市場(企業内の幅広いジョブローテーション、グループ内の配置転換・出向など)によって支えられており、外部労働市場(中途採用市場)が未発達になっている。こうした労働市場の構造は、ある特定の企業で習得した技能がほかの企業で再利用できないという技能の企業固有性を高めるとともに、労働者に転職の困難性をもたらす。したがって、新入社員は、入社後、企業組織内部に封鎖され、内部労働市場の職務(担当する仕事内容)・職位(部長、課長といった組織上の役職)階梯を上向する(いわゆる「年功昇進」)ことを目指さざるを得なくなる。

日本企業のこのような新卒定期一括採用や長期安定雇用に基づく企業内部の人事管理方式は、欠員補充の中途採用が採用方式の中心である欧米や中国の企業のそれと大きく異なっている(図表10 - 1)。田中[1980]によると、新卒定期一括採用の場合、企業への入口が「新規学卒という特定の時期と年齢層に限定されている」のに対して、欠員補充方式では、企業への入口が「企業組織の中のど

こにでも、そして、誰に対しても開かれている」(p.378)。そして、「定期人事異動方式を繰り返して、最後に定年という、これまた、欧米諸国とはまったく違う特定された『出口』から従業員は企業の外に一斉に出されていくのである」(p.381)。

図表10-1　採用慣行・社内人事管理の国際比較図

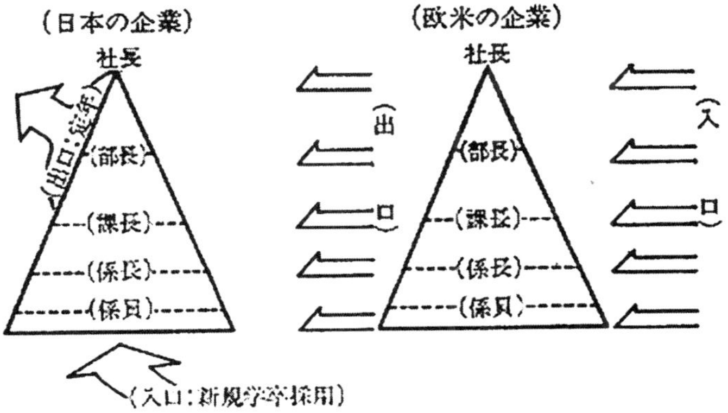

出所：田中［1980］、p.378。

　日本企業が担っている社会保障的な機能（第9章を参照）を考慮に入れると、労働者が生涯にわたって、ひとつの企業に定着して働くという働き方——田中［1980］の言い方を借りれば、「企業埋没型」の働き方（p.27）を支える経済・社会システムの全体像が見えてくる。川村［2014］は、「一つの会社で勤め上げることを支えるような仕組みが、あるいはそれ以外の働き方を支える仕組みの不在が、会社から『逃げ出せない世界』を作り上げる役割を果たしている」(pp.74‐75)と指摘している。

　「働かないオジサン」も、こうした日本的雇用システムの特質につながる不合理な経済現象の一つだと言えよう。

　企業組織はピラミッド構造になっており、そのため、組織内役職のポストの数は上に行けば行くほど少なくなる。ところが、毎年新卒定期一括採用で欠員の有無に直接関係なく大量に入ってくる新入社員を含め、若手社員が、下位の職務・職位階梯から上位のそれへと駆け上がろうとする。その結果、役職のポストが足りなくなり、当然のこととして、はみ出てしまう社員が出てくることになる（図表 10－2）。特に、近年、長引く景気低迷、企業の海外移転・合併再編などにより、企業のポスト削減や管理職候補の絞り込みが一層厳しく行われており、管理職に就けない社員が増えている。

　通常、40 代半ば頃から 50 代前半で、出世コースに乗れるかどうか、組織の中でどこまで昇格できるかどうかがわかり、企業の中での自分の立場が明確になってくる。では、そのはみ出た、すなわち企業組織のピラミッド構造から脱落した社員は、どうなるのか。勤めている企業から評価も期待もされていないことがわかっているのに、先に述べた色々な制約（日本労働市場の閉鎖性、習得技能の企業固有性、転職の困難性など）によってそこから「逃げ出せない」一方で、いくら頑張ってももうこれ以上は給料が増えないし、出世もできないという現実を受けとめざるを得ない。その結果、彼らは、往々にして働く意欲を失いやすく、「働かないオジサン」になってしまう。[1]

　年功賃金・終身雇用のもとで、企業は、働く意欲を失った「働か

---

[1]　そもそも企業組織のなかで自分に向いた仕事を見つけられない場合、特にそうなりがちである。

図表10–2　「働かないオジサン」を生み出す構造

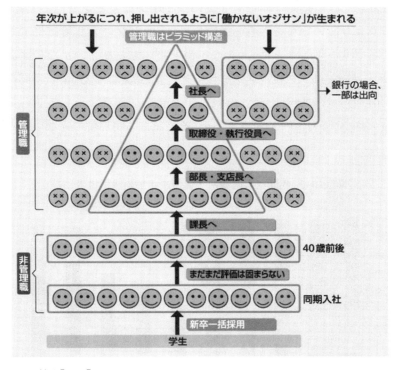

出所：楠木［2013］。

ないオジサン」を雇用し続け、しかも高い給与を支払っているという現実がみられる。朝日新聞社［2013］によると、仕方なく年配社員が就くポストをなくさないためだけにある、いわば「ポスト維持のためのポスト」を用意している会社もあるという。こう見てくると、「働かないオジサン」は、労働者の生産性に関係なく給与を保証する可能性を孕んでいる日本的雇用慣行特有の問題といえるであろう。

　就職氷河期を経験し、雇用環境・就職戦線の厳しさを身をもっ
て知った若手社員や非正規社員には、「働かないオジサン」が自分
たちより高い給料をもらっているのに、働かないもしくは働いて
いるフリをすることに、大きな不満を持っており、「働かないオジ
サン」が楽をしている「フリーライダー」に見えてくる（朝日新聞社
［2013]）。若年層と比べて40 代～50 代の年収が高いという世代間
収入格差（図表 10－3)を考えると、その気持ちが理解できないこと
もない。

図表10–3　年間収入階級別・世帯主年齢階級別世帯比率

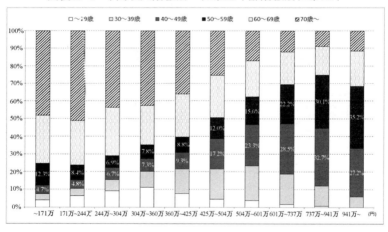

出所：総務省統計局「家計調査」(2014 年年報)より筆者作成。

　企業にとって、生産性の向上、人件費の削減などを考えると、企
業貢献度に比べて報酬が高すぎる「働かないオジサン」は大変悩ま
しい問題である．バブル崩壊以降、厳しい経済情勢が続き、グロー

バル競争が激しさを増すなか、希望退職者の募集[1]、役職定年制の導入[2]、配置転換・転籍・出向、退職勧奨など、表面上は解雇ではないが実質的には解雇に近いような手段により、人件費の高い中高年社員を定年より早く社外に排出しようという中高年排出が行われてきた。[3]　また、「追い出し部屋」という流行語が表しているように、企業側が余剰と見なした社員を自主退職に追い込もうとすることが、パナソニック、シャープ、ソニーといった大企業でも行われるようになった。[4]

　バブルの時に大量採用した世代（いわゆる「バブル世代」）がまもなく50代となる。しかも、2012年に、急速に進んでいる高齢化お

---

[1]　希望退職は、景気悪化や経営不振の場合、企業が社員に自主的な退職を呼びかけて「合意退職」をしてもらう雇用調整の手段である。通常、定年前の社員に対して、退職金加算（割増退職金）などを提示して退職者を募集する形を取っている。

[2]　役職定年制とは、役員や管理職などの役職者に定年を設ける制度である。役職者はその一定の年齢に達したら管理職ポストからはずれ、専門職・専任職（管理職と同等の仕事能力を持ちながらも、管理職としてではなく、高度の専門知識をもつスタッフとして、能力発揮を期待される人々、藤原・上嶋［1996］）に移行し、一線を退く。厚生労働省が役職定年制について行った調査（厚生労働省［2009］）では、次のことが明らかになった：(1) 調査対象（218社）の47.7％が役職定年制を導入している。(2) 役職定年制を導入した企業について役職定年後の処遇をみると、その91.3％が「一般の定年年齢まで在勤」、14.4％が「在籍出向」、15.4％が「関連企業への移籍出向（退職の場合も含む）」となっている（複数回答）。(3)「定年年齢まで在勤」とする企業について給与面での取扱いをみると、その50.5％が「役職に関連する手当額を減額」、29.5％が「別の賃金体系に移行し、基本給を減額」、15.8％が「役職在任時の賃金水準を維持」となっている（複数回答）。

[3]　中高年労働者の排出は、最近初めて起こった現象ではない。濱口［2014］によると、1970年代に、2度に及ぶ石油危機の影響により、企業現場で中高年リストラが進み、中高年失業者が大きな雇用問題になった。

[4]　「追い出し部屋」は、企業において、実質的に解雇の対象となった社員が集められ、異動させられる部署の通称である。マスメディア（朝日新聞［2012］）に取り上げられたことで広く注目を集め、2013年「ユーキャン新語・流行語大賞」50候補語にもノミネートされた。

および厚生年金受給開始年齢の引き上げ（60 歳から65 歳に）に対応し、意欲と能力に応じて働き続けられる環境の整備を目的として、「高年齢者等の雇用の安定等に関する法律」（通称：高年齢者雇用安定法）の一部が改正され、2013 年 4 月 1 日から希望者全員を65 歳まで雇い続けることが企業に義務づけられた。「働かないオジサン」への対応は、企業の大きな経営課題になりそうである。

実は、約 40 年前に「窓際おじさん」（米川［2002］、p.230）という流行語があった。この言葉は、後に人口に膾炙することになる「窓際族」（企業内で出世コースから外れて、オフィスの窓際にデスクを構え、閑職に追いやられた中高年層を揶揄する言葉）の元とされ、実質的な仕事を与えられず窓際の机で新聞を読んだり外をぼんやり眺めたりして時間を潰す中高年サラリーマンを指す。時代背景や経営環境がずいぶん違うが、40 年前の「窓際おじさん」も、現在の「働かないオジサン」も、中高年（男性）労働者の雇用・労働問題として日本的雇用慣行が内包した矛盾を体現していることは、甚だ興味深い。

＜中文＞

近来，在报纸杂志上经常提到中老年人的雇佣、劳动问题，其中"不干活的大叔"一词多次出现。《AERA》杂志以 20 岁至 59 岁的公司男女职员 1053 人为对象进行的"谁是不能用的员工"调查中，所有年龄层的被调查者一致给出的回答是"50 多岁的男性"。而当问到为什么 50 多岁男性被看成包袱时，举出的理由主要有：（1）工作效率低；（2）工作干劲小；（3）工作能力差；（4）雇佣条

件、工资待遇过于丰厚等（朝日新闻社［2013］，p11）。

另外，在日本生产性总部［2013，2014］以所有上市公司为对象进行的两次调查中，对于问题"工资水平与业务内容、成果贡献不相称（即工资水平偏高）的正式员工"在哪个年龄层多见，回答是"50 多岁"的公司比例分别是 50.6％和 39.5％，两年都比其他年龄层高很多。

耐人寻味的是，世人的眼光如此严厉，而那些被批评为"工资拿太多的一代人"——50 多岁的男性本人却很少意识到自己是"不能用的员工"、"不干活的大叔"。 参加前面提到的《AERA》杂志调查的 50 多岁男性中有六成觉得"自己的工资低，与自己的劳动不成比例"，"曾感到自己是个包袱"的仅占 8％。

为什么那些年轻时曾拼命工作的人，到了中老年时便变得不怎么干活了呢？ 为什么很多被称为"不干活的大叔"的人，自己并没有这个意识呢？ 在这一章中，我们将探讨让大叔们变得不干活的原因，换句话说，去解读催生出"不干活的大叔"的构造。

正如在第 8 章所述，相比中国和欧美的补缺型录用方式，日本有着定期统一录用应届毕业生的录用惯例，即企业以预定毕业的高中、大学学生为对象事先发出录用承诺通知，在学生刚毕业后的 4月即大量录用，而且，对既无工作经验，又无直接上岗技术的新人进行企业内教育培训，以储备人力资源。 当然，企业内教育培训会产生种种费用。 具体来说，有给讲师的酬金、研修设施相关费用、担任辅导教育新人任务的老资历员工进行岗位指导（OJT: On the Job Training）时产生的机会成本，培训期间付给新人的高于其生产效率的工资等等。 这些费用可以理解为是对人力资源的投资。 在日本式雇佣惯例中，企业通过保证劳动者的长期雇佣，放长线来收

回对人力资源的投资。 通过构筑与劳动者间长期稳定的雇佣关系，企业可以安心地在人才培养方面投资。 因此，作为激励劳动者长期为该企业工作的诱因，企业采用根据劳动者的工龄逐渐提升其工资和职衔的年功序列制。 就这样，日本式雇佣体系中，各制度间存在着一种相辅相成、相互强化的关系，即所谓"制度的互补"（青木昌彦、奥野正宽［1996］）关系。

由于定期统一录用应届毕业生，每年都会有大量新人加入企业。 进入企业后，在正式分配具体岗位前，新人并不知道自己将在哪个部门做何种工作。 而且，干了几年，又会被调到与现在的工作毫不相干的岗位，去做从未做过的工作。 也就是说，企业并不是要把青年员工培养成精通某门业务、具有特殊技能的行家里手，而是要让其辗转各种岗位、部门，从而将其培养成万能型人才。

从出校门入会社（公司、企业）一直到退休，在这漫长的时期内，正式员工仅仅只有一次的职业选择，仅仅从属于一家会社，仅仅和一家会社签劳动合同（没有期限的劳动合同）。 而且，在那个劳动合同里也不限定职务，从入口（入会社）到出口（退休）的漫长期间内员工不会被固定在某一特定职务上。 因此，菅山真次［1998，2011］用"就社"社会（并非去就某一特定的职务或工作，而是去"就"某一特定会社——这种现象普遍化的社会）一词来形容日本现代的企业社会。

因此，在日本式雇佣体系中，一经被录用为正式员工，基于长期稳定的雇佣关系，只要不干特别出格的事，一般是不会被解雇的。 很多日本企业，哪怕是企业经营效益不好，也不会像美国雷曼危机过后大批裁员那样来轻易解雇正式员工。 政府也作为后盾，积极支持企业在经营困难时维持雇佣。 譬如，雇佣保险中有一种

以发放雇佣调整补助金的财政方式来防止解雇（劳动者失业）的制度。 在该制度下，经营恶化的企业试图用暂时性的雇佣调整手段（让劳动者待岗或接受培训等）而非解雇员工来渡过难关的时候，政府将补助企业一部分其用于维持员工雇佣的费用（待岗补贴、培训费等）。 另外，如在第 9 章中所讲，因经营不善、业绩恶化等要进行裁员时，原则上必须满足四大条件（“裁员四大条件”），如果没有做够避免解雇的努力，没被认为已经到了不裁员就无法维持经营的程度，那么，其解雇就将被作无效处理。

由于定期统一录用应届生、年功序列、终身雇佣三位一体的雇佣体系结构，劳动者可以进行长期安定的人生设计，面临的不确定性小；而企业也能够不受短期景气动向的影响来确立追求长期效益和稳定增长的经营模式。 但是，这种以经济增长为前提的雇佣体系，在长期的经济萧条之中，逐渐失去经济合理性，反而暴露出其不合理的一面。

由于企业无法轻易解雇现有的正式员工（尤其是中层以上的男性正式员工），所以，泡沫经济崩溃后企业的用人政策便调整为以减少录用应届毕业生、增加非正式员工为主了。 为了维持中老年正式员工的雇佣，企业对录用新人进行了控制（玄田有史 ［2001］），可以说这是第 7 章和第 8 章中所论述的年轻人雇佣、劳动环境急速恶化的原因之一。

还有一种颇有意思的看法认为，企业和政府这种为维持雇佣而作的努力，却带来了长期折磨日本的通货紧缩。 前日本银行总裁白川方明认为“物价的持续降低是企业不解雇员工而降低劳动者工资这一‘社会契约’的结果（falling prices resulted from the "social contract" of firms cutting salaries rather than workers）”，他还指出

"通货紧缩与极低的失业率互为表里（deflation is the flip side of very low employment）"（The Wall Street Journal ［2014］）。

再者，常年维持日本式雇佣惯例的结果，导致日本劳动市场主要由极具封闭性的内部劳动市场（如企业内部大规模的岗位轮换，企业集团内的换岗、借调等）所支撑，外部劳动市场（如中途招聘市场）不成熟。 这种劳动市场的结构提高了技能的企业固有性，即在某个特定企业所学到的技能在其他企业无法再利用；同时，还导致员工跳槽变得十分困难。 因此，新人进入企业后，只能被封闭于企业组织的内部，以沿着内部劳动市场的职务（担当工作的内容）、职位（部长、课长等组织上的职衔）的阶梯一步步往上走（所谓的"年功升迁"）为目标。

日本企业的这种基于定期统一录取应届毕业生和长期稳定雇佣的企业内部人事管理方式，与补缺型中途录用方式为主的欧美企业和中国企业有着很大的区别（图表 10 - 1）。 田中博秀 ［1980］指出，与补缺型录用方式中进入企业的入口"不管是企业组织中的哪个部门，都对任何人门户开放"相反，在定期统一录用应届生的录用方式中，进入企业的入口"被限制在应届毕业生这一特定的时期和年龄层"（p.378），而且，"在反复重复定期人事变动之后，最终又从'退休'这一与欧美殊异的特定'出口'被一齐排出企业之外。"（p.381）

如果考虑到日本企业所肩负的社保机能（请参见第 9 章），我们能看出支撑着劳动者一辈子固定在同一家企业工作这一劳动方式——借用田中博秀 ［1980］的说法，即"企业埋没型劳动方式"（p.27）的经济社会体系的全像。 川村辽平 ［2014］指出，"支撑仅在一家企业干一辈子的这种机制，或者说支撑其他劳动方式的机制

图表**10-1**　　录用惯例、企业内部人事管理国际比较图

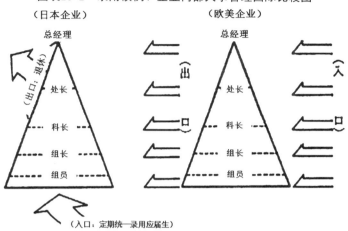

出处：田中博秀[1980]，p.378。

的缺失，构筑了一个从企业'无法逃出的世界。'"（pp.74‐75）

　　可以说"不干活的大叔"也是与这种日本式雇佣体系的特征有着直接关联的不合理的经济现象之一。

　　由于企业组织呈金字塔型，所以岗位数量是越往上越少。 但由于每年不管是否缺人手都通过定期统一录用应届生招入大量新人，包括这些新人在内的青年员工都试图从底下的职务、职位快速往上走，其结果自然是干部岗位不够，有很多人被挤下来（图表10‐2）。特别是近年来，由于长期的经济萧条、日本企业向海外的转移、企业合并和重新洗牌等情况，很多企业缩减岗位和干部候补人员数额，当不上管理干部的员工不断增加。

　　通常，从45岁左右到55岁左右，大概就能知道自己是否走上了企业内的"星光大道"，能够在组织中升迁到何种高度，从而明

图表10-2 催生出"不干活的大叔"的构造

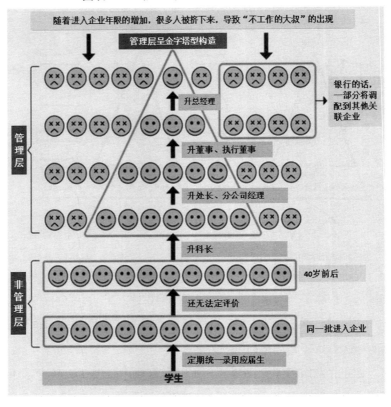

出处：楠木新［2013］。

确自己在企业中的位置。 那些被挤下来，即从企业的金字塔构造
中跌落下来的员工，将会怎么样呢？ 他们一方面明明知道自己不
被所在企业所看重和期待，然而由于前述的种种制约（如日本劳动
市场的闭锁性、所学技能的企业固有性、中途跳槽的困难性等），
他们"无法逃出"所在企业；另一方面，他们又不得不接受再卖力
气工资也不会往上涨、也出不了头的现实，其结果，往往就失去了

工作积极性，心灰意懒地沦为了"不干活的大叔"。[①]

　　在年功工资、终身雇佣的雇佣惯例下，对于失去工作积极性的"不干活的大叔"，企业仍然继续雇佣，而且发给高额工资。 据朝日新闻社［2013］报道，还有公司出于无奈给年纪大的员工专门准备了岗位，即所谓的"为维持岗位的岗位"。 如此看来，"不干活的大叔"可谓是蕴含着员工报酬与员工生产效率脱钩、养闲人可能性的日本式雇佣惯例所特有的问题了。

　　经历过就职冰河期、亲身体验过雇佣环境和就职第一线有多么严酷的青年员工和非正式员工，对"不干活的大叔"拿着高于自己的工资却不干活或者假装干活的现象十分不满，他们将"不干活的大叔"看作舒舒服服"搭便车的人"（朝日新闻社［2013］）。 和年轻人相比，四五十岁的人年收入高——考虑到这一年龄层之间的收入差距（图表 10 - 3），年轻人的那种心情也就不难理解了。

图表10-3　不同年收入层、户主不同年龄层的家庭比例

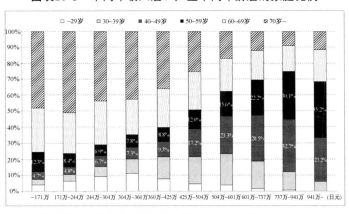

出处：笔者根据总务省统计局《家计调查》（2014 年年报）制成。

---

① 　在企业组织内原本就没找到适合自己的工作的员工，更容易变得如此。

对企业来说呢，考虑到提高生产效率、降低劳动成本等，报酬高于对企业贡献度的"不干活的大叔"的存在也是个十分头疼的问题。 泡沫经济崩溃以后，在严酷的经济形势一直持续、全球竞争越演越烈的过程中，出现了试图用表面看来并非解雇但实质上近乎解雇的手法，譬如征集自愿退职者①、引进职衔退休制②、调换岗位、转换所属单位、调配到关联企业、奖励退职等，来将劳动成本高的中老年员工在退休年龄之前提早排挤出企业的倾向。③ 正像"待炒室"这一流行语所示，企业试图软性逼迫被视为剩余的员工自愿退职，这种现象甚至也出现在了松下、夏普、索尼等大企业。④

---

① 自愿退职，是景气恶化、经济效益不好时企业号召员工主动退职，请员工配合"协议退职"的一种雇佣调整的手段。 通常，用对未到退休年龄者提高退职金的方法来征集自愿退职者。

② 职衔退休制，是对公司董事、管理人员等干部专设的退休制度。 在该制度中，公司干部到了一定年龄，就要从管理岗位上撤下，而转做专门工作或专任工作（藤原道夫、上岛正博［1996］中的定义：虽然具有与管理人员同等的工作能力，但不是作为管理人员，而是作为具有高度专门知识的员工来发挥公司所期待的能力的人），退居二线。 厚生劳动省关于职衔退休制的调查（厚生劳动省［2009］）指出了以下事实：（1）调查对象（218 家企业）的 47.7％已经引进了职衔退休制；（2）关于引进职衔退休制的企业，观其处理职衔退休后的待遇（多项选择），91.3％回答"（在本单位）干到一般员工退休年龄"，14.4％回答"作为本单位员工借调往其他单位"，15.4％回答"正式调往其他有关企业（含退职）"；（3）对于那些回答"（在本单位）干到一般员工退休年龄"的企业，观其在工资方面的处理（多项选择），其 50.5％是"减少担任干部时的有关补贴"；29.5％是"转入别的工资体系，减少基本工资"；15.8％是"维持担任干部时的工资水平"。

③ 排斥中老年员工并非最近才出现的现象。 由滨口桂一郎［2014］可知，20 世纪70 年代，由于两次石油危机的影响，很多企业将中老年员工裁员，当时大量的中老年失业者成了很严重的雇佣问题。

④ "待炒室"（直译为"准解雇者房间"），是企业把想解雇的员工集中调配在一起形成的部门。 该流行语因企业的这种做法被媒体（朝日新闻［2012］）曝光而引起人们广泛关注，还被选为 2013 年"U－CAN 新语、流行语大奖"50 个候选词汇之一。

　　在泡沫时代被大量录用的一代人（所谓"泡沫一代"），不久将迎来天命之年。　而且，2012 年，为了应对进展迅猛的老龄化和厚生年金发放年龄的推后（从 60 岁推后至 65 岁）、营造让有工作意愿和能力的老年人能继续工作的工作环境，《关于老龄者等的安定雇佣的法律》（通称:《老龄者雇佣安定法》）被部分修改；2013 年 4月 1 日起,《老龄者雇佣安定法》修正法正式实施，规定企业有义务继续雇佣面临退休但希望继续工作的老年员工直至 65 岁，换句话说，法定退休时间被延至 65 岁。　因此，如何解决"不干活的大叔"问题，今后将成为很大的经营难题。

　　早在大约 40 年前有个流行语叫"窗边大叔"（米川明彦[2002]，p.230）。　该词是后来脍炙人口的"窗边族"（用来揶揄在企业内不被看重，办公座位被移至窗边角落位置的闲职中老年员工）的由来，指的是不给分配实质性工作，每天在被置于窗边的办公桌看报纸、呆望窗外风景来打发时间的中老年男性员工。　虽然时代背景和经营环境有很大的不同，但不管是 40 年前的"窗边大叔"，还是如今的"不干活大叔"，都从中老年男性员工雇佣、劳动问题的角度，体现了日本式雇佣惯例所内含的矛盾，这实在耐人寻味。

第 11 章　年功廃止（废除年功）

＜日本語＞

　ここまで、若者と中高年の雇用・労働をめぐる現状をてがかり
に、近年日本の雇用システムおよび雇用慣行の変化について述べ
てきた。本章では、時代とともに変化する日本企業の人事・賃金
制度について考察し、独自の論理を持つ日本的雇用慣行の行方を
考えてみる。

　2014 年に、日本を代表する大手企業ソニー（SONY）、パナソニッ
ク（Panasonic）、日立製作所（HITACHI）は、相次いで賃金体系のうち
の年功要素を完全に廃止する、いわゆる「年功廃止」を発表した（日
本経済新聞［2014a、2014b、2014c］）。年功賃金は、終身雇用、企業別
労働組合とならぶ日本的経営の「三種の神器」の一つと見なされて

きた日本色濃厚な制度であり①、しかも日本の代表的な企業の「年功廃止」であるため、日本的雇用システムが抜本的な見直しを迫られている表れであるとして、国内外で大きな話題を呼んだ。

　そもそも「年功」とは何だろうか。この言葉の意味を正確に理解しないと、日本的人事管理ひいては日本的雇用システムの特質が理解できないだろう。

　興味深いことに、漢字の「本家」である漢語には、「年功」という漢字の組み合わせがないし、「功」の意味も日本語とは違う（重なる部分もあるが）。"台上一分钟，台下十年功"（舞台上の一分は舞台裏の十年の努力の結果である）が表しているように、漢語の「功」には、「技能・スキル」（『現代漢語辞典』）という「能動的に努力しないと身につけられない技・実力」の意味合いがあるが、日本語にはその意味合いがない。逆に、「年功」が表しているように、日本語の「功」には「経験・仕事などの蓄積」（『広辞苑』）という「時間とともに比例して身につける価値のあるもの」の意味合いがあるが、漢語にはその意味合いがない。②

---

①　初めて「三種の神器」（"three principal elements"）というまとめ方で日本的雇用システムの特徴を簡潔に捉えたのはOECD［1973］（p.98）だとされるが、日本企業における終身雇用、年功賃金、企業別組合などの諸制度・慣行について最初に体系的に言及し、日本的経営の特殊性として認識したのはAbegglen［1958］である。つまり、日本企業が持つ特殊性および「日本的（型）経営」「終身雇用」「年功賃金」「企業別組合」などの概念・用語は、1950年代末からアカデミズムに登場した。

②　古代から現在に至る長い歴史において、漢字を使い続けてきた言語は、漢語と日本語しかない。そのため、この二つの言語間の相互作用や差異を表す面白い言語現象がたくさん存在しており（王・王［2014b］）、中国研究・日本研究という国別の研究だけではなく、東アジア研究・アジア研究のようなより広範な地域研究にも重要かつ有益な視点および素材を提供していると思われる。ちなみに、漢語と日本語における、同じ漢字・言葉が異なる意味を持つという言語現象については、王・王［2014b］の第十章を参照されたい。

　また、日本語では、「亀の甲より年の功」ということわざがある。先に述べたように、漢語には「年功」という言葉がないため、一般的に、そのことわざを"姜还是老的辣"（生姜はやはり古いほどよい）と漢訳されているが、どうもその訳し方には何かが欠けているような気がする。①　同じ「年」でも、人間にとっての「年の功」と、植物にとっての「年の功」が根本的に違うだろう。

　成熟したリンゴが地に落ちる、春になると桜が咲く…植物の世界では「年の功」が一目瞭然でわかりやすいが、人間の場合、「いい年して（いるのに）」が表しているように、「年の功」の実体を明確に捉えることも、客観的に評価することも難しい。ましてや、人間の場合、「年の功」は、第 10 章でみた「働かないオジサン」のようなパラドクスをもたらすケースもある。

　日本的人事・賃金体系は、この客観的に評価しにくい「年の功」に基づくものである。そして、「年の功」を明瞭な形で評価しやすくするために、労働者の年齢や勤続年数を基準として設定し、しかも年齢や勤続年数が増すのにつれて賃金水準が上昇する制度、い

---

①　ことわざは、人間社会の長い歴史の中で生まれ、語り継がれてきた言語表現の形で、人間生活の営み・生活様式および人々の生き方・考え方を如実に表している。そのため、筆者は一貫して、ことわざがその国・民族の文化・慣習・国民性を理解するために有用なツールの一つであると考えている。王［2011、2012a、2012b］、王・王［2010］は、ことわざを通して日本の経済観念を考察しており、王・王［2014a］は、漢語と日本語のことわざの訳し方という視点から日中文化の差異を分析している。

わゆる「年功序列型賃金制度」（略して、年功賃金）が形成された。①
こうした年功賃金の背後には、労働者の技能が加齢とともに向上
し、しかも、この時間の経過とともに逓増していく労働者の熟練度
（経済学用語で言えば、限界生産力）は長期にわたって企業の業績
に貢献するという暗黙の仮定がある。Lazear［1979］は、入社から定
年までの期間内で若年期の相対的低賃金（そのときの限界生産
力・企業への貢献度よりも低い賃金）を中高年期の相対的高賃金
（そのときの限界生産力・企業への貢献度よりも高い賃金）で取り
返すことで労働者の生涯を通じた企業への貢献総量と賃金総額の
収支バランスを合わせるという理論を以て、年功賃金が存在しう
る仕組みおよび長期雇用との制度的補完性を説明している（図表
11－1）。この理論が打ち立てられる以前から、日本的雇用システ
ムでは、既に長く年功序列型賃金制度と終身雇用制度を実施して
きたことは、特筆に値する。

①　実は、年功序列の考え方は、企業での人事処遇だけではなく、敬語の使用、宴席の
　　しつらえ、発言の順序等々、日本社会の隅々にまで浸透している。中根［1967］は、
　　年功序列を、日本人個々人をとりまく社会的条件の構成部分として、日本社会の
　　構造という視点から捉えている：「事実、日本社会における、人間関係の機能の強
　　弱は、実際の接触の長さ、激しさに比例しがちである。そしてこの要素こそが、往
　　々にして、集団における個人の位置づけを決定する重要な要因となっているので
　　ある…年功序列制の温床もここにある」(p.55)。また、同書で、中根氏は、中国社会
　　と比較したうえで、日本社会において年功序列が貫徹していることを指摘してい
　　る：「序列という規準は、いかなる社会にも存在している。しかし、日本以外の社
　　会では、その規準が社会生活におけるあらゆる人間関係を支配するというほどの
　　機能をもっていないことである。きわめて弾力性・限界性をもって、ほかの規準
　　（たとえば能力）に対して譲歩しうるのである。例えば、『長幼の序』の本家、中国
　　をみると、長幼の序、あるいは地位の序というものは、社会秩序としてきわめて明
　　瞭に礼節にささえられ、守られているが、個人の実力とか、ひいでた功績に対して
　　は、いつでも序列を譲る用意がある」(p.85)。

図表11‐1　年功賃金のイメージ

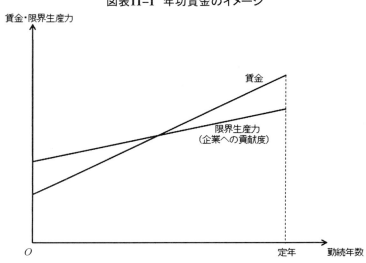

出所：Lazear［1979］のグラフに筆者加筆。

　そもそも労使協調型の日本的雇用は、戦後の大きな労使紛争・労働争議（例えば、1950年の電産争議、1953年の日産争議、1958年の王子製紙争議、1959～60年の三井三池争議など）を経て確立された。

　GHQ（General Headquarters、連合国軍総司令部）による戦後民主改革のもとで、軍国主義の復活を阻止し、日本社会の民主化を促す政策の最優先課題の一つとして労働組合法（1949年）が制定され、労働組合は初めて正式に法的に認められた。ところが、冷戦が厳しくなるにともなって、占領政策の目的が民主化から日本を反共産主義の防波堤とすることに転換し、経済復興を強く促していた。GHQは労働組合・共産党員に対して、1947年2・1ゼネストの中

止、レッド・パージ（red purge）に代表されるような抑圧・弾圧政策を進めた。また、戦後の激しいハイパーインフレ（再建に必要な巨額な財政支出を貨幣の増発でまかなった結果）により、労働者の基本的生活が圧迫され、労働者から大幅賃上げの要求が強まった（図表11-2）。さらに、1949年から実施されたドッジ・ライン（Dodge Line）と呼ばれた一連の緊縮政策によって、ハイパーインフレは終息したが、経済は一挙に縮小し、不況に陥り、企業は大規模な人員整理（いわゆる「合理化」の一環として）を実施した。[1]　このような政治的・社会的・経済的情勢の下では、労使間の階級対立が強まり、労働者・労働組合側の反発が強化され、労働運動の活性化が促された（Gordon［1985、1998］；ゴードン［　2012］）。

図表11-2　戦後復興期の物価上昇率（対前年比、単位：%）

年度	卸売物価	消費者物価	
		全国	東京
1945	51.1	n.a.	n.a.
1946	364.5	n.a.	n.a.
1947	195.9	114.6	115.6
1948	165.6	83.0	73.2
1949	63.6	31.9	25.3
1950	18.2	− 6.8	− 7.2

---

[1]　ドッジ・ラインとは、GHQ顧問としてアメリカ政府から派遣されたデトロイト銀行頭取ジョセフ・ドッジ（Joseph M. Dodge）が発表した財政金融引き締め政策のことであり、主な目的はハイパーインフレを克服することにあった。具体的な施策としては、(1) 総需要を抑制するための超均衡予算（歳入超過）の編成；(2) 復興金融公庫が日本銀行を対象に復興金融債を発行し資金を調達するという融資方法の停止；(3) 1ドル＝360円（固定相場制）の単一為替レートの設定および自由貿易の導入、などが挙げられる。

続き

年度	卸売物価	消費者物価	
		全国	東京
1951	38.8	16.4	16.2
1952	2.0	5.0	4.2
1953	0.7	6.6	7.6
1954	− 0.7	6.4	5.4
1955	− 1.8	− 1.1	− 1.5

注:(1)「卸売物価」は「卸売物価指数(総合・戦前基準指数)をもとに計算した数値である。
　(2)「消費者物価:全国」の1947 年値は、同年 8 月〜12 月の平均値である。
出所:大蔵省財政史室[1999]より筆者作成。

　　企業側と労働者側の対立が激化したなか、日本の経済界は、恣意的に、一方的に労働条件を引き下げたり、解雇を行ったりするよりも、労使双方の間で長期安定した関係を構築したほうがよいという「労使協調」の認識に達した。同盟(全日本労働総同盟)を中心とする労働組合側もこうした考え方を受け入れた。これは、「日本的経営」「日本的雇用」を支えた基本理念となり、年功賃金もその理念にかなったものである。なぜならば、(男性)労働者およびその家族の生計費が世帯主であるその労働者の年齢とともに上昇するという長期的な考え方は、年功序列型賃金制度の理論基盤であった。

　　第9章でみた「生活給」(年齢とともに上昇する世帯生計費にあわせて上昇していく賃金)が年功賃金の重要な構成部分として完成したのは、戦後直後から1955 年までの期間だとされている(笹島[2012])。[1] 例えば、1946 年に成立し、その後、多くの企業・産業

[1]　最初に生活給思想を明確に提唱したのが、呉海軍工廠の伍堂卓雄による「職工給与標準制定の要」(1922 年)である。

に広まり、戦後の賃金体系の原型となった「電産型賃金体系」では、年齢で決まる「本人給」が44％、勤続年数で決まる「勤続給」が4％、扶養家族数で決まる「家族給」が19％を占めている（図表11−3）。

図表11−3　電産型賃金体系（1946年）

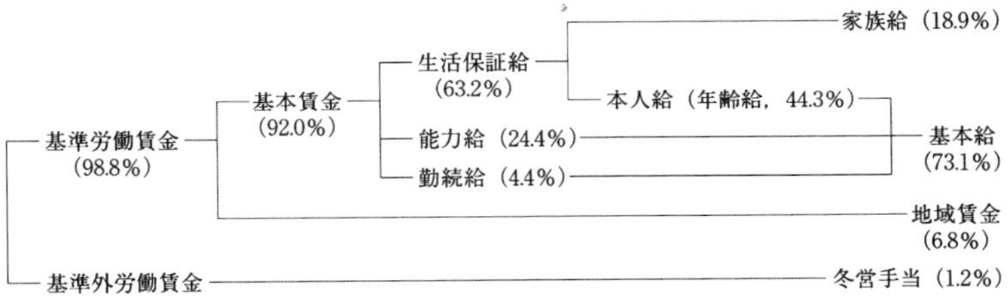

出所：笹島［2012］。

　戦後復興期の厳しい経済状況を考えてみれば、生活給重視の賃金制度、言い換えれば、生活保障のための年功序列型賃金制度は、「人間」中心の賃金制度と言えるだろう。ところが、高度成長期に入ると、欧米に追いつけ追い越せという潮流のなか、年齢、勤続年数、家族数など、仕事と直接的には関係のない属人的な要素で賃金が決まる従来の賃金制度を見直し、仕事の質と量と対応する欧米流（特にアメリカ）の人事・賃金制度を取り入れようとする動きが出てきた。例えば、経営者団体の日経連（日本経営者団体連盟）は、1950年代後半に、同一労働同一賃金原則に基づく「職務給」が賃金制度の合理化につながると主張し、職務給制度の導入を推進した（日経連［1955］）。その影響を受けて、一部の企業では職務給が導入されたものの、基本給のすべてが職務給の形とされたわけではなく、その大半は電産型賃金体系を色濃く残した内容であった。
　その後、日経連は、「職務給」に代わるものとして「職能給」という

概念を打ち出し、職能給制度（いわゆる「能力主義管理」）を推し進めた（日経連[1969]）。「職務給」と「職能給」は、たった一字違いであるが、中身はまったく正反対で、前者は仕事・労働の質と量を基礎にした賃金制度であるのに対して、後者は「職務遂行能力」（略して「職能」）に基づいて序列化した資格制度（いわゆる「職能資格制度」）を基礎にした賃金制度である。この「職務遂行能力」には、労働者のその時点できる仕事・能力を表す「顕在能力」のみでなく、実際に従事している具体的な職務・仕事とは切り離された、いかなる職務をも遂行しうる「潜在能力」も含まれる。[①] 職務遂行能力は企業の人事考課によって査定されるが、潜在能力の評価基準は抽象的なものにならざるをえず、潜在能力について客観的に判定することは難しい。結果的に、勤続年数が長ければ潜在能力が高まっていると評価することが多くなる。しかも、職能資格制度の実際の運用では、勤続年数が高まると上位資格へ昇格させるということが多く、相当の程度年功序列的な運用となっている。結局、日本的雇用という文脈においては、「能力主義」は「年功主義」という特殊な意味を持つことになったのである。

　職能給制度は、1960 年代後半以降、次第に広まり、それを採用している企業では、「基本給＝職能給＋年齢給」の例が多かった。職能給体系は、戦後直後の電産型賃金体系と比べても、実質的にそれほど差が見られない（図表 11－4）ため、日本の賃金制度は長期にわたって実質的にはさほど変化しなかったという指摘も少なくない。

---

① この「潜在能力」の中に、能力開発に適合的な意欲や態度、生活態度としての能力も含まれている。

図表11-4　電産型賃金体系と職能給体系の類似性

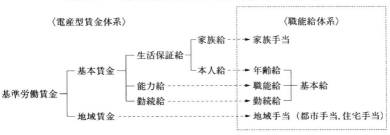

出所：笹島［2012］。

　従来の年功序列型賃金制度には、長期的な人材育成、労働者の長期就業の促進および組織に対する忠誠心・帰属意識の醸成に有利であるなどのメリットがあるが、バブル崩壊後の長期不況のなか、年功賃金による人件費の増加が日本企業の経営を圧迫し始めた。また、年功賃金のもとで、優秀な人材を引き付け、動機づけることも難しいと考えられるようになった。企業の側から、高齢化や市場競争激化のために年功賃金はもう維持できなくなったという声がよく聞こえてくるようになった。こうした状況のなかで、1995年に、日経連は徹底的に年功賃金から脱出することを目指した、「新時代の『日本的経営』─挑戦すべき方向とその具体策」（日経連［1995］）という報告書を発表し、「日本的経営」の見直しを提起した。

　その後、コストダウンを強いられた企業の多くは、賃金制度を見直し、年功賃金から労働者の業績・成果を処遇に反映する成果主義賃金へ移行した。独立行政法人労働政策研究・研修機構が2004年に行った調査によると、「評価の基準として年齢や勤続年数より成果を重視する」方針が「あてはまる」・「ややあてはまる」とする

企業は約 6 割、「仕事の成果を賃金に反映させる制度」を「導入している」企業が約 6 割（1000 人以上の大企業ではその割合は74％）となるなど、成果主義は過半数の企業で導入されている（労働政策研究・研修機構［2004］）。また、日本能率協会による上場企業等 1300 社以上を対象にした調査では、上場企業の 8 割強で成果主義が導入されていることが明らかになった（日本能率協会［2005］）。さらに、日本経団連（日本経済団体連合会）が 2012 年に実施した調査では、定期昇給制度（略して、「定昇制度」）があると回答した企業（全体の76.9％）のうち、従業員が創出する付加価値と賃金水準との整合性、換言すれば、貢献と報酬とのバランスを図るための対応として、「年功的な昇給割合を減らし、貢献や能力を評価する査定昇給の割合を増やす必要がある」とした企業は58.0％であるという結果が得られた。[1]　このように、成果主義の考え方は日本企業の中、特に大企業の管理職層に浸透しつつあることが窺える。

　したがって、成果主義的賃金制度を導入することは、今更珍しいことだとは言えない。それでは、なぜソニーなどの「年功廃止」の動きが大きな注目を集めたのであろうか。

　日本を代表する大手企業であるだけに、その賃金制度の改革に対する社会的関心度が当然高いわけであるが、より根本的な理由として、それらの企業の本気度が市場を大いに驚かせたからではないだろうか。その背景には、年功賃金から成果主義賃金への賃金制度改革が長い間足踏み状態であったことがある。

---

[1]　定期昇給制度とは、査定による個人差があったとしても、毎年、誰もが自動的に昇給する仕組みの総称を指す。日本的賃金制度の年功性をもたらす要因の一つとされる。

　これまで、日本企業の多くは成果主義的な賃金制度を取り入れてはいたものの、年功的色彩が多分に残っているため、社員の賃金にそれほどの差が出ていなかった。日本経団連が2010年に行った調査では、現行の賃金制度の課題として、回答企業505社のうち201社が「年齢や勤続年数の要素が強い」ことを挙げており、179社が「若年層の賃金水準が低い」と、135社が「高年齢層の賃金水準が高い」と回答している（図表11‐5）。

図表11–5　現行の賃金制度の課題（3つまで選択）

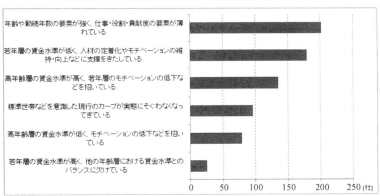

出所：日本経団連［2010］より筆者作成。

　今回、ソニーとパナソニックの「年功廃止」は対象を新入社員から管理職に至るまでの全社員とし、日立製作所の「年功廃止」の対象は国内管理職の約1万1000人である。3社とも、年功要素を賃金体系から完全に廃止する仕組みで、徹底的な「年功廃止」を目指している。その代わりに、職務や個人業績の評価を反映させる成果主義的な仕組みを全面的に導入する。例えば、パナソニックの場合、部長の給与800万円、課長の給与500万円というように担当

する役割の大きさに応じて賃金が決められ、部長の役割を果たせない場合、課長に降格され、給与は800万円から500万円に減ることになる。すなわち、担当役職にふさわしい役割を果たせなければ、容赦なく降格・降給される。

　働こうが働くまいが年齢や勤続年数に応じて自動的に処遇が良くなる年功序列型賃金制度に比べると、年齢に関係なく成果を上げた社員には手厚い報酬で報いる成果主義的賃金制度は社員に有効なインセンティブを与えることができ、社員（特に若手社員）のやる気を引き出す効果があることがよく指摘される。また、若手のときは賃金を抑え、その後厚くする年功型賃金は、時間をかけて熟練労働者を育成するのに適しているが、高度情報化社会・知識経済である今日、知識が更新されるスピードは速くなっているため、過去に身につけた能力・知識が必ずしも役に立つとは言えなくなっている。さらに、グローバル化が進むなか、報酬が年齢や勤続年数に応じて決まる仕組みでは、国を超えて外部から、競争力の源泉である人材を獲得しにくい。なぜならば、成果に見合った高額な報酬で優秀な人材を集める海外企業に勝てないからである。

　しかしながら、他方では、成果主義的賃金制度について、「企業への帰属意識が弱まる」、「チームワークが乱れる」、「個人化による職場集団としての凝集性が低下する」、「職場の雰囲気が悪くなる」、「短期的な成果だけに固執する」、「結果重視でプロセス軽視の傾向がある」、「成果にならない業務は行わない」などの否定的な声もあった。また、成果主義的賃金制度の実際の運用が難しい、上司や管理者が社員の能力や成果を明確・公平に判断できない、といったデメリットが指摘された。さらに、成果主義的賃金制度の導入に

対して、若い時に抑えられた賃金を取り返したい中高年社員の抵抗も強い。前出した労働政策研究・研修機構［2004］の調査では、成果主義の普及については、約 3 割の労働者は「評価の賃金・賞与への反映に対する納得感」が「低下した」としており、「高まった」とする労働者より多くなっている。実際に、成果主義的賃金制度を取り入れて行き詰まった企業は少なくはない。したがって、「横並び」を善とし、「出る杭が打たれる」ために、突出することを回避する傾向が強い日本文化、言い換えれば、個々人の実力差に注目し、それを克明に判定し奨励する習慣があまりない日本文化には、成果主義は適していないという指摘もある。

　ソニー、パナソニック、日立製作所のそれぞれの「年功廃止」の成否は、今後の展開を待つしかないが、長引くデフレ不況のなかで世界競争に勝ち抜くため、日本を代表する大手企業が本格的に「年功廃止」を打ち出し、年功序列からの脱却を図ることは、変化の激しい時代に対応して社会全体の雇用・労働のあり方をどう変えていくかについて大きな一石を投じたことはとても意義があると言えよう。

　最近、日本のマスメディアで「ガラパゴス現象」という表現がよく使われている。日本企業の技術やサービスが、国内だけで高度に発展し、独自の進化を遂げ、世界標準からかけ離れてしまう現象を表す流行語（2010 年「ユーキャン新語・流行語大賞」の候補語）である。① 実は、技術・サービスだけではなく、日本的雇用慣行も

_____

① この新語の中の「ガラパゴス」（Galapagos）とは、南米エクアドルから約 1 千キロメートル離れた太平洋上に浮かぶ群島のことで、独自の生態系が存続しているこの地域にしか見られない動植物がたくさん存在している。

「ガラパゴス現象」として指摘されることがある（八代［2015］）。

　日本的雇用慣行は、日本経済と浮沈を共にしてきたと言っても
よいだろう。経済が順調に成長し、強い競争力を持っていたとき
には、日本的雇用慣行は戦後日本の成功の要因、強い競争力の根源
として高く評価されていたのに対して、経済が不況に陥ってしま
うと、日本的雇用慣行の非効率性・非合理性が批判され、日本の経
済停滞の主な要因として断じられるようになった。

　これから、「漂流する」日本的雇用慣行はどこへ行くのか。成果
主義型賃金の普及の契機とも言われた日経連［1995］の中で、日本
的経営を支えたのが「人間中心（尊重）の経営」と「長期的視野に立
った経営」であるということが強調された。変化が激しく不確実
性が大きくなる経営環境下において、どのように人間中心の長期
的な経営視点を維持していくのか。それは、日本的雇用慣行の行
方を左右する重要な鍵であると言えよう。

＜中文＞

　　前面，我们以青年与中老年雇佣、劳动问题的现状为线索，论
述了近年来日本雇佣体系以及雇佣惯例的变化。 在这一章，我们
将对与时俱变的日本企业人事、工资制度进行考察，并探讨具有独
特逻辑的日本式雇佣惯例的今后走向。

　　2014 年，代 表 日 本 的 大 企 业 索 尼 （ SONY ）、 松 下
（Panasonic）和日立制作所（HITACHI）发布了全面废除工资体系
中的年功因素，即 "废除年功" 的消息（日本经济新闻 ［2014a，
2014b，2014c］）。 年功工资，向来被看成一种浓重体现日本特色

的制度，与终身雇佣、企业内工会并称为日本式经营的"三种神器"[①]，再加上发表"废除年功"的是代表日本的著名大企业，因此，这条消息引起了国内外人们的热议，很多人认为其标志着日本式雇佣体系已到了面临根本性变革的时刻。

　　所谓"年功"到底是什么呢？ 如果不能真正理解这个词的意思，那么，日本式人事管理以及日本式雇佣体系的特点恐怕也就无法真正理解吧。

　　耐人寻味的是，在汉字的本家——汉语里既没有"年功"这样的汉字组合，汉语中"功"字的含义与日语也不尽相同（固然有重合部分）。 正如在"台上一分钟，台下十年功"这一谚语中所表现的那样，汉语的"功"字具有"技能、技巧"（《现代汉语词典》）这样一种"没有能动性地付出努力便学不到手的技术、实力"的含义，这在日语中是没有的。 相反，正如在"年功"一词中所表现的那样，日语中的"功"字具有"经验、工作的积蓄"（《广辞苑》）这样一种"与时间成比例而掌握的有价值的东西"的意思，这在汉语中是没有的。[②]

---

① OECD［1973］被认为是最早用"三种神器"（"three principal elements"，p.98）来简洁概括日本式雇佣体系特征的文献；而对日本企业的终身雇佣、年功工资、企业内工会等制度、惯例最早进行系统性论述，并作为日本式经营的特殊性来加以认识的，是 Abegglen［1958］。 也就是说，日本企业所具有的特殊性以及"日本式经营"、"终身雇佣"、"年功工资"、"企业内工会"等概念、用语，于20 世纪 50 年代末登上学术殿堂。

② 从古至今的漫长历史长河中一直持续使用汉字的语言只有汉语和日语。 因此，该两种语言之间存在很多体现其相互作用和差异的有趣现象（王凌、王述坤［2014b］），其不仅为中国研究、日本研究这种国别研究，也为东亚研究、亚洲研究等更广泛的地域研究提供了重要且有益的视点与素材。 关于汉语和日语中同一汉字或词汇具有不同含义的语言现象，请参阅王凌、王述坤［2014b］的第十章。

　　而且，日语中有个谚语叫「亀の甲より年の功」，正如上面所讲，因为汉语里没有"年功"一词，所以，这句日谚一般译成"姜还是老的辣"，不过，笔者总觉得这个译法里好像缺了点什么。①因为虽然都说得是"年"头，但人和植物毕竟是两回事。

　　苹果熟了会落地，樱花到了春天会开放……在植物的世界里，"年功"一目了然，很容易理解，然而，换作人呢？正如"一大把年纪了（还……）"所表现的那样，对于"年功"，明确地把握其实体很难，对其进行客观评价也很难。更何况，在人的场合，"年功"还会带来像第 10 章所讲的"不干活的大叔"那种悖论现象。

　　日本的人事、工资体系正是以这种难以进行客观评价的"年功"为基础。为了用明确的形式使"年功"易于评价，就形成了以劳动者的年龄与工龄为基准，工资随年龄和工龄的增长而递增的制度，即所谓的"年功序列型工资制度"（简称：年功工资）。②在年

---

① 谚语产生于人类社会的漫长历史中，以代代传承的语言表现形式如实地表现着人类生活行为和生活方式。因此，笔者一贯认为，谚语是理解一国（或民族）文化、惯例、国民性的有用工具之一。王凌［2011，2012a，2012b］和王凌、王述坤［2010］通过日语谚语考察了日本人的经济观，王凌、王述坤［2014a］从汉日成语、谚语译法的视角分析了中日文化的差异。

② 其实，年功序列的想法不仅体现在企业的人员待遇上，而且，还渗透到敬语的使用、席位的安排、发言的顺序等日本社会的方方面面。中根千枝［1967］将年功序列作为影响所有日本人的社会制约条件的重要组成部分，对其从日本社会构造的角度进行了把握："事实上，日本社会中人际关系机能的强弱，往往与实际接触的长短和紧密程度成比例，而该要素正是决定个人在集团中所处位置的重要原因……年功序列制的温床也正在这里。"（p.55）而且，在本书中，通过与中国的对比，作者指出了年功序列在日本社会中的内在连贯性与彻底性："序列这一社会规范在任何社会都存在。但是，在日本以外的社会，该规范并不具备可支配社会生活中所有人际关系的机能，而是非常有弹性，非常有限度的，可次于其他规范（如，个人能力）。譬如，在'长幼有序'思想的本家中国，虽然长幼之序，或者地位之序，作为社会秩序极其明确地由礼节所支撑和维护，但是在个人实力或卓越的功绩面前，其随时都可以让位。"（p.85）

功工资的背后，有一个默认的假定，即劳动者的技能会随着年龄的
增长而提高，而且这种与时俱增的劳动者的熟练程度（用经济学用
语来说，就是边际生产率）将长期对企业业绩做出贡献。 Lazear
［1979］提出了一个理论来解释年功工资得以存在的机制及其与长
期雇佣之间的制度互补性（图表 11－1），即从新加入企业到退休的
这个漫长期间内，劳动者年轻时相对低的工资（工资低于其边际生
产率或对企业的贡献度）用中老年时相对高的工资（工资高于其边
际生产率或对企业的贡献度）来补回，从而使劳动者在整个职业生
涯内对企业做出的总贡献和领取的总工资达到平衡。 值得一提的

图表11-1　年功工资示意图

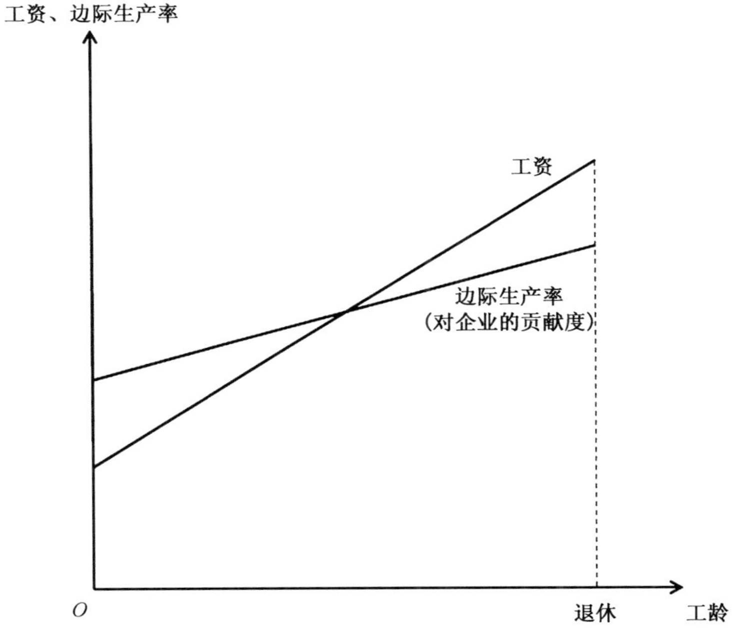

工资、边际生产率

工资

边际生产率
（对企业的贡献度）

O　　　　　　　　　　　　　　　　　退休　　工龄

出处：笔者在 Lazear［1979］的基础上加工制成。

是在该理论确立之前，在日本式雇佣体系中，年功序列型工资制度和终身雇佣制已实施多年。

说起来，劳资协调型的日本式雇佣，是经历了战后多起大规模劳资斗争、劳动纠纷（比如，1950年的电产争议，1953年的日产争议，1958年的王子造纸争议，1959年－1960年的三井三池争议等）后才确立起来的。

在GHQ（General Headquarters，联合国军总司令部）进行的战后民主改革下，为了防止军国主义的复活，当时在促进日本民主化的政策中，作为最优先课题之一的是《工会法》的制定（1949年），由此，工会在日本首次正式获得合法地位。 然而，随着冷战的加剧，对日占领政策的目的由民主化转向经济复兴。 正如1947年2月1日的工会大罢工被叫停、红色清洗（red purge）等所代表的那样，GHQ推行了压制工会和共产党人的政策。 另外，由于战后极度的恶性通胀（此为用增发货币的方式来解决恢复经济所需的巨额财政支出的结果），工人的基本生活困难，要求大幅度增加工资的呼声迭起（图表11－2）。 再者，由于1949年开始实施的"道奇计划"（Dodge Line）的一系列紧缩政策，尽管恶性通胀得到缓解，但经济一举收缩，陷入萧条，企业大规模解雇工人（作为所谓"合理化"的一个环节）。① 在这样的政治、经济、社会形势下，劳资之间的阶级对立激化，来自工人和工会方面的反抗加剧，从而

---

① 道奇计划是作为GHQ顾问由美国政府派遣到日本的底特律银行总裁约瑟夫·道奇（Joseph M. Dodge）所发表的财政、货币紧缩政策，主要目的在于抑制当时的恶性通货膨胀。 其具体措施主要有：（1）编制抑制总需求的超均衡预算（财政收入超过财政支出）；（2）停止复兴金融公库以日本银行为对象发行复兴金融债来筹措资金的融资方法；（3）设定1美元＝360日元（固定汇率制）的单一汇率以及导入自由贸易，等等。

推动了工人运动的展开（Gordon［1985，1998］；戈登［2012］）。

图表 11 - 2 战后复兴期的通胀率（对上年增长率，单位：%）

年度	批发物价	消费者物价	
		全国	东京
1945	51.1	n.a.	n.a.
1946	364.5	n.a.	n.a.
1947	195.9	114.6	115.6
1948	165.6	83.0	73.2
1949	63.6	31.9	25.3
1950	18.2	−6.8	−7.2
1951	38.8	16.4	16.2
1952	2.0	5.0	4.2
1953	0.7	6.6	7.6
1954	−0.7	6.4	5.4
1955	−1.8	−1.1	−1.5

注：（1）"批发物价"是以批发物价指数（综合、战前基准指数）为基础算出的数值。
　　（2）"消费者物价：全国"的 1947 年值是同年 8 月至 12 月的平均值。
出处：笔者根据大藏省财政史室［1999］制成。

在企业与工人的对立日益激化的过程中，日本经济界认识到
"劳资协调"的重要性，即：与其恣意单方面降低劳动条件、解雇
工人，莫如劳资双方建立长期稳定的关系。 而以全日本劳动总同
盟（简称"同盟"）为中心的工会组织也对此予以了接受。 这，就
成了日后支撑日本式经营、日本式雇佣的基本理念，年功工资正与
该理念契合。 为什么这么说呢？ 因为年功序列型工资制度的理论
基础是（男性）员工及其家属的生活开支将随着户主，即该劳动者
的年龄增长而上升这样一种立足于长期的观点。

第 9 章中出现的"生活工资"（与随劳动者年龄增长而上升的家庭生活开支一同上升的工资）作为年功工资的重要组成部分完全确立，被认为是在战争结束后不久至 1955 年之间（笹岛芳雄［2012］）。① 譬如，在成立于 1946 年、其后为众多企业和产业所采用、成为战后工资体系原型的"电产型工资体系"中，由年龄决定的"本人工资"占工资总额的 44％，由工龄决定的"工龄工资"占 4％，而由抚养家属人数决定的"家庭工资"占 19％（图表 11－3）。

图表11-3　电产型工资体系（1946年）

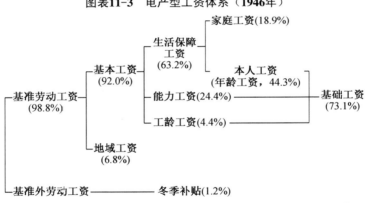

出处：笹岛芳雄［2012］。

如果考虑到战后经济复兴期严酷的经济状况，那么重视生活工资的工资制度，换言之，旨在保障生活的年功序列型工资制度可谓是以"人"为中心的工资制度。然而，进入高度经济增长期，在赶超欧美的浪潮中，出现了一个新的动向，那就是对过去那种由年

① 最早明确提出生活工资这一观点的是吴海军工厂的伍堂卓雄所写的《制定职工工资标准要点》（1922 年）。

龄、工龄、家属人数等和工作无直接关系的个人因素来定工资的工资制度进行改革，试图引进与工作的质和量挂钩的欧美（特别是美国）式人事、工资制度。 比如，企业家团体"日经联"（全称：日本经营者团体联盟）在 20 世纪 50 年代后半期，提出了基于同工同酬的"职务工资"有助于工资制度合理化的见解，并积极推进了职务工资制度的导入（日经联［1955］）。 受此影响，一部分企业引进了职务工资，但并非职务工资就完全取代基础工资，其大部分仍保留着电产型工资体系的浓重色彩。

其后，日经联又提出了一个"职能工资"的概念来取代"职务工资"，并推行了职能工资制度（所谓"能力主义管理"）（日经联［1969］）。"职务工资"和"职能工资"虽然只有一字之差，但其内容完全相反：前者是以工作的质和量为基础的工资制度；而后者是以按"职务完成能力"（简称"职能"）高低排序的资格制度（所谓"职能资格制度"）为基础的工资制度。 这个"职务完成能力"不仅包括体现劳动者目前工作能力的"显在能力"，而且还包含与实际从事的具体工作分割开的、能够胜任任何工作的"潜在能力"。① 虽说职务完成能力由企业的人事考查科查定，但潜在能力的评价标准难免抽象，客观上难以判断。 结果便形成了若工龄长，则潜在能力就高的这样一种评价方式。 而且，在职能资格制度的实际运作中，也往往是工龄长的话就提升资格，在相当大的程度上成了走年功序列式的老路。 最终，在日本式雇佣的脉络下，"能力主义"便有了"年功主义"这一特殊含义。

---

① 该"潜在能力"中，还包含有利于能力开发的工作积极性、工作态度及生活态度方面的能力。

进入 20 世纪 60 年代后半期以后，职能工资制逐渐普及。 在对其加以采用的企业中，很多是"基础工资 = 职能工资＋年龄工资"。 由于这种职能工资体系比起战争刚结束时的电产型工资体系，没有多大差别（图表 11－4），因此，有不少人指出，日本的工资制度长期以来没有实质性的改变。

図表11-4　电产型工资体系与职能工资体系的类似性

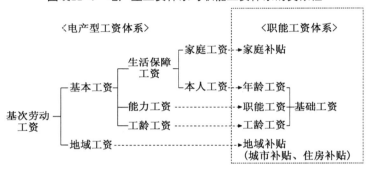

出处：笹岛芳雄［2012］。

以往的年功序列型工资制度虽然有利于人才的长期培养、强化劳动者的长期就业、促进员工对组织的忠心和归属意识，但在泡沫经济崩溃后的长期经济萧条中，年功工资导致的高额劳动成本开始威胁到日本企业的经营。 而且，很多人认为靠年功工资很难吸引到优秀人才并激励其不断努力。 因此，很多企业反映，因老龄化、市场竞争激化等原因，年功工资已经很难再维持下去。 在这种情况下，1995 年日经联发表了旨在彻底告别年功工资、题为《新时代的"日本经营"——对应挑战的方向及其具体办法》（日经联［1995］）的报告书，提出要对"日本式经营"进行重新审视。

在这之后，很多企业迫于降低成本的压力而对工资制度加以重

新考虑，由年功工资逐渐向将业绩、成果反映到员工待遇中的绩效工资转化。 据独立行政法人劳动政策研究研修机构在 2004 年进行的调查显示，"与年龄和工龄相比，评价基准更重视业绩"的方针"适用"或"有几分适用"的企业占六成左右，"已经引进"了"反映工作业绩的工资制度"的企业也占大约六成（在员工人数超 1000人的大企业，该比率达 74％），由此可见，引进绩效主义的企业已过半（劳动政策研究研修机构［2004］）；而日本效率协会以 1300家上市公司为对象进行的调查结果显示，八成以上的上市公司引进了绩效主义（日本效率协会［2005］）；另外，"经团联"（全称：日本经济团体联合会）在 2012 年进行的调查结果显示，在回答有定期涨工资制度的企业（占参加调查的企业总数的 76.9％）中，作为将员工所创附加价值与工资水平挂钩的措施，换言之，作为促进员工劳酬对等的措施，58.0％的企业认为"有必要降低年功式涨工资的比例，增加通过考评员工实际贡献、能力来涨工资的比例"。①由此，我们可以看出绩效主义正逐渐渗透到日本企业，特别是大企业的管理层中。

因此，引进绩效工资制度在今天已毫不稀罕。 那么，为什么索尼等企业的"废除年功"还会引起舆论瞩目呢?

正因为是日本代表性大企业，社会对其工资制度改革的关心程度自然很高。 更根本的理由是因为那些企业动真格的程度之甚让市场为之惊诧。 其背景就是日本企业从年功工资向绩效工资过渡的工资制度改革长期踏步不前，没有实质性的进展。

---

① 定期涨工资制度，是尽管有因业绩考核出现的个人差，但每年所有员工的工资都将一律自动上涨机制的总称。 该制度被认为是导致日本式工资制度具有年功性的重要原因之一。

迄今为止，很多日本企业虽然引入了绩效工资制度，但同时还保留着浓重的重视年功的色彩，故而员工工资并没有出现多大差别。 在经团联 2010 年进行的关于现行工资制度存在问题的调查中，参与答卷的 505 家企业里有 201 家举出"年龄、工龄在工资中所占比重大"，有 179 家回答"青年员工的工资水平低"，有 135 家回答"中老年员工工资水平高"（图表 11－5）。

图表11-5　现行工资制度存在的问题（最多可选三项）

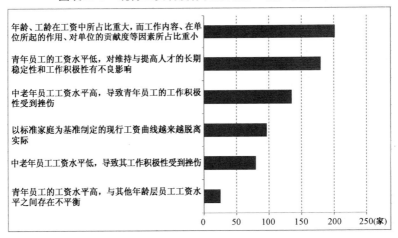

出处：笔者根据日本经团联[2010]制成。

这次索尼和松下的"废除年功"将覆盖从新员工到管理层的所有员工，日立制作所的"废除年功"对象是在日本国内担任管理干部的 11000 人。 三家企业采取的都是从工资体系中完全排除年功因素的形式，旨在彻底废除年功，代之以全面引进反映职务及个人业绩评价的绩效主义机制。 譬如，在松下，像部长薪酬 800 万日元、课长薪酬 500 万日元这样按照担当职务的高低规定好工资，若

不能胜任部长岗位，则降为课长，薪酬即由 800 万日元减至 500 万日元。 也就是说，如不能胜任与职务相应的工作的话，就会被毫不留情地降职减薪。

不管努不努力工作，工资都会随着年龄和工龄的增长而增长，与这种年功序列型工资制度相比，不和年龄挂钩、业绩好的员工拿高薪的绩效工资制度常被认为能给予员工有效激励，激发员工（特别是年轻员工）的干劲。 而且，员工年轻时工资少，之后工资逐年增加的年功工资制度固然适于长线培养熟练工，但在被称为"高度信息化社会"、"知识经济"的现代，因为知识更新的速度加快，以前学到的技能知识过一段时间就未必有用。 加之，人才是企业竞争力的源泉，在全球化愈演愈烈之中，薪酬由年龄和工龄来决定的机制却很难在全球范围内吸引到所需人才。 何以这样说？ 因为敌不过用与成果挂钩的高额薪酬来网罗优秀人才的海外企业。

不过，关于绩效工资制度，也存在不少否定意见，如认为其导致"对企业的归属意识弱化"、"团队精神被打乱"、"强调个人，降低工作单位的凝聚力"、"工作氛围恶化"、"只重视短期效益"、"有重视结果、轻视过程的倾向"、"不产生成果的工作没人干"等。而且，有意见认为绩效工资制度存在实际操作有困难、上司和管理层无法明确公正地评判员工能力和业绩等弊端。 另外，对于绩效工资制度的引入，来自中老年员工的阻力也不小，因为他们年轻时工资被人为地压低，希望到中老年时能拿回那部分工资。 根据前面提到的劳动政策研究研修机构［2004］的调查，有关绩效主义的推广，约有三成员工认为"对用工资、奖金的高低来反映业绩优劣的做法的信服度"有所"下降"，反而比认为"上升"的员工多。实际上，有不少企业因为引进绩效工资制度而陷入僵局。 因此，也

有人指出，日本文化鼓励"齐头并进"，且因"枪打出头鸟"而不提倡当先锋，换句话说，日本文化不重视个人实力间的差别，没有对其进行仔细判定并加以奖励的习惯，这样的文化土壤不适合绩效主义。

虽然索尼、松下和日立制作所各自实施了"废除年功"，究竟能否成功还有待于今后的进展，但是，在长期的通缩萧条中，为了在全球竞争中取得一席之地，代表日本的大企业动真格提出"废除年功"、欲彻底告别年功序列这件事本身，可谓"一石激起千层浪"，对今后如何顺应激变的时代来改变整个社会的雇佣、劳动方式有着重要意义。

近来，日本的新闻媒体中经常出现"加拉帕戈斯现象"这个词，说的是日本企业的技术和服务仅在日本国内市场高度发展，进行独自进化而与世界标准脱节（2010 年"U-CAN 新语、流行语大奖"候选词汇）。[①] 其实，不仅仅是技术和服务，日本式雇佣惯例也被指出是"加拉帕戈斯现象"的典型（八代尚宏［2015］）。

日本式雇佣惯例可以说是一直与日本经济共沉浮。在经济顺利实现增长、具有竞争力时，日本式雇佣惯例被认为是战后日本成功的重要原因、竞争力的源泉，获得人们的高度评价；然而，一旦经济陷入萧条，日本式雇佣惯例便被认定为日本经济停滞的主要原因，其低效性、不合理性遭到人们的批判。

日本式雇佣惯例今后将漂向何处？ 在被称为是绩效工资制度普及契机的日经联［1995］中，强调了"以人为中心（尊重人）的

---

① 该新词中的"加拉帕戈斯"（Galapagos）是坐落于太平洋上距南美洲厄瓜多尔约 1000 公里的一群岛屿。 因为是远离大陆的孤岛，因而这里栖息着很多完成了与大陆动物殊异的独自进化过程的生物。

经营"和"站在长期视野上的经营"是支撑日本式经营的支柱。 在
变化日益加速、不确定性不断增大的经营环境下，如何维持以人为
中心的长期经营视点？ 这一点可以说是决定日本式雇佣惯例未来
走向的关键吧。

第 12 章　NISA（个人免税投资账户）

＜日本語＞

　これまでのいくつかの章では、基本的生産要素である労働に係る流行語を取り上げて分析を行ってきたが、本章から第 14 章は、もう一つ重要な生産要素——資本に焦点を当てて、日本の金融システムに近年生じている変化について考察する。

　最近、新聞・雑誌の記事やテレビ・インターネットの広告などで「NISA（ニーサ）」という言葉を目にする機会が急に増えた。証券会社や銀行などの金融機関はNISAに関する説明会を開き、口座開設に向けた積極的な勧誘を行い、業界を挙げてNISAキャンペーンに取り組んでいる。「NISA」とは何だろう。これは、2014 年 1 月から日本でスタートする少額投資非課税制度のことである。イギリスが1999 年に導入したISA（Individual Savings Account、個人貯蓄口座）を参考にしたため、「NIPPON」の「N」をつけた「NISA」（日本版 ISA）と呼ばれている。

　NISAは年 100 万円（2016 年以降は120 万円）までの投資につい

て、その利益を最長 5 年間、非課税にする制度である。具体的に言
えば、毎年、限度額までNISA 専用口座で上場株式や株式投資信託
などの金融商品に新規投資することができる。しかも、非課税期
間は最長 5 年(つまり、非課税投資枠は最大で500 万円)であり、そ
の間、受け取る株式の配当や投資信託の分配金は非課税になり、保
有した金融商品を売却して利益が出た場合もその売却益は非課税
になる。NISA 口座は、20 歳以上の日本国内居住者ならだれでも、
1 人につき1 口座を開設することができる(一年ごとに、金融機関
の変更が可能)。そして、NISA 口座を利用して投資を行える期間
は、現行制度では、2014 年〜2023 年までの10 年間である。即ち、
NISA 制度を最大限活用すれば、最長 14 年間(2014 年〜2027 年)に
わたって、投資から得られた利益が非課税になるというメリットを
享受できる。

　日本では、2003 年 1 月から、株式や投資信託等の利益にかかる税
率を本来の20％(所得税 15％、住民税 5％)から10％(所得税 7％、住
民税 3％)に軽減する「証券優遇税制」が実施されてきた。この税制
優遇措置は2013 年末に廃止され、2014 年 1 月から証券投資利益に
対する税率は元に戻った。① したがって、NISAは、これまで10 年間
続いた投資優遇税制の代替制度でもある。

　ところが、NISAは単なる投資優遇税制廃止の代替措置ではな
い。NISAが導入された背景には、日本の長期にわたる金融システ

---

① 2013 年 1 月以降、復興特別所得税(東日本大震災からの復興のための財源確保
を目的にした税金で、税率は所得税額の2.1％)が加わるため、2014 年 1 月から
は20％ではなく、20.315％(所得税および復興特別所得税 15.315％、住民税 5％)
になる。同じ理由で、2013 年の軽減税率は10％ではなく、10.147％(所得税およ
び復興特別所得税 7.147％、住民税 3％)であった。

ムに関する政策転換があったことをうかがわせる。

　通常、一国の金融システムは、資金不足主体の資金調達が、銀行などの金融仲介機関を通じて間接的に資金余剰主体から行われるのか、市場を通じて直接に行われるのかによって、銀行中心の金融システム（間接金融優位の金融システム）と、市場中心の金融システム（直接金融優位の金融システム）とに分類される（Allen and Gale［2000］）。具体的にいうと、銀行中心の金融システムでは、資金余剰主体が銀行などの金融仲介機関に資金を預託し、金融仲介機関がリスクを取り、資金不足主体に資金を貸し付ける。それに対して、市場中心の金融システムでは、資金余剰主体がリスクを負担したうえ、自ら投資先を選び、直接証券市場（資本市場）などを通じて資金不足主体の証券（債券や株式など）を購入することで資金を提供する。この基準に従えば、第二次大戦後の日本の金融システムは銀行中心型（間接金融優位）の典型であり、アメリカの金融システムは市場中心型（直接金融優位）の典型であるという見方が通説である。①

　銀行を中心とした間接金融システムが、効率的な貯蓄吸収と政策的な資金配分を通じて、戦後日本の経済復興に大きく寄与し、日本の高度経済成長を金融面から支えたことはよく知られている。

　日本では、戦後の資金不足の時代には、金融システムの安定性・安全性を重視しながら、広く国民から資金を集めて成長目的にあった重点産業に優先的に配分するという方針が取られていた。例

---

① 　Wang［2016］は、日米の比較研究を行い、金融構造（金融システムが銀行中心であるかそれとも市場中心であるか）が非伝統的金融政策のアプローチおよび有効性に看過できない影響を与えていることを明らかにした。

えば、戦後まもなく、インフレの抑制・経済の復興のため、大蔵省（現財務省）および日本銀行は全国民に対して、地方公共団体等を通じた自主的貯蓄運動を呼びかけた。その結果、全国各地で独自の貯蓄運動が展開され、1950 年から 1951 年にかけ，漸次都道府県を単位とする地方貯蓄推進委員会が組織された。翌年の 1952 年には、中央にも貯蓄増強中央委員会が結成され、都道府県の貯蓄推進委員会と緊密に連携し、全国統一された歩調で積極的な貯蓄推進活動が行われ始めた。1957 年に、地方における貯蓄の指導と奨励を通じて、貯蓄運動を国民運動としてさらに積極的に推進するため、大蔵省貯蓄推進本部が設けられた。1969 年に、地方自治法に地方公共団体の事務として貯蓄の奨励が明記された（大蔵省［1980］、p.178）。

　一方の資金供給主体である国民（家計部門）からみると、政府によって厳しく規制された証券市場より、銀行などの民間金融機関へのアクセスが比較的容易であった。また、資産蓄積の水準がまだ低いとき、人々のリスク許容度が小さいため、リスクが高いと認識される社債や株式などの金融商品より、銀行預金のような安全資産が家計部門にはより強く選好された。さらに、少額貯蓄非課税制度（一定限度額まで利子所得を非課税にする制度、1963 年スタート）や勤労者財産形成貯蓄制度（勤労者の貯蓄を促進するために、勤務先で給料からの天引きで行う貯蓄制度、1972 年スタート）等の貯蓄優遇制度も、家計部門の貯蓄のインセンティブを強化した。全般的な資金不足の中で、銀行部門に吸収された家計部門の余剰資金は、重点産業への選別的融資により供給された。

　日本の金融システムのもう一つ大きな特徴は、公的金融のウェ

イトが高いことである。実は、この公的金融においても、間接金融
方式による安定的な資金調達および資金供給が行われてきた。例
えば、改革前の財政投融資制度（1953 年～2001 年）では、郵便貯金
や公的年金の積立金等の膨大かつ安定的な資金が大蔵省資金運用
部へ全額預託され（預託義務が課されていた）[1]、財政投融資資金と
して、公的金融機関や独立行政法人等の財投機関に配分されてい
た。[2] 財投機関は、その資金を民間金融機関では対応が困難な分野
（例えば、基幹産業、インフラ整備、中小企業金融、教育・福祉・医療な
ど）に配分していたため、財政投融資は一般会計予算を補完する「第二
の予算」と見なされた。[3] 言い換えれば、家計部門の余剰資金は、銀行
部門のみならず、郵便貯金によっても効率的に吸収され、そして、財政
投融資という仕組みを通じて産業や企業等に流れていた。

　したがって、戦後復興期から高度成長期にかけて、家計部門は銀
行預金・郵便貯金を中心に金融資産を蓄積していた。その結果、
家計部門は高い貯蓄率を記録し（図表 12 - 1）、個人金融資産に占め

---

[1]　郵政民営化（2007 年 10 月 1 日）以前には、郵便貯金は公的金融機関が提供する
安全資産であった。しかも、民間金融機関より割高な金利設定に加え、郵便局
は稠密な店舗網を有しているため、郵便貯金は家計にとって安心感のある魅力
的な金融商品である。ちなみに、郵便貯金の利子所得に対する非課税制度もあ
った。

[2]　日本では、国民の預金を預託して財政資金として運用することは、実は歴史が
長い。その運用が始まったのが、郵便貯金（当時の名称：駅逓局貯金）が誕生し
た3 年後の1878 年（明治 11 年）とされる（跡田・高橋［2005］）。

[3]　2001 年に、財政投融資制度について市場原理を大幅に導入する改革が実施された。
「資金運用部資金法等の一部を改正する法律案」により、大蔵省資金運用部は廃止さ
れ、郵便貯金や公的年金の積立金などからの投融資も廃止となった。また、この財
政投融資改革により、郵便貯金などは、金融市場で自主的に資金運用し、財投機関は
財投債（国債の一種）や財投機関債（政府保証の付かない社債類似の債券）を発行し
て金融市場から自主的に資金調達を行うことが原則となった。

る預貯金の割合がほかの金融資産と比べ、圧倒的に大きい状況で
あった（図表 12 - 2、図表 12 - 3）。

図表12-1　家計貯蓄率の推移（68SNA）

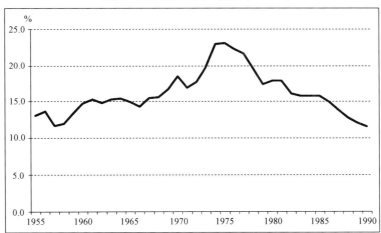

注：貯蓄率＝貯蓄÷可処分所得
出所：内閣府「国民経済計算年報」より筆者作成。

図表12-2　個人金融資産の内訳比率

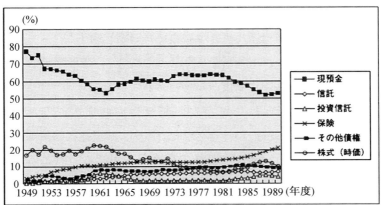

出所：宇都宮［2011］。

図表12-3　個人金融資産・現預金の内訳比率

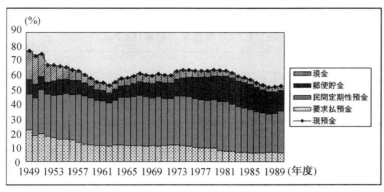

出所：同上。

　しかしながら、長期にわたる間接金融への偏重は、金融市場の整備・発達を遅らせ、企業の資金調達手段および投資家の投資手段の選択肢を狭め、新興企業や成長分野へのリスクマネーの供給を阻害してきたことは否めない。特に、1990 年代初期のバブル崩壊に伴って、銀行部門は不良債権問題に苦しみ、本来果たすべき金融仲介機能が著しく低下したため、日本の金融システムが機能不全に陥っていた。そのため、バブル崩壊以降、銀行部門にリスクが集中してしまうという間接金融の問題点を緩和し、金融市場を活性化させるために、様々な制度改革が行われてきた。

　例えば、1993 年には、1948 年から戦後長く継続されてきた証券・銀行の分離規制（いわゆる「銀証分離」）は金融制度改革関連法の施行により、銀行・信託・証券の相互参入が認められたことで

実質的には撤廃された。①

　また、1996 年 11 月に橋本政権が、2001 年までに日本の金融市場をニューヨーク、ロンドン並みの国際金融市場にすることを目標として、金融分野全般にわたる規制緩和改革、いわゆる「日本版ビッグバン②」（金融ビッグバン）を推進した。③

　例えば、1200 兆円（当時）もの個人貯蓄を「十二分に活用していく」（橋本［1996］）ために、金融ビッグバンの柱の一つとして実施されたのが、株式売買委託手数料の自由化であった。株式売買委託手数料は、顧客が証券会社に株式の売買を委託する際に支払う手数料のことで、投資家にとっての取引コストである。かつて株式投資をするには、取引額の 1％以上の委託売買手数料を支払う（買う時だけではなく、売る時にも必要になる）時期もあった（図表 12 - 4）。それは人々を株式投資から遠ざける手数料体系であったと言える。

　1999 年に株式売買委託手数料が完全に自由化され、従来の固定手数料から証券各社が自由に設定できるようになった。その結

---

①　銀証分離は、銀行による証券業務の兼業を禁止する措置である。戦後の金融制度改革で、アメリカが世界大恐慌後に制定したグラス・スティーガル法（Glass-Steagall Act、1933 年銀行法）に倣って導入された。

②　ビッグバン（Big Bang）とは、もともと宇宙発生の原因となった大爆発のことを意味するが、1986 年にイギリス（サッチャー政権）で実施された金融市場・証券制度改革のことはビッグバンと呼ばれている。

③　日本版ビッグバンのスローガンは、「フリー」（Free、市場原理が働く自由な市場）、「フェア」（Fair、透明で信頼できる市場）、「グローバル」（Global、国際的で時代を先取りする市場）である。その代表的な施策として、(1) 銀行における投資信託、保険の窓口販売（窓販）、(2) 株式売買委託手数料の完全自由化、(3) インターネット証券会社の新規参入、(4) 異業種からの銀行参入、(5) 金融持株会社の解禁、(6) ABS（資産担保証券）など債権等の流動化（証券化）、(7) 会計制度改革（時価会計等の導入）、(8) ディスクロージャー制度の整備・拡充、などが挙げられる。

果、株式売買委託手数料に関する競争が顕在化し、手数料率は自由化前の7分の1に大きく低下し、取引コストの大幅な低廉化が実現した。東京証券取引所の取引参加者である証券会社の手数料率の平均は、自由化前の99 年 3 月期の0.42％から、2012 年 3 月期は0.06％に下がった（日本経済新聞[2012]）。

図表12–4　売買金額別の株式売買委託手数料率の推移

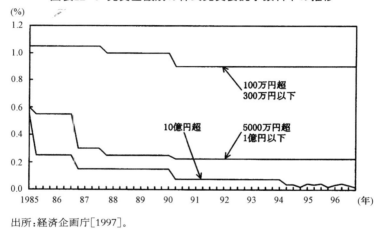

出所：経済企画庁[1997]。

　続いて、2001 年発足した小泉政権は、構造改革の一環として、資金の「成長分野」への流入を促進した。① 個人金融資産を銀行から証券市場に導くために、「貯蓄から投資へ」（より広義に解釈すれば、間接金融から直接金融へとシフトすること）というキャッチフレーズのもとに様々な施策が行われた。例えば、前述した財政投

① 　2001 年 6 月に発表された「今後の経済財政運営及び経済社会の構造改革に関する基本方針」（骨太の方針）では、「…経済資源（労働や資本など）が速やかに成長分野へ流れていくようにすることが経済の『構造改革』にほかならない」と述べられている（内閣府[2001]、p.7)。

融資制度改革、証券優遇税制以外にも、個人投資家の市場参加を促すために、家計が保有している銀行預金を、投資信託等を通じて企業や産業へ投資するように市場環境を整備した。

　このように、日本版ビックバンも、「貯蓄から投資へ」も、金融システムにおける直接金融・証券市場の役割拡大・機能強化を意図した改革であると言える。しかしながら、銀行預金への集中という個人の金融資産構造はなかなか変えられなかった。図表12-5に示されているように、1999年〜2003年の間に、個人の銀行預金がさらに大幅に増えたのに対して、社債や株式への投資は大きく減少した。

図表12-5　1999年~2003年における個人金融資産の変化

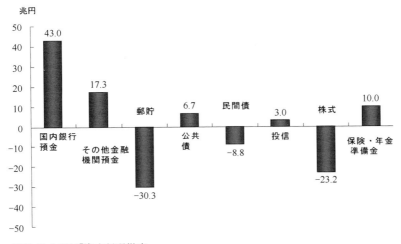

出所：日本銀行「資本循環勘定」。

　日本版ビッグバンの実施からは20年が経った今でも、その目標は達成したとは言えない状況にあり、「貯蓄から投資へ」も進んで

いるとは言い難い。個人金融資産は依然として証券市場に向かっておらず、いまだ現金・預金はその過半を占めている。アメリカ・ユーロ圏に比べて、日本家計の金融資産に占める現金・預金の割合は突出して高く、一方のリスク資産（債券、株式や投資信託など）の割合は著しく低くなっており、個人の金融資産構造に大きな変化はまだ表れていないと言える（図表 12 - 6）。

図表12-6　家計の資産構成

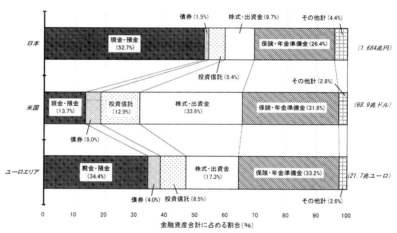

出所：日本銀行調査統計局［2015］。

　NISAは、こうした金融改革の大きな流れに沿うもので、日本版ビッグバン、そして、個人金融資産の「貯蓄から投資へ」のシフトを加速させる制度とも言える。「年間 100 万円までの非課税投資枠」は投資家にとっては、かなり魅力的である。しかも、NISA 口座で購入できるのは株式や投資信託など証券市場の金融商品であるため、現預金にとどまっていた資金を証券市場へと振り向け、また、

これまで投資をしていない人々をマーケットに呼び込む効果が期待される。さらに、NISAは、投資をした年から5年間受け取った配当や売却益等の投資収益が非課税となり、保有した金融商品を売却するとその分の非課税枠が失われるという仕組みとなっているため、投資家の長期投資も促進できるとされる。

　預金として貯蓄されている家計部門の余剰資金を企業・産業への投資に回し、有効的に活用することで、日本経済の活性化を図ることは、NISAを実施する目的の一つである。そのもう一つの目的は、投資による個人の資産形成を政策的に支援することである。

　バブル崩壊以降、日本銀行による積極的な金融緩和が行われてきた。特に、1999年の「ゼロ金利政策」以来、その金融緩和が一段と拡大・強化されてきた（第1章を参照）。その結果、日本の金利が長期にわたって、極めて低いレベルに抑えられている。超低金利が続いている状況のなか、当然のことながら、預貯金だけでは資産が殖えない。ゼロ近辺まで低下した預貯金の利率より高い利回りが期待できる株式や投資信託のほうが、資産形成の手段に適している。

　恒常化する超低金利に加え、老後の生活を年金だけに頼るのが難しくなっていることも政府が直接金融を後押しする原因であろう。日本の年金制度は、基本的に現役世代から徴収した保険料を高齢者世代（年金世代）に年金給付として再分配する仕組みになっている（保険料のほかに国庫負担もある）。① ところが、少子高齢化の急速な進展、経済の長期低迷、財政状況の悪化（第2章、第3章

_____

① 　日本の年金制度について、王［2012a］の第11章を参照されたい。

を参照）、若者の雇用不安・若年層の非正規雇用化（第 7 章～第 9 章を参照）などの複合要因により、従来の「世代間扶養」という運営の仕組み、すなわち、現役世代が高齢者世代を支えることが難しくなり、国から手厚い年金をもらえる時代が終わりつつあるのである。言い換えれば、自分で投資して老後の備えをする（いわゆる「自助努力による年金形成」）ことが必要になってきているということである（浦西［2012］）。

　金融庁が発表したNISAの利用状況調査によると、2015 年末時点のNISA 口座開設数は987 万口座で、2014 年～2015 年の２年間の投資総額は約 6.4 兆円であった（金融庁［2016］）。金融庁は2020 年までにNISA 口座開設数を1500 万口座、投資総額を25 兆円にする目標を掲げている。金融業界では、NISAの実施をきっかけに「貯蓄から投資へ」という流れが加速するとの期待が高まっている。

　しかしながら、NISAにはいくつかの懸念もある。

　まず、制度の中身が投資未経験者にとってわかりにくい。そもそも多くの人々は投資に対してネガティブなイメージを持っていることを考えれば、この仕組みのわかりにくさは新規の投資家層を開拓し、投資家の裾野を広げるというNISAの目的を阻害しかねない。

　次に、非課税のNISA 口座で保有する金融商品に損失が出ても、ほかの口座と損益通算ができないため、利益が出れば非課税の恩恵は受けられるが、損失が発生する場合、非課税のメリットはない。

　また、図表 12－7に示されているように、現在、企業部門は家計部門を超えて、日本最大の資金余剰部門になっている。すなわち、企

業が資金に困っているわけではなく、むしろ、資金の使い道（どのような事業分野に投資するか）に困っている状況にある。したがって、家計部門の余剰資金がリスクマネーとして企業に供給・活用されることで経済成長へとつながっていくことを期待するNISAの効果は、限定的と言えるであろう。

図表12-7　日本の主要部門別資金過不足の推移（対名目GDP比率）

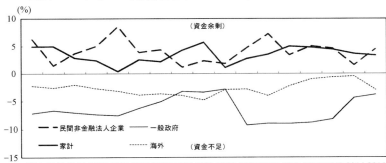

出所：日本銀行調査統計局［2015］。

　さらに、非課税投資枠や非課税期間などについても「まだ足りない」「制約が多い」という声が多い。特に、非課税期間が5年間に限定されていることがNISAの普及に立ちはだかる大きな「壁」になるとされる。制度の手本となったイギリスでは、当初、10年の時限措置があったが、その後、非課税期間は恒久化（非課税扱いは無期限）されている。現行のNISAでは、非課税扱いは投資した年の5年目の年末までである。買った後に価格が下落し、塩漬けにしてしまう株式や投資信託も、5年目の年末になれば、NISA以外の口座に移すか、新たなNISA口座に移す（新たな非課税枠への移行により非課税のまま保有し続ける）かを選択しなければならない。し

かも、いずれも移管先の口座での取得価格が移管時の時価になる。その結果、実際には損失が出ているにもかかわらず、課税されるという不都合が起こりうる。

　NISAの利用が一層拡大されるようにするためには、非課税投資枠の増額、非課税期間の拡大もしくは恒久化や制度の恒久化が重要であるとの意見が多く出たなかで、2016 年 1 月からは、NISAの年間投資上限額は、当初の100 万円から120 万円に増額された。12 の倍数にすることで毎月の積立投資（株式や投資信託等に毎月定額ずつ投資していくこと）に便利な金額になり、同制度の利便性が向上されると期待されている。投資家にとっても時間的分散によるリスク分散の効果が得られると考えられている。

　また、若年層の資産形成を支援するために、2016 年からは、19 歳までの子供のための「ジュニアNISA」（未成年者少額投資非課税制度）も始まる。投資上限額は、毎年 80 万円までであり（親権者等が代理で資産運用を行うことができる）、非課税期間はNISAと同じく、投資した年から 5 年間（5 年間で最大 400 万円）である。金融資産の保有およびNISAの利用が高齢層に偏る傾向が強い（両方とも 60 歳以上が過半数超え）現状（図表 12 - 8、図表 12 - 9）を考えると、「ジュニアNISA」の創設は世代間資産移転を促進する施策でもあると言えよう。

　NISAが手本とした西洋の国、産業革命発祥の地であるイギリスでは、ISAを導入してから16 年が経過し、口座数は2267 万口座と同国成人対象者の約半数が利用し、運用資産残高は4696 億英ポンド（約 80 兆円）に達している（三菱 UFJ 国際投信［2015］）。NISAは日本でこれほど普及するであろうか。

図表12-8　金融資産保有（1世帯あたり）の年代別比率

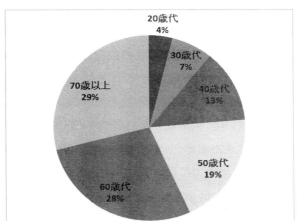

出所：金融広報中央委員会「平成 25 年　家計の金融行動に関
　　　する世論調査（二人以上世帯調査）」より筆者作成。

図表12-9　NISA買付額の年代別比率（2015年9月末時点）

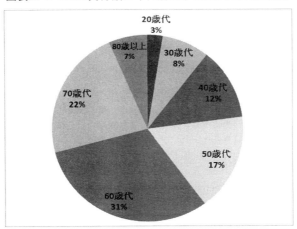

出所：金融庁［2015］より筆者作成。

　　リスクの観点からすれば、NISAの核心は、家計部門の余剰資金を株式などのリスク資産（その期待リターンは安全資産である預貯金等より高い）に向けさせ、リスクマネーを個人から供給するルートをより機能させ、これまで日本の銀行部門に集中してきたリスクを家計部門に分散・分担させることである。リスクについて、西洋と東洋とでは捉え方に差異がある。株式・株式会社の起源である西洋では、リスクが厄介なものであるため、それを分散していく仕組みが必要であるという観点からポジティブに捉えている。それに対して、東洋では、リスクが厄介なものなのでできるだけ避けようというネガティブな捉え方が昔から根強く存在している。① こうしたリスクに対する見方の違いは、過去においては、西洋の"Industrial Revolution"（産業革命：資本集約型の産業・経済・社会変革）と東洋の"Industrious Revolution"（勤勉革命：労働集約型の産業・経済・社会変革）という性質も規模も影響もまったく異なる二種類の「革命」のあり方に大きな影響を与え②、そして、現代においても、金融システムの構造や経済システムの制度設計と密接な関係があるのではないだろうか。

────────────

① 　例えば、日本語でも漢語でも、「危ない所に登らねば熟柿は食えぬ」「虎穴に入らずんば虎子を得ず」のような、リスクに立ち向かうことをすすめることわざが存在してはいるが、それに比べて、「君子危うきに近寄らず」「三十六計逃げるに如かず」のような、リスクを避けて自己保身するように説くことわざが圧倒的に多い（王［2011，2012b］）。

② 　「勤勉革命（industrious revolution）」は、経済学者の速水融によって1976年に提唱された概念である。産業革命と勤勉革命との対比については、速水［1989、2003］を参照されたい。「勤勉革命」を持って東アジアにおける労働集約的な経済発展パターンを説明する研究については、杉原［1999、2004］を参照されたい。さらに、De Vries［1994、2008］は、家計の消費行動と労働供給行動を連関させる形で「勤勉革命」を捉えている。

NISAの実施によって、家計の「安全資産選好」の傾向は本当に変わるだろうか。投資やリスクに対する人々のネガティブなイメージが払拭できるか。今後の動向から目が離せない。

＜中文＞

在前几章中，我们选取了与劳动这一基本生产要素有关的流行语进行了分析，从本章开始至第 14 章，我们将把焦点对准另一个重要的生产要素——资本，并就近年来日本金融体系中出现的变化加以考察。

最近，在报纸杂志的报道中，电视、互联网的广告上经常能看到"NISA"一词。证券公司和银行纷纷举办与 NISA 有关的说明会，为吸引客户开设 NISA 账户而展开积极的劝诱活动，整个金融界都投入到了 NISA 的宣传活动中。"NISA"是什么呢？ 这指的是在日本从 2014 年 1 月开始的小额投资免税制度。 因为参考了英国于 1999 年开始的 ISA（Individual Savings Account，个人储蓄账户）制度，并加进了表示日本"NIPPON"的"N"，所以被称为"NISA"（日本版 ISA）。

根据该制度，对每年 100 万日元以内（2016 年以后为 120 万日元）的投资所获股息红利以及买卖差价在五年间施行免税。 具体来说，每年能够以 100 万日元为上限，从 NISA 的专用账户（个人免税投资账户）购买股票和投资信托等金融产品进行投资；免税期最长为 5 年（换句话说，免税投资额度最大为 500 万日元），在这期间，所获得的股利和投资信托的分红都免税，即使将持有的金融产品卖出获得收益，也是免税。 居住在日本、满 20 周岁以上的任

何人均可开设一个个人免税投资账户（每年可变更开设账户的金融机构）。 另外，关于可利用个人免税投资账户进行投资的期间，在现行制度下为 2014 年至 2023 年的 10 年。 也就是说，如果最大限度地利用个人免税投资账户，最长可以享受 14 年（2014 年—2027 年）的投资获利免税优惠。

日本自 2003 年 1 月施行了将股票、投资信托等所获收益的税率从原来的 20％（所得税 15％、住民税 5％）降至 10％（所得税 7％、住民税 3％）的"证券优待税制"。 该税收优惠措施于 2013 年年底被废除，自 2014 年 1 月对证券投资收益征税的税率回到原先的 20％。[①] 因此，NISA 也是这个持续了十年的投资优惠税制的代替方法。

然而，NISA 并不是单纯用来替代投资优惠税制的制度。 从 NISA 被推出的背景中，我们可以看到日本金融体系长期的政策转变。

通常，一国的金融体系，可按照资金不足主体是通过银行等金融中介机构间接从资金剩余主体来筹措资金，还是通过市场直接从资金剩余主体来筹措资金，分为以银行为中心的金融体系（以间接金融为主导的金融体系）和以市场为中心的金融体系（以直接金融为主导的金融体系）两种（Allen and Gale［2000］）。 具体来说，以银行为中心的金融体系就是资金剩余主体将资金存入银行等金融中介机构，然后金融中介机构承担风险将资金贷给资金不足主体；

---

① 2013 年 1 月以后，因为"复兴特别所得税"（以确保东日本大震灾复兴所需财源为目的的税金，税率为所得税额的 2.1％）的新设，从 2014 年 1 月起对证券投资收益征税的税率由 20％变为 20.315％（所得税与复兴特别所得税之和15.315％、住民税 5％）。 同样理由，2013 年的优惠税率不再是 10％，而是10.147％（所得税与复兴特别所得税之和 7.147％、住民税 3％）。

与此相对，以市场为中心的金融体系则是资金剩余主体自己承担风险，亲自遴选投资标的，通过直接在证券市场（资本市场）购入资金不足主体发行的证券（债券、股票等）的方式来向其提供资金。依照该基准，一般认为二战后日本的金融体系是银行中心型（间接金融占主导地位）的典型，而美国的金融体系则是市场中心型（直接金融占主导地位）的典型。[①]

以银行为中心的间接金融体系，通过高效的吸储与政策性资金分配，对日本战后的经济复兴做出了很大贡献，从金融层面上对日本的高速经济增长起到了有力的支持作用。

在战后资金匮乏时期，日本采取了在重视金融体系稳定性与安全性的同时，从广大国民集资优先分配给有助于经济增长的重点产业的方针。譬如，战后不久，为抑制通胀、复兴经济，大藏省（今财务省）及日本银行（日本的中央银行）对全体国民发出通过地方政府主动进行储蓄的运动。其结果，全国各地都展开了各自的储蓄运动，从 1950 年到 1951 年，逐步组织起了以都道府县为单位的地方储蓄推进委员会；次年的 1952 年，中央也成立了储蓄强化中央委员会，并与都道府县的地方储蓄推进委员会紧密配合，以全国统一的步调开始了积极的储蓄推进活动；1957 年，为了进一步通过地方对储蓄的指导和奖励来积极推进全国民的储蓄运动，大藏省设立了储蓄推进本部；1969 年，《地方自治法》明确规定对储蓄给予奖励是地方政府的事务（大藏省［1980］，p.178）。

另一方面，对资金供给主体的国民（居民部门）来说，比起受

---

① Wang［2016］通过美日的比较研究，发现金融结构（即金融体系是以银行为中心还是以市场为中心）对非常规货币政策的运作手法和有效性有着不可忽视的影响。

政府严格管制的证券市场，银行等民间金融机构更容易利用。 另外，在还没积累多少资产的时候，人们对风险的容忍度很小，比起被认为是高风险的公司债券、股票等金融产品，居民更倾向于选择银行储蓄这样的安全投资方式。 而且，小额储蓄免税制度（一定限额之内的储蓄所获利息无须交税的制度，1963 年开始实施）、勤劳者财产形成储蓄制度（为促进劳动者储蓄，工作单位从工资中代扣部分金额进行储蓄的制度，1972 年开始实施）等储蓄优惠制度等，也强化了居民的储蓄意愿。 在资金不足普遍存在的状况下，银行将从居民部门吸收来的剩余资金有选择地贷给了重点企业。

日本金融体系的另一大特征是财政金融的比重较高。 其实，在财政金融方面，也一直是通过间接金融的方式来进行稳定的资金筹措以及资金供给。 譬如，在改革前的财政投融资制度（1953 年-2001 年）中，邮政储蓄和政府养老金公积金这样数额巨大且稳定的资金全部委托给了大藏省资金运用部进行全额托管（其被课以托管义务）①，并作为财政投融资资金由政府金融机构和独立行政法人等财政投资单位进行分配。② 由于财政投资机关将那些资金分配给较难获得民间金融机构资金的领域（如基础产业、基础设施、中小企业金融、教育、福利、医疗等领域），因此财政投融资被看作是

---

① 在邮政民营化（2007 年 10 月 1 日）以前，邮政储蓄是政府金融机构提供的安全资产。 除了利率高于民间金融机构以外，邮局网点遍布全国各地，所以邮政储蓄对居民来说是很有安全感和吸引力的金融产品。 另外，还有过对邮政储蓄的利息免税的制度。

② 在日本，对国民的储蓄进行托管并将其作为财政资金加以运用的历史很悠久，始于邮政储蓄（当时的名称：驿递局储蓄）诞生三年之后的 1878 年（明治 11 年）（跡田直澄、高桥洋一［2005］）。

补充一般会计预算的"第二预算"。① 换言之，居民部门的剩余资金不仅通过银行，而且也通过邮政储蓄被高效吸收，然后又通过财政投融资这个机制流向相关产业和企业。

　　因此，从战后复兴期到经济高度增长期，居民部门以银行储蓄、邮政储蓄为中心积累了金融资产。 其结果，居民部门持续保持高储蓄率（图表12-1），而且与其他金融资产相比，储蓄（银行储蓄和邮政储蓄）在个人金融资产中占压倒性比重（图表12-2、图表12-3）。

图表12-1　居民储蓄率的长期变化（基于68SNA规范）

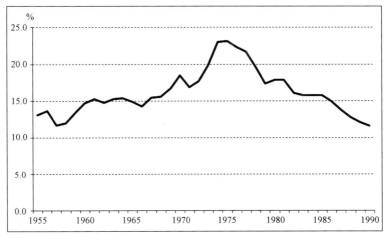

注:储蓄率＝储蓄额÷个人可支配收入

出处:笔者根据内阁府《国民经济计算年报》制成。

---

①　2001 年，对于财政投融资制度实施了导入市场机制的大幅改革。 根据《部分修改资金运用部资金法等的法律案》，大藏省资金运用部被废除，利用邮政储蓄和政府养老金公积金等的投融资也被废止。 另外，根据该财政投融资改革，邮政储蓄等在金融市场自主进行资金运作，财政投资机构通过发行财政投资债券（国债的一种）和财政投资机构债券（类似不带政府保证的企业债券的债券）从金融市场自主筹措资金成为原则。

图表12-2 个人金融资产的明细及比率

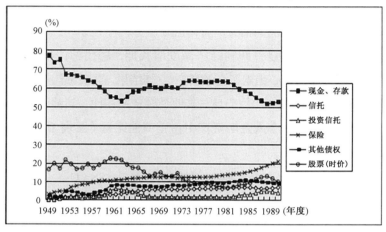

出处：宇都宫净人［2011］。

图表12-3 个人金融资产中现金、存款的明细及比率

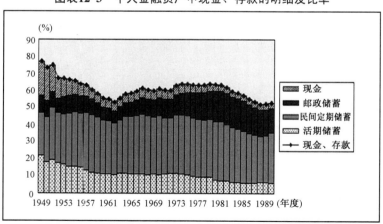

出处：同上。

　　然而，另一方面，不可否认，长期以来对间接金融的偏重阻碍了金融市场的完善与发达，限制了企业筹措资金手段和投资者投资手段的多样化选择。 特别是由于 20 世纪 90 年代初期泡沫经济的破灭，银行苦苦挣扎于坏账问题，致使本该行使的金融中介功能显著低下，从而导致日本整个金融体系陷入功能不全的困境。 因此，泡沫经济破灭后，为了缓解风险集中于银行部门这个间接金融的弱点，为了使金融市场活性化，日本进行了各种各样的制度改革。

　　譬如，1993 年，随着《金融制度改革关联法》的实施，银行、信托、证券的相互参与得到法律许可，这标志着从 1948 年开始长期实行的证券、银行间的分离管制（即所谓"银证分离"）实质上被取消了。①

　　另外，1996 年 11 月，桥本政权（1996 年 1 月—1998 年 7 月，桥本龙太郎担任总理大臣）以 2001 年之前将日本的金融市场打造成与纽约、伦敦齐名的国际金融市场为目标，对金融领域进行了全面推行放松管制的改革，即所谓的"日本版金融大爆炸"②["金融大爆炸"（Big Bang）指的是 1986 年在英国实施的金融市场改

---

① 银证分离是禁止银行兼办证券业务的措施。 其是在战后的金融制度改革中，效仿美国在世界大萧条后制定的《格拉斯-斯蒂格尔法案》（Glass-Steagall Act，也被称为《1933 年银行法》）而被引入。

② "日本版金融大爆炸"的口号是"自由"（Free：市场机制发挥作用的自由的市场）、"公正"（Fair：透明且可信赖的市场）、"全球性"（Global：国际性的、领先于时代的市场）。 其代表性的措施有：（1）银行柜台可销售投资信托和保险；（2）股票买卖委托手续费完全自由化；（3）准许新公司从事互联网证券业；（4）降低银行业准入壁垒，准许不同行业进入银行业；（5）准许设立金融控股公司；（6）实现 ABS（资产担保证券）等债权的流动化（证券化）；（7）会计制度改革（引入时价会计）；（8）健全和扩充信息公开制度，等等。

革]。①

当时，为了使 1200 万亿日元的个人储蓄"得到十二分的活用"
（桥本龙太郎［1996］），作为"日本版金融大爆炸"主要内容之一
实行的是股票买卖委托手续费自由化。 股票买卖委托手续费是顾
客在委托证券公司进行股票买卖时所支付的手续费，是投资者的交
易成本。 过去进行股票买卖时，曾须支付交易额 1％以上的委托买
卖手续费（不仅是买进时，卖出时也需交纳）（图表 12－4）。 可以
说，这种手续费收费方法让人们对股票投资敬而远之。

图表12-4　股票买卖委托手续费率（按成交金额分类）的变化

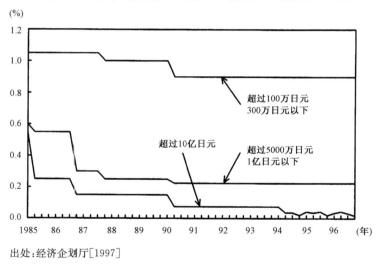

出处：经济企划厅［1997］

1999 年股票买卖委托手续费实行完全自由化，之前被固定的手

---

① "Big Bang"原本是指与宇宙形成原因有关的大爆炸，在金融领域，1986 年在英
国（撒切尔政权）实施的金融市场及证券制度改革被称为"金融大爆炸"。

续费变得可由各证券公司自行设定。 其结果，关于股票买卖委托手续费的竞争凸显，手续费降低至自由化前的七分之一，大幅降低了投资者的交易成本。 参加东京证券交易所交易的各证券公司手续费率平均值从自由化前 1999 年 3 月时点的 0.42％降至 2012 年 3 月时点的 0.06％（日本经济新闻［2012］）。

接下来，始于 2001 年的小泉政权，作为结构改革的一环，推进了资金流向"增长领域"。[①] 为了将个人金融资产从银行导向证券市场，在"从储蓄变为投资"（比较广义地解释，即从间接金融向直接金融转换）的口号下，各种政策频频出台。 比如，上述财政投融资制度改革、证券优惠税制以外，为促进个人投资者参与市场，对市场环境进行了治理以使居民拥有的银行储蓄能通过投资信托等方式投资到不同企业和产业。

可以说"日本版金融大爆炸"也好，"从储蓄变为投资"也好，都是旨在扩大、加强直接金融和证券市场在金融体系中的功能作用的改革。 然而，个人金融资产集中于银行储蓄的这种结构轻易很难改变。 如图表 12 - 5 所示，从 1999 年到 2003 年，个人持有的银行储蓄进一步大幅增加，而与此相反，对公司债券和股票的投资却大幅减少。

"日本版金融大爆炸"已经实施了 20 年，至今仍无法说其目标已达成，"从储蓄变为投资"也未取得什么大的进展。 个人金融资产依然没有流向证券市场，其中现金和银行存款的所占比率仍然过半。 比起美国和欧元圈，日本居民的金融资产中，现金、存款所占

---

① 在 2001 年 6 月发表的《关于今后经济财政运营及经济社会结构改革的基本方针》（基本骨架方针）中，写有"……使经济资源（劳动和资本等）迅速流向增长领域不是其他，正是经济的'结构改革'"。（内阁府［2001］，p.7）

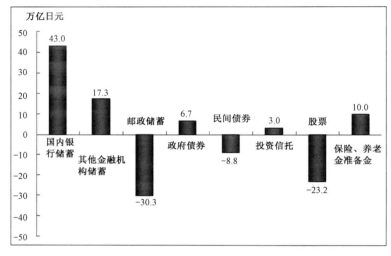

图表12-5　1999年-2003年个人金融资产的变化

出处：日本银行《资本循环勘定》。

比例突出地高，而风险资产（公司债券、股票、投资信托等）的比例则格外地低，可见，个人金融资产结构尚未出现实质性的变化（图表 12 - 6）。

　　其实，NISA 也是沿着这个金融改革的大方向，可谓是加快"日本版金融大爆炸"和个人金融资产"从储蓄变为投资"进程的制度。 对投资者来说，"每年 100 万日元以内的免税投资额度"还是很有吸引力的。 而且，通过个人免税投资账户能够购买的是股票、投资信托等证券市场的金融产品，从而能使以现金、银行存款等形式持有的个人资金流向证券市场，并具有吸引从未进行过投资的人们进入市场的效果。 另外，NISA 对从投资当年开始的五年间获取的股利或买卖差价等投资收益免税，而且持有的金融产品一经卖出即将自动丧失相应的免税额度，这对投资者进行长期投资也有

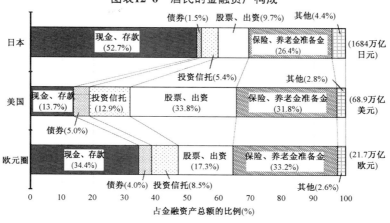

图表12-6　居民的金融资产构成

出处：日本银行调查统计局［2015］。

促进作用。

　　如上所述，将居民部门以银行储蓄的形式存储下来的剩余资金转变为给企业、产业的投资加以有效利用，以搞活日本经济，这是实施NISA的目的之一。　NISA还有一个目的，即从政策上支援通过投资来积累个人资产。

　　泡沫经济破灭以后，日本银行一直在施行积极的货币宽松政策。　特别是1999年"零利率政策"以来，金融宽松程度进一步扩大和加强（参见第1章）。　其结果，日本的利率长期以来被控制在极低水平。　在超低利率持续的情况下，仅靠储蓄，资产自然无法增值，比较而言，股票、投资信托等预期收益率高于大致为零的银行存款利率的金融产品，更适于积累个人资产。

　　除了长期持续的超低利率之外，退休后的生活仅靠养老金来维持变得日益困难，也是政府积极推动直接金融发展的原因。　日本

的养老金制度基本上采取的是从在职的一代人征收保险费，然后将其作为养老金发放给老一代人的机制（除保险费之外，国库也负担一部分）。① 但是，由于少子老龄化的急速加剧、经济的长期低迷、财政状况的恶化（参见第 2 章和第 3 章）、年轻人雇佣形势的不稳定、青年层的非正规雇佣化（参见第 7 章-第 9 章）等多种因素，过去的那种"年轻一代养老一代"（即在职者支撑退休者）的养老金运营模式已难以为继，从国家领取丰厚养老金的时代正在走向终结。 换句话说，也就是说需要自己通过投资来进行养老理财了（即所谓的"靠自己的努力来积累养老金"）（浦西友义［2012］）。

金融厅（日本金融业的主管部门）发布的个人免税投资账户利用情况调查显示，至 2015 年年末为止，开户数为 987 万户，2014 年至 2015 年两年间的投资总额约 6.4 万亿日元（金融厅［2016］）。 为此，金融厅制定了至 2020 年，个人免税投资账户达 1500 万户，投资总额达 25 万亿日元的目标。 金融业对通过 NISA 的实施来加快"从储蓄变为投资"进程的期待也相当高。

不过，NISA 中也有一些令人担忧之处。

首先，制度的内容对于完全不懂投资的人来说，难以理解。 考虑到本来很多人就对投资抱有消极印象，这种制度理解上的困难有可能会阻碍开拓新的投资者层、扩大投资者范围这一 NISA 目标的实现。

其次，通过免税的 NISA 账户所持有的金融产品，由于即使出现损失也无法和其他的账户进行损益抵消，因此，有收益的话可以享受到免税的优惠，但在发生损失的时候，免税的好处就享受不

---

① 关于日本的养老金制度，请参见王凌［2012a］第 11 章。

到了。

　　另外，正如图表 12 - 7 所示，现在，企业部门取代了居民部门，成为日本最大的资金剩余部门。 也就是说，企业并不缺乏资金，反倒是发愁资金的投向，不知将资金投向何种事业领域。 因此，居民部门的剩余资金作为投资资金供给企业来活用以促进经济增长——这种个人免税投资账户的预期效果可以说是非常有限的。

图表12-7　日本不同经济部门资金剩余或不足状况的变化（占名义GDP比例）

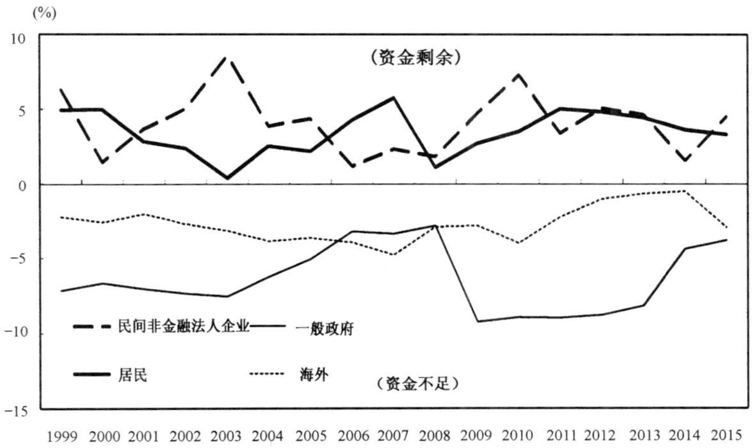

(%)

（资金剩余）

民间非金融法人企业　——一般政府

居民　　　　　海外　　　（资金不足）

1999 2000 2001 2002 2003 2004 2005 2006 2007 2008 2009 2010 2011 2012 2013 2014 2015

出处：日本银行调查统计局[2015]。

　　而且，对于免税投资额度、免税期间等，还出现了"还不够"、"制约多"等意见。 特别是，五年免税期间的时间限制有可能成为普及 NISA 的障碍。 制度的范本英国原先也有十年的时间限制，但后来，免税期间被永久化（即无期限施行免税）。 现行的 NISA 免税待遇到投资当年的第五年年底为止，即使是购买后由于价格下跌而一直揣在手里的股票和投资信托，到了第五年年底的时候，也必

须面临是转移至 NISA 以外的账户，还是转移至新的 NISA 账户（使用新的免税额度继续以免税的形式持有）的选择。 而且，不管是哪种选择，转移时的市场价格将成为新转移账户的入账价格，这会导致出现实际上是投资亏损但也被征税的不合理现象。

很多人提出，为了进一步扩大 NISA 的利用，免税投资额度的增加、免税期间的延长乃至永久化、制度的持久化等也非常重要。在此背景下，从 2016 年 1 月起，NISA 年投资额上限从原先的 100 万日元增加至 12 的倍数，即 120 万日元，这不仅将方便投资者进行定期定额投资（每月定额投资于股票或投资信托等），也有助于投资者通过分散投资时间来达到分散投资风险的效果。

另外，为支援年轻人积累个人资产，从 2016 年起，还开始实施以 19 岁以下青少年为对象的"未成年版 NISA"（即未成年者小额个人免税投资制度）。 投资上限额为每年 80 万日元（可以由保护人代理进行资产运作）。 免税期间与个人免税投资账户相同，从投资当年算起连续五年（五年间免税投资额度最大为 400 万日元）。考虑到目前金融资产的持有者和个人免税投资账户的利用者均是老年层占压倒性多数（两者都是 60 岁以上的老龄者超过半数）的现状（图表 12－8、图表 12－9），可以说"未成年版 NISA"的创设也是促进不同代际间资产转移的方策。

在 NISA 的范本、产业革命的发祥地——英国，ISA 的导入已历经十六年。 现在，账户数已达该国成年人半数左右的 2267 万户，资产运作额也高达 4696 亿英镑（约 80 万亿日元）（三菱 UFJ 国际投信［2015］）。 NISA 能否在日本达到这种普及程度？

从风险的观点来看，NISA 的核心是将居民部门的剩余资金转向股票等风险资产（其预期收益高于作为安全资产的储蓄），使个

图表12-8　不同年龄层占金融资产持有额（每户家庭平均额）的比率

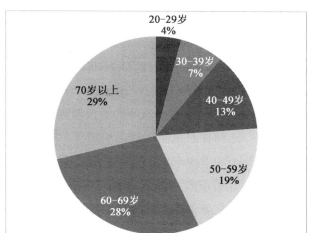

出处：笔者根据金融宣传中央委员会《平成 25 年关于居民金融行为的舆论调查（对家庭成员两人以上的家庭的调查）》制成。

图表12-9　不同年龄层占NISA投资金额的比率（2015年9月末）

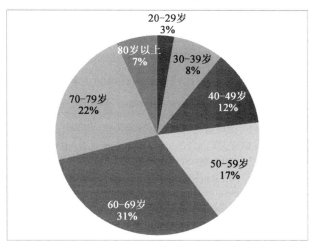

出处：笔者根据金融厅［2015］制成。

人提供风险资金的渠道能更好地发挥作用，从而将一直集中于银行部门的风险分散到居民部门以实现风险的分担。 关于风险，西洋和东洋有着不同的理解。 在西洋——股票及股份有限公司的发源地，基于因风险很麻烦，所以需要建立相关机制对其加以分散的这样一种思维，提倡积极应对风险；而与此相对，在东洋，因风险很麻烦，所以要尽量规避——这种对风险的消极理解从很久以前就根深蒂固地存在。① 这种在对风险理解上的差异，在过去对西洋的"产业革命"（Industrial Revolution：资本集约型的产业、经济、社会变革）、东洋的"勤劳革命"（Industrious Revolution：劳动集约型的产业、经济、社会变革）这两种性质、规模、影响迥异的"革命"模式有着巨大影响②；而在现代，其和金融体系的结构、经济体系的制度设计也有着密不可分的关系。

NISA 的实施，果真会改变居民"偏好安全资产"的倾向，消除人们对投资、风险的负面看法吗？ 今后的动向值得关注。

---

① 比如，虽然日语和汉语中均有"不爬高就吃不到熟柿子"、"不入虎穴焉得虎子"之类鼓励人们敢于面对风险的谚语，然而相比之下，还是"君子不近危"、"三十六计走为上"之类劝诫人们要远离风险、明哲保身的谚语占压倒性多数（王凌［2011，2012b］）。

② "勤劳革命"（industrious revolution）是经济学者速水融 1976 年提出的概念。关于产业革命和勤劳革命的对比，请参见速水融［1989，2003］；关于用"勤劳革命"来解释东亚的劳动集约型经济发展模式，请参见杉原薰［1999，2004］；另外，De Vries［1994，2008］通过将居民消费行为和劳动供给行为相关联的形式来把握"勤劳革命"。

第 13 章　物言う株主（发言股东）

<日本語>

　株式会社は、資本主義経済の根幹をなすものである。有限責任で不特定多数の投資家から広く資金調達できる（言い換えれば、リスクを広く社会に分散できる）仕組みとなっており、人類が発明したもっとも強力な経済組織であると言っても過言ではない。[①]　純粋に資本の論理から言えば、株式会社の所有者は出資者の株主である（いわゆる「株主主権」）。株主は出資額（所有している株式数）に応じて株式会社の経営に参加できる権利（経営参加権）を持っており、株主総会に出席し、企業経営に関する重要事項（例えば、利益処分案や役員の選任など）について議決権行使を通じて、経営の意思決定に関与することができる。特に、上場企業は、株式が公開されることで、常に株式市場・株主からの監視の目にさらされる。

[①]　世界最初の株式会社は、1602 年にオランダで設立された東インド会社（the Dutch East India Company）だとされる。

　しかしながら、従来の日本型資本主義では、このような企業経営における企業経営陣と株主間の緊張感があまりなかった。日本では、従業員が自社の株式を保有する「従業員持株制度」が広く普及している。[①]　その結果、企業には従業員株主が多い。長期安定的な取引関係を強化するため、企業と金融機関、企業同士が相互に株式を持ち合うという日本独特の金融慣行もよく見られていた。[②]

　従業員持株制度においても、株式の持ち合いにおいても、株式保有のインセンティブは、投資収益の最大化ではなく、長期安定的な雇用関係・取引関係の維持および促進であると言ってもよいだろう。このような株式の安定保有の背後には、保有先企業の経営に株主として関与しない、また、敵対的買収者に保有株式を売却しないという、暗黙の合意および相互の信頼関係がある。結局、企業内部もしくは企業間ネットワーク内部で安定株主を確保することにより、外部の株主や投資家の声を遮断してきた。

　さらに、終身雇用・年功序列の企業慣行のもとで社長などの経営トップはプロの経営者を外部から招聘する形ではなく、内部昇進（第 10 章で説明した企業内部の「ピラミッド構造」の上層まで登

---

① 従業員持株制度は上場企業の 9 割以上が実施している。企業が従業員持株制度を導入する目的として、よく挙げられるのが、福利厚生の一環としての従業員の財産形成への支援、企業内の共同意識・一体感の醸成や従業員のモチベーション・経営参加意識の向上等である。しかしながら、1960 年代に、資本自由化に伴う外資の日本企業乗っ取りが頻繁に行われるであろうとの危惧から株主安定化策・企業防衛策の一環として講じられたという本制度の沿革を考えると、安定株主の確保や乗っ取り防止などの目的も否定できない（道野［1997］）。

② 宮島・新田［2011］は、株式持ち合いが中心となったインサイダー保有比率（都銀・地銀等、生損保、その他金融機関、事業法人等の保有比率合計）が、1960 年代の中頃から急上昇し、70 年代の半ばには 55％を超えた後、1990 年まで漸増傾向を示しながら安定的に推移したことを指摘している。

ること）の形を取っているため、内部昇進者が取締役会を構成することになっていた。生え抜きの内部昇進した経営トップは長期間に渡ってリーダーとなれる資質や能力を備えたと判断された人材であり、企業理念をよく理解し長期的視点に立った経営を行うことに有利であるが、そのため均質になりがちな取締役会の構成も企業経営に対する株主の監視・監督を制約する要因になっている。例えば、経営トップが不適格だった場合に、株主の圧力ではなく、社内の圧力や合意によって経営陣が交代することは多い。また、必ずしも適正と言えないような経営活動が継続してしまう企業風土を作り出すことにもなる。

　特筆すべきことは、企業に対する株式市場・株主の監視監督が十分ではない状況の中で、企業への監視監督は、主に企業に資金を貸し付けている特定の銀行が担ってきたことである。間接金融優位（第12章を参照）の日本の金融システムでは、銀行が債権者として企業に対して強い支配力を持っている。特に、企業の「メインバンク」（企業が主に取引する銀行のことで、企業に最も多額の融資をする取引銀行を指すことが多い）は、企業の株式を保有し、役員を派遣して企業の経営活動や資金の出し入れなどを日常的に監視し、企業が経営危機に陥った際には負債のリファイナンス（追加融資や金利免除あるいは債権放棄などの金融支援策）を講じ、企業を救済する場合も多い。①

---

① 　日本のメインバンク制度に関する包括的な研究として、Aoki and Patrick［1994］、藪下［1995］（第5章〜第7章）などを挙げることができる。王・古川［2007］は、長期的融資関係を一種の自己強化メカニズム（self-reinforcing mechanism）として捉えるうえ、企業とメインバンクの長期継続的な取引関係が日本における経営不振企業に対する銀行のリファイナンス行動に与える影響を理論的かつ実証的に分析している。

　株主よりも従業員や取引先との関係の重視、株式持ち合い、高い安定保有株式比率、内部昇進者中心の取締役会、メインバンクを中心とする債権者が持つ強い発言力など、相互に補完関係にある諸要素に代表される「日本的コーポレート・ガバナンス（企業統治）」のもとでは、雇用、経営、会社支配の安定化が図られ、株式市場・株主による企業経営への監視監督は必要ではなかったし、株主がガバナンス主体として意識されることも少なかった。その結果、従来の日本の企業経営においては株主がサイレント・パートナーになることが多く、本来株主が果たすべき監視機能が形骸化し、株主総会も儀式化する現象が生じた。

　ところが、近年、日本では、株主の立場で企業に経営改革を求め、経営に積極的にかかわる「物言う株主」（activist shareholders）の存在感が高まりつつある。[①]「物言う株主」が株主としての権利を行使し、企業の経営に注文をつける目的は、企業の業績改善を株高につなげ、自分の投資収益を高めようとすることである。彼らが投資先の経営陣に対して提案する株主総会議案には「定款変更」「資金の活用」「増配や自社株買いなど株主への利益還元」「収益性の向上」「M＆A（合併・買収）」「取締役選任・解任」「コスト削減」などがある。

　日本経済新聞［2015b］によると、2015 年 9 月 15 日時点で、「物言う株主」とされるファンドによる株式保有比率が 5％を超える日本の上場企業は 181 社であり、2014 年からの 1 年で 27 社増加した。

---

① 「物言う株主」は現代的な現象ではなく、世界初の株式会社であるオランダ東インド会社にまでさかのぼることができる。「物言う株主」の歴史については、Beniot［2015］を参照されたい。

　また、投資先のうち、手元資金が有利子負債より多い「実質無借金」の企業の割合は全体の6割強に上がり、PBR（株価純資産倍率）が1倍を割り込む企業も多く、業績や財務内容に照らして割安な銘柄が買われているとされている。

　では、なぜ近年、日本の株式市場で「物言う株主」の活動が目立っているのか。実は、様々なことが「物言う株主」という言葉には凝集されている。

　まず始めに指摘できることは、主要国の中央銀行が大胆な金融緩和を長く続けていた結果、世界的に金融市場の過剰流動性が生じていることである。企業の手元にも、潤沢な資金が積み上がっている。例えば、日本の上場企業の手元資金は2014年度末に初めて100兆円を超え、「実質無借金」の企業の割合は全体の55％に上っている（日本経済新聞［2015a］）。Aoyagi and Ganelli［2014］は、日本企業の手元流動性の株式時価総額に対する比率は45％近くにもなり、ほかの先進国と比べ突出して高いことを明らかにしている（図表13－1）。そのうえで、こうした過剰な手元資金を抱え込み、その資金を設備投資、研究開発、利益分配などへ積極的に活用しない消極経営に陥っている原因が、コーポレート・ガバナンスの機能不全にあると指摘している。超低金利が続いているなか、手元資金を有効に活用できず内部に眠らせておく企業は投資収益を高めようとする「物言う株主」の標的になりやすく、成長投資や株主還元強化が強く求められることになる。

　次に、日本企業の株式所有構造の変化が挙げられる。前に述べたように、日本では、これまで金融機関や取引先と株式を持ち合う企業が多かったため、たとえ企業改革の提案がなされても、受け入

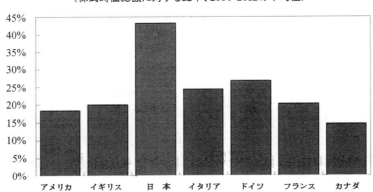

図表13–1　上場企業の手元流動性（現金および現金同等物）
（株式時価総額に対する比率、2004~2012の平均値）

（株式時価総額に対する比率、2004～2012の平均値）
出所：Aoyagi and Ganelli［2014］の図表に筆者加筆。

れられる余地が少なかった。ところが、株価の下落が経営に与え
るリスクを抑えるため、1990 年代のバブル崩壊後、特に、1997 年～
1998 年の金融危機以降、金融機関や企業は持ち合いの解消（持ち
合い株の売却）を進めてきた。また、政府も株式持ち合いの解消・
抑制を後押ししている。例えば、2014 年、与党自由民主党が公表し
た「日本再生ビジョン」（自由民主党・日本経済再生本部［2014］）で
は、株式持ち合いについて「株式持ち合いや銀行等金融機関などに
よる株式保有は、長らく我が国における企業経営から緊張感を奪
い、産業の新陳代謝が停滞する一因となってきた」（p.15）と批判し、
「株式の持ち合いは、合理的理由がない限り、極力縮小するべきで
ある」（p.19）との方針を明確に打ち出した。このような日本企業
の株式所有構造の変化を背景として、近年、株主によるガバナンス
が意識されるようになってきた。

　日本企業の株式所有構造のもう一つ注目に値する変化は、金融機関や取引先企業の安定保有比率が大きく低下したのに対して、外国人投資家の保有比率が急上昇したことである。近年、「物言う株主」が多い外国人投資家の日本株への投資意欲が高まり、その結果、経営陣に対し厳しい姿勢で改革を迫る「物言う株主」の動きが活発化してきている。図表 13－2は、主要投資部門別株式保有比率の長期推移を示している。1980 年代まで5％程度にとどまっていた外国人投資家の保有比率は、90 年代に入ると一貫して上昇を続けており、2004 年度には事業法人等の保有比率を超え、2013 年度には従来持ち株比率トップだった金融機関の保有比率を上回り、2014 年度には32％に達した。すなわち、従来企業経営に圧倒的な影響力を有していた金融機関に代わり、外国人投資家が近年の日本株式市場における最大の投資部門となった。

　さらに、「物言う株主」の活動が活発化している背景には、政府主導のコーポレート・ガバナンス改革がある。コーポレート・ガバナンス改革はアベノミクスの3 本目の矢である「民間投資を喚起する成長戦略」を構成する構造改革の内容の一つであり、その目的はコーポレート・ガバナンスの見直し・強化により、経済活動の主役である企業の中長期的な企業価値を向上させ、日本経済全体の成長力を高めることである。近年、「JPX 日経インデックス400」の公表開始（2014 年 1 月）[1]、「日本版スチュワードシップ・コード」

① 　JPX 日経インデックス400は、日本取引所グループとその傘下の東京証券取引所および日本経済新聞社が共同で開発した新しい株価指数である。東京証券取引所に上場している企業の中から選出した「投資家にとって投資魅力の高い会社」（例えば、過去 3 年のROEと営業利益が高い会社、独立した社外取締役を選任した会社など）400 社で構成されている。

図表13–2　主要投資部門別株式保有比率の長期推移

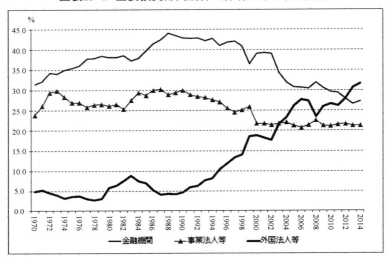

注：(1) 金融機関は、都銀・地銀等、信託銀行、生命保険会社、損害保険会社、その
　　　他の金融機関を含む。
　　(2) 2004 年度以降、ジャスダック銘柄を含む。
出所：東京証券取引所「株式分布状況調査」より筆者作成。

の公表（2014 年 2 月）①、会社法改正による社外取締役の設置促進

_____

①　「スチュワード（Steward）」とは財産管理人（もともと中世の英国で荘園領主に雇
　われてその土地を管理する者を指す）のことで、「スチュワードシップ（Steward-
　ship）」は預かった資産を、責任を持って管理運用するという意味である。「スチ
　ュワードシップ・コード（Stewardship Code）」は機関投資家に求めた行動規範で
　あり、英国はその発祥の地である。同国では、2008 年に起きた世界金融危機の
　発生原因の1つとして、大手金融機関のガバナンスの欠如、しかもそのガバナン
　ス欠如に対して機関投資家が適切に監視すべき責任を果たさなかったことが
　指摘された。その認識および反省を背景として、英国において2010 年に「スチ
　ュワードシップ・コード」が制定されたのである。通常は、機関投資家の団体が
　中心となって自主的にスチュワードシップ・コードを策定するが、日本のよう
　に、政府が関与して策定された例は少なく、英国や南アフリカに続く3 番目のケ
　ースと言われている。

（2014年6月）、ROE(Return On Equity：株主資本利益率)8％という最低ラインの公表（2014年8月）[①]、「コーポレートガバナンス・コード」の適用（2015年6月）[②]など、その具体策は次々に打ち出されている。

　とりわけ、機関投資家（株主）が果たすべき役割をまとめた「日本版スチュワードシップ・コード」と上場企業が守るべき行動規範を示した「コーポレートガバナンス・コード」は、コーポレート・ガバナンスの強化を実現するための「車の両輪」をなし、株主と企業との間での建設的な対話を実現し、ひいては中長期的な企業価値の向上を促進するものだとされている（図表13-3）。[③]

　「日本版スチュワードシップ・コード」は、投資先企業の持続的成長に資する議決権行使の方針を策定すること、投資先企業との建設的な「目的を持った対話」を行うこと、すべての保有株式について議決権を行使するよう努めること、投資先企業の状況や当該企業との対話の内容等を踏まえた議決権行使を行うことなどを機関

[①]　株主資本を活用して如何に効率的に利益を上げたかを表すROEは、日本企業では約8％と米国の半分以下である。日本企業の収益性向上を促すために、経済産業省が中心となって進めた「持続的成長への競争力とインセンティブ〜企業と投資家の望ましい関係構築〜」プロジェクトの最終報告書では、「8％を上回るROEを最低ラインとし、より高い水準を目指すべき」と具体的な目標を設定した。

[②]　コーポレートガバナンス・コードは、スチュワードシップ・コードと同じく、本家は英国である。1992年に、経営者が従業員の年金資金を流用する事件をきっかけとして策定された。現行の英国のコーポレートガバナンス・コードは、2010年に導入されたものである。

[③]　両コードとも法的拘束力はないが、「コンプライ・オア・エクスプレイン（Comply or Explain）」という原則に基づき、コードに従う（comply）か、さもなければ従わない理由を説明する（explain）ことが求められる。

図表13-3　コーポレート・ガバナンス改革のイメージ図

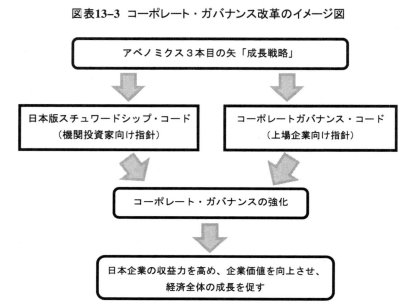

投資家に求めている。①　これまで日本の機関投資家は「物言わぬ株主」と揶揄されたこともあるが、日本版スチュワードシップ・コードにより、機関投資家は、「物言わぬ株主」からの転換、投資先企業への積極的な働きかけ、ガバナンスにおける株主の責任ある役割を果たすことを求められている。2015 年 12 月時点で、200 社以上の機関投資家が日本版スチュワードシップ・コードを受け入れることを表明している。

　一方の「コーポレートガバナンス・コード」は、株主の権利が実質的に確保されるよう適切な対応を行うこと、株主がその権利を

---

①　「日本版スチュワードシップ・コード」の具体的内容については、日本版スチュワードシップ・コードに関する有識者検討会［2014］を参照されたい。

適切に行使することができる環境の整備を行うこと、社外取締役を2人以上選任する（グローバルに事業展開する企業では自主的に取締役会役員の3分の1以上を社外取締役とする）ことなどを各上場会社に求めている。[①]

　すでに述べた通り、日本企業においては「物言わぬ」株主の風土があり、日本企業の株主の多くもまた経営関与には消極的な「物言わぬ株主」となっていた。したがって、「物言う株主」は、投資手法がアグレッシブでカネにものを言わせる悪役に見えて、長期安定的な関係の維持や合意形成を重んじる日本の企業社会では常に物議を醸してきた。例えば、「物言う株主」として知られるアメリカの投資ファンド、スティール・パートナーズ（Steel Partners）は、2000年代に、ソトー、ユシロ化学工業、ブルドックソースやサッポロホールディングスなどの日本企業に次々と敵対的 TOB（Take-Over Bid：株式公開買い付け）を仕掛け、株を買い集め、経営のあり方に注文をつけた。これに対して、標的を含む多くの日本企業は、強い拒絶反応を示した。

　つい最近の例を言えば、「物言う株主」として知られるもう一つのアメリカの投資ファンド、サード・ポイント（Third Point LLC）が、次々と日本企業を標的にして経営改革を迫っている。

　2013年6月には、サード・ポイントはソニーの議決権の7％弱を保有したと表明し、ソニーに対して、エンターテインメント事業の映画部門と音楽部門を分離して株式を上場すること、エレクトロ

---

① 「コーポレートガバナンス・コード」の具体的内容については、東京証券取引所［2015］を参照されたい。

ニクス事業のうち不採算部門から撤退することなどを提案した。
2015 年 2 月には、工作機械・ロボットメーカーのファナックの 1 兆
円を上回る内部留保に目をつけ、ファナックに対し、自社株買いを
通じた株主還元の強化を要求した。結局、ファナックは配当性向を
倍増し、約 1300 億円を投じて国内に工場や研究所を新設すると発
表した。そして、2015 年 10 月には、流通大手セブン&アイ・ホール
ディングスの株式を大量取得し、業績不振が続く総合スーパー事
業の見直しや株主への利益還元の強化を求めた。

　興味深いことに、サード・ポイントに対する批判の声がスティ
ール・パートナーズの時ほど上がらなかった。「物言う株主」につ
きまとった悪役のイメージが後退したようである。実は、サー
ド・ポイントの最高経営責任者（CEO）であるダニエル・ローブ
（Daniel Loeb）氏は安倍晋三首相、麻生太郎財務大臣、黒田東彦日銀
総裁と私的な会合を持っていた。それについて、The Economist
[2015]は、「彼がデビッド・キャメロンやアンゲラ・メルケルと会
うことを想像できますか?」（"Can you imagine him getting in to see
David Cameron or Angela Merkel?"）と書き、日本政府の大胆な動き
および国内外の市場に送ろうとするシグナルに驚きを示した。

　このように、世界的な大規模な金融緩和の影響、日本企業の株式
所有構造の変化、そして日本政府主導のコーポレート・ガバナン
ス改革などの諸要因により、日本では、「物言う株主」が徐々に受け
入れられるようになってきている。

　もちろん、今でも、日本では、「物言う株主」に対する評価は分か
れている。経営陣に緊張をもたらしたことで、企業と株主の対話
が活発になり、「企業の稼ぐ力」（日本経済再生本部[2014、2015]）が

向上し、自社株買いや配当増などの株主還元が強化されていると「物言う株主」を評価する人が多くなっている。一方、株主の権利を乱用し、株主と企業の対立関係を煽り、短期的な投資収益を高めるために、企業に対して大きすぎるリスクを取ってでも投資をするよう求め、または設備投資を犠牲にしてまで株主還元を増加するよう迫り、企業の長期価値の創造を損なっていると批判する人も少なくない。さらに、「物言う株主」に関する議論のなかで、盲目的にアメリカの株主ガバナンスを導入するのではなく、日本の法制度・経営理念・社会通念に照らした柔軟な対応が必要であるという意見もある。[1]

　われわれが、コーポレート・ガバナンスについて考える際に、いくつか重要な視点がある。例えば、誰が主としてコーポレート・ガバナンスを担っているか、誰がモニタリング・コストを負担するか、さらにモニタリング・コストを負担することによるメリットを誰が享受するかなどである。国々の経済制度、社会制度、文化意識などによってそれらの答えが違ってくる。

　「物言う株主」の本場であるアメリカでは、株主がコーポレート・ガバナンスを担う主体として、モニタリング・コストを負担し、そしてそれによるメリットを株価の上昇（企業価値の増大）や株主還元などで享受する。それに対して、日本では、前に述べた通り、株主によるコーポレート・ガバナンスがうまく機能してこな

---

[1]　物言う株主は、企業にとって有益なのか、それとも有害なのか？ Benoit and Monga[2015]はアメリカの大企業を対象に検証し、物言う株主が企業の業績を改善する場合があるが、改善しない場合もほぼ同じ頻度で存在するという「ケースバイケース」の結果を得ている。

かった。そもそも「株式の持ち合い」や「物言わぬ株主」は、純粋に資本の論理から考えれば、株主が自ら資本提供者としての意思表示を否定するという「自己矛盾」な現象であると言ってもよいだろう。しかしながら、われわれはこの背後にある日本型資本主義の特徴に注目すべきである。会社法において株主の権利や株主ガバナンスの仕組みが明確に規定されているにもかかわらず、株主がガバナンス主体として意識されることは少なく、終身雇用制度や内部昇進制度により「会社は従業員のものである」という意識が社会的に広く認識されていた。また、メインバンクを中心とする債権者の発言力が強く、株主の代りにメインバンクがコーポレート・ガバナンスの主体として機能してきた。

　シェアード[1997]は、アメリカのような、不特定多数の投資家が主体となって参加するコーポレート・ガバナンスを「オープン型」と、日本のような、企業と長期継続的な取引関係のある金融機関や取引先企業など限られた特定の主体によって担われるコーポレート・ガバナンスを「インサイダー型」と分類した。同書は、オープン型のコーポレート・ガバナンスが法律や契約関係、自己責任に立脚して成立しているのに対して、インサイダー型のコーポレート・ガバナンスは長期安定的関係、相互信頼に立脚しており、相手が機会主義的行動をとることがないという前提に基づいて成立しているという興味深い比較研究の結果を示し、コーポレート・ガバナンスが、経済のみならず、社会的・文化的な枠組みの中で機能するものであることを提起している。

　「物言う株主」が活発化し、企業と株主との関係に対する発想の転換を迫りつつあるなか、日本企業の意思決定は今後どう変わる

のか。コーポレート・ガバナンス改革により、日本企業はアメリカ的な企業観を持つことになるのか。「外圧」によって、株主以外のステークホルダーをも重視するといった特徴を有する日本的コーポレート・ガバナンスは本質的に変化していくのか。これらは、内外の関心事となっている。

＜中文＞

在资本主义经济中，股份有限公司可谓基本根基。 通过该机制，凭借有限责任制度，可以从不特定多数的投资者那里广泛筹措资金（换言之，可以将风险广泛地分散到整个社会），因此，说它是迄今为止人类发明的最强大的经济组织也不过言。① 单纯从资本的逻辑来说，股份有限公司的所有者是出资的股东（即所谓"股东主权"）。 股东有权依其出资额（即所持股份）参与公司经营（即持有经营参与权）——出席股东大会，通过行使表决权参与企业经营重要事项（如利润分配预案、选举董事和监事等）的决策。 特别是上市公司，由于其股票的公开交易，一直被置于股票市场和股东的监督之下。

然而，日本式的资本主义中却没有多少这种企业管理层与股东之间的紧张气氛。 在日本，企业员工持有本公司股票的制度，即

---

① 世界上最早的股份有限公司一般被认为是 1602 年在荷兰设立的东印度公司（the Dutch East India Company）。

"员工持股制度"相当普及①，员工股东很多。 另外，出于巩固和加强长期稳定的交易关系的目的，企业与金融机构、企业与企业之间相互持有对方股票（即"交叉持股"）这种日本独特的金融惯例也很多见。②

员工持股制度也好，交叉持股也好，都可以说持有股票的动机不是投资收益的最大化，而是维持和促进长期稳定的雇佣关系或交易关系。 在这种长期持有股票现象的背后存在着一种默契与相互信赖，即作为股东不干预企业的经营活动，也不将自己持有的股票卖给恶意收购者（面对恶意收购者出的高价，也不动心）。 其结果，在企业内部或者企业间关系网内部，产生了很多具有上述特征的"稳定股东"，而处于企业外部的广大股东和投资者的声音却被屏蔽了。

另外，在终身雇佣和年功序列制等企业惯例下，社长（总经理）等高层管理人员并不是从企业外部招聘来的职业经营者，而是采取内部提拔（即晋升到第 10 章中所讲的企业内部"金字塔构造"的上层）的形式，因此，董事会基本上是由企业内部人员组成。 从

---

① 目前，日本上市公司的九成以上在实施员工持股制度。 关于企业引入员工持股制度的目的，经常举出的有：作为企业福利的一环支援员工积累资产；形成企业内部的群体意识和凝聚力；提高员工的积极性和参与经营的意识等。 不过，考虑到 20 世纪 60 年代，因担心由于资本自由化（允许外资对日本的直接投资）自己会被外资收购，许多日本企业将员工持股制度作为稳定住股东、进行自我防卫的一个方法引入的事实，确保"稳定股东"和防止被收购的目的也不能否认（道野真弘［1997］）。

② 宫岛英昭、新田敬佑［2011］指出，以交叉持股为中心的内部人持股率（都市银行、地方银行等、生命保险公司、损失保险公司、其他金融机构、企业法人等的持股率之和）从 20 世纪 60 年代中期开始急剧上升，到 70 年代中期超过 55％之后，直到 1990 年虽有渐增但总体保持稳定。

企业底层一步步晋升上来的高层管理人员通常是经过长期考查被认为具有领导资质和能力的人才，这固然有利于在充分理解企业理念的前提下、从长期视角来进行企业经营，但董事会成员在经验、知识结构、所持意见等方面往往雷同。这是在日本股东对企业经营的监督受到制约的另一重要原因。譬如，当高层管理人员被认为不适合担任相关职务时，其"下课"往往不是迫于股东的压力，而是由于企业内部的压力或协议。另外，这也导致企业出现即使存在违规经营也无法及时叫停、纠错的不良风气。

尤其值得一提的是，由于来自股票市场和股东的监督不充分，对企业的监督则主要由向企业提供贷款的特定银行来进行。在间接融资占主导地位（参见第 12 章）的日本金融体系中，银行作为债权人对企业拥有强大支配力。特别是企业的"主银行"（与企业发生主要商业关系的银行，多指给企业贷款最多的银行），不仅持有企业的股份，向企业派遣董事等高级管理人员，对企业的经营活动和资金收支情况等进行日常性的监督，而且，在企业陷入经营危机时，往往通过对企业施行再融资（追加贷款、免除应付利息或放弃债权等金融援助措施）来救助企业。[①]

与股东相比更重视与员工及交易伙伴之间的关系、交叉持股、"稳定股东"的高持股率、董事会以内部提拔的人员为中心、以主银行为中心的债权人拥有强大影响力——在以这些相辅相成的诸因素为主要特征的"日本式公司治理"中，雇佣、经营及企业控制均重

---

① 关于日本的主银行制度，较全面的研究有 Aoki and Patrick［1994］、藪下史郎［1995］（第 5 章—第 7 章）。王凌、古川显［2007］在把长期融资关系作为一种自我强化机制（self-reinforcing mechanism）来理解的基础上，从理论及实证两方面，就企业和主银行间长期持续的交易关系对银行向经营不善企业提供再融资有何影响进行了分析。

视稳定性，股票市场和股东对企业经营的监督既显得无必要，股东作为公司治理主体的意识也很薄弱。 其结果就导致历来日本企业经营中股东多为"安静的合伙人"（只持有股票而对经营不提任何意见的股东），股东本该行使的监督功能名存实亡，股东大会也只是走形式。

然而，近年来，站在股东立场要求企业进行经营改革，积极参与企业经营的所谓"发言股东"（activist shareholders）的影响力在日本不断扩大。[①] "发言股东"行使股东权利、积极干预企业经营的目的是通过改善企业业绩来推高股价，从而提高自己的投资收益。 他们向投资标的企业的管理层提出的股东大会议案包括"修改公司章程"、"有效利用资金"、"通过增加股息、回购股票等来增加股东回报"、"提高效益"、"兼并收购"、"遴选、罢免董事"、"降低成本"等。

据日本经济新闻［2015b］报道，至 2015 年 9 月 15 日，被视为"发言股东"的基金公司，其持股率超过 5％的日本上市企业为 181家，一年间增加了 27 家。 另外，在其所投资的企业中，手头资金超过有息债务的"实际无债务"企业比例已上升到六成以上，股价纯资产倍率（PBR）跌破一倍的企业也很多，可见，与业绩和财务内容相比，价格较便宜的股票被"发言股东"所青睐。

那么，为什么近年来在日本股市"发言股东"的活动引人瞩目呢？ 其实，"发言股东"这个词里包涵了诸多内容。

首先可指出的是，主要发达国家的中央银行长期实行大胆的货

---

① "发言股东"并非现代才有的现象，其可上溯到世界最早的股份有限公司荷兰的东印度公司。 关于"发言股东"的历史，请参见 Beniot［2015］。

币宽松政策导致了全球金融市场出现货币过剩，导致企业手里囤积了大量资金。 譬如，2014 年年底，日本上市企业的手头资金首次超过 100 万亿日元，"实际无债务"企业的比例上升到全体企业的 55%（日本经济新闻［2015a］）。 Aoyagi and Ganelli［2014］发现日本企业的手头资金占股票市值的比率接近 45%，远高于其他先进国家（图表 13 - 1），并指出手头持有如此多的剩余资金，未将其利用到设备投资、研发、利益分配等方面，陷入消极经营的原因就在于公司治理的不健全。 在超低利率长期持续的情况下，那些让手头资金在企业内部"睡大觉"、未能对其进行有效利用的企业，就很容易成为试图提高投资收益的"发言股东"的标的，被强烈要求扩大投资、增加股东回报等。

图表13-1　上市企业的手头资金（现金及现金等价物）
（占股票市值的比率，2004—2012年的平均值）

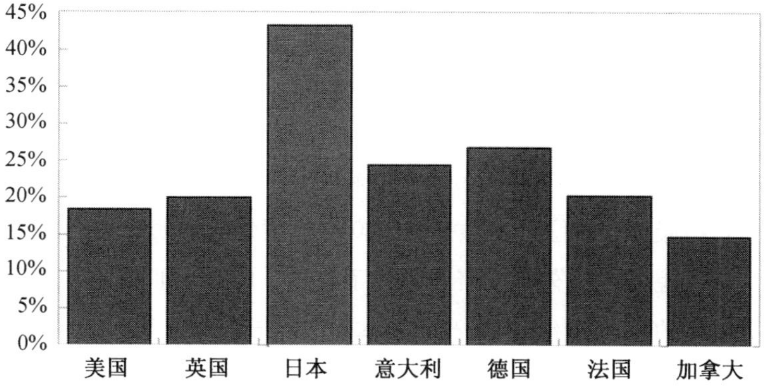

出处：笔者在 Aoyagi and Ganelli［2014］图表的基础上加工制成。

其次，如前所述，过去很多日本企业与金融机构、客户企业交叉持股，因此，即使有股东提出改革要求也很少对其加以接受。 然而，20 世纪 90 年代泡沫经济崩溃以后，特别是 1997 年至 1998 年

的金融危机以后，为了抑制股价下跌给企业经营带来的风险，金融机构和企业交叉持股的情况急剧减少（所持股份被抛售）。 另外，政府也是抑制和消除交叉持股背后的有力推手。 譬如，2014 年执政的自由民主党公布的《日本再生蓝图》（自由民主党、日本再生本部［2014］）对于交叉持股这样批判道："交叉持股以及银行等金融机构持有企业股票，是长期以来导致企业经营缺乏紧张气氛、造成产业新陈代谢停滞的一个原因"（p.15），并明确提出"对于交叉持股，若没有合理理由，即应极力缩小"（p.19）的方针。 在这样一种日本企业股本结构发生变化的背景下，近年来，人们开始意识到股东参与公司治理的必要性和重要性。

日本企业股本结构出现的另一个值得注目的变化是，金融机构和客户企业等"稳定股东"持股率大幅降低，而外国投资者持股率却急剧上升。 近年来，"发言股东"居多的外国投资者对日本股票的投资欲望高涨，其结果，严格要求管理层进行经营改革的"发言股东"也随之变得活跃起来。 图表 13－2 显示了各主要投资部门持股率的长期变化。 至 20 世纪 80 年代，仅占 5％左右的外国投资者持股率，进入 90 年代后持续上升，2004 年度超过企业法人，2013 年度超过之前一直持股率居首位的金融机构，2014 年度外国投资者持股率已达 32％。 也就是说，外国投资者取代了过去一向对企业经营具有压倒性影响力的金融机构，成为当今日本股市的最大投资者。

再次，政府主导的公司治理改革也是促使"发言股东"活跃起来的一个因素。 公司治理改革是安倍经济学第三支箭——旨在"唤起民间投资的经济增长战略"的结构改革的内容之一，其目的是通过重新审视和加强公司治理来提升作为经济活动主体的企业的中长期价值，推动整个日本经济的增长。 近年来，相关具体政策频频出

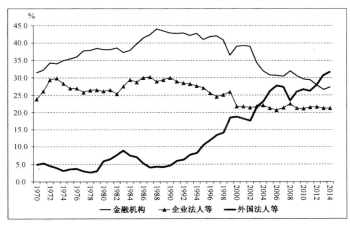

图表13-2 各主要投资部门持股率的长期变化

注：(1) 金融机构包括都市银行、地方银行、信托银行、生命保险公司、损失
　　　保险公司以及其他金融机构。
　　(2) 2004 年度以后包括在 JASDAQ 上市的股票。
出处：笔者根据东京证券交易所《股票分布状况调查》制成。

台："JPX－日经 400 指数"的公布（2014 年 1 月）①；《日本版尽责
管理守则》的公布（2014 年 2 月）②；通过修订《公司法》来加速

---

①　"JPX－日经 400 指数"是日本交易所集团和其伞下的东京证券交易所以及日本
　　经济新闻社联合开发的新股票指数。 由从东京证券交易所上市公司中精选出的
　　400 家"对投资者来说具有较高投资魅力的公司"（比如，过去三年的 ROE 和营
　　业利润较高的公司、遴选了独立董事的公司等）组成。
②　《尽责管理守则（Stewardship Code）》是向机构投资者提出的行动规范，英国是
　　其发源地。"Steward"为财产管理人之意（原指在中世纪的英国被庄园主雇佣管
　　理其土地的人），"Stewardship" 则是负责管理运用被委托资产的意思。 在英
　　国，大型金融机构公司治理的缺失以及机构投资者对该缺失没有尽到适当的监
　　督责任，被认为是导致 2008 年世界金融危机发生的一个原因。 以这种认识和反
　　思为背景，英国在 2010 年制定了《尽责管理守则》。 通常，是由机构投资者团
　　体成为核心力量来自主制定，像日本这样由政府干预制定的例子比较罕见，据说
　　日本是继英国和南非之后的第三个国家。

独立董事的设立（2014 年 6 月）；净资产收益率（ROE：Return On Equity）8‰最低标准的公布（2014 年 6 月）①;《公司治理守则》的执行（2015 年 6 月）②，等等。

　　特别是归纳出机构投资者（股东）应发挥何种作用的《日本版尽责管理守则》和规定上市公司应遵守何种规范的《公司治理守则》构成了强化公司治理的"两个车轮"，被认为将有利于实现股东和企业之间的建设性对话，进而促进中长期企业价值的提升（图表 13－3）。③

　　《日本版尽责管理守则》要求机构投资者：制定行使表决权的方针以有助于所投资企业的持续增长；和所投资企业进行建设性的"有目的的对话"；力争行使所持全部股份的表决权；根据所投资企业的状况和与该企业进行的对话内容行使表决权等。④ 以前日本的机构投资者曾被挪揄为"沉默股东"，但《日本版尽责管理守则》要求机构投资者不再做"沉默股东"，积极参与所投资企业的经营，发挥股东在公司治理方面应起的作用。截至 2015 年 12 月，

① 净资产收益率（ROE）是衡量股东资金使用效率的重要财务指标。日本企业的 ROE 约为 8‰，不到美国企业的一半。为促进日本企业提高盈利能力，在以经济产业省为中心进行的"面向持续性经济增长的竞争力和动机～构筑企业与投资者之间的理想关系～"项目最终报告中，设定了"以 8‰为 ROE 的下限，但需力争达到更高水平"的具体目标。

② 《公司治理守则（Corporate Governance Code）》和《尽责管理守则》一样，发源地是英国。1992 年在英国发生了经营者挪用员工养老金资金的事件。以该事件为契机，英国制定了《公司治理守则》。目前在英国执行的《公司治理守则》是 2010 年版。

③ 虽然两《守则》均无法律约束力，但基于"或遵守或说明（Comply or Explain）"的原则，要求有关当事人或遵守（comply）《守则》，或需说明（explain）不遵守的理由。

④ 关于《日本版尽责管理守则》的具体内容，请参见日本版尽责管理守则专家讨论会［2014］。

图表13-3　公司治理改革示意图

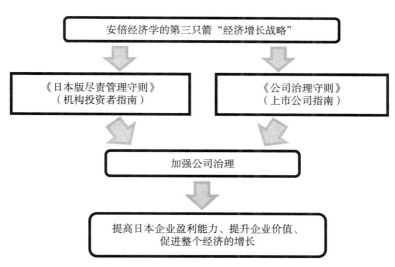

有200家以上的机构投资者表明接受《日本版尽责管理守则》。

　　而另一方面的《公司治理守则》呢，则要求各上市公司：采取适当对应措施以真正确保股东的权利；整顿环境使股东能适当行使其权利；遴选两人以上的独立董事（全球化企业的董事会成员中应当至少包括三分之一的独立董事）等。①

　　如前所述，日本企业自身有当"沉默股东"的传统，而大多数日本企业的股东也是对持股企业的经营持消极态度的"沉默股东"。因此，在强调维持长期稳定关系、重视达成共识的日本企业社会，"发言股东"显得投资手法激进，好像是用钱开道的恶人，总是引起人们的纷纷议论。比如，知名的"发言股东"美国投资基金"钢铁伙伴"（Steel Partners）在21世纪头十年曾接二连三地对日

① 关于《公司治理守则》的具体内容，请参见东京证券交易所［2015］。

本企业，如 SOTOH、尤希路化学工业（Yushiro Chemical Industry）、富留得客（Bull-Dog Sauce）、札幌控股（Sapporo Holdings）等，发起敌意收购，在市场上公开收购其股份，对其经营指手画脚。对此，包含标的在内的很多日本企业表现出了强烈的抗拒。

如果举最近的例子的话，以"发言股东"而闻名的另一美国投资基金——"第三点"（Third Point LLC）也在不断地向日本企业开炮逼迫其进行经营改革。

2013 年 6 月，"第三点"宣布持有索尼（SONY）近 7％的表决权，随后向索尼提出了分拆娱乐业务中的电影部门与音乐部门并实现股票上市（分拆上市）以及关闭电子产品事业中不盈利部门等提案；2015 年 2 月，其盯上了机床及机器人制造厂家发那科公司（FANUC）超过 1 万亿日元的保留盈余，要求该企业通过回购股票将保留盈余回报给股东，其结果，发那科公司决定将股息支付率翻倍、投资 1300 亿日元在日本国内增设工厂和研究所；接着，2015 年 10 月，"第三点"又大量购进日本流通业大企业 7&I 控股公司（Seven & i Holdings）的股票，向其提出改革经营业绩持续不佳的超市业务、增加股东回报的要求。

耐人寻味的是，对"第三点"批判的声音，没有批判"钢铁伙伴"当时那么强烈。似乎"发言股东"的恶人形象有所减弱。其实，"第三点"总裁丹尼尔·勒布（Daniel Loeb）和安倍晋三首相、麻生太郎财务大臣、黑田东彦日本银行总裁都有过私底下的会面。对此，The Eccnomist［2015］写道，"你能想象他去见戴维·卡梅伦或者安格拉·默克尔吗？"（"Can you imagine him getting in to see David Cameron or Angela Merkel?"），对日本政府的大胆行动以

及其试图向国内外市场发送的信号颇为惊讶。

　　就这样，由于世界性大规模货币宽松政策的影响、日本企业股本结构的变化以及日本政府主导的公司治理改革等因素，在日本，"发言股东"逐渐开始被人们接受了。

　　当然，即便是现在，在日本，对于"发言股东"仍然没有定论，赞成与反对的意见皆有。一方面，对"发言股东"予以肯定，认为其给经营班子带来紧迫感，使企业与股东间的对话变得活跃，增强了企业的"赚钱能力"（日本经济再生本部［2014，2015］），提高了股东回报（进行股票回购、增加股息等）的人在增加；而另一方面，也有不少人批评说是"发言股东"滥用股东权利，煽动股东与企业对立，为了眼前的短期收益而要求企业即便冒险也要投资，而且逼迫企业即使牺牲设备投资也要增加股东回报，这样一来，有损于企业创造长期价值。另外，在对"发言股东"的讨论中，还有一种意见认为，不应盲目地引进美国式的、以股东为主的公司治理结构，而需要比照日本的法制、经营理念、社会观念来灵活应对。①

　　在探讨公司治理问题时，我们需要关注以下几个重要视点：以谁为主来进行公司治理？谁来承担监督成本？承担监督成本的好处又由谁来享受？这些问题的答案因各国的经济制度、社会制度、文化意识的不同而不同。

　　在"发言股东"的大本营美国，股东作为公司治理的主体，承

---

① "发言股东"对企业究竟是有益还是有害？Benoit and Monga［2015］以美国大企业为对象进行了验证，结果表明既存在"发言股东"实际改善了企业业绩的事例，但在大致相同的频度下也存在未能改善的事例，因此其结论是"具体情况还需具体分析"。

担监督成本，并享受由此带来的股价上升（企业价值增加）、股东回报增加等好处。 与此相对，在日本，正如前述，迄今，由股东进行公司治理并没有很好地发挥作用。 若单纯从资本的逻辑来说，"交叉持股"、"沉默股东"等现象，原本就是一种股东否定自己作为出资者表达意见的"自相矛盾"。 然而，我们要注意其背后隐藏着的日本式资本主义的特征。 尽管《公司法》明确规定了股东权利和股东参与公司治理、监督公司的机制，但股东作为公司治理主体的意识薄弱，因终身雇佣和内部晋升制度，"企业由员工所有（非股东所有）"的这种意识在社会上很普及。 另外，以主银行为中心的债权人发言权强大，因此，主银行便取代股东，作为公司治理主体来行使相关功能。

谢尔德［1997］对公司治理的类型进行了分类，将美国式的、主要由不特定多数的投资者进行的公司治理称作"开放型"；将日本式的、由和企业保持长期稳定关系的金融机构及客户企业等特定主体进行的公司治理称作"封闭型"。 该书阐述了一个耐人寻味的比较结果——开放型公司治理是以法律、合同关系、自我责任为立足点而成立；与此相对，封闭型公司治理则是以长期稳定关系和相互信赖为立足点，基于对方不采取机会主义行动的前提而成立，并提出公司治理不仅受经济的制约，还受社会和文化制约的观点。

在"发言股东"变得活跃、企业与股东间关系面临思路转换的情况下，日本企业的决策过程今后将如何变化？ 公司治理方面的改革会导致日本企业改为美国式的企业观念吗？ 靠外界压力，重视股东以外的利害关系者——具有该特征的日本式公司治理会发生本质变化吗？ 这些正成为日本国内外广泛关注的话题。

第14章 トヨタの新型株発行
（丰田发行新型股票）

＜日本語＞

　日本企業の代表格及び世界最大手の自動車メーカーとして、トヨタ自動車（TOYOTA）の動向はいつも世界の人々の注目を集めている。最近、トヨタは新型株の発行という新しい試みを行い、瞬く間に、国内外の主要メディアの焦点となった。

　2015年の6月16日、トヨタは愛知県豊田市にある本部で定時株主総会を開催し、「AA型種類株式」と名付けた新型株の発行を決めた。種類株を発行するための定款変更には株主の3分の2の賛成が必要であるが、約75％の賛成票を獲得した。7月2日、トヨタはこの新型株の発行価格を1万598円（2日の終値8153円を30％上回る水準）、募集株数を4710万株（総額約5000億円）に決定したと発表した。7月3日から22日までの申込期間に、募集株数に対して申し込みは4〜5倍に達したとみられる。トヨタ新型株の販売を担当した野村証券によると、株主総会で発行が承認されて以降、新規口座の開設が相次いだという。新型株を買った人の約3分の

1 が、新たに口座を開いたとされる（朝日新聞［2015］）。

　これほど人気が集まったトヨタの新型株は、どのような株式なのか。種類株とは、普通株と異なる権利を与えられた株式のことである。たとえば、優先的に配当を得られる優先株や、特別な議決権を持つ黄金株もあるが、トヨタが発行する AA 型種類株式は、これまでにない特徴を持っている。

　まずは、トヨタによる実質的な元本保証が付されている。AA 型種類株式は譲渡制限付きかつ非上場であるため購入後 5 年間は売買できないが①、その後、AA 型種類株式の株主は、希望すれば発行価格での買い戻しをトヨタに請求できる。これは実質的な「元本保証」である。これにより、AA 型種類株式の株主は、発行から 5 年経過後、普通株の株価が AA 型種類株式の発行価格を下回っていれば、発行価格での換金を請求でき、投資リスクが抑制される（図表 14 – 1）。

　次に、5 年後普通株へ転換することも可能（例えば、普通株の株価が AA 型種類株式の発行価格を上回っていれば、普通株への転換によりキャピタル・ゲインを得ることができる）という、転換社債に似た側面を持っているが、社債とは違い、普通株と同等の議決権を付与されている。これにより、AA 型種類株式の株主がトヨタの会社経営に影響力を及ぼすことは可能である。

　さらに、価格や配当が市場や業績に応じ変動する普通株に対し

---

① 「AA 型種類株式」を譲渡する際には、原則としてトヨタの取締役会の承認が必要である。また、証券取引所の上場規則によると、譲渡制限付きの株式は上場することができないため、AA 型種類株は非上場株になっている（トヨタ自動車株式会社［2015］）。

図表14–1　AA型種類株式の仕組み

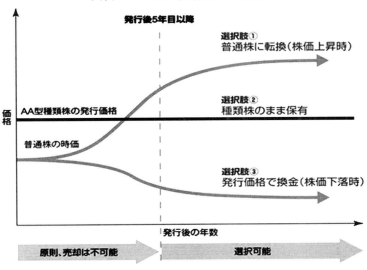

発行後5年目以降

選択肢 ①
普通株に転換（株価上昇時）

AA型種類株の発行価格

選択肢 ②
種類株のまま保有

普通株の時価

選択肢 ③
発行価格で換金（株価下落時）

価格

発行後の年数

原則、売却は不可能　　　　　選択可能

出所：山田［2015］。

て、トヨタのAA型種類株式は、配当利回りは予め決まっており、発行から5年目まで段階的に上昇しいく仕組みになっている。しかも、普通株に優先して配当が行われる。配当利回りは初年度は発行価格の0.5％で、その後、毎年0.5％ずつ増加し、5年目は2.5％（上限）となる（図表14‐2）。

　このような、非上場、売買制限あり、元本保証、金銭対価の取得請求権あり、議決権あり、普通株式転換請求権あり、等々といった前例のない特徴から、トヨタのAA型種類株式は「異例の新型株」と呼ばれているのである。

　なぜ、トヨタはこうした新型株の発行に踏み切ったのか。それは今回の新型株の名前からヒントを得ることができる。実は、

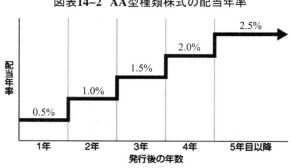

図表14-2　AA型種類株式の配当年率

出所：同上。

「AA 型」とは1936 年に市販されたトヨタ初の量産車「AA 型乗用車」の「AA 型」を意識している。トヨタが新型株にこの名前を付けたのは、創業時と同じように、新たな挑戦を応援してもらいたいとの思いからだとされる。というのは、トヨタは新型株の発行で調達した資金を「チャレンジの起点となる資金」と位置付け、自動運転、人工知能（AI：Artificial Intelligence）など次世代技術に充てる「中長期的な研究開発用の資金」としているからである。

　その背景にあるのが、資本市場のショートターミズム（short-termism）への懸念である。ショートターミズムとは、一般には、長期的な成果や価値創造・向上を犠牲にして短期的利益を追求する行動をとる志向を指す。ショートターミズム問題は古くから指摘されてきた（例えば、Keynes［1936］第 12 章を参照）。近年、世界の主要な株式市場における平均株式保有期間は短期化する傾向（売買回転率が上昇）にあり、特に、日米英の株式保有期間は過去数十年間にわたり劇的に短縮化したとされている（経済産業政策局企業

会計室［2014］、p.70）。高速売買インフラ（例えば、高頻度取引など
のアルゴリズム取引の普及[1]や企業四半期業績への過度な注目、
株主第一主義などが、投資家や企業経営者の短期志向化を助長し
ているといわれている（Barton［2011］、Rappaport［2011］）。

　例えば、Graham, Harvey, and Rajgopal［2005］では、アメリカの上
場企業の財務担当者（CFO）400 人以上に対するインタビュー調査
を行い、（1）四半期の収益目標を達成するためには、被調査者の
79.9％が「研究開発、広告、メンテナンスなど、裁量的な支出を削減
する」と、55.3％が「企業価値が犠牲になっても、新規投資プロジェ
クトを延期する」と回答し、（2）78％が短期収益の振れを小さくす
るために、企業価値を犠牲にすると回答し、（3）41％が将来収益の
現在割引価値（NPV）がプラスと見込める投資プロジェクトであっ
ても、その投資によって四半期収益に関する市場アナリストのコ
ンセンサス予想が未達成になってしまうのであれば、その投資プ
ロジェクトを実施しないと答えた、などの結果を得ている。

　マッキンゼー（McKinsey）とカナダ最大の年金基金、カナダ年金
計画投資委員会（CPPIB：The Canada Pension Plan Investment Board）
が1000 人以上の取締役を対象に行った調査結果も、短期収益目標
の達成および株主やアナリストから受ける重圧が企業の短期志向

---

[1]　アルゴリズム取引（Algorithmic Trading）とは、コンピューターシステムが株価や
出来高などに応じて、自動的に株式売買注文のタイミングや数量を決めて注文
を繰り返す取引のことである。高頻度取引（HFT：High Frequency Trading）は、
アルゴリズム取引の一種で、一般的に「自動化されたアルゴリズムに従い、極め
て高速・高頻度で短期間の小口売買を繰り返す取引手法」とされている。ポジ
ション保有期間が極めて短く、翌日まで持ち越すことは少ないという特徴を持
っている（中山・藤井［2013］）。

化につながることを示している：(1) 被調査者の63％は、高い短期収益を生み出すという短期的プレッシャーが過去 5 年間で増加したと回答した；また(2) 被調査者の79％は、特に過去 2 年間で、良い財務パフォーマンスを達成するというプレッシャーを感じた；さらに(3) 被調査者の44％は、3 年未満の短い時間軸を用いて企業戦略を設定している。しかし、他方で、同調査結果では、経営者の希望や本来の経営理念が示され、株主やアナリストからの圧力に直面して短期的な業績に目を向けざるを得なくなっているという経営者の現状も窺われる。例えば、被調査者の73％は、企業戦略を設定する際には、3 年以上の時間軸が望ましいと答えており、より長い時間軸を用いて経営に関する意思決定をすることが企業収益力の強化やイノベーション創出の促進など様々な側面において企業パフォーマンスに良い影響を与えると回答した割合は実に86％にも及んでいる（Barton and Wiseman［2014］）

　こうした状況に対して、2008 年の金融危機を契機として、投資家や企業のショートターミズムの是正・抑制は国際的な議論になっている。例えば、アメリカでは2009 年 9 月に、政策研究で有名なアスペン研究所が"Overcoming Short-termism"（「ショートターミズムを克服して」）という長期的な視野に基づく経済活動を展開する提言を発表した（The Aspen Institute［2009］）。英国では2012 年 7 月に、資本市場におけるショートターミズムが企業の意思決定や投資行動等に悪影響をもたらしているとの報告書（Kay Review：「ケ

イ報告書」①）が公表された（Kay［2012］）。

　欧米に比べて、日本企業は、長期的視野での雇用、人材育成、設備投資、研究開発等を行っていたが、ショートターミズムの是正・抑制への国際的な関心を背景に、近年、日本で進められてきたコーポレート・ガバナンス改革でも、「中長期」があらためて重要なキーワードとなっている。日本版スチュワードシップ・コードやコーポレートガバナンス・コードの制定（第 13 章を参照）などを通じて「中長期的」な企業価値の向上を図ろうとする動きがみられる。例えば、コーポレートガバナンス・コードにおいては、「本コードは市場における短期主義的な投資行動の強まりを懸念する声が聞かれる中、中長期の投資を促す効果をもたらすことをも期待している」と書かれており、中長期保有の株主が「市場の短期主義化が懸念される昨今においても、会社にとって重要なパートナーになりうる存在である」と認識されている（東京証券取引所［2015］、p. 29）。

　では、日本企業は、株式持ち合いの解消が進められ、物言う株主を受け入れる風土が形成されつつあるなか（第 13 章を参照）、どのようにすれば「重要なパートナー」としての中長期保有志向の株主

---

① 「ケイ報告書」の正式名称は“ The Kay Review of UK Equity Markets and Long-term Decision Making”（「英国株式市場と長期的意思決定に関するケイ報告書」）である。2011 年 6 月に、ロンドン・スクール・オブ・エコノミックス（LSE）のジョン・ケイ（John Kay）教授が、英国ビジネス・イノベーション・職業技能省（Department forBusiness，Innovation and Skills：BIS）からの要請により、英国株式市場の構造的問題およびそれが英国上場企業の長期パフォーマンスやコーポレート・ガバナンスに与えた影響について調査・分析を行った報告書である。同報告書は、英国国内だけではなく、国際的にも注目されている。「ケイ報告書」の意義については、北川・林［2014］を参照されたい。

を増やせるか。トヨタが発行した新型株はその一つの可能性を示していると言えよう。

　実際に、「『会社にとって重要なパートナーとなり得る存在』とされている中長期保有の株主層を開拓することを目指す」（トヨタ自動車株式会社［2015］、p.2）ことがトヨタの新型株発行の目的の一つとされている。「上場している普通株式では長期保有の促進や長期保有株主を正確に把握することは難しいため」（Ibid.）というAA型種類株式が非上場になった理由からも、株式を長期間保有する安定株主を確保したいというトヨタの意図が窺われる。

　そもそも投資家と企業の時間軸は本質的に異なる。何故なら、資本市場において投資家が投資ポートフォリオを入れ替えるのは短期間でできるのに対して、ゴーイングコンサーン（going concern）のもとで持続的成長を目的とした企業の投資プロジェクトには何年、何十年もの時間が必要となる。企業のそうした投資はすぐに成果が出るわけではなく、費用が先行するため、一年とか四半期といった短期的な業績には負の影響を及ぼすことになる。足元の業績動向を過剰に意識し、短期的経営に陥れば、長期的競争力の源泉であるイノベーションに向けた投資は行われにくくなる。したがって、企業は長期的な視点を持つ株主を増やしたいと考えるのは当然とも言えるだろう。トヨタは、「研究開発投資が当社の業績に寄与するまでの期間と、株主の皆様に当社へ投資していただく期間とをできるだけ合わせることが望ましい」（Ibid.）という認識のもと、新型株を発行したのである。

　新型株発行の背景に、トヨタの株主構造の変化があったことにも注目すべきである。株式持ち合いの解消などにより、従来の安

定株主として存在してきた金融機関の株式保有比率が減ってい
る。2015 年 3 月末時点で、金融機関の持ち株比率が15 年前の約
60％から半減したのに対して、外国人投資家の持ち株比率は約
12％から約 31％へと大きく増え、しかも金融機関の持ち株比率を
超えたという「逆転」現象が生じた（図表 14 - 3）。[①]　第 13 章で述べ
たが、外国人投資家には、「物言う株主」が多く、手元資金の有効活
用や短期的な利益増加や株主還元を会社側に強く求める傾向が強
い。外国人投資家が存在感を増している中、個人の安定株主の確
保がトヨタにとっての大きな課題になっていた。

　AA 型種類株式が譲渡制限付きの非上場株式で5 年間流動性が
ないため、流動性を重んじる機関投資家はその購入には慎重であ
るといわれている。それに対して、AA 型種類株式の元本保証や年
1.5％の5 年間平均配当利回り（参考：2015 年 7 月 15 日発行の5 年
物・固定金利型の個人向け国債第 51 回債の利率は0.05％）などの
特徴は、個人投資家にとっては魅力的である。新型株の販売を担
当した野村証券には個人投資家から「今まで株に投資したことは
なかったが、新型株なら安心して保有できる」などの声が寄せられ
た（毎日新聞［2015］）。トヨタ自身も、新型株の主な購入者には個
人投資家を想定しているようである。

　トヨタは新型株の発行にあたって、既存株主の1 株価値が希薄化
しないように、新型株の発行数と同数程度の自社株買いも発表し

[①]　日本経済新聞［2014］によると、上場企業の外国人持ち株比率が一段と上昇して
　　いる。2014 年 3 月末時点でトヨタの外国人持ち株比率（30.3％）は過去最高に
　　なったという。したがって、2015 年度にはトヨタの外国人持ち株比率はさらに
　　上昇し、過去最高を更新したことがわかる。

図表14-1 トヨタの株主構成比

2015年3月末時点：

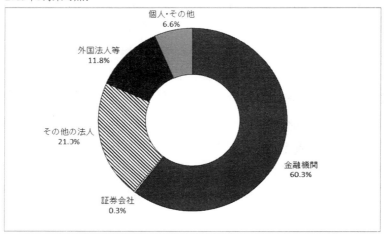

2015年3月末時点：

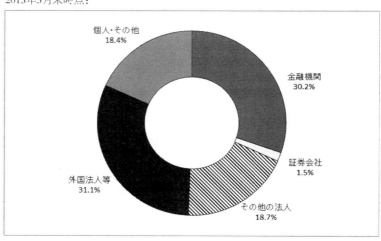

出所：2000年3月期の有価証券報告書および2015年3月期の有価証券報告書より筆者作成。

た。トヨタは、長期保有してもらえる個人の安定株主の拡大を目指し、最終的に、このような形で発行済み株式数の5％を新型株に置き換える方針である（Ibid.）。

　世界でも異例の新型株に対する評価は大きく分かれた。6月に開いた株主総会では「普通株を持つ既存の株主にどんなメリット、デメリットがあるのは分からない」といった疑問の声が上がっていた。外国人投資家はコーポレート・ガバナンスの視点から、「5年間にわたって売れないため、株主による経営監視が弱まる」「元本保証されている新型株を持つ株主は株価が下落しても経営陣に文句を言わなくなり、経営に対するチェックが甘くなる」「株式持ち合いのようなもので、経営規律を弛緩させる」などと、批判を投げかけた。それに対して、経営がおろそかになるとトヨタの株価は下落し、トヨタは新型株を発行価格（普通株の株価に30％のプレミアムを乗せる割高な価格）で買い戻さざるを得ない状況に追い込まれることを考えると、新型株がコーポレート・ガバナンスに与える影響は、経営規律を弛緩させるどころか、むしろ経営規律を向上させるのではないかという反論がある。また、「イノベーションが必要不可欠になっている自動車メーカーの経営には長期的な視点が間違いなく必要」と、その意義を高く評価する見方もある。

　確かに、現時点では、新型株がトヨタのコーポレート・ガバナンスにどう影響するかは未知数である。しかしながら、新型株が前例のない特徴を有しているため、いくつかの重要な意味を持つことは否定できないだろう。

　まず、今回の新型株発行は、長期視野を持つ個人投資家の層を厚くする働きがある。経済産業政策局企業会計室［2014］（伊藤レポ

ート）は、長年にわたる間接金融中心の資金調達や現預金中心の金融資産形成という構造等により、日本の資本市場には中長期的な視点から主体的判断に基づいて株式銘柄の選択を行う投資家の層が薄いことを問題として指摘している。トヨタの新型株は、投資家（特に個人投資家）に新しい選択肢を与えるため、新しい投資家層を資本市場に引き込み、資本市場の活性化および「貯蓄から投資へ」（第 12 章を参照）の動きを促進することが期待できる。

　また、中長期保有志向の株主を確保していくための方策として、トヨタの新型株発行は、投資家の長期的な視野と企業の長期的な視野とが合っていくことが必要だという発想を提起した。瞬時のキャピタル・ゲインを得ようとしている投資家、例えば、1 日に売買を繰り返す「デー・トレイダー」（day trader）またはコンピューターシステムが自動的に高速売買を繰り返すような投資ファンドが、たまたま権利付最終売買日（投資家が株式を保有することで株主権利を得ることができる最終取引日）に株式を持っていたからといってその企業の中長期での成長を真剣に考えているとは言えないだろう。「物言う株主」より「物言う長期株主」（保有株を売らない前提で物を申す株主）のほうが、中長期的な企業価値の向上に有利と言えるだろう。このように、トヨタの新型株発行は、企業と株主との関係のあり方や長期的な展望に基づいた企業・株主関係の構築等について、重要な示唆を与えている。

　さらに、日本企業の代表格であるトヨタの新型株発行は、他の企業の経営戦略にも大きく影響し、追随する企業、つまり中長期保有株主を重視する取り組みを行う企業が出てくるかもしれない。トヨタの新型株発行が資本市場にどのような影響を与えるのか、企

業の資金調達にどのような影響をもたらすのか、そして、企業の長期パフォーマンスやコーポレート・ガバナンスにどのような影響を及ぼすのか。そういった影響を長期的に注視していく必要があるだろう。

＜中文＞

　　作为日本龙头企业和世界最大汽车制造商，丰田汽车公司（TOYOTA）的动向一直在世界范围内受到人们的关注。 最近，丰田公司推出一项新举措——发行一种新型股票，瞬间又成了日本及海外主要媒体的焦点。

　　2015 年 6 月 16 日，丰田公司在位于爱知县丰田市的总部召开定期股东大会，决定了发行名叫"AA 型种类股"的新型股票。 发行种类股要先修改公司章程，这需要三分之二的股东赞成，而丰田获得了约 75％的赞成票。 7 月 2 日，丰田公司宣布本次新型股票的发行价为 10598 日元（该价位比当天收盘价 8153 日元超出 30％），计划发行股数为 4710 万股（总额约 5000 亿日元）。 据测在 7 月 3 日至 22 日的申购期间内，申购总数达到计划发行量的 4 至 5 倍之多。 承销该新型股票的野村证券称，在股东大会决定发行新型股票后，新增了不少新的股票账户。 据说购买该新型股票的投资者中约有三分之一都是新开的账户（朝日新闻［2015］）。

　　人气如此之高的丰田新型股票究竟是什么样的股票呢？ 所谓"种类股"就是被赋予了异于普通股权利的股票。 譬如，可优先分得红利的优先股、拥有特别表决权的黄金股等，而丰田公司本次发行的 AA 型种类股则具有前所未有的种种特点。

　　首先，丰田公司实际上做了"保本"承诺。 虽然该新型股票不上市流通，在五年内不可转让出售①，但五年后如果股东愿意的话，可要求丰田公司按当初的发行价回购，其实这就等于是事实上的"保本"。 因此，在该股票发行五年之后，如普通股股价低于 AA 型股票的发行价格，AA 型股票的股东则可要求丰田公司以当初发行价格兑现现金，从而可抑制投资风险（图表 14－1）。

图表14-1　AA型种类股的投资方式

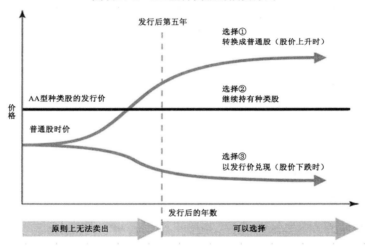

出处：山田雄大［2015］。

　　其次，持有该新型股票五年以后，股东还可选择将其转换成普通股（比如，如果普通股股价超过当初 AA 型种类股的发行价格，便可将 AA 型种类股转换为普通股而获取价差）。 虽然这个特征与

---

① 　在转让"AA 型种类"时，原则上需经过丰田公司董事会的认可。 另外，根据证券交易所的上市规则，设有转让限制的股票不能上市，因此，新股为非上市股票（丰田汽车股份有限公司［2015］）。

可转换公司债券相似，但不同于债券的是，该新型股票和普通股一样享有表决权。因此，持有 AA 型种类股的股东还可参与丰田公司的经营。

再次，普通股的股价和股息随市场及公司业绩的变化而变化，与此相对，丰田新型股票的股息支付率则事先固定，自发行起的五年内，股息支付率会阶段性增加，而且，分红优先于普通股。年度股息支付率从第一年的 0.5％开始，每年递增 0.5％，第五年达到上限 2.5％（图表 14 - 2）。

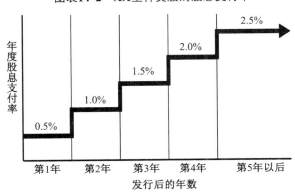

图表14-2　AA型种类股的股息支付率

出处：同上。

不上市流通、买卖有限制、能够保本、享有要求以发行价回购的权利、享有表决权、享有要求转换成普通股的权利等等，由于这些史无前例的特征，丰田公司的新型股票"AA 型种类股"被称为"另类新股"。

丰田公司为什么要推出这个新型股票呢？我们可以从该新型股票的命名中得到启发。其实，"AA 型"是丰田公司在 1936 年推

出的第一个量产轿车的品牌。 据分析，丰田公司将新型股票命名为"AA"，是希望以后进行新挑战时也能像当初创业时一样获得大家的支持。 之所以这样说，是因为丰田公司将发行新型股票筹集的资金定位为"挑战新事业的起点资金"，并将其作为用于开发自动驾驶、人工智能（AI：Artificial Intelligence）等下一代技术的"中长期研发用资金"。

丰田公司发行新型股票的背景是近年来世界范围内对资本市场短期行为主义的担忧。 所谓"短期行为主义"，指的是牺牲长期利益、长期价值的创造与提升来追求短期利益的行为。 其实，短期行为主义的问题早就被指出（如 Keynes［1936］第 12 章）。 近年来，世界主要股票市场的平均股票持有期间有短期化倾向（即换手率上升），尤其是日美英的股票持有期间过去几十年间急剧缩短（经济产业政策局企业会计室［2014］，p.70）。 高速交易基础设施（比如，高频交易等算法交易的普及①）、对企业季报（季度业绩）的过度关注、股东至上主义等被认为助长了投资者和企业经营者短期行为（Barton［2011］，Rappaport［2011］）。

譬如，Graham，Harvey，and Rajgopal［2005］对 400 名美国上市企业的首席财务官（CFO）进行了采访调查，并得出了下列结果：（1）为了达成季度收益目标：79.9％的被调查者回答"削减研发、广告、维修等可酌定的支出"，55.3％的被调查者回答"即便牺牲企业

---

① 算法交易（Algorithmic Trading）指的是电脑系统根据股价和交易量等来自动决定股票交易下单的时机、数量等，并反复下单的交易手法。 高频交易（HFT：High Frequency Trading）是算法交易的一种，一般被认为是"按照事先设计好的计算机程序算法，极高速、极高频率地反复进行短期小额交易的手法"。 其特征是持有头寸的期间极短，很少持有到第二天（中山兴、藤井崇史［2013］）。

价值，也要将新投资项目延期"；（2）78％的被调查者表示为了减少短期收益的波动，会牺牲企业价值；（3）41％的被调查者表示，即使是未来收益的净现值（NPV）有望为正值的项目，如果该投资的季度收益未达到市场分析人士的预测水平，则不实施该项目。

麦肯锡（McKinsey）和加拿大规模最大的养老金基金——加拿大养老金计划投资委员会（CPPIB：The Canada Pension Plan Investment Board）对 1000 名以上的董事进行调查的结果，也显示试图达成短期目标以及面临来自股东和分析家的重压往往容易导致企业采取短期行为：（1）63％的被调查者回答，试图提高短期收益的短期压力在过去的五年间增加了；（2）79％的被调查者尤其在过去两年间感到了确保良好财务结果的压力；（3）44％的被调查者用不到三年的短时间轴来设定企业战略。不过，另一方面，该调查结果也显示了经营者的希望和其本来持有的经营理念，从中我们可以看出经营者由于面临股东及市场分析人士的压力而不得不着眼于短期业绩的现状。譬如，73％的被调查者回答在设定企业战略时三年以上的时间轴为佳；高达 86％的被调查者认为用较长时间轴来做经营决策，在加强企业盈利能力和促进创新等诸多方面对企业业绩有良好作用（Barton and Wiseman［2014］）。

在这种情况下，以 2008 年的金融危机为契机，纠正、抑制投资者与企业的短期行为主义引起了国际性的热议。譬如，在美国，2009 年 9 月，以政策研究著称的阿斯彭研究所（the Aspen Institute）发表了题名为《克服短期行为主义》（"Overcoming Short-termism"）的建议书，呼吁人们展开立足于长期视野的经济活动（The Aspen Institute［2009］）；在英国，2012 年 7 月，发表了《凯报告书》（"Kay Review"），指出资本市场上的短期行为主义正给企业的经营决策和

投资者的投资行为等带来不良影响（Kay［2012］）。①

与欧美相比，日本企业惯于从长期发展角度来进行雇佣、人才培养、设备投资、研发等。 不过，在纠正、抑制短期行为主义的国际大环境下，近年来在日本进行的企业治理改革中，"中长期"也成为关键词。 我们可以观察到政府试图通过《日本版尽责管理守则》和《公司治理守则》（参见第13章）来提高中长期企业价值的动向。 譬如，《公司治理守则》中不仅明确写道"在人们对市场中逐渐变强的短期行为主义发出担忧之际，期待本守则有促进中长期投资的效果"，还提出中长期持有股票的股东"即便在市场短期主义化令人感到担忧的现今，也有可能成为公司的重要伙伴"（东京证券交易所［2015］，p.29）。

那么，日本企业在交叉持股不断减少、接受"发言股东"的社会土壤不断形成的局面下（参见第13章），如何才能增加"重要伙伴"——愿意中长期持有自己股票的股东呢？ 可以说丰田公司发行的新型股票为我们提供了一种可能性。

其实，"旨在开拓'能成为企业重要伙伴'的中长期股东"（丰田汽车股份有限公司［2015］，p.2），正是本次丰田发行新型股票的目的之一。 另外，从"由于上市的普通股在促进股票的长期持有和正确把握长期股东数量方面都有难度"（Ibid.），所以在AA型股

---

① 《凯报告书》的正式名称是《关于英国股票市场和长期决策之凯报告书》（"The Kay Review of UK Equity Markets and Long-term Decision Making"）。 其为2011年6月伦敦政治经济学院（LSE）的约翰·凯（John Kay）教授受英国商务、创新与技能部（Department for Business, Innovation and Skills：BIS）的委托，就英国股票市场的结构问题及其对英国上市企业长远发展和公司治理的影响进行调查、分析的报告书。 该报告书不仅在英国国内引起瞩目，而且也引起了国际上的广泛关注。 关于《凯报告书》的意义，请参见北川哲雄、林顺一［2014］。

票不上市这一点上，我们也能看出丰田公司希望增加长期持股的
"稳定股东"的意图。

本来，投资者和企业在时间轴上有着本质的不同。何以见得？
因为在资本市场上，投资者可以在短期内改变投资组合内容，与此
相对，在持续经营（going concern）的前提下，以持续增长为目标
的企业，其投资项目往往需要几年乃至几十年的时间。由于企业
的这些投资不能立竿见影、立即产生效益，而需要先付出费用，因
此会对年报或季报这样的短期业绩带来负面影响。如果过分拘泥
于眼前的业绩状况而采取短期经营行为的话，那么，作为企业长远
竞争力之源的技术创新投资将难以进行。因此，可以说企业想增
加具有长期眼光的股东是理所当然的。丰田公司正是在"希望能
将研发投资产生效益所需期间和各位股东持有本公司股票的期间尽
可能重合"（Ibid.）这种思路下发行新型股票的。

作为发行新型股票的另一个背景，丰田公司股本结构的变化也
值得注目。由于交叉持股的减少，过去一直作为"稳定股东"而存
在的金融机构的持股率不断降低。2015 年 3 月底，金融机构持股
率从十五年前的约 60％减少了一半，而与此形成鲜明对比的是，外
国投资者的持股率则从约 12％增加到了约 31％，而且出现了超出
金融机构持股率的"逆转"现象（图表 14－3）。[①] 我们在第 13 章
中已经讲到，外国投资者中以"发言股东"居多，向公司要求有效
利用手头资金、增加短期效益、股东回报等的倾向较强。在外国投
资者不断增加的情况下，如何确保长期持有股票的"稳定个人股

---

① 据日本经济新闻［2014］报道，上市公司的外国投资者持股率有了进一步攀升，
2014 年 3 月底，丰田公司的外国投资者持股率（30.3％）达史上最高。由此可
知，2015 年度丰田公司的外国投资者持股率更进一步升高，创造了历史新高。

东"，对丰田公司来说，是个重大课题。

图表14-3　丰田公司的股本结构

2000年3月底：

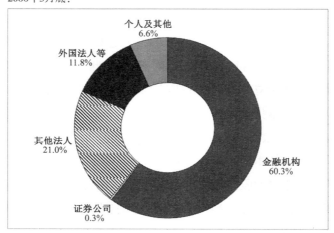

2015年3月底：

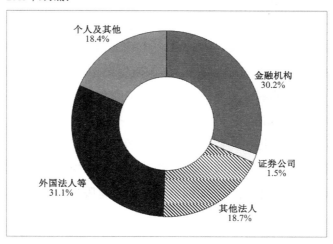

出处:笔者根据2000年3月和2015年3月的《有价证券报告书》制成。

　　因为 AA 型种类股是设有转让限制的非上市股票，五年之内无流动性，因此，重视股票流动性的机构投资者对其购买显得比较慎重。 与此相对，AA 型种类股可保本、五年平均股息率达 1.5％（参考：2015 年 7 月 15 日发行的 5 年期固定利率型个人国债第 51 次国债的利率为 0.05％）等特征，对个人投资者来说则具有相当大的魅力。 不少个人投资者向负责承销该新型股票的野村证券反映"以前从没有投资过股票，不过如果是新型股票，可以安心持有"（每日新闻［2015］）。 丰田公司似乎也把个人投资者想定为新型股票的主要购买者。

　　丰田公司在本次发行新型股票时，为了使原有股东的每股价值不致缩水，发表了将回购和新型股票发行数相同数量的普通股。丰田公司的方针是旨在增加能长期持有股票的"稳定个人股东"，最终目标是将已发行股票数额的 5％变为新型股票（Ibid.）。

　　在全球范围内也属另类的丰田公司新型股票，颇具争议。 在 6 月召开的股东大会上，就有人提出疑问："不知会给现有普通股股东带来什么样的好处和坏处？"外国投资者从公司治理的角度提出了犀利的批判，如"由于五年之内不能卖出，股东监督公司经营的功能将弱化"、"持有新型股票的股东保本无虞，因此即便股价下跌也不会向管理层质询，这样一来，对经营的监督将会变得马虎"、"好像是交叉持股的翻版，会涣散经营秩序"等。 另一方面，也有对上述批判予以反驳的意见，认为如果经营不善，丰田公司的股价会下跌，丰田公司将不得不用发行价（超出普通股股价 30％的高价）来买回新型股票，这样一来，新型股票对公司治理的影响非但不是涣散经营秩序，反而是强化经营秩序。 另外，也有看法认为"对于必须不断创新的汽车制造商来说，其经营一定需具有长远眼

光，"对丰田公司发行新型股票给予了较高评价。

新型股票将给丰田公司的公司治理带来何种影响，目前的确是尚不可知。 不过，不可否认的是，由于该新型股票具有众多前所未有的特征，其在多个层面上具有重要意义。

首先，本次新型股票的发行有着增加具有长远眼光的个人投资者的积极作用。 经济产业政策局企业会计室［2014］（《伊藤报告》）指出，长期以间接金融为中心的资金筹措方式以及以现金、储蓄为中心的个人金融资产结构等导致在日本资本市场，从中长期的视角、基于自身的判断来选择股票的投资者数量很少。 本次丰田公司的新型股票给投资者（特别是个人投资者）提供了新的选择，这有助于将新的投资者层吸引进资本市场，从而有利于搞活资本市场，并促进"从储蓄变为投资"（参见第12章）的转变。

其次，作为确保中长期股东的方法，丰田发行新型股票为我们提示了一个新的思路，那就是投资者的长远眼光和企业的长远眼光需要契合。 我们不能说试图获取瞬间价差的投资者，比如"超级短线者（day trader）"或者靠电脑系统反复进行高速买卖的投资基金，凑巧在股权登记日（投资者由于持有股票而获得股东权利的最终交易日）持有某公司的股票，就代表其会认真考虑该公司的中长期成长。"有中长期眼光的发言股东"（以不卖出持有股票为前提来发言的股东）比"发言股东"对中长期企业价值的提升应该更有利。 正像这样，丰田发行新型股票对我们思考企业与股东间的关系模式、构筑基于长期远景的企业与股东关系也提供了重要启示。

另外，身为日本企业代表的丰田公司发行新型股票，对其他企业的经营战略也将会有很大影响，有可能会有企业追随其后，即出现更多的企业采取措施来增加中长期股东。 丰田公司新型股票的

发行对资本市场会有何影响？ 给企业的资金筹措会带来什么影响？ 企业的长期业绩和公司治理又会因此受到什么影响？ 这些问题都值得我们长期关注。

第 15 章　2025 年問題（2025 年问题）

＜日本語＞

　昨今、「2025 年問題」という言葉をよく耳にするようになった。2014 年ユーキャン新語・流行語大賞にもノミネートされた。「2025 年問題」とは、一体、何のことだろうか。

　2025 年は日本で団塊世代の全ての人々が75 歳以上になる年である。「団塊世代」とは、戦後第一次ベビーブームである1947 年〜49 年（広くは51 年まで）に生まれた約 700 万人（広くは1,000 万人以上）の人たちのことである（東京新聞［2014］）。[①]　この団塊世代

[①]　「団塊世代」は、作家堺屋太一が作った造語である（堺屋［1976］）。そもそも「団塊」は、地質学の専門用語であり、堆積岩の中の、成分が周りと異なった鉱物質の塊のことを指す。「団塊世代」という言葉は、その世代の人数の夥しさおよび別世代と異なった性格を備えていることを表現している。例えば、戦後日本の歩みとともに育ってきた世代であるため、幼少期には米軍占領（1945〜1952）、戦後再建、大規模な安保闘争（1960 年の日米安全保障条約改定をめぐる反対運動）などを経験し、青年期には勢い盛んな学生運動に身を投じ、日本経済を高度成長へと推し進める主力となり、壮年期にはバブル経済・バブル崩壊およびその後の長期不況を経験した。

は日本の人口において、最も大きなボリュームをもつ年齢層で、ど
の世代よりも存在感が大きい。

　総人口に対して65 歳以上の高齢者人口が占める割合を高齢化
率という。高齢化率が7％以上の社会を「高齢化社会」（aging
society）、14％以上の社会を「高齢社会」（aged society）、20％以上の社
会を「超高齢社会」（super-aged society）と定義される。厚生労働省
［2013］によると、日本は1970 年に高齢化社会に、1995 年に高齢社
会に、そして、2008 年に超高齢社会に入った（図表 15 - 1）。そして、
総務省［2015］によると、2015 年 10 月時点で、日本の高齢者人口は
3,384 万、高齢化率は26.7％（4 人に1 人が高齢者）であり、人口数・
比率共に過去最高となった。

図表 15 - 1　東アジア諸国の高齢化の進行状況

	人口 （百万人）	高齢化社会 （高齢化率≧7％）	高齢社会 （高齢化率≧14％）	超高齢社会 （高齢化率≧21％）
日本	127.82	1970 年	1995 年	2008 年
中国	1,344.13	2000 年	2025 年	2037 年
韓国	49.78	1999 年	2019 年	2027 年

出所：厚生労働省［2013］より筆者作成。

　人口動態において最大の人口集団である団塊世代の全ての人
々が75 歳以上になることによって、2025 年には日本社会の高齢化
がピークを迎える年になると予測されている。0 歳〜14 歳の年少
人口と15 歳〜64 歳の生産年齢人口はすでに減少してきており、日
本政府の試算によると、2025 年には、65 歳以上の高齢者数は3,658
万人（全人口に占める割合は30.3％）となり、75 歳以上の高齢者数
は2,179 万人（全人口に占める割合は18.1％）となる（図表 15 - 2）。

言い換えれば、2025 年には、日本人の 5 人に 1 人近くが 75 歳以上となる。このことは、社会保障、財政、労働・雇用など、さまざまな面において、日本経済・社会に多大な影響を及ぼす。「2025 年問題」とは、こうした事態を指す。

図表15-2　日本の総人口および年齢別人口の推移および将来推計

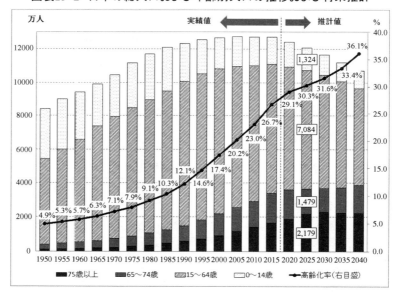

注：推計値は国立社会保障・人口問題研究所「日本の将来推計人口（平成 24 年 1 月推計）」の出生中位・死亡中位仮定による推計結果を用いている。

出所：「国勢調査」（2010 年まで）、総務省「人口推計（平成 27 年 11 月 1 日現在）」（2015 年）、国立社会保障・人口問題研究所「日本の将来推計人口（平成 24 年 1 月推計）」（2020 年以降）より筆者作成。

　例えば、何十年も積み重ねた豊かな経験、優れた技能と高度な専門知識を有している団塊世代が一気に高齢になって引退していくことは技能と技術の継承に支障をもたらし、労働力不足問題をもっと深刻化させかねない。また、「国民皆年金」制度（1961 年に実現

した、20 歳以上 60 歳未満の全ての国民が公的年金に加入する制度）のもとでは、団塊世代の高齢化は、公的年金の受給者と支給額の増加につながり、年金の国庫負担および企業と現役世代の年金保険料負担を増加させることになる。①

「2025 年問題」のなかで、最も懸念されているのは医療・介護分野である。

日本では、65〜74 歳の高齢者を「前期高齢者」と言い、75 歳以上の高齢者を「後期高齢者」という。高齢になれば、誰もが体が弱くなり、病気が生じやすくなり、そして、介護を必要とすることになる。「国民皆保険」制度（1961 年に発足した、国民全員が公的医療保険に加入する制度）のもとで、75 歳になると「後期高齢者医療制度」に移行し、原則 1 割（現役並み所得者は 3 割負担）の自己負担で医療サービスを受けられる。また、介護が必要な高齢者は「介護保険制度」（2000 年から施行）を利用し、原則 1 割（一定以上の所得のある高齢者は 2 割負担）の自己負担で介護サービスを受けることができる。

2014 年度には、後期高齢者の医療費は 14.5 兆円に上り、医療費全体の 36.3％を占めており、後期高齢者 1 人当たりの年間医療費は93.1 万円で、国民平均の 31.4 万円の約 3 倍であった（厚生労働省

---

① 日本の公的年金制度は、全国民に共通する基礎年金（国民年金）と厚生年金などの被用者年金（民間企業や官公庁等に雇用されている人が加入する年金）という二階建てから成る。基礎年金については、現在、給付に要する費用の半分を保険料（国民負担）で、残りの半分は国庫で賄われている（国庫負担）。厚生年金の場合、保険料は事業主（勤務先）と本人が半分ずつ負担している（労使折半）。また、現在の日本の公的年金制度は、現役世代から保険料を徴収して高齢者世代に年金を払うという「賦課方式」に基づいて運営されている。

［2015］)。これは、75 歳を過ぎると、医療サービスの利用頻度も利用の仕方も現役世代とは異なることを表している。一方、要介護（介護が必要）・要支援（介護予防など軽度の介護が必要）の認定者数および認定率（被保険者に占める認定者の割合）も 75 歳から上がり始める。要介護・要支援の認定を受けた高齢者（第 1 号被保険者）のうち、前期高齢者は 72.2 万人、後期高齢者はその 6 倍以上の 497 万人であり、それぞれ要支援、要介護の年齢層別の認定率をみると、前期高齢者では 1.4％、3.0％であるのに対して、後期高齢者では 8.8％、23.3％と、大きく上昇している（図表 15 － 3）。実際に公的介護保険制度によりサービスを受けている受給者数の年齢階層別人口に占める割合をみても①、75 歳から大幅に上昇し、受給者数が最多である 85 歳～89 歳では、その年齢層人口の 4 割超が介護サービスを受けている（図表 15 － 4）。

図表 15 - 3　要介護·要支援認定の状況（2013 年度末時点）（単位：万人）

	要支援 （要支援 1～要支援 2）	要介護 （要介護 1～要介護 5）	計
認定者総数（＝a＋b）	162.3	421.5	583.8
そのうち： a. 40 歳～65 歳未満 （第 2 号被保険者）	3.4	11.3	14.7
b. 65 歳以上（＝c＋d） （第 1 号被保険者）	158.9 （5.0％）	410.3 （12.8％）	569.2 （17.8％）
そのうち： c. 65 歳～75 歳未満 （前期高齢者）	23.1 （1.4％）	49.1 （3.0％）	72.2 （4.4％）

---

① 政府から要介護・要支援の認定を受けていても、実際には公的介護保険制度によるサービスを利用していないケースがある。

続き

	要支援 （要支援 1～要支援 2）	要介護 （要介護 1～要介護 5）	計
d. 75 歳以上 （後期高齢者）	135.8 （8.8％）	361.2 （23.3％）	497.0 （32.1％）

注：（　）内は、65 歳以上、65 歳～75 歳未満、75 歳以上それぞれの被保険者数に占める割合である。ちなみに、平成 25 年度末時点で、65 歳以上、65 歳～75 歳未満、75 歳以上の被保険者はそれぞれ3202 万人、1652 万人、1549 万人である。
出所：厚生労働省「介護保険事業状況報告（年報）」（平成 25 年度）より筆者作成

図表15-4　年齢階級別の介護サービス受給者人数
および年齢階級別人口に占める割合

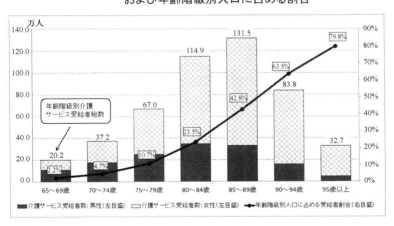

出所：厚生労働省「平成 26 年度　介護給付費等実態調査」、総務省統計局「人口推計」（平成 26 年 11 月）より筆者作成。

　現行の公的医療保険制度では、国民が医療機関で病気やけがの治療を受けるのにかかった医療費（国民医療費）の負担構造は、公費（国庫負担と地方負担）、家計と企業が支払う保険料（被保険者

負担と事業主負担①）および利用者負担となっている。② そのう
ち、国と地方自治体（都道府県、市町村）の税金（公費）および保険料
で賄われている部分（国民医療費から利用者自己負担額を除いた
もの）は、「医療給付費」と呼ばれている。図表 15－5 に示されてい
るように、高齢化が進むなか、医療給付費が増え続けている。言い
換えれば、国や地方自治体による税金の投入も、事業主と被保険者
による保険料負担も年々多くなっている。

図表15–5　医療給付費の推移

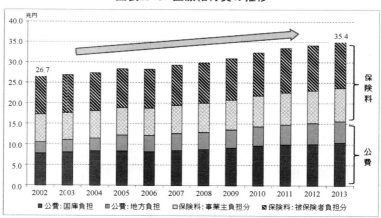

出所：厚生労働省「平成 25 年度国民医療費」より筆者作成。

　日本の公的医療保険は、「国民皆保険」の名のもとで、健康保険組
合（対象者：大企業の労働者）、協会けんぽ（対象者：中小企業の労働

---

①　被用者（民間企業や官公庁等に雇用されている人）である場合、保険料は本人と
　　事業主（勤め先）が原則として、折半で負担する。
②　利用者負担は、原則、義務教育就学（6 歳）前が2 割、就学後から70 歳未満が3 割、
　　70〜74 歳が2 割、75 歳以上が1 割（70 歳以上で現役並み所得者が3 割）で、年長
　　者ほど負担が減る仕組みとなっている。

者）、共済組合（対象者：公務員、私学の教職員等）、国民健康保険（対象者：自営業者、非正規労働者、無職者等）、後期高齢者医療制度（対象者：75 歳以上の高齢者等）というように、職業・雇用状況や年齢などに応じて細かく制度が分立しており、被保険者が加入する医療保険の種類によって、医療費の負担構造の具体的内容（財源構成等）が異なる。国民医療費のうち、後期高齢者医療給付分だけに焦点を当てると、その財源構成は公費 5 割（国：都道府県：市町村が4：1：1の比率で負担する）、後期高齢者支援金（現役世代が払う保険料）4 割、後期高齢者からの保険料 1 割となっている。①　つまり、後期高齢者医療給付に必要な財源は、主に現役世代や公費の負担で賄われる。

　一方の公的介護保険制度は各市町村が運営主体であり、要支援・要介護の認定を受けた人が利用する介護サービスの費用も、公費（国庫負担と地方負担）、家計と企業が支払う介護保険料（被保険者負担と事業主負担②）および利用者負担（原則 1 割負担、一定以上所得者は2 割負担）で支えられている。③　介護費用から利用者負

---

① 後期高齢者医療制度以外の医療保険制度の財源構成についてであるが、(1) 健康保険組合の場合、財源は事業主と被保険者（被用者）が折半で納める保険料である。(2) 協会けんぽの場合、財源は主に保険料（労使折半）であるが、国庫からの補助もある（現時点での国庫補助率は16.4％）。(3) 共済組合の場合、組合員が負担する掛金と、国・地方公共団体等が納付する負担金・掛金を財源とする。(4) 国民健康保険の場合、財源構成は、被保険者の保険料 5 割、公費負担 5 割（国41％、都道府県 9％）となっている。

② 40〜64 歳の第 2 号被保険者が被用者（民間企業や官公庁等に雇用されている人）である場合、介護保険料は本人と事業主（勤め先）が折半で負担する。

③ 介護保険料は介護保険のサービスを利用しなくても支払う義務がある保険料である。40 歳から亡くなるまで支払う制度であるが、年齢区分によって（65 歳以上の第 1 号被保険者か、それとも40〜64 歳の第 2 号被保険者か）、保険料の算定方法などが異なる。

担分を除いた額である介護給付費は、国と自治体（都道府県、市町
村）の税金投入 5 割（国は25％、都道府県と市町村はそれぞれ
12.5％）、保険料 5 割（現時点で65 歳以上の第 1 号被保険者が22％、
40〜64 歳の第 2 号被保険者が28％）という形で賄われている。換
言すれば、介護給付費の半分は税金、残り半分は保険料が財源であ
る。高齢化が進行するもとで、介護保険制度が定着するとともに
潜在化していた介護ニーズが顕在化したこととあいまって制度が
拡充されてきた結果、介護給付費は年々増加し、2013 年度に8.5 兆
円で過去最高の水準となり、介護保険制度がスタートした2000 年
度（3.2 兆円）の2.6 倍まで膨らんでいる（図表 15 - 6）。

図表15–6 介護給付費の推移

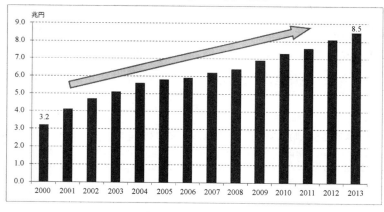

注：（1）高額介護サービス費、高額医療合算介護サービス費、特定入所者介護サー
　　　ビス費を含む。
　　（2）東日本大震災の影響により、2010 年度の数値には福島県内 5 町 1 村の
　　　数値は含まれていない。
出所：厚生労働省「介護保険事業状況報告」（年報）より筆者作成。

　高齢化に伴って、公的な社会保障制度の給付総額（年金・医療・

福祉その他を合わせた額①）を示す社会保障給付費はこれまで伸び続けている。図表 15 - 7 からは、長期的に見れば高齢者関係給付費の増加が社会保障給付費を押し上げる大きな要因であることがわかる。最新データの 2013 年度の高齢者関係給付費は 75.6 兆円となり、過去最高を更新した。また、社会保障給付費に占める高齢者関係給付費の割合は、集計開始の 1973 年度の 25 ％から 68.4 ％までに上昇した。

　前に年金給付費、医療給付費および介護給付費のそれぞれの負担構造（財源構成）について述べたが、全体としてこの社会保障給付費の負担構造はどうなっているのか。図表 15 - 8 が示すように、2013 年度では、社会保障給付費の財源の 83.5 ％は税金による公費負担（33.9 ％）および家計と事業主（企業など）が支払う社会保険料（49.6 ％）により賄われている。図表 15 - 7 をみればわかるが、その大部分は高齢者関係給付費に使われている。

　2025 年にこれまで日本経済・社会を支えてきた団塊世代の全ての人々が 75 歳以上の後期高齢者になるため、医療・介護等に対する需要がさらに高まり、医療・介護にかかわる公的な給付費が一層増加すると予想されている。政府の推計によると、2025 年には医療給付費は約 53 兆円（2013 年度水準 35.4 兆円の約 1.5 倍）に、介護給付費は約 16 兆円（2013 年度水準 8.5 兆円の約 1.9 倍）にまで増加する見込みである（厚生労働省［2012］）。②

---

① 　年金・医療・福祉その他のそれぞれの推移については、第 2 章の図表 2 - 3 を参照されたい。
② 　給付費の推計値は医療介護について充実と重点化・効率化を行わず、現状を投影した場合の値である。

図表15-7　社会保障給付費および高齢者関係給付費の推移

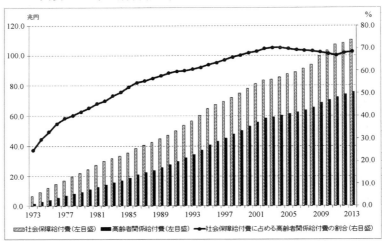

注：(1) 国立社会保障・人口問題研究所の定義において、高齢者関係給付費とは、
　　　　年金保険給付費、高齢者医療給付費、老人福祉サービス給付費及び高年齢
　　　　雇用継続給付費を合わせたもので、1973 年度から集計。
　　(2) 高齢者医療給付費は、2007 年度までは旧老人保健制度からの医療給付額、
　　　　2008 年度は後期高齢者医療制度からの医療給付額および旧老人保健制度
　　　　からの2008 年 3 月分の医療給付額等が含まれている。
　　(3) 老人福祉サービス給付費は、介護対策給付費と介護保険以外の在宅福祉
　　　　サービス費等からなる。
　　(4) 高年齢雇用継続給付費は、定年後 (60 歳)も企業に雇用されて働き続け、し
　　　　かも賃金額が60 歳時点の75％未満に低下した状態で働き続ける65 歳未
　　　　満の高齢者に対し、60 歳以後の賃金額の15％相当額を65 歳に達するまで
　　　　の間支給するものである。60 歳から65 歳までの継続雇用、再就職の促進
　　　　を図るために1995 年度から実施されている。
出所：国立社会保障・人口問題研究所「平成 25 年度社会保障費用統計」より筆者
　　　作成。

　　財政状況が深刻で、「2025 年問題」で歳出圧力が一層高まるなか、
如何に公費負担増大のペースを抑えるか、如何に社会保障給付の
財源を確保していくかが重要な課題となっている（日本の社会保

図表15-8　2013年度社会保障給付費の財源構成

（　）内は社会保障給付費に対する割合

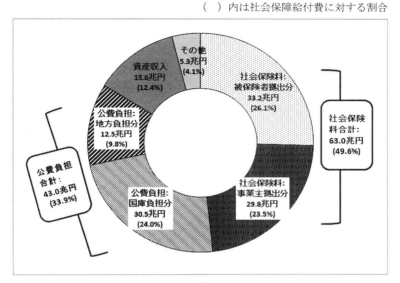

注：「その他」には積立金からの受入等を含む。
出所：国立社会保障・人口問題研究所「平成 25 年度社会保障費用統計」より筆者
　　　作成。

障と財政との関係については、第 2 章と第 3 章を参照）。また、日
本の社会保障制度は現役世代が高齢者を支える仕組みになってい
るため、人口減少と高齢者増加が同時進行する少子高齢化（図表
15－2）のもとでは、高齢者への社会保障給付費が増え続けると、必
然的に現役世代が負担する税金と社会保険料が増大し、そして、税
収や保険料収入で社会保障給付費を確保することがますます難し
くなってくる。[①]　厚生労働省の推計では、2025 年度の会社員 1 人

[①]　社会保険料は自動的に被保険者の給与から天引きされるため、保険料の増額は
　　「見えない増税」と呼ばれている。

当たりの社会保険料（労使合計）は2012 年度初めの水準より15％以上も増え、年収の3 割を超えると予測されている（日本経済新聞［2012]）。家計や企業の税・社会保険料負担がどんどん上昇していけば、国民の生活や企業の経営が苦しくなり、消費、設備投資や雇用を抑制し、結局、経済全体に悪影響を及ぼしかねない。

　実は、金銭的な費用以外に、医療・介護分野におけるもうひとつ大きな問題は、人材や施設などの医療・介護資源が団塊世代の高齢化により急速に高まる医療・介護の需要に追い付けないことである。例えば、厚生労働省の調査によると、介護に携わる職員の数は、2025 年度時点で30 万人程度不足する見通しである（日本経済新聞［2015]）。その結果として、現に生じている「介護離職」「老老介護」等の事態がより深刻になる懸念がある。

　「介護離職」とは、親などの介護のために仕事を辞めることである。近年、介護を理由に離職した人数（介護離職者数）は増加している。政府の調査では、介護離職者数は2014 年で8.8 万人であり、2006 年に比べて1.8 倍に増えている（図表 15－9A）。介護の負担が女性に偏っているが、介護離職する男性の数も増えてきている。また、介護離職者の年齢構成についてみると、とりわけ働き盛りの40〜50 代が突出して多い（図表 15－9B）。

　介護離職者の「予備軍」も多い。総務省の「平成 24 年度就業構造基本調査」によると、介護をしている人のうち、無業で介護している人は約 266 万人で、働きながら親族の介護をしている労働者、いわゆる「働く介護者」は約 291 万人（そのうち、家計を支える「仕事が主な者」は約 211 万人）である。すなわち、介護をしている人の過半数は働いているのである。そして、働く介護者の中心は

図表15-9　介護・看護を理由に離職した人数および年齢構成割合

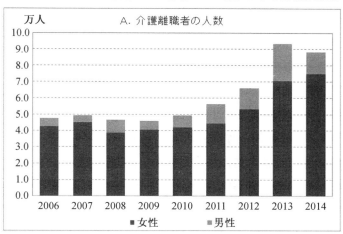

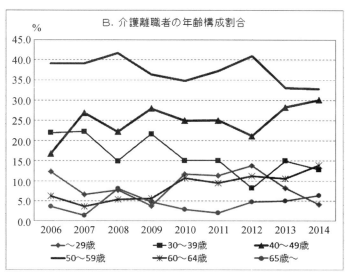

注：2012 年までは「介護を理由に離職した人数」。
出所：厚生労働省「雇用動向調査」より筆者作成。

45～64 歳であり、約 200 万人と働く介護者全体の約 7 割（69.0％）を占めている（図表 15 - 10A）。また、働く介護者のうちの「仕事が主な者」を男女別・年齢階級別でみると、その年齢構成はやはり45～64 歳に集中しており、30～64 歳の男性の働く介護者のうち、9割以上が「仕事が主な者」であることがわかる（図表 15 - 10B）。

　言うまでもなく、働く介護者（特に、その中の「仕事が主な者」）は、仕事と介護両方を背負っており、彼らにとって仕事と介護の両立は自力では解決困難なほどの大きな課題となっている。そのため、身体的・精神的に負担が重く疲弊しやすく、結局、介護離職者になってしまう可能性が高い。

　介護は育児と同じく、ワーク・ライフ・バランス（仕事と生活の調和）を実現するうえでの重要な側面であるが、介護は育児と異なり、いつ訪れるのか、またいつまで続くのか、そして、どれほどの負担になるのかについて、事前に予測できないため、仕事と育児の両立より、仕事と介護の両立の方が一層困難である。

　介護離職は個人レベルでの意思決定の結果であるが、経済的にも社会的にも影響が極めて大きい。まず、少子化による生産年齢人口（15 歳以上 65 歳未満の人口）の減少に歯止めがかからない状況のなかで、介護で離職を余儀なくされる介護離職者が今後も増え続ければ、労働人口の減少にさらに拍車がかかる可能性がある。次に、前述したように、介護離職者およびその予備軍である働く介護者の中心は、40～50 代の働き盛り世代で、企業の中核を担っている人が多い。このような業務経験を積んだ熟練従業員や企業の経営・管理に従事する管理職の人々が介護のために離職してしまうと、技術の断絶やマネジメントの停滞を招き、企業の根幹を揺

図表15-10　男女別・年齢階級別で見る働く介護者

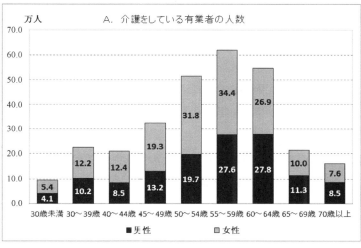

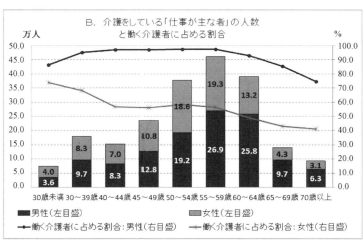

出所：総務省「平成 24 年度就業構造基本調査」より筆者作成。

るがしかねない。とりわけ、限られた数の従業員で仕事をこなさ
ざるを得ない中小企業にとって、従業員の介護離職による損失は

重大なものであると考えられる。さらに、40 代以上の中高年労働者にとっては一度離職をしてしまうと、キャリアのブランクや年齢がネックとなり（そもそも中高年求職者は新卒採用重視の日本労働市場における求職環境が厳しい）、再就職をするのは難しい。介護で離職したまま再就職できない人の中には、収入源がなく、やがて生活保護に頼らざるを得なくなってしまうケースも少なくない（読売新聞［2011］）。このことは、失業等の雇用・労働問題や社会保障問題に直結するのみならず、介護離職者の社会からの孤立をも深めていく。そのため、政府は、アベノミクス第 2 段階に目指す「1 億総活躍社会」（第 16 章を参照）を実現するための具体的な目標の一つとして「介護離職ゼロ」を掲げている。

　団塊世代の高齢化に伴い、今後親族の介護を担う働く介護者は増え続けていくだろう。働きながら介護する人々（特に共働き家庭や単身で働きながら介護をする人々）が仕事と介護を両立できるように有効な支援策を講じなければ、介護離職者の大幅な増加は避けられない。① 同じく団塊世代が高齢化し要介護になること

---

① 　家族の介護をしている人は、育児・介護休業法が定める「介護休業制度」を利用して、要介護状態の家族 1 人につき93 日を上限に休むことができる。しかし、その制度はあまり社会に浸透していない。実際に、総務省の「平成 24 年度就業構造基本調査」の結果によれば、介護をしながら働いている人に占める「介護休業等制度」（介護休業以外に、短時間勤務、介護休暇、有給休暇等も含む）利用者の割合は13％にとどまっている。なぜ制度はあっても利用しないまま、離職をしてしまうのか。制度の周知不足や働きながら介護をする人々への配慮不足等の制度上の理由以外に、「私的な事情で職場・同僚・取引先に迷惑をかけられない」という日本企業の独特な文化とも関係がある。育児休業制度があるにもかかわらず、男性の育休取得率が極めて低い現象についても、同じことが言える（王［2012］第 7 章）。「無限定な働き方」（第 9 章）が要求される日本企業では、育児や介護などのライフイベントにより働く時間や場所に制約を抱えている労働者（特に正規労働者）は自意識においても他人意識においても「迷惑」な存在と認識されてしまうことになる。

で増加していくだろうと懸念されているのは、「老々介護」である。

　「老老介護」とは、介護が必要になった高齢者の介護をするのがまた高齢者であることである。高齢の妻が高齢の夫を介護するケース、高齢の子が高齢の親を介護するケース、高齢の妹が高齢の姉を介護するケースなど、その具体的な形は家庭事情により異なる。

　2013 年に政府が行った調査は、介護が必要な65 歳以上の高齢者がいる世帯のうち、同居して主な介護をする人も65 歳以上である、いわゆる「老老介護」の世帯の割合が5 割を超えている（51.2％）ことを明らかにした（図表 15 - 11）

図表 15 - 11　要介護者等の年齢階級別にみた同居している主な介護者の年齢階級別構成割合（2013 年、単位：％）

同居の主な介護者の年齢階級	要介護者等の年齢階級							
	40～64 歳	65～69 歳	70～79 歳	80～89 歳	90 歳以上	60 歳以上	65 歳以上	75 歳以上
40 歳未満	7.8	4.1	2.3	1.5	1.2	1.9	1.8	1.3
40～49 歳	9.2	11.9	14.4	6.2	2.3	7.8	7.9	6.8
50～59 歳	28.7	5.7	10.0	29.9	18.1	21.1	21.0	24.3
60～69 歳	34.2	52.6	13.7	26.1	59.2	31.2	30.8	29.8
70～79 歳	9.6	24.4	50.6	16.4	14.6	24.9	25.4	22.7
80 歳以上	10.5	1.3	9.0	19.8	4.6	13.0	13.0	14.9
60 歳以上	54.3	78.2	73.3	62.3	78.4	69.0	69.2	67.5
65 歳以上	33.4	52.4	71.9	41.9	46.3	50.8	51.2	48.1
75 歳以上	14.4	6.2	32.6	33.5	9.1	26.6	27.0	29.0

出所：厚生労働省「平成 25 年国民生活基礎調査」より筆者作成。

　介護離職と同じく、老老介護も近年、増加している。図表 15 - 12 は、60 歳以上の主な介護者が要介護者と同居している世帯の割合の長期推移を表している。この図表から、いずれの年齢区分にお

いても、老老介護の割合が増加していることがわかる。こうした変化の背景には、高齢化の進行や介護資源の不足以外に、世帯構造の変化等の影響もある。

図表15–12　年齢別（60歳以上）にみた老老介護の割合

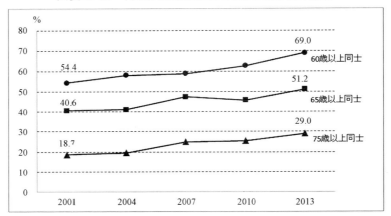

注：(1)「60 歳以上同士」の場合、介護が必要な60 歳以上の高齢者がいる世帯のうち、同居して主な介護をする人も60 歳以上である世帯の割合である。「65歳以上同士」の場合、介護が必要な65 歳以上の高齢者がいる世帯のうち、同居して主な介護をする人も65 歳以上である世帯の割合である。「75 歳以上同士」の場合、介護が必要な75 歳以上の高齢者がいる世帯のうち、同居して主な介護をする人も75 歳以上である世帯の割合である。
　　(2)「国民生活基礎調査」においては、2001 年から介護票として在宅の要介護・要支援者の状況を調査している。
出所：厚生労働省「平成 25 年国民生活基礎調査」より筆者作成。

　例えば、核家族化や世帯の高齢化により、65 歳以上の高齢者夫婦のみ世帯数は、1980 年の138 万世帯から2013 年の697 万世帯に、30年間で5 倍以上に増えた。しかも、高齢者のいる世帯のなか、高齢者夫婦のみ世帯が一番多く約 3 割を占めている（内閣府［2015］）。世帯の高齢化は今後も一層進むと予想されている。国立社会保障・

人口問題研究所の推計によれば、夫婦のみ世帯数は、2010 年には60 歳代が最大（313 万世帯）であるが、2025 年には70 歳代（321 万）が最大になる（国立社会保障・人口問題研究所［2013］）。[1]

　介護の場合、介護者と要介護者との間での意思疎通が大切であり、食事、着替えや排泄処理などといった非常にプライベートなこともあるため、どうしても要介護者は配偶者や家族以外の手助けを拒否する傾向がある。また、要介護の家族がいることを世間に知られたくないため、介護サービスの利用に消極的であるケースもある。さらに、経済的余裕がない場合には、介護サービスを利用できず、同居の高齢者が要介護者の介護をするしかない。これらも、老老介護の増加要因として考えられる。

　高齢になると、体力や筋力が衰え、介護を行うのは難しくなる。したがって、老老介護の場合、介護する高齢者の肉体的な負担が一層重くなる。体力面だけでなく精神面でも、高齢者の介護がストレスの原因になることが多い。同居している主な介護者の悩みやストレスについて調査したところ、7 割以上の被調査者（男性は72.6％、女性は78.3％）は「家族の病気や介護」を悩みやストレスの主な理由として挙げている（厚生労働省［2014］）。この介護による肉体・精神的負担で病気になることも少なくない。

---

[1]　同推計によって明らかになった高齢化に関するもう一つの傾向は、単身高齢世帯（一人暮らしの高齢者）の顕著な増加である。例えば、世帯主が65 歳以上の世帯数について家族類型別に2010 年と2025 年の値を比べてみると、「単独世帯」は1.4 倍（498 万世帯から701 万世帯に）増加し、世帯主が65 歳以上の世帯の最大の家族類型になると予想されている。世帯主が75 歳以上の場合、「単独世帯」は2010 年の269 万世帯から2025 年の447 万世帯に、1.7 倍増加すると推計されている。家族によるサポートが望めないため、単身高齢世帯の介護も、近年、大きな課題になっている。

　要介護者と同居している主な介護者が 1 日のうちで介護に要している時間をみると、要介護者の要介護度が高くなるにつれて「ほとんど終日」を使って介護する割合が高くなる。要介護者の要介護度が「要介護 4」(重度の介護を必要とする状態) 以上では、主な介護者の半数以上がほとんど終日介護をしている (Ibid.)。毎日、多くの時間やエネルギーを介護に費やしている場合には、当然のこととして、ストレスも大きくなるし、疲れもたまりやすくなる。特に、介護者が男性である場合、普段あまり家事をしないため、慣れない家事と介護を同時に負担することで苦しんでいる人が多い。

　このように、老老介護の場合、若い人が高齢者を介護するケースと比べると、介護者の肉体・精神的な負担は重く、結局、介護が必要である家族と共倒れするリスクは大きい。近年、介護疲れにより極限状態に追い込まれた高齢介護者が、高齢要介護者を虐待する・殺害する (無理心中も含め) 事件が相次いでいる (湯原 [2011])。

　「2025 年問題」に象徴されるように、日本では、今後の後期高齢者数の急増が広く社会の関心を集めている。2025 年に団塊世代が 75 歳以上の後期高齢者になることで、高齢者のうち 75 歳以上の者が 60％を占めるまで増加すると予測されている (図表 15 - 2)。これは、社会保障をはじめ、多くの分野に大きな影響をもたらす。とりわけ、本章で分析したように、医療・介護分野にとっては重大な問題になってくる。

　一定額の自己負担で国民全員に医療を保障する、40 歳以上の介護が必要と認定された国民に介護を保障するという「国民皆医療保険・皆介護保険」は日本の社会保障制度の根幹の一つである。これまで述べた通り、この医療保険・介護保険制度の特徴として、

世代間扶助（現役世代が支払う保険料で高齢世代の医療給付・介護給付を支える）、政府からの支援（高齢世代の医療給付・介護給付の多くが公費負担）、家庭内性別役割分業（女性が育児や介護などの身内に対するケアに責任を持つ）との整合性などを挙げることができる。世界に誇るこの医療保険・介護保険制度があるからこそ、日本は世界でも有数の長寿国となったと言っても過言ではない。しかしながら、少子高齢化（少子化と高齢化の同時進行）、核家族化、経済の長期不況、雇用システムにおける構造変化（非正規雇用の増加等）、財政問題の深刻化、女性の社会進出（第 16 章を参照）など、これまでの医療保険・介護保険制度（社会保障制度全体にも当てはまる）を支えてきた日本経済・社会の構造や高齢者を取り巻く環境は、大きく変化してきた。

　「国民皆医療保険・皆介護保険」がこのまま持続可能だろうか。持続可能なものにしていくために、今何が必要なのか。確実に来る「2025 年問題」は人々にこれらの問題について考える契機を与えた。現在、日本では、さまざまな対策が進められている。例えば、第 2 章でみた社会保障と税の一体改革、第 10 章でみた高年齢者雇用安定法の改正（希望者が 65 歳まで働ける定年延長制度の義務化）、一定以上の所得がある高齢者の医療・介護サービス自己負担の引き上げ、医学部の定員増（二羽［2014］）、介護職員の賃上げ（日本経済新聞［2014、2015］）、外国人介護職の活用（Martin［2013］、読売新聞［2015］）等である。その結果として、「2025 年問題」は、社会保障政策や財政政策から教育政策や労働市場政策、移民政策まで幅広い分野につながり、現代日本の経済・社会を知るうえで、欠くべからざる視点となっている。

　　実は、2025 年は、日本では、団塊世代が全員 75 歳以上になる年であるだけではなく、人口における次のボリューム層である団塊ジュニア世代がすべて50 歳代になる年でもある。① このことを考えると、日本の高齢化を乗り切る道はなかなか険しいと言わざるを得ない。さらに、2025 年は、中国が「高齢社会」に突入する年であるとも予測されている（図表 15 － 1）。中国にとっては、日本の事例は、遠くない「20○○年問題」にどう対応するかを考える際の重要な参考となるはずである。

＜中文＞

　　最近，经常能听到"2025 年问题"这个词。该词还被提名为2014 年度"U-CAN 新语、流行语大奖"的候选词汇。"2025 年问题"究竟是什么意思呢？

　　2025 年在日本是"团块一代"全部年龄达 75 岁以上的年份。"团块一代"指的是日本战后第一次生育高峰，即 1947 年至 1949 年（亦可扩大至 1951 年）间出生的 700 万人（广义地说为 1000 万人）（东京新闻［2014］）。② 这一代人在日本人口结构中是最大的

---

① 団塊ジュニア世代は、1971 年から1974 年までのベビーブーム（第二次ベビーブーム）に生まれた世代である。団塊世代の子供世代にあたる。

② "团块一代"是由作家堺屋太一所创的新词（堺屋太一［1976］）。"团块"一词原是地质学专业术语，指在沉积岩中物质成分与周围不同的矿物质团块。"团块一代"一词表现出了这一代人人数众多且具有不同于其他年代人群的独特之处。譬如，由于其是与战后日本一同成长起来的一代人，幼年期经历了美军占领（1945—1952）、战后重建、大规模的安保斗争（1960 年反对修改日美安全保障条约的运动）等；青年期投身于声势浩大的学生运动，并成为推动日本经济高度成长的主力军；壮年期又经历了泡沫经济及其破灭和其后的经济长期低迷。

群体，也是所有年龄层中存在感最强的一代。

65岁以上的老龄人口在总人口中所占比例称为老龄化比率。老龄化比率超过7％的社会称为"老龄化社会"（ageing society），超过14％的社会称为"老龄社会"（aged society），超过20％的社会称为"超老龄社会"。根据厚生劳动省［2013］，日本在1970年即成为"老龄化社会"，1995年成为"老龄社会"，2008年成为"超老龄社会"（图表15-1）。另据总务省［2015］的统计，2015年10月，日本的老龄人口为3384万人，老龄化比率为26.7％（即每4个人中就有1位老人），人数和比率均创历史新高。

图表15-1 东亚各国老龄化的进展情况

	人口 （百万人）	老龄化社会 （老龄化率≥7％）	老龄社会 （老龄化率≥14％）	超老龄社会 （老龄化率≥21％）
日本	127.82	1970年	1995年	2008年
中国	1344.13	2000年	2025年	2037年
韩国	49.78	1999年	2019年	2027年

出处：笔者根据厚生劳动省［2013］制成。

由于人口结构中的最大群体"团块一代"全体将达到75岁，因此，2025年日本社会将迎来老龄化的顶峰。特别是由于0岁至14岁的低龄人口和15岁至64岁的劳动人口逐年减少，据日本政府估算，2025年65岁以上的老龄人口将达到3658万人（占总人口的30.3％），75岁以上的老龄人口将达到2179万人（占总人口的18.1％）（图表15-2）。换言之，到2025年，差不多每5个日本人中就有1个是75岁以上的老年人。这将在社保、财政、劳动、雇佣等多方面给日本经济和社会带来巨大影响。所谓"2025年问题"指的就是由此带来的一系列问题。

图表15-2　日本总人口和不同年龄层人口的长期变化及其未来预测

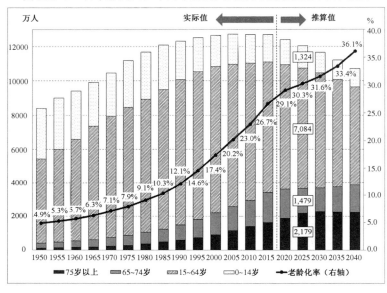

注：预测值采用了国立社会保障、人口问题研究所《日本未来预测人口（2012 年 1 月
　　预测）》的以出生中位、死亡中位假定为前提的预测结果。
出处：笔者根据《国势调查》（截至 2011 年为止）和总务省《人口预测（2015 年 11 月 1
　　日）》以及国立社会保障、人口问题研究所《日本未来预测人口（2012 年 1 月预
　　测）》（2020 年以后）等资料制成。

　　譬如，"团块一代"凭着数十年的积累，拥有丰富的工作经验、
熟练的技能和高度的专业知识。因此，他们的集中大量退休，有可
能造成技能及技术传承的青黄不接、人才衔接的断层，使劳动人口
减少的问题雪上加霜。而且，在"全民皆有养老金"的制度（20
岁至不满 60 岁的所有国民加入公共养老金的制度，于 1961 年开始
实施）下，"团块一代"的老龄化意味着领公共养老金的人数和发放
金额将大量增加，这不仅将给政府财政带来巨大压力，还将增加在

职人员支付养老金保险费的负担。①

　　"2025 年问题"中，人们最担忧的是医疗、看护领域。

　　在日本，65 岁至 74 岁的老年人被称为"前期老龄者"，75 岁以上的老年人被称为"后期老龄者"。 年纪大了，谁都会身体变弱，容易生病，甚至需要看护。 在"全民皆参保"的制度（所有国民均参加公共医疗保险的制度，于 1961 年开始实施）下，岁数达到 75 岁后，便自动过渡到"后期老龄者医疗制度"，即原则上个人仅需负担费用的 10%（收入水平与在职人员等同者则负担 30%）便可接受医疗服务。 另外，需要看护的后期老龄者，可利用"看护保险制度"（于 2000 年开始实施），原则上个人仅需负担费用的 10%（收入水平高、超过一定限额的老年人则负担 20%）即可接受看护服务。

　　2014 年度，后期老龄者的医疗费升至 14.5 万亿日元，占整个医疗费的 36.3%，后期老龄者平均每人一年所花的医疗费为 93.1 万日元，是国民平均水平 31.4 万日元的三倍左右（厚生劳动省［2015］）。 这说明在年龄超过 75 岁以后，利用医疗服务的频度和方式都与在职人员有着很大的不同。 另一方面，"需看护"（有接受看护服务的必要）和"需支援"（有接受看护预防等轻度看护服务的必要）的认定人数和认定比率（认定人数占全部参保者的比率）也从 75 岁开始上升。 在认定为"需看护"和"需支援"的老龄者

---

① 日本的公共养老金制度由所有国民都有义务加入的基础养老金（国民养老金）以及厚生养老金等受雇者养老金（受雇于民企或政府部门的人加入的养老金）两层结构组成。 基础养老金的发放资金是由国库解决（国库负担）一半，由保险费解决（国民负担）一半。 在厚生养老金中，保险费由被保险人本人和雇主（工作单位）双方负担各半。 现行的日本公共养老金制度的运营基于"征收式"，即从在职人员中征收保险费，然后将其作为养老金发放给老年人。

（被称为"第 1 号被保险人"）中，前期老龄者为 72.2 万人，后期
老龄者为其六倍的 497 万人。 如果我们将前期老龄者和后期老龄
者分开看，可以发现前期老龄者"需看护"、"需支援"的认定率分
别为 1.4％和 3.0％；而与此相比，后期高龄者"需看护"、"需支
援"的认定率大幅上升，分别为 8.8％、23.3％（图表 15－3）。 实
际上，看看在公共看护保险制度的庇护下接受看护服务的不同年龄
层所占比例也可知晓①，从 75 岁开始，比例大幅上升，在接受看护
服务人数最多的 85 岁至 89 岁这个年龄层中，四成以上都在接受看
护服务（图表 15－4）。

图表 15－3 "需看护"及"需支援"的认定情况（2013 年度末）

（单位：万人）

	需支援 （需支援 1～需支援 2）	需看护 （需看护 1～需看护 5）	计
认定者总数（＝a＋b）	162.3	421.5	583.8
其中： a. 40 岁～64 岁 （第 2 号被保险人）	3.4	11.3	14.7
b. 65 岁以上（＝c＋d） （第 1 号被保险人）	158.9 （5.0％）	410.3 （12.8％）	569.2 （17.8％）
其中： c. 65 岁～74 岁 （前期老龄者）	23.1 （1.4％）	49.1 （3.0％）	72.2 （4.4％）
d. 75 岁以上 （后期老龄者）	135.8 （8.8％）	361.2 （23.3％）	497.0 （32.1％）

注：括号内是 65 岁以上、65 岁至 74 岁、75 岁以上各年龄层分别占参保者总数的比例。
2013 年度末，65 岁以上、65 岁至 74 岁、75 岁以上参保者总数分别为 3202 万人、
1652 万人和 1549 万人。
出处：笔者根据厚生劳动省《看护保险事业情况报告（年报）》（2013 年度）制成。

_____

① 也存在即便得到了政府"需看护"或"需支援"的认定，但实际上并不利用公共
看护保险制度所提供的看护服务的情况。

图表15-4　不同年龄层接受看护服务人数及占该年龄层人口总数之比例

（2014年送审资料）

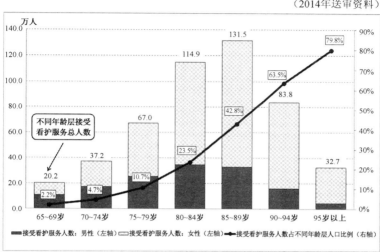

出处：笔者根据厚生劳动省《2014 年度看护发放费用等实际情况调查》、总务省统计
局《人口预测》（2014 年 11 月）制成。

在现行的公共医疗保险制度下，国民在医疗机关接受疾病、伤病治疗所花费用（即"国民医疗费"）由以下三方共同负担：公费（即税金，又分为国库负担及地方政府负担两部分）、居民及企业缴纳的保险费（又分为被保险人负担及雇主负担两部分①）、利用者本人负担。② 其中，由国家和地方政府（都道府县、市町村）的税金以及保险费所负担的部分（即从国民医疗费中去除利用者本人负

---

① 受雇者（受雇于民企或政府部门的人）的保险费原则上由被保险人本人和雇主（工作单位）双方负担各半。

② 利用者本人负担原则上是，未受义务教育之前（6 岁）负担两成；上学后至 69 岁负担三成；70 岁至 74 岁负担两成；75 岁以上负担一成（不过，70 岁以上但收入水平与在职人员等同者负担三成），即越是年长，个人负担越轻。

担的部分）称为"医疗给付费"。 如图表 15-5 所示，随着人口老龄化的加剧，"医疗给付费"持续增加。 换句话说，国家和地方政府的税金投入也好，雇主、被保险人的保险费负担也好，都在逐年增加。

图表15-5　医疗给付费的变化

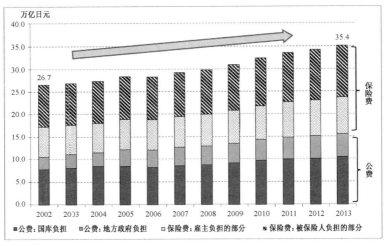

出处：笔者根据厚生劳动省《2013 年度国民医疗费》制成。

日本的公共医疗保险制度在"全民皆参保"的伞下，内含着不同的保险制度，正如那些保险制度的名称所示，如健康保险组合（对象为大企业员工）、全国健康保险协会（对象为中小企业职工）、共济组合（对象为公务员、私立学校的教职员工等）、国民健康保险（对象为个体户、非正式员工、无业者等）、后期老龄者医疗制度（对象为 75 岁以上老龄者等），日本的公共医疗保险制度根据被保险人的职业、雇佣状况、年龄等有着细致的分类，而且，医疗费负担结构的具体内容（如财源构造等）也随着被保险人加入的

医疗保险种类的不同而不同。 如果我们聚焦后期老龄者医疗给付费，可知其财源由三方面构成：公费占五成（其中国家、都道府县、市町村的负担比例分别为 4∶1∶1），后期老龄者支援资金（即在职人员所缴纳的保险费）占四成，后期老龄者本人缴纳的保险费占一成。[①] 也就是说，后期老龄者医疗给付费所需资金主要由在职人员和公费来负担。

日本公共医疗体系的另一支柱，即公共看护保险制度中，各市町村为运营主体，被认定为"需支援"或"需看护"的人接受看护服务所需的费用也是由公费（国库负担及地方政府负担）、居民和企业缴纳的看护保险费（分为被保险人负担和雇主负担两个部分[②]）以及利用者本人负担（原则上负担一成，但收入超过一定限额以上者负担两成）三部分所支撑。[③] 看护给付费，即从看护费用中除去利用者本人负担的部分，通过以下具体方法来解决：国家和地方政府（都道府县、市町村）的税金投入占五成（国家占 25%，都道府县和市町村各占 12.5%），保险费占五成（目前是 65 岁以上的"第 1 号被保险人"负担 22%，40 岁至 64 岁的"第 2 号被保险人"负担 28%）。 换言之，看护给付费的财源一半来自税金，另一

---

① 除后期老龄者医疗制度以外的其他四种医疗保险制度的财源构成分别为：（1）健康保险组合的财源为雇主和被保险人（受雇者）均摊的保险费；（2）全国健康保险协会的财源主要是保险费（由劳资双方负担各半），但国库也补贴一部分（目前的国库补贴率为 16.4%）；（3）共济组合的财源除会员缴纳的保险费以外，国家、地方政府等也承担部分费用；（4）国民健康保险的财源构成是，被保险人缴纳的保险费占一半，公费负担（国家负担 41%，都道府县负担 9%）一半。

② 40 岁至 64 岁的"第 2 号被保险人"若是受雇者（受雇于民企或政府部门的人），其看护保险费由被保险人本人和雇主（工作单位）双方各负担一半。

③ 看护保险费是即使不需要看护保险提供的服务也必须缴纳的保险费。 虽然是从 40 岁开始缴纳直到死亡，但根据年龄段的不同（是 65 岁以上的"第 1 号被保险人"还是 40 岁至 64 岁的"第 2 号被保险人"），采用不同的保险费计算方法。

半来自保险费。 随着老龄化程度的不断加深，不仅看护保险制度逐渐为人们所认识和了解，而且潜在的看护服务需求也逐渐成为现实的需求显露出来，其结果，看护给付费逐年增加，2013 年度达到史上最高水平的 8.5 万亿日元，与看护保险制度开始实施的 2000 年（3.2 万亿日元）相比，十余年间已膨胀了 2.6 倍（图表 15－6）。

图表15-6　看护给付费的变化

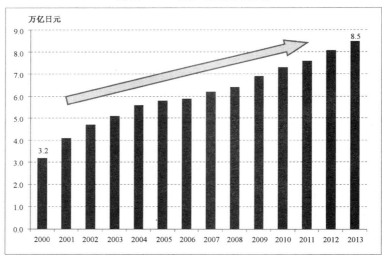

注：（1）包含高额看护服务费、高额医疗合计看护服务费、入住特定设施者看护服务费。

（2）由于受东日本大震灾的影响，2010 年度的数值中不含福岛县内 5 町 1 村的数据。

出处：笔者根据厚生劳动省《看护保险事业情况报告》（年报）制成。

随着人口老龄化程度的不断加深，显示公共社保制度发放资金总额（即养老金、医疗、福利及其他费用之和①）的"社保给付费"

① 关于养老金、医疗、福利及其他费用各自的变化，请参见第 2 章图表 2－3。

一直在增加。　图表 15 - 7 显示，长期以来，老龄者相关给付费（即与老年人有关的给付费）的增加是推高社保给付费的最大原因。最新数据（2013 年度）显示，老龄者相关给付费为 75.6 万亿日元，创历史新高。　另外，老龄者相关给付费在社保给付费中所占的比例，已从开始进行相关统计的 1973 年度的 25% 上升到了 68.4%。

　　之前，我们谈了养老金给付费、医疗给付费、看护给付费各自的负担结构（即财源构成），那么，整个社保给付费的负担结构是什么样的呢？　如图表 15 - 8 所示，2013 年度，社保给付费的 83.5% 是由公费（税金）33.9%、居民和雇主（企业等）缴纳的保险费 49.6% 构成。　由图表 15 - 7 可知，其大部分都被用于老龄者相关给付费。

　　一直以来在日本经济和社会中担当中流砥柱的"团块一代"在 2025 年将全部成为 75 岁以上的后期老龄者，因此，可以预想到，对于医疗、看护等的需要将进一步提高，用于医疗、看护的给付费也将进一步增加。　据日本政府的推算，到 2025 年，医疗给付费将增加至 53 万亿日元（为 2013 年度 35.4 万亿日元的 1.5 倍）；看护给付费将增加至 16 万亿日元（为 2013 年度 8.5 万亿日元的 1.9 倍）（厚生劳动省［2012］）。[①]

　　在财政赤字已十分严重、因"2025 年问题"财政支出压力又将进一步加大的情况下，如何抑制公费负担的增长速度，如何确保社保发放资金的财源，均是重要的课题（关于日本的社会保障与财政的关系，请参见第 2 章和第 3 章）。　而且，由于日本的社会保障制

---

① 　发放费的推算值是在不对医疗看护进行完善扩充、施行重点化和效率化，而保持现有状况下的数值。

图表15-7　社保给付费及老龄者相关给付费的变化

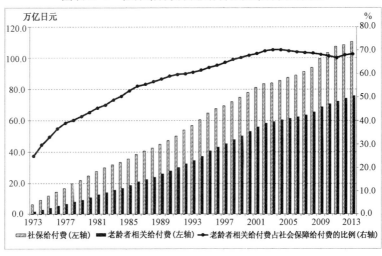

注：(1) 在国立社会保障、人口问题研究所的定义中,老龄者相关给付费指的是所发
放的养老金保险给付费、老龄者医疗给付费、老人福利服务给付费以及老龄
者继续雇佣给付费的总和。老龄者相关给付费从 1973 年开始进行统计。
(2) 老龄者医疗给付费在 2007 年度以前包含旧的老人保健制度下的医疗给付
费,2008 年度包含后期老龄者医疗制度下的医疗给付费以及旧的老人保健
制度下的 2008 年 3 月份的医疗给付费。
(3) 老人福利服务给付费由看护对策给付费和看护保险以外的家庭福利服务费
等构成。
(4) 老龄者继续雇佣给付费指的是对退休(60 岁)后继续受雇于企业、其工资低
于 60 岁时工资水平的 75％、不满 65 岁的老年人,在他们满 65 岁前发放的
相当于工资额 15％的补助费。为促进企业继续雇佣 60 岁至 65 岁的员工以
及促进再就业,该政策于 1995 年开始实施。
出处：笔者根据在国立社会保障、人口问题研究所《2013 年度社会保障费用统计》
制成。

度采取的是由在职人员支撑、扶助老年人的形式（即从在职人员征
收保险费，然后将其作为社保资金发放给老年人），在少子老龄化
（即人口的持续减少和老年人的持续增加同时出现）不断加剧的局

图表15-8　2013年度社保给付费的财源构成（括号内为其占社保给付费的比例）

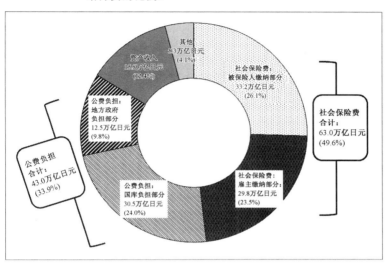

注："其他"包含公积金等。

出处：笔者根据国立社会保障、人口问题研究所《2013 年度社会保障费用统计》制成。

面下，若用于老年人的社保发放资金一直增加下去的话，这将必然导致在职人员所负担的税金和社会保险费增加，而且，通过税收和保险费收入来确保社保发放资金的做法也将会愈来愈有难度。① 据厚生劳动省的推算，2025 年度一名公司职员的社会保险费（本人和企业双方的合计）将比 2012 年度初的水平增加 15％以上，并超过其年收的三成（日本经济新闻［2012］）。 居民和企业的税金、社会保险费负担不断增加的话，居民的生活、企业的经营势必变得困难，这将会影响到居民的消费，企业的设备投资和雇佣，进而给整

① 因为社会保险费自动从被保险人工资中扣除，所以保险费的上涨被称为"看不见的增税"。

个经济带来不良影响。

其实，除资金方面的问题以外，医疗、看护领域的另一个大问题是人才、设施等资源无法赶上因"团块一代"的老龄化而急剧增加的对医疗、看护的需求。 譬如，据厚生劳动省的调查，从事看护的职员数，到2025年将会出现30万人的大缺口（日本经济新闻［2015］）。 其结果，现已出现的"看护离职"、"老老看护"等事态将有可能进一步恶化。

"看护离职"指的是因看护父母等家人而辞职。 近年来，以看护老人为由辞职的人数（看护离职人数）有增无减。 据日本政府的调查显示，2014年看护离职人数为8.8万人，比2006年增加了1.8倍（图表15-9A）。 虽然看护老人的重担主要是由女性来承担，但"看护离职"的男性人数也在增加。 另外，从看护离职者的年龄构成来看，正当壮年的40岁至59岁显得尤为突出（图表15-9B）。

看护离职者的"预备军"也有很多。 总务省《2012年度就业构造基本调查》的结果显示，看护家中老人的人当中，专门在家从事看护的无业者约为266万人，一边工作一边看护的，即"在职看护者"约为291万人（其中，作为家庭顶梁柱的"主要经济来源者"约为211万人）。 也就是说，看护家中老人的人当中有一半以上是有工作的。 而且，在职看护者以45岁至64岁的人为主，约有200万人，占在职看护者总数的近七成（69.0％）（图表15-10A）。另外，如果我们按照性别和年龄层分类来进一步观察在职看护者中的"主要经济来源者"，可以发现其年龄主要还是集中在45岁至64岁，30岁至64岁的男性在职看护者中，九成以上都是"主要经济来源者"（图表15-10B）。

图表15-9　以看护老人、护理病人为由辞职的人数及年龄构成

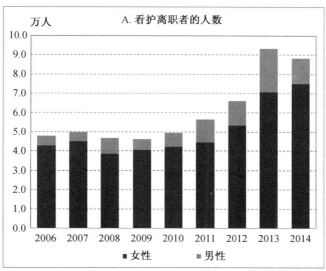

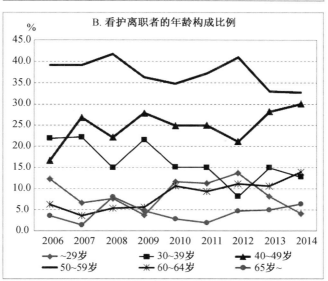

注：2012 年前是"以看护老人为由辞职的人数"。

出处：笔者根据厚生劳动省《雇佣动向调查》制成。

图表15-10　男女不同年龄层的在职看护者

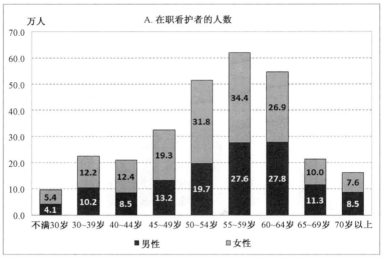

A. 在职看护者的人数

万人

男性　　女性

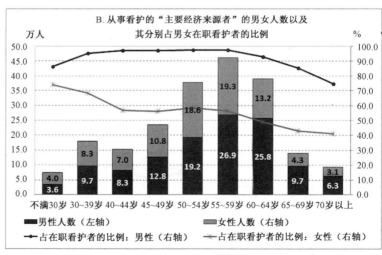

B. 从事看护的"主要经济来源者"的男女人数以及
其分别占男女在职看护者的比例

万人　　　　　　　　　　　　　　　　　%

男性人数（左轴）　　　　女性人数（右轴）
占在职看护者的比例：男性（右轴）　　占在职看护者的比例：女性（右轴）

出处：笔者根据总务省《2012年度就业构造基本调查》制成。

不用说，由于在职看护者（尤其是其中的"主要经济来源者"）身上压着工作和看护老人两座大山，对他们来说，仅靠自身的力量难以解决兼顾工作和看护的问题。因此，其身心极易疲惫不堪，为专心看护家中老人而最终选择辞职的可能性很大。

虽然看护老人和抚育幼儿一样，是实现工作与生活平衡的重要侧面，但看护老人和抚育幼儿毕竟不同，由于无法事先预测到何时看护的担子会突然降临，又将会持续到何时，而且，负担会有多重，因此，比起兼顾工作和抚育幼儿，兼顾工作和看护老人更为困难。

虽然看护离职是个人做出的决定，但其对经济、对社会都有着极大的影响。首先，少子化带来的劳动人口（15 岁至 64 岁的人口）的减少，还没刹住车，在这种情况下，为护理家中老人而不得不辞职的看护离职者如果不断增加下去的话，那么将会出现劳动人口加剧减少的危险。其次，正如前所述，看护离职者及其预备军——在职看护者，主要是正当壮年的四、五十岁那代人，他们大都是企业的骨干。像这样积累了多年业务经验的熟练员工或者从事企业经营管理的要员为了护理家中老人而辞职的话，将会导致技术的断层和经营管理的停滞，并有可能动摇企业的根基。特别是对于员工人数少、一人多岗的中小企业来说，员工为了护理老人而辞职，将会带来重大影响。再次，四十岁以上的中老年劳动者，一旦辞职，由此造成的工作空白以及其年龄将成为再就业的瓶颈（在重视录用应届毕业生的日本劳动市场上，中老年求职者的求职环境本来就很严峻），使其难以重返工作岗位。因需护理家中老人而辞职、之后就一直没能再就业的人当中，有不少最后就只能靠吃低保来维持生活了（读卖新闻［2011］）。这个问题不仅直接关乎失业

等雇佣、劳动问题和社会保障问题，而且，还将加深看护离职者在社会上的孤立程度。 因此，日本政府作为实现安倍经济学第二阶段所设目标"一亿总活跃社会"（参见第 16 章）的具体目标之一，提出了"看护离职为零"的口号。

伴随着"团块一代"的老龄化，今后，看护老人的在职看护者将会持续增加。 针对那些一边工作一边护理家中老人的在职看护者（尤其是双职工家庭或独身的在职看护者），若不采取有效的支援措施，使其能兼顾工作和看护，那么，看护离职者的大幅增加恐怕将无法避免。[①] 和"看护离职"一样，同样是由于"团块一代"的老龄化以及由此产生的看护需要的增加而令很多人担忧的另一个问题是"老老看护"。

"老老看护"指的是对需要看护的老人进行看护的同样也是老人，即老人看护老人的情况。 比如，高龄妻子看护高龄丈夫，高龄子女看护高龄父母，高龄妹妹看护高龄姐姐等，具体形式因家庭的具体情况而不同。

---

① 护理家人的人可利用《育儿、看护休业法》中规定的"育儿、看护休业制度"。针对一名需护理的家庭成员，申请者最多可获得长达 93 天的休假。 但是，该制度并没有在社会上广为认识和接受。 总务省《2012 年度就业构造基本调查》的结果显示，"看护休业等制度"（除看护休业外，还包括缩短上班时间、护理家人的短期休假、带薪休假等）的利用者仅占在职看护者总数的 13%。 为什么明明有制度而不利用却选择辞职呢？ 除了对制度的宣传不够、对在职看护者实际需求思虑不周等制度上的原因外，这与"不能因自己的私事给单位、同事、客户带来麻烦"这一日本企业独特的文化也有关。 关于明明有"育儿休业制度"而男性员工申请育儿休业比率极低的现象也可以说是基于同样的原因（王［2012］第7 章）。 在员工负有义务不受工作岗位、时间、场所限制来劳动（即"无限定就劳义务"，参见第 9 章）的日本企业，由于育儿、看护等个人生活上的变故而导致劳动时间、场所受到制约的员工（尤其是正式员工）无论是在自我意识中，还是在他人意识中，都被认定为是个"麻烦"。

据 2013 年日本政府的调查结果，在需要看护的 65 岁以上老龄者家庭中，看护者本人也超过 65 岁的所谓"老老看护"的家庭，其所占比例（51.2％）已经超过了半数（图表 15－11）。

图表 15－11　与不同年龄层的需看护者同居的
主要看护人的年龄构成（2013 年，单位：％）

与需看护者居住在一起的主要看护人的年龄层	需看护者等的年龄层							
	40～64 岁	65～69 岁	70～79 岁	80～89 岁	90 岁以上	60 岁以上	65 岁以上	75 岁以上
不满 40 岁	7.8	4.1	2.3	1.5	1.2	1.9	1.8	1.3
40～49 岁	9.2	11.9	14.4	6.2	2.3	7.8	7.9	6.8
50～59 岁	28.7	5.7	10.0	29.9	18.1	21.1	21.0	24.3
60～69 岁	34.2	52.6	13.7	26.1	59.2	31.2	30.8	29.8
70～79 岁	9.6	24.4	50.6	16.4	14.6	24.9	25.4	22.7
80 岁以上	10.5	1.3	9.0	19.8	4.6	13.0	13.0	14.9
60 岁以上	54.3	78.2	73.3	62.3	78.4	69.0	69.2	67.5
65 岁以上	33.4	52.4	71.9	41.9	46.3	50.8	**51.2**	48.1
75 岁以上	14.4	6.2	32.6	33.5	9.1	26.6	27.0	29.0

出处：笔者根据厚生劳动省《2013 年度国民生活基础调查》制成。

和"看护离职"一样，近年来，"老老看护"的事例也在不断增多。图表 15－12 是 60 岁以上的主要看护者与需看护者同居的家庭比例的长期变化。从该图表中可知，无论是在哪个年龄段，"老老看护"的家庭比例都在增加。之所以出现这种变化，除了老龄化的加剧、看护资源的不足以外，还有着家庭结构出现变化等影响。

譬如，随着核心家庭化和家庭老龄化的进展，家中仅有 65 岁以上老龄夫妇的家庭数，从 1980 年的 138 万户，增加到了 2013 年的 697 万户，三十年间增加了五倍以上。而且，在有老人的家庭中，仅有老龄夫妇两人的家庭最多，约占 30％（内阁府

图表15-12　不同年龄层（60岁以上）老老看护的比例

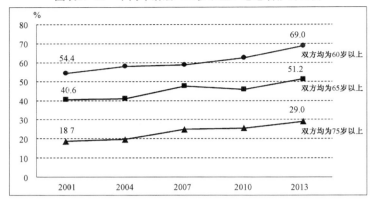

注：(1)"双方均为60岁以上"的数值为在有60岁以上、需要看护的老人的家庭中，居住在一起的主要看护人也是60岁以上的老人的家庭所占比例；"双方均为65岁以上"的数值为在有65岁以上、需要看护的老人的家庭中，居住在一起的主要看护人也是65岁以上的老人的家庭所占比例；"双方均为75岁以上"的数值为在有75岁以上、需要看护的老人的家庭中，居住在一起的主要看护人也是75岁以上的老人的家庭所占比例。

(2)《国民生活基础调查》从2001年开始有关看护老人的问卷调查，从而对家庭中"需看护"和"需支援"的情况进行调查。

出处：笔者根据厚生劳动省《2013年国民生活基础调查》制成。

［2015］）。　可以预想，家庭的老龄化今后将进一步加剧。　据国立社会保障、人口问题研究所推算，仅有老龄夫妇两人的家庭数在2010年60岁至69岁年龄层最多（313万户），不过，到2025年将是70岁至79岁年龄层最多（321万户）（国立社会保障、人口问题研究所［2013］）。①

---

① 通过该推算，我们能看出另一个有关老龄化的倾向，即单身老龄家庭（独居老人）的显著增加。　譬如，对于户主为65岁以上的家庭数，如果按照家庭类型将2010年和2025年的数值加以对比的话，"单身家庭"增加了1.4倍（由498万户增至701万户），并成为户主为65岁以上家庭中最多的家庭类型。　对于户主为75岁以上的家庭数，按照推算，"单身家庭"将从2010年的269万户增至2025年的447万户，增加1.7倍。　因为无法指望家人的支援，单身老龄家庭的看护也成为近年很大的课题。

进行看护时，看护者与被看护者之间的沟通非常重要，而且，因饮食、换衣、大小便处理等涉及个人隐私，被看护者对非家庭成员参与看护总是有排斥倾向。 还有因不想被别人知道家里有需要看护的人而对利用看护服务持消极态度的情况。 加之，经济不宽裕的家庭当然没有利用看护服务的经济能力，只好由住在一起的老人来护理需要看护的老人。 这些也是"老老看护"增加的原因。

人上了年纪，体力、肌肉力量都会衰退，进行看护会变得越来越难。 因此，对"老老看护"中承担看护任务的老人来说，与进行看护的青壮年相比，其承受的体力负担更重。 不仅是体力方面，在精神方面，护理老人也往往会导致身心处于高压状态。 当问到和需看护者住在一起的主要看护者有何烦恼和精神压力时，七成以上的被调查者（男性为 72.6％，女性为 78.3％）将"家人的疾病和看护"列为烦恼和精神压力的主要原因（厚生劳动省［2014］）。 有不少老人因不堪"老老看护"给身体和精神带来的重负而自己也患了病。

看看和需看护者住在一起的主要看护者一天当中的护理时间，我们可以知道，随着需看护者的需护理程度的提高，用"几乎全天"来进行看护的比例也升高。 譬如，当需看护者的需护理程度到"需看护 4"（即需重度护理的状态）以上时，用"几乎全天"来进行看护的主要看护者达半数以上（Ibid.）。 每天把大量时间和精力耗费在看护上，当然会感到压力巨大、身心疲惫。 尤其是当看护者为男性时，由于平常不怎么做家务，一下子同时肩负家务和看护两大重担而苦不堪言的人很多。

正像这样，进行"老老看护"时，比起年轻人看护老年人，看护者在体力上与精神上的负担很重，最终与需看护的家人"同归于

尽"的风险很大。 近年来，老龄看护者由于护理老龄家庭成员而身心疲惫，到了无法继续承受的极限，从而对护理对象加以虐待，甚至杀害（包括强迫其与自己一同自尽）之类的严重事件屡屡见诸报端（汤原悦子［2011］）。

正如"2025 年问题"这一流行语所代表的那样，目前在日本，今后后期老龄者人数急剧增加的现象正引起社会的广泛关注。 据预测，到 2025 年，"团块一代"都将成为 75 岁以上的后期老龄者，由此 75 岁以上老人在全体老年人中所占比例将增至 60％（图表15 - 2）。这将给社会保障等诸多方面带来莫大影响。 特别是正如本章所分析的那样，对医疗、看护领域来说是重大问题。

在自我负担一定比例的前提下，保障全体国民接受医疗的权利、保障被认定为需看护的国民（40 岁以上）接受看护服务的权利，这种"全民皆医疗保险、皆看护保险"的制度是日本社会保障制度的根基之一。 如前所述，该医疗保险、看护保险制度的特征是，其与代际扶助（在职人员缴纳保险费支撑老年人的医疗给付费和看护给付费）、政府支援（公费负担相当部分的老年人医疗给付费、看护给付费）、家庭内部男女分工（女性负有育儿、看护等照顾家庭成员的责任）等相契合。 说正是因为有这种在世界上可以引以为自豪的医疗保险和看护保险制度，日本才成为世界上屈指可数的长寿国也不为过。 然而，随着少子老龄化（少子化和老龄化的同时进展）、核心家庭化、经济的长期低迷、雇佣体系的结构变化（非正式雇佣的增加等）、财政问题的严重化、女性走上社会（参见第 16 章）等经济、社会现象的出现，迄今支撑医疗保险、看护保险制度（也可扩大为整个社会保障制度）的日本经济社会的结构以及老年人所处的环境，发生了很大的变化。

　　"全民皆医疗保险、皆看护保险"能否照常持续下去？ 为了使其能够持续下去，现在需要做些什么？ 迟早要到来的"2025 年问题"给人们提供了思考这些问题的契机。 当前，日本正进行着种种准备。 譬如，第 2 章谈到的"社保与税收的一体化改革"；第 10 章谈到的《老龄者雇佣安定法》的修正（只要本人愿意可工作到 65 岁再退休的"延迟退休制度"的义务化）；对超过一定收入限额的老年人提高医疗、看护服务的个人负担比例；增加医学系招生人数（二羽哈露娜［2014］）；提高看护人员的工资待遇（日本经济新闻［2014，2015］）、灵活起用外国人从事看护工作（Martin［2013］、读卖新闻［2015］）等。 因此，"2025 年问题"广泛牵涉到社保政策、财政政策、教育政策、劳动市场政策、移民政策等众多领域，是了解现代日本经济社会不可或缺的视点。

　　其实，2025 年，在日本，不仅是"团块一代"全部年龄达 75 岁以上的年份，而且也是人口结构上仅次于"团块一代"的庞大群体——"团块二世一代"全部步入 50 岁的年份。① 思路及此，不能不说日本应对老龄化的道路委实艰险。 另一方面，根据预测，2025 年也是中国进入"老龄社会"的年份（图表 15 - 1）。 日本的事例，对于中国思考如何应对并不遥远的"20××年问题"，可以说是重要参考吧。

---

① 　"团块二世一代"是在 1971 年至 1974 年的婴儿潮（第二次生育高峰）中出生的一代人，是"团块一代"的孩子一代。

第16章　女性の活躍推進
（推进女性的活跃）

＜日本語＞

　日本政府は、この間、「女性が輝く社会」というスローガンを掲げ、「女性の活躍推進」に力を入れている。例えば、「女性の職業生活における活躍の推進に関する法律（女性活躍推進法）」が2015年8月28日に国会で成立し、翌16年4月1日から施行された。この法律により、国や地方公共団体、常時雇用する労働者が301人以上の民間企業等の事業主に、自らの職域における女性の活躍に関する状況把握・課題分析①、女性の活躍推進に向けた数値目標を盛り込んだ行動計画の策定・周知・公表・都道府県労働局への届出②、女性の職業選択に資する、自らの職域における女性の活躍に関す

---

① 女性の活躍状況を、採用者に占める女性比率、勤続年数の男女差、労働時間の状況、管理職に占める女性比率などの項目により把握し、課題分析を行うことが要求されている。
② 行動計画には、計画期間、数値目標、取組内容、取組の実施時期等を盛り込むことが要求されている。

る情報の公表が、義務付けられた。①

　その法律の名称からわかるように、ここでいう「女性の活躍推進」は、職業生活、すなわち働く場面でのことであり、就業を希望しているすべての女性がその個性と能力を十分に発揮できることを推進するという意味である。

　では、なぜ、いま日本政府は、そのような女性政策を重視しているのであろうか。換言すれば、なぜ、いま女性の職場での活躍が国レベルの政策課題になるのであろうか。それは、より多くの女性を労働力として活用できれば、次のようないくつかの好影響を日本経済にもたらすと考えられるからである。まず、少子高齢化の進行により生産年齢人口（15 歳～64 歳の人口）が減り続けるなかで（第 15 章図表 15 - 2）、女性就業率が高まれば、懸念されている労働力不足問題がある程度緩和できる。また、所得税等の税金を納める働き手が増加すれば、税収が拡大し、それによる財政状況の改善が期待できる。同様に、稼得所得のある働き手が増大すれば、働いている現役世代が支払った保険料を高齢者の社会保障給付に充てる現行の社会保障制度（第 15 章を参照）の持続性も向上できる。さらに、女性就業率が上昇することで、世帯の総所得が増加し、そ

---

① 　常時雇用する労働者が300 人以下の民間企業等は努力義務（実際の運用は雇用主の努力に任される）である。

れが消費の拡大、新たな需要の創出、GDPの上昇などにもつながり①、結局、経済の好循環をもたらすことが期待できる。そのため、安倍政権は「女性の活躍こそ日本経済牽引の『鍵』である」として、女性の活躍を成長戦略の中核の一つとして位置づけ、経済成長における「女性の活躍推進」の重要性を強調している（日本経済再生本部［2013］）。

　それでは、日本における女性の就業の現状はどうなっているのであろうか。日本では、高等教育を受けた女性の就業率が低い。図表16－1から分かるように、依然として男女格差が観察されるが、高等教育を受けた女子の比率（特に女子の大学等進学率）は一貫して増加傾向にある。2015年に、女子の大学（学部）への進学率は47.4％で、短期大学（本科）への進学率9.3％を合わせると、女子の大学等進学率は56.7％となっている。

　しかしながら、女性高等教育卒業者には、年齢階級が高くなるほど正規の職員・従業員割合が低くなる傾向が見られる。特に、大卒者の場合、正規の職員・従業員率は30歳代で6割、40歳代で5割近くまで下がってしまう（図表16－2）。OECD［2015］も、高等教育を受けた日本の女性の就業率は同じ学歴の男性よりはるかに低いことを指摘している。高等教育（短期課程を除く）の学位取得者の

---

① Daly［2007］によると、日本の男女間の就業率ギャップが解消できれば、GDPは16％上昇する。また、Steinberg and Nakane［2012］は、日本の女性の労働力率（Female Labor Participation Rate）が他のG7（伊を除く）諸国のレベルになれば、1人当たりGDPが恒久的に4％上昇し、北欧のレベルになれば8％上昇するという推計結果を得ている。日本政府自身の試算では、女性の潜在労働力（就業希望者）の就労により、GDPの約1.5％程度に相当する付加価値が新たに創造される（男女共同参画会議基本問題・影響調査専門調査会［2012］）。

図表16-1　学校別・男女別進学率の推移

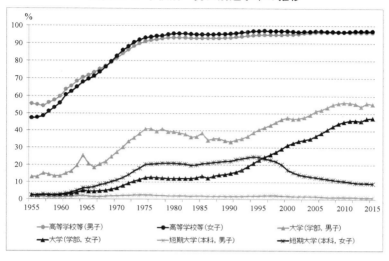

注：(1) 高等学校等への進学率は、中学校卒業者及び中等教育学校前期課程修了
　　　者のうち、高等学校、中等教育学校後期課程及び特別支援学校高等部の本
　　　科・別科並びに高等専門学校に進学した者（就職進学した者を含み、過年
　　　度中卒者等は含まない）の占める比率である。
　　(2) 大学学部・短期大学本科への進学率は、大学学部・短期大学本科入学者
　　　数（過年度高卒者等を含む）を3年前の中学校卒業者および中等教育学校
　　　前期課程修了者数で除した比率である。
　出所：文部科学省「学校基本調査」より筆者作成。

　　場合、男性の就業率が約90％であるのに対し、女性の就業率は71％
であり、これはOECD平均の79％を大きく下回っている。
　　高等教育を受けた女性の就業率が低いことは、言い換えれば、学
歴がある女性の多くが労働市場に参加しておらず、高等教育によ
って形成された能力が就業の形で社会の中で十分には活かされて
いないことを意味する。つまり、女性の持つ潜在力の多くは、未利
用のままである。こうした現状に対して、安倍晋三首相は「女性

図表16-2 教育・年齢別正規の職員・従業員率

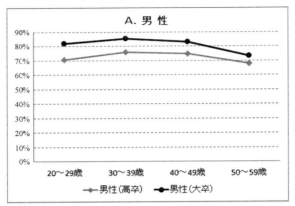

A. 男 性

男性（高卒）　男性（大卒）

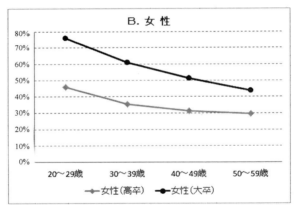

B. 女 性

女性（高卒）　女性（大卒）

出所：総務省総務局「平成 24 年就業構造基本調査」より筆者作成。

の中に眠る高い能力を、十二分に開花させていただくことが、閉塞
感の漂う日本を、再び成長軌道に乗せる原動力だ」「現在の日本で
最も生かし切れていない人材とは女性であり、女性の活躍を成長
戦略の中核に据える」（安倍［2013］）などと述べ、国内外に対して自
らの女性政策をアピールしてきた。

　「男女雇傭機会均等法」（1985 年制定、翌 86 年より施行）が施行されて以来、試行錯誤を繰り返しながら、政府レベルでは、女性の社会進出や女性人材の活用を促進する動きが進んできている。[①]1992 年には、全ての労働者を対象とした「育児休業等に関する法律」（育児休業法）が施行され（成立は1991 年）、法律上、男女とも子どもが1 歳になるまでの育児休業が取得できるようになった。1995 年には、家庭責任は「育児」だけに留まらず「介護」も対象にすべきだとして、「育児休業法」に介護休業規定も加えられた「育児・介護休業法」が成立（施行は1999 年）した。子が満 1 歳になるまでの期間に育児休業を取る権利、介護が必要な家族（配偶者、親、子など）のための連続 3 カ月以内の介護休業を取る権利が法律で認められるようになった。2009 年には、男女ともに仕事と家庭の両立ができる働き方の実現のために「育児・介護休業法」が改正され、事業主は、3 歳に満たない子を養育する労働者について、労働者が希望すれば利用できる「短時間勤務制度」（1 日の労働時間を原則として6 時間）を設けることが義務付けられた。2012 年 7 月 1 日より、改正育児・介護休業法が全面施行され、従業員数が100 人以下の事業主（即ち、中小企業）にも適用になった。

　このような女性就業促進を目指す法律や政策の制定・整備、女性の教育レベルの向上等を背景として、女性の活躍機会に広がりが見られている。例えば、1985 年から2015 年までの間に女性雇傭

---

① その背景には、国連の「女子に対するあらゆる形態の差別の撤廃に関する条約」（1979 年採択、日本 1985 年批准）やILO（International Labour Organization、国際労働機関）156 号条約「家族的責任を有する男女労働者の機会及び待遇の均等に関する条約」（1981 年採択、日本 1995 年批准）などの国際世論、出生率の大幅な低下（例えば、1989 年の合計特殊出生率が1.57まで低下した「1.57ショック」）などがあった。

者は450万人が増加し（図表16－3）、1997年以降、共働き世帯が男
性雇用者と無業の妻（専業主婦）からなる世帯数を継続的に上回っ
ている（図表16－4）。

図表16-3　男女別雇用者数の長期推移

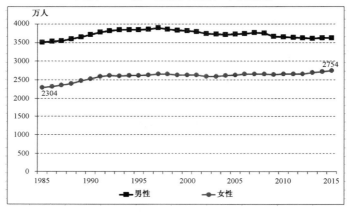

出所：総務省統計局「労働力調査」より筆者作成。

図表16-4　共働き等世帯数の長期推移

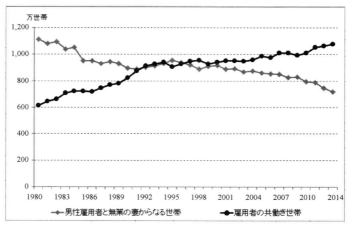

出所：同上。

　　ただし、労働市場への参加状況には依然として男女間の大きな差が見られる。総務省総務局「労働力調査（詳細集計）」（2015 年）によると、求職活動はしていないものの、就業を希望する「就業希望者」は男女合わせて412 万人いるが、その4 分の3 に近い301 万人が女性である。また、非正規の職員・従業員が雇用者全体に占める割合を男女別に見ると、女性は男性よりはるかに高く、働く女性の6 割近くはパートや契約社員、派遣社員など、労働条件が低位で働く権利が保障されていない弱い立場に置かれている非正規労働者である（図表 16 - 5）。さらに、指導的地位に就く女性の比率も低く、社会の様々なレベルにおける意思決定への女性の参画は極めて低位な状況にある。内閣府［2015］によると、常時雇用する労働者 100 人以上の企業では、上位の役職ほど女性の割合が低く、課長級 9.2％、部長級になるとわずか6.0％である（仮に100 人部長がいても女性は6 人くらいしかいない）。上場企業の役員等に占める女性の割合を見ると、業種全体で約 1.2％と、著しく低い水準にある（内閣府［2011］）。日本国内の大手データサービス会社帝国データバンクが行った女性登用に関する調査（全国 2 万 3176 社対象）では、女性管理職（課長相当職以上）が1 割にも満たない企業は約 8 割であり、大企業の場合には、女性管理職の平均割合はわずか4.6％であることを明らかにした（帝国データバンク［2015］）。[1]

　　日本における女性の社会経済活動への参画度合いは、国際的に

---

[1]　同調査では、自社の女性管理職割合が5 年前と比較してどのように変わったかと聞いたところ、「変わらない」とする企業が約 7 割であり、また、今後、自社の女性管理職割合が今後どのように変わると考えているかと聞いたところ、企業の約 6 割は「変わらない」としている。

図表16-5　雇用形態別雇用者割合（男女別）

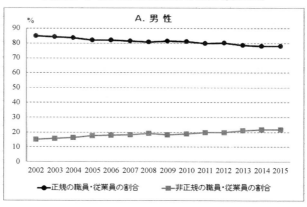

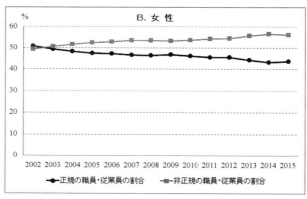

出所：総務省総務局「労働力調査（詳細結果）」（2015 年）より筆者作成。

みても水準が低く、しかも改善のスピードが極めて遅い。OECD ［2011］によると、雇用分野の男女格差を測る6 指標のうち、日本はデータのある5 指標においてはOECD 平均を下回り、そして「期間雇用者比率」でみる男女格差はOECD 諸国の中で最も大きい（図表 16－6）。また、管理的職業従事者に占める女性の割合は、11.3％と先進諸国の中で突出して低い（図表 16－7）。さらに、世界経済フォ

ーラム（World Economic Forum）が発表した「2015 年世界男女平等
格差報告書」（The Global Gender Gap Report 2015）では、世界 145 ヵ
国中、日本の総合スコア（0.67）の順位は101 位となっており、約 10
年前である2006 年のスコア（0.645）と比較してわずかな程度しか
改善していない（World Economic Forum ［2015］）。①

図表 16 - 6　OECDとの比較でみる雇用における男女格差

指　　標	OECD 平均 （2009 年）	日　本 （2009 年）
労働力率（Labor force participation rate）： （男性－女性）/男性	＋18	＋26
雇用者比率（Employment to population ratio）： （男性－女性）/男性	＋18	＋25
フルタイム雇用者比率（Employment to population ratio—full-time equivalent）（注 1）： （男性－女性）/男性	＋32	データなし
期間雇用者比率（Temporary employment as a proportion of dependent employment）（注 2）： （女性－男性）/女性	＋15	＋78
一日当たり平均無償労働時間（Average minutes of unpaid work per day）： （女性－男性）/女性	＋50	＋78 （2006 年値）
賃金の中央値（Median earnings）： （男性－女性）/男性	＋16	＋31

注：（1）雇用者比率×雇用者平均週労働時間/40（時間）の形で算出。
　　（2）期間雇用者とは、雇用期間に定めのある雇用者である。
出所：OECD［2011］より筆者作成。

---

①　世界経済フォーラムは「経済活動の参加と機会（Economic Participation and Opportunity）」「教育達成（Educational Attainment）」「健康と生存（Health and Survival）」「政治参加（Political Empowerment）」の4分野について各国の男女格差を指標化（最大値＝1）し、毎年グローバル・ジェンダー・ギャップ指数（Global Gender Gap Index）を公表している。2015 年の4分野の順位をそれぞれ見ると、日本は「経済活動の参加と機会」分野 106 位、「健康と生存」分野 42 位、「教育達成」分野 84 位、「政治参加」分野 104 位となっている。

図表16-7　管理的職業従事者に占める女性の割合（国際比較）

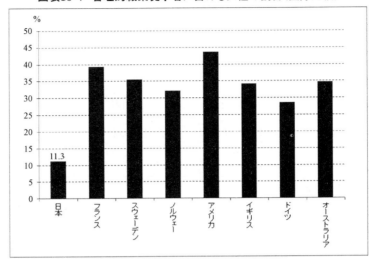

注：「管理的職業従事者」の定義は国によって異なる。日本の場合、就業者のう
　ち、会社役員、企業の課長相当職以上、管理的公務員等をいう。
出所：内閣府［2015］より筆者作成。

　　年齢に注目すると、日本における女性の就業状況の特徴がよ
り明確に見えてくる。例えば、日本の女性の労働力率を年齢階級
別に見ると、結婚・出産期と子育て期に当たる30歳代に落ち込み
がみられる、いわゆる「M字カーブ（M-Curve）」を描いている（図表
16 - 8A）。①　女性の潜在的労働力率を見てみると、20歳代〜40歳
代においては実際の労働力率に比べ6〜12％程度高くなっており、
働く意欲はあるものの、何らかの事情により、就業していない女性

① 　スウェーデン、米国などの欧米諸国では、女性の労働力率を年齢階級別に見る
　と、M字カーブのような底が見られず、逆U字カーブ（inverted U-curve）を描い
　ている。また、日本の場合、M字カーブの底は、次第に浅くなってきているとい
　う事実も指摘すべきである。

が多く存在していることが分かる。

　また、女性の年齢階級別労働力率を配偶関係別に見ると、20 歳
代〜40 歳代の有配偶女性の労働力率は未婚女性の労働力率を大
きく下回っている。そして、未婚女性の労働力率のピークは20 歳
代後半であるのに対し、有配偶女性では40 歳代後半がピークとな
っている（図表 16 - 8B）。

図表16–8　女性の年齢階級別労働力比率（2015年）

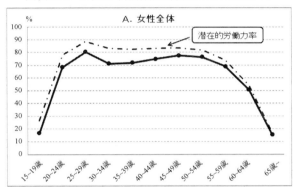

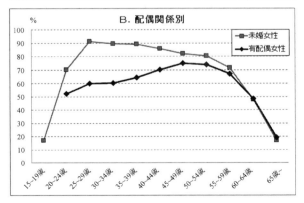

注：（1）労働力率＝労働力人口/15 歳以上人口、労働力人口＝就業者＋完全失業者
　　（2）潜在的労働力率＝（労働力人口＋非労働力人口のうち就業希望者）/15 歳以上人口
出所：総務省総務局「労働力調査（詳細結果）」（2015 年）より筆者作成。

　次に、男女それぞれの年齢階級別労働力率を雇用形態別に見ると、2014 年は、男性の場合、60 歳以上を除くすべての年齢階級では、「正規の職員・従業員」が「非正規の職員・従業員」を大きく上回っていることに対して、女性の場合、「正規の職員・従業員」の割合は20〜34 歳までが「非正規の職員・従業員」を上回っているが、35 歳以上になると、「正規の職員・従業員」と「非正規の職員・従業員」の割合は逆転している（図表 16 - 9）。

　最後に、非正規雇用者に焦点を当てて、年齢階級別の非正規雇用者割合の長期推移を男女別に比べてみると、男女ともに非正規雇用者の割合が上昇傾向にあるが、15〜24 歳を除く全ての年齢階級では、女性の非正規雇用者の割合が一貫して男性を大幅に上回っていることがわかる。2015 年現在、女性では、全ての年齢階級で非正規雇用者の割合が4 割を超えており、しかも35 歳以上の場合、年齢の上昇とともに非正規雇用者の割合も増加している（図表 16 - 10）。

　以上の分析から、日本では、男性と女性の就業モデルには明らかな差異があるだけではなく、女性の中でも、未婚女性（若年女性）と既婚女性（中高年女性）の就業モデルが大きく異なることがわかる。未婚女性（若年女性）より既婚女性（中高年女性）の就業率が低く、既婚女性の場合には、就業していても非正規雇用者としての家計補助的な働き方が中心であり、自己実現やキャリア形成のためではない。この女性就業における二重構造は、職場における女性の活躍を妨げている。

　では、この「女性就業の二重構造」はどうしてできあがったのであろうか。経済先進国であるはずの日本は、なにゆえ女性の社

図表16-9　年齢階級別・雇用形態別にみた男女の就業状況

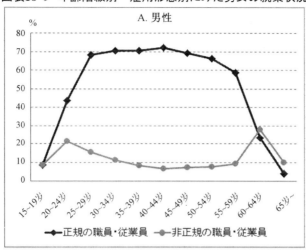

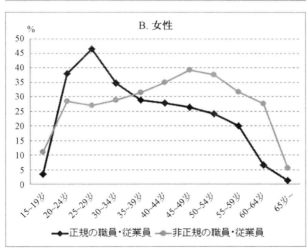

注：数値は「正規の職員・従業員」と「非正規の職員・従業員」がそれぞれ男女 15 歳
　以上人口に占める割合である。

出所：厚生労働省「平成 26 年　国民生活基礎調査」より筆者作成。

図表16-10　男女別・年齢階級別非正規労働者の割合の長期推移

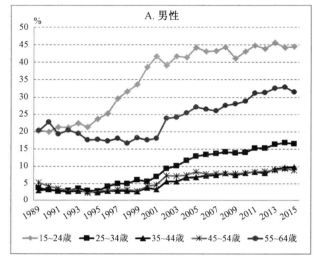

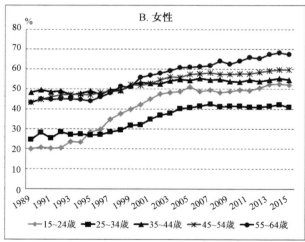

出所：総務省総務局「労働力調査」より筆者作成。

会進出・社会参画の分野においては後進国のままなのであろうか。そして、なにゆえその状況の改善は遅々として進まないのであろうか。これらの問題は日本の経済・社会の構造と密接な関連があり、それらを解明することは日本の経済社会を理解するうえで重要であり、かつ有益な視点を与えることになるであろう。以下では、家庭・企業・政府という三つの側面からこれらの問題について考察を行うこととしよう。

　まず、日本の経済社会においてもっとも広範かつ強力な影響力を持っている企業に注目することにしよう。第 9 章と第 11 章でみた通り、戦後確立した日本的雇用システムにおいては、男性労働者の職業生活も家族生活も企業に従属していた。男性労働者は終身雇用により長期生活保障を与えられ、手厚い教育訓練を受けられる一方、頻繁に行われる配置転換や単身赴任に代表されるように、職務も働く時間・場所も限定なく働かなければならないという「無限定就労義務」を負っていた。このため、男性正社員は残業・長時間労働や頻繁な転勤など、生活・家庭より仕事を優先することを余儀なくされ、「企業戦士」としての、滅私奉公的な働き方が称賛される風潮もあった。企業戦士が銃後の憂いなく仕事に専念してもらうために不可欠な存在が、家事・子育てに専念し、安心して家庭を任せられる専業主婦である。したがって、女性労働者に関しては、結婚退職までの若年短期勤続を前提にしており、その極端な例は結婚または男性よりもはるかに若い年齢を定年と定めた「結婚退職制」「若年定年制」である。結婚した女性が「寿退社」といういかにもめでたい言われ方で職場を辞めるのは一般的なことであった。一方、結婚・出産後も働き続ける女性に対して、嫌がらせ

をして自主退職に追い込んでしまうケースも少なくなかった。しかも、男性正社員は責任の重いかつ企業に対する貢献度の高い仕事に従事させるのに対して、女性正社員には事務補助業務等の軽雑作業を担当させていた（いわゆる「OL 型女性労働モデル」）。①

　すなわち、若年女性労働者には正規労働者という身分を与えるものの、それはあくまでも結婚までの短期限定的な性格を有するものであり、したがって女性労働者は終身雇用の対象外とされており、長期安定雇用を中核とする日本的雇用システムの周辺に置かれて続けた。その背後には、女性労働者が結婚後において家事・育児について責任をもたなければならず、それによって勤務に支障を生じ、生産性が低下することとなるため、女子労働者については、比較的生産性の高い結婚以前のみ雇用するほうが経済合理的であるとする企業側の認識があった。企業は女性労働者を短期間限定で雇うため、彼女らに対しては教育訓練など、将来の長きにわたって回収が見込まれる人的資本への投資はせず、高度の熟練、技能や判断力を必要としない、しかも代替可能な補助的業務のみを行わせたのである。女性が長期的な就業をしないことを前提としている日本的雇用システムでは、女性自身もキャリア意識に欠けていたし、女性の職業能力に対する他人からの期待もまた非常に低かった。

　企業の人事・賃金管理も、男性労働者の長期勤続と女性労働者の短期就業を前提に行われた。例えば、賃金体系や退職金制度は、

----

① 濱口［2014］は、OL 型女性労働モデルには、女性正社員を男性正社員の花嫁候補者的存在とみなす側面があり、社内結婚した女性が同じ会社で働き続けることが許されない雰囲気もあったと指摘している。

女性が一定年齢になると辞めてくれることを前提にしていた。したがって、女性の職場進出の後押しとなった「男女雇用機会均等法」が施行された後に、男女別の雇用管理ができなくなったため、企業側に制度的矛盾が起きた。長期勤続の女性労働者の場合、職務はこれまでと同じ補助的業務であるのに対し、賃金は男女同一年功賃金の形で、基幹的業務を従事している男性労働者と同様に年齢が高くなるとともに高くなることは、企業経営の合理化を妨げることになったのである。

　この制度的矛盾に対応するために日本企業が導入したのが、「コース別雇用管理」と言われるものである。企業は、「総合職」と呼ばれる基幹的業務に従事し、さまざまな職種を経験しながらキャリアを積み、昇進もあるが全国規模の転勤もあるコースと、「一般職」と呼ばれる補助的業務に従事し、昇進はないかあっても一定の役職にとどまり、転勤がないコースを設け、労働者にどちらかを選ばせている。このコース選択にあたって男女労働者に等しく選択権が与えられていたわけではない。男性には総合職のみがあり、女性にはいずれかを選択させる場合が大企業を中心に多かった。言うまでもなく、両コースは、労働条件も処遇も昇進機会・スピードも異なる。制度上、男性でも一般職になれるし、女性でも総合職になれるが、実際には、男性が一般職になることはほとんどないし、女性が総合職になるためには男性並みに働くこと、例えば残業・長時間労働や頻繁な配置転換を強いられる。家庭や育児に責任を負う既婚女性にとってこれらの要求に応えるのが困難であるため、女性は一般職を選択することが圧倒的に多い。したがって、コース別雇用管理は、実質上、男性正社員の働き方（「総合職」）と女性

正社員の働き方(「一般職」)をコースとして明確化することにより、従来の「男女別の雇用管理」を続けていると言ってもよい。① 厚生労働省[2007]は、コース別雇用管理は間接的な男女差別にあたる可能性を示している。

女性差別的な雇用慣行は、職場における男女の地位に対する不平等感をもたらしている。内閣府が2012 年に行った世論調査では、職場において男女の地位は「平等」とする人の割合は28.5％、「男性の方が優遇されている」は57.7％、「女性の方が優遇されている」は4.6％であった。年齢別では、働いている現役世代である20歳代〜50 歳代では「男性の方が優遇されている」とする割合が全体平均の57.7％より高かった(鈴木 [2012])。

「女性労働者が男性労働者を支えるのだ」「女性労働者が結婚・出産して勤務を継続すると、生産性の低下を生じる」という日本企業社会での一般的な認識は、「男子は外を治め、女子は内を治む」「家庭においては妻が夫を支えるべき」という伝統的な家庭観の延長線上にあるものと考えられる。特筆すべきは、企業の男性労働者に対する労働需要が強まり、託児・介護施設や社会保障・財政など社会的・経済的資源も不足していた戦後の経済復興期・高度成長期に、そのような伝統的な家庭観のもとで、「夫の役割は仕事、妻の役割は家事・育児・介護」という家庭内性別役割分業の形態が強固なものとして日本社会に定着したことである。

---

① 山口[2009]は、一般職は総合職に比べて昇進機会及び賃金の年功的要素が低く、しかも一般職コースに女性が多いため、コース別雇用管理が男女間賃金格差の原因にもなっていると指摘している。なお、内閣府[2015]によると、2014年は、男性一般労働者の給与水準を100としたときの女性一般労働者の給与水準は72.2である。

　その家庭内性別役割分業に基づき、男性は、家庭生活を振り捨てた身軽さで仕事に専念し妻子を養う勤労所得を確保する役割を果たし、女性は、家庭内の家事・育児・介護などの無償労働を引き受け、外で働く夫を支える内助の功に徹することを社会的に期待されていた。この意味で家庭内性別役割分業は、日本的雇傭慣行を支える社会的・文化的基盤ともいうべきであろう。結果として、女性が結婚または出産を機に退職し専業主婦になり、育児や家事に専念するライフコースを選択することが社会的規範となり、前掲の図表16-8のように、女性の労働力率は結婚・出産期と子育て期に最も低いM字カーブを描くようになったのである。

　現代日本社会においても、人々の家庭内性別役割分業意識は依然として根強い。図表16-11に示されているように、「夫は外で働き、妻は家庭を守るべきである」という考え方に賛成する人は、初回調査である1979年と比較すると減少傾向にあるが、男女とも現在でも賛成派は4割を超えており、男性の賛成派が女性の賛成派より多いことは約35年間変わっていない。2009年から2012年にかけて固定的性別役割分業意識へと逆戻りしていたことも注目すべき点であろう。また、15〜39歳の独身女性の3人に1人が結婚したら専業主婦になりたいと希望しており、若い女性の「専業主婦」志向が現実には依然強いことが最近の厚生労働省の調査で分かった（日本経済新聞［2013］）。

　固定的性別役割分業意識のもとで、家事、育児、介護などの活動は圧倒的に女性によって担われている。総務省の「社会生活基本調査」(5年ごとに実施)の最新調査結果によると、家事関連時間に関しては、男性平均は42分、女性平均は3時間35分で、男女の間に

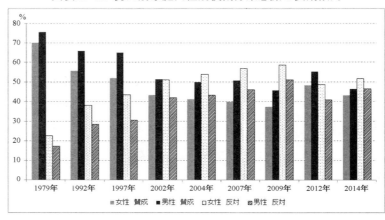

図表16-11 男女別家庭内性別役割分業意識の長期傾向

注：「夫は外で働き，妻は家庭を守るべきである」という家庭観について、「賛成」、
「どちらかといえば賛成」、「どちらかといえば反対」、「反対」、「わからない」か
ら1つを選択する形式で尋ねている。ここでは、「賛成」と「どちらかといえば
賛成」を「賛成」、「どちらかといえば反対」と「反対」を「反対」にまとめた。
出所：内閣府「平成 27 年版男女共同参画白書」より筆者作成。

大きな差があり、その差が最も大きいのは子育て期に当たる35〜
39 歳である（図表 16 - 12）。

言うまでもなく、男性が家事関連に費やす時間の短さは彼らの職
場での長時間労働の対極にあるものである。図表 16 - 13に示され
ているように、1 週間の労働時間が60 時間（参考：国際労働機関
（ILO）では、週労働時間 50 時間が「働き過ぎ」の目安とされている）
を超える男性労働者の割合の長期推移を年齢階級別に見ると、子
育て期にある30 代と40 代は、一貫してほかの年代より高い。

家庭における家事労働の負担が妻に偏っていることを、男女別
で、既婚か否か、そして、共働き世帯か否かについて更に細かくみ

図表16–12　男女別・年齢階級別家事関連時間

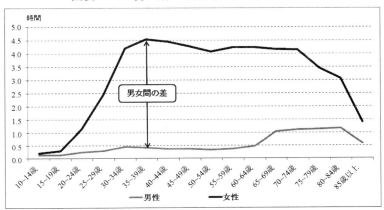

注：家事関連時間は、家事、介護・看護、育児及び買い物等の活動に使う時間で、週
　　全体の1日平均である。
出所：総務省統計局「平成23年社会生活基本調査」より筆者作成。

図表16–13　週労働時間60時間以上の男性労働者の割合（年齢階級別）

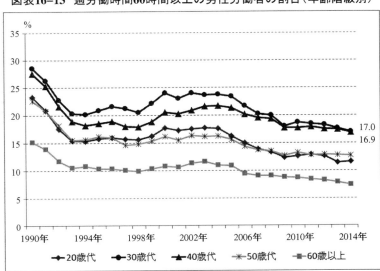

出所：内閣府「平成27年版男女共同参画白書」より筆者作成。

ると、より明確に捉えることができる。例えば、既婚か否かで家事
関連時間を見ると（図表 16 - 14）、男性の場合、有配偶者は未婚者よ
りわずかに 20 分長くなっているのに対して、女性の場合、有配偶者

図表 16 - 14　男女別の生活時間比較（週全体の 1 日平均時間）

比　較　項　目	男性	女性
未婚者の家事関連時間（注 1）	27 分	1 時間 6 分
有配偶者の家事関連時間	47 分	5 時間 2 分
「共働き世帯」の 2 次活動時間（注 2）	9 時間 9 分	9 時間 27 分
「夫が有業で妻が無業の世帯」の 2 次活動時間	9 時間 10 分	8 時間 47 分

注：（1）家事関連時間は、家事、介護・看護、育児及び買い物等の活動に使う時間である。
　（2）2 次活動とは、仕事、家事など社会生活を営む上で義務的な性格の強い活動である。
出所：総務省統計局「平成 23 年社会生活基本調査」より筆者作成。

は未婚者より約 4 時間長くなっている。次に、「夫婦と子供世帯」
のうち、「共働き世帯」（夫も妻も有業の世帯）と「夫が有業で妻が無
業の世帯」について 2 次活動時間（仕事、家事など社会生活を営む
上で義務的な性格の強い活動に使う時間）を見ると、「共働き世帯」
の夫は「夫が有業で妻が無業の世帯」の夫に比べてほとんど差がな
い（1 分短くなっている）が、「共働き世帯」の妻は「夫が有業で妻が
無業の世帯」の妻に比べて 1 時間 40 分長くなっている。そして、
「共働き世帯」では、妻の 2 次活動時間は夫より長いのである。さ
らに、6 歳未満の子供を持つ夫の 1 日当たり行動者率でみると（図
表 16 - 15）、「家事」についても、「育児」についても、「共働き世帯」と
「夫が有業で妻が無業の世帯」の間に明確な差が見られない。妻の

図表16-15　6歳未満の子供を持つ夫の家事・育児関連行動
者率（週全体平均）

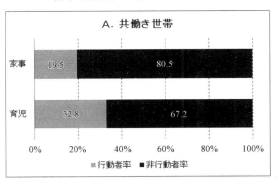

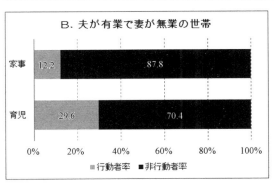

注：行動者率＝該当する種類の行動をした人の割合。非行動者率＝100％－行
動者率

出所：総務省統計局「平成23年社会生活基本調査」より筆者作成。

就業状態にかかわらず、8割以上の夫が家事をせず、約7割の夫が
育児を行っていない。つまり、全体的に言えば、妻が働いているこ
とによって夫が家事・育児を積極的に分担するということは観察
されない。これらの結果により、日本では、既婚女性、特に「共働き
世帯」の妻の家庭内労働の負担が大きいことが窺える。すなわち、

働く妻たちは家庭内外のそれぞれ負担の大きな「二重労働」をしていることになる。

　根強い「夫は仕事、妻は家庭」という社会意識および長時間労働等の企業慣行のもとで、多くの既婚女性は夫が家事・育児等を分担してくれることを諦めている（図表 16－16）。

図表 16－16　夫の家事・育児に対して「期待する」・「期待しない」と答えた妻の割合

妻の年齢	夫の家事に対して		ケース数	妻の年齢	夫の育児に対して		ケース数
	期待する（%）	期待しない（%）			期待する（%）	期待しない（%）	
29 歳以下	41.7	58.3	218	29 歳以下	62.1	37.9	145
30～39 歳	36.8	63.2	929	30～34 歳	67.0	33.0	291
40～49 歳	28.6	71.4	1341	35～39 歳	55.9	44.1	476
50～59 歳	28.8	71.2	1319	40～44 歳	50.5	49.5	550
				45～49 歳	42.1	57.9	411

注：夫に対する妻の期待は、「非常に期待している」、「まあまあ期待している」、「あまり期待していない」、「ほとんど期待していない」、「もともと期待していない」から1つを選択する形式で尋ねている。ここでは、「非常に期待している」と「まあまあ期待している」を「期待する」、「あまり期待していない」と「ほとんど期待していない」と「もともと期待していない」を「期待しない」にまとめた。
出所：国立社会保障・人口問題研究所「第5回全国家庭動向調査」（2013 年）より筆者作成。

　家庭内労働が圧倒的に妻によって担われていることは、既婚女性の就業と育児等との両立を難しくしており、仕事に就いても結婚・出産などを機に退職する女性が現在でも、依然として多い。図表 16－17は、「結婚のため」、「出産・育児のため」「介護・看護のため」を理由として離職した女性が男性より圧倒的に多く、しかもこれらが女性の離職した主な理由であることを示している。例えば、離職した25～34 歳女性の約 2 割は「結婚のため」で、離職した

図表16－17　過去5年間に結婚・育児・介護により離職し現在無職の人の数と割合　　（単位：人、%）

年齢	結婚のため 女性	うち前職が正規の職員・従業員	男性	うち前職が正規の職員・従業員	出産・育児のため 女性	うち前職が正規の職員・従業員	男性	うち前職が正規の職員・従業員	介護・看護のため 女性	うち前職が正規の職員・従業員	男性	うち前職が正規の職員・従業員
15～19歳	1,100 (1.22)	0 (0.00)	-	-	5,200 (5.76)	300 (0.33)	-	-	-	-	100 (0.12)	-
20～24歳	25,700 (8.06)	12,600 (3.95)	400 (0.16)	400 (0.16)	62,400 (19.57)	21,600 (6.78)	100 (0.04)	-	1,900 (0.60)	300 (0.09)	500 (0.20)	-
25～29歳	122,700 (20.40)	80,000 (13.30)	400 (0.20)	300 (0.15)	238,100 (39.58)	90,400 (15.03)	600 (0.30)	600 (0.30)	2,800 (0.47)	1,600 (0.27)	800 (0.39)	100 (0.05)
30～34歳	123,600 (17.24)	76,200 (10.63)	900 (0.56)	400 (0.25)	343,900 (47.96)	117,500 (16.39)	400 (0.25)	200 (0.12)	4,900 (0.68)	2,000 (0.28)	800 (0.50)	500 (0.31)
35～39歳	58,000 (10.12)	31,400 (5.48)	300 (0.20)	300 (0.20)	231,500 (40.40)	68,000 (11.87)	500 (0.34)	100 (0.07)	10,300 (1.80)	2,800 (0.49)	1,700 (1.14)	1,300 (0.87)
40～44歳	26,700 (6.84)	15,100 (3.87)	900 (0.57)	500 (0.32)	68,800 (17.61)	18,500 (4.74)	300 (0.19)	100 (0.06)	15,600 (4.00)	1,900 (0.49)	1,700 (1.08)	1,100 (0.70)
45～49歳	6,500 (2.32)	3,100 (1.11)	-	-	5,700 (2.04)	1,200 (0.43)	400 (0.31)	200 (0.16)	21,000 (7.51)	4,200 (1.50)	2,100 (1.64)	500 (0.39)
50～54歳	4,100 (1.38)	1,000 (0.34)	-	-	1,400 (0.47)	400 (0.14)	300 (0.22)	300 (0.22)	42,000 (14.18)	8,900 (3.01)	5,800 (4.32)	3,100 (2.31)
55～59歳	2,100 (0.54)	500 (0.13)	-	-	2,300 (0.59)	400 (0.10)	100 (0.05)	100 (0.05)	59,900 (15.30)	19,700 (5.03)	10,700 (4.98)	7,300 (3.40)
60～64歳	600 (0.07)	400 (0.05)	-	-	1,900 (0.23)	900 (0.11)	200 (0.02)	200 (0.02)	73,200 (9.03)	18,100 (2.23)	22,300 (2.42)	14,100 (1.53)

注：（ ）内は、同じ年齢階級の男女別離職者総数（現在無職）に占める割合である。

出所：総務省統計局「平成24年就業構造基本調査」より筆者作成。

25～39 歳女性の約 4 割は「出産・育児のため」である。しかも、その多くが正社員であることがわかる。また、総務省「労働力調査（詳細集計）」（平成 27 年）によると、就業を希望するが現在求職していない理由として、女性の場合、「出産・育児のため」を挙げた者が最も多く、女性「就業希望者」全体の31.6％を占める95 万人である。さらに、第 1 子の出産前後に妻がどのような就業状態であったかをみると、1980 年代後半以降、出産後も就業継続する妻の割合はずっと25％前後で大きく増えておらず、そして、女性の第 1 子出産後の継続就業率もずっと40％前後である。言い換えれば、働く女性の6 割が第 1 子の出産を機に離職する状況はこの20 年間変わっていない（図表 16－18）。就業経験やスキルを身につけた女性の6 割も出産に伴って仕事をやめており、しかも、その多くが大学教育を受けた者であるということは、経済にとっても社会にとっても大きな損失であると言わざるを得ない。

　女性差別的な雇用慣行、家庭内性別役割分業以外に、職場における女性の活躍を阻むもう一つの大きな構造的な要因は、専業主婦世帯を優遇する国の政策・制度である。例えば、日本の税制や社会保障制度も、家庭内性別役割分業を前提に整えられてきており、中には「103 万円の壁」「130 万円の壁」と呼ばれ、女性の就業意欲を削いでいるものがある。

　103 万円は、所得税の配偶者控除の対象となる年収限度額である。年収が103 万円以下であれば、配偶者本人（既婚女性）は所得税がかからず、夫も「配偶者控除」の適用を受けられる。また、130 万円は、社会保険料が課されるようになる年収額である。現行の社会保障制度では、妻の年収が130 万円未満なら、厚生年金あるいは

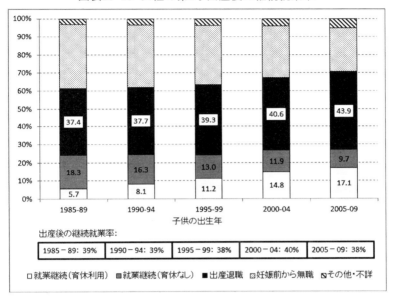

図表16-18　女性の第1子出産後の継続就業率

注：出産後の継続就業率は出産前有職者に占める出産後の継続就業者の割合で
　　ある。
出所：国立社会保障・人口問題研究所「第14回出生動向基本調査（夫婦調査）」よ
　　り筆者作成。

共済組合に加入する第2号被保険者（夫）の扶養家族（第3号被保
険者）と認められ、妻自身は保険料を払わなくても健康保険や国民
年金に加入し、給付を受けることができる。逆に言えば、妻の年収
が103万円もしくは130万円を超えると、「配偶者控除」または「第3
号被保険者」の適用が受けられなくなり、世帯の手取り収入が減っ
てしまう可能性がある。そのため、就労時間を抑え、103万円・130
万円という収入の「壁」を超えない範囲内で労働供給を抑制してい
る、いわゆる「就業調整」をしている既婚女性が多い。既婚女性の

給与所得（年収）の分布を見ると、100 万円前後に集中しているこ
とは明らかであり、このことは殊に40〜60 歳代で顕著である（図
表 16‐19）。未婚女性にはそのような集中は見られないため、この
ことは、既婚女性は103 万円・130 万円を意識して働いていること
を意味する。

図表16–19　既婚女性の給与所得者の所得分布（年齢階級別）

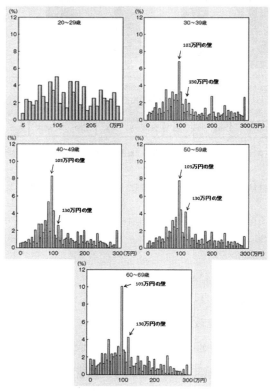

出所：内閣府「平成 24 年版男女共同参画白書」。

　注目すべきことは、「103 万円の壁」「130 万円の壁」は収入の壁で
あるだけではなく、女性の働く意欲を阻む壁でもあることである。
なぜなら、現行の税制・社会保障制度は、女性に、「夫の所得で家計
を維持することができるのでれば専業主婦でいたほうがよい」「働
いても非正規・短時間の家計補助的な形で良い」と思わせる面が
強く、そのことが女性の就業インセンティブを低下させている。

　内閣府［2012］によると、配偶者控除の適用割合および妻が扶養
家族（第 3 号被保険者）である割合は、夫の所得が多くなるほど高
くなっている。例えば、年収 300 万円以下世帯では約 1 割しか配偶
者控除の適用を受けていないが、年収 800 万円以上の世帯では半
分以上が同制度の適用を受けている。また、夫の稼働所得（雇佣者
所得、事業所得、農耕・畜産所得、家庭内労働所得等の総称）が500
万円を超える場合、6 割以上の妻が扶養家族となっている。この状
況は、日本では女性（特に既婚女性）が仕事・職業を通しての自己
実現や経済的・社会的な自立等のために働くのではなく、家計を
補助するために働くのが一般的であることを示唆している。日本
社会においては、今でも、既婚女性の社会的アイデンティティーは
家庭の主婦である。

　これまで、家庭内における性別役割分業、企業における女性差別
的な雇用慣行、専業主婦世帯を優遇する政策・制度という三つの
要因から、なにゆえ日本では未婚女性（若年女性）・既婚女性（中高
年女性）の就業モデルが異なるという「女性就業の二重構造」がで
きあがってきたのか、なにゆえ日本では職場における女性の活躍
がなかなか進んでこなかったのかについて、考察を行ってきた。す
でに説明したが、家庭内性別役割分業が、企業の女性差別的な雇用

慣行と国の専業主婦世帯を優遇する政策・制度の前提となっており、しかも、これら三つの要因は、互いに整合的、相補的で、強い相互依存関係を持っている。これについて、もう一つの例を挙げよう。

　第 9 章と第 11 章で述べたが、日本的雇用慣行として、企業は（男性）労働者に生計費を充足するための「生活給」を支払うという生活保障機能を果たしている。その「生活給」の一部を構成しているのが家族手当である。家族手当とは、言葉の通り、家族の扶養等に必要な費用を想定して算出され、配偶者や子供のいる労働者に支給される手当のことで、それによって、企業は労働者とその家族を経済的に支える。人事院（日本の中央人事行政機関）の「平成 27 年職務別民間給与実態調査」によると、従業員数 50 人以上の企業では、その76.5％に家族手当制度があり、そのうち90.3％が配偶者手当を支給している。①

　この配偶者手当制度もまた男性（夫）を主たる家計の担い手と見なす家庭内性別役割分業の考え方に支えられており、専業主婦世帯を優遇するものである。そして、同制度は、前述した「103 万円の壁」「130 万円の壁」をさらに高くしている。なぜなら、配偶者手当も支給対象を年収 103 万円以下か130 万円未満の配偶者を有する労働者に設定している企業が多い。②　すなわち、年収が103 万円もしくは130 万円を超えると、もらえるはずの配偶者手当も受け取

---

① 同調査では、配偶者手当制度を持つ企業のうち94.1％が「配偶者手当を見直す予定がない」という調査結果も出ている。

② 前出した人事院の調査では、68.8％の調査企業は配偶者の収入制限の額を103万円に設定しており、25.8％の調査企業は130 万円に設定している。

れなくなるのである。このこともまた既婚女性の就労を一定額以下の非正規・短時間就労へと導いている。

　このように、家庭内性別役割分業、企業の雇用慣行、政府の政策・制度の三者は、相互に影響を与え合いながら、相互に強化し合っているものであり、職場における女性の活躍推進を考える際にはこれら三者を一体的に捉える必要がある。こうした強固なシステムのなかで、主たる家計支持者としての男性労働者を中心とする長時間過密労働という働き方、男性が企業に埋没し、女性が家庭に埋没するという性別による分断された生き方は経済・社会の中に深く根ざしてきた。この意味で、日本は世界でも特異な社会である。しかしながら、今や、そのような働き方と生き方は、少子化問題に端的に表れているように、もはや経済・社会全体の利益と鋭く対立する所まで来ている。女性の活躍を推進する際に、まずこの現実を直視することが大事であろう。

　女性の活躍推進は、社会政策としてではなく、経済政策としてアベノミクス・成長戦略の中核に位置づけられているため、安倍政権が掲げている女性政策は、海外では、「ウーマノミクス」（Womenomics）とも呼ばれている（Matsui，*et al*.［2014］、Pilling［2014］、Warnock［2015］）。経済効果が期待できるということを根拠として女性の活躍を推進するという議論には違和感を覚える。本来、経済とは関係なしに、女性の活躍は推進されなければならない。しかも、その議論は、あたかも女性はこれまで活躍してこなかったように聞こえる。実際には、主婦たちは「家庭内」で大いに活躍してきた。家事をこなし、子どもを産み、育て、親世代の介護も担い、さらに家庭の外に出て働く。これらすべてのことを女性に期待する

ことは、果たして女性の活躍につながるといえるであろうか。政策目標とは反対に、女性を疲弊させてしまい、社会参画における男女格差や少子化問題をより先鋭化させるという逆効果をもたらすことにならないであろうか。

　女性の活躍の場を従来の「家庭内」から「職場」まで広げていくには、男性の家庭での活躍がなくてはならない。また、長時間労働の削減、短時間勤務の導入など企業の働かせ方を抜本的に改革していくことが不可欠である。さらに、政府は女性の働くインセンティブを低下させる制度・政策を見直し、保育施設の整備、子育て支援等に力を入れて、従来の「専業主婦世帯優遇」から「共働き世帯支援」へとシフトすることも必要である。言うまでもなく、どれも難しい課題で多くの時間がかかるが、もっとも重要かつ難しいのは、やはり男女ともに当たり前に仕事と家庭が両立できる環境を作るために、女性の就業意識・職業観、男女の家庭観、企業の男女についての異なる人材観等を含めた社会全体の意識を改革することであろう。

　日本政府は、アベノミクスの第2ステージとして、新たな「3本の矢」の政策ですべての国民が活躍できる「一億総活躍社会」を目指すと表明しており①、また、人口の半分を占める女性の活躍推進として、2020年までに管理職など指導的地位に就く女性の割合を30％にするという目標を掲げている。いくら成長戦略として、「女

---

① 新3本の矢とは、「希望を生み出す強い経済」「夢をつむぐ子育て支援」「安心につながる社会保障」である。具体的な目標として、「GDP600兆円」（現在は約500兆円）、「希望出生率1.8の実現」（現在は1.4）、「介護離職ゼロ」「待機児童ゼロ」などを打ち出した。

性の活躍推進」を強調しても、社会のあり方を根本から見直してい
かない限り、最終的には、掛け声倒れとなるであろう。

　女性政策は、社会全体の意識・社会のあり方と深く結び付いて
おり、しかも、少子化問題、労働市場・雇佣システム改革、社会保障
改革などの喫緊の課題に深遠な影響を及ぼすため、現代日本にお
ける最も難しく、かつ最も重要な政策課題の一つであると言って
も過言ではないであろう。本当に女性が活躍できる社会が芽吹く
までには、まだまだ長い道のりになりそうである。

＜中文＞

　　最近，日本政府提出"实现女性光芒四射的社会"这一口号，
着力"推进女性的活跃"。 譬如，2015 年 8 月 28 日，国会通过了
《关于推进女性在职业生活中活跃的法律（女性活跃推进法）》。
根据该法律，中央和地方政府以及员工人数超过 300 人的民营企业
必须对本工作单位女性活跃的现状加以把握和分析①；制定包含具
体数值目标的有关推进女性活跃的行动计划，予以公示并向都道府
县劳动局汇报②；对外公布有助于女性择业的、有关本工作单位女
性活跃于工作岗位的信息等。③

　　我们从该法律的名称便可知，这里所说的"推进女性的活跃"

---

① 该法律要求相关企事业单位通过录用者中女性所占比率、工作年限上的男女差
　异、劳动时间的情况、管理层中女性所占比率等项目对本单位女性活跃的现状加
　以把握，并进行相关课题分析。
② 行动计划中必须包括计划期间、数值目标、实施内容、实施时间等。
③ 对员工人数 300 人以下的中小型民营企业等来说，这些要求是努力义务（笔者
　按：须作出努力，但由于对其不是法定义务，所以即使违反，也不会受惩罚）。

指的是在职业生活中，即在工作单位，促进所有希望就业的女性均能充分发挥其个性和能力的意思。

为什么现在日本政府对女性相关政策加以重视呢？ 换言之，为什么女性在工作岗位的活跃现在上升为国家层次的政策课题了呢？ 那是因为政府认为，若能有效利用更多的女性劳动力，则能在以下方面给日本经济带来良性影响：首先，因少子老龄化的不断加剧带来劳动人口（15 岁至 64 岁人口）的持续减少，若能改善女性就业率，则可在一定程度上解决令人担忧的劳动力不足问题；其次，如果缴纳所得税等税金的在职人员增加，那么税收也将增加，从而国家的财政状况也会有所好转。 同样的预期效果也将出现在社会保障制度中：如果有收入的在职人员增加，那么现行的社会保障制度（参见第 15 章），即在职人员所缴纳的保险费将作为社保资金发放给老年人，也将能更好地持续下去；再次，女性就业率的提高，能增加家庭收入，进而拉动消费、创造新的需求、增加 GDP（国内生产总值）等①，带来经济的良性循环。 因此，现执政的安倍政权认为"女性的活跃才是拉动日本经济的'关键'"，并将女性的活跃置于经济增长战略的核心地位，强调"推进女性的活跃"在经济增长中的重要性（日本经济再生本部［2013］）。

那么，日本女性的就业现状是怎样的呢？ 在日本，受过高中以

---

① Daly［2007］发现，如果能消除男女间就业率的差距，那么日本的 GDP 将增加 16％。 另外，Steinberg and Nakane［2012］的实证分析结果表明，日本的女性劳动参与率若能与 G7 其他国家（意大利除外）的水平相当，则其人均 GDP 将永久性地上升 4％，若日本的女性劳动参与率能达到北欧的水平，则其人均 GDP 将永久性地上升 8％。 据日本政府自身的推算，女性潜在劳动力（希望就业者）若能全部真正就业，则能新创出大致相当于 1.5％GDP 规模的附加值（男女共同参与社会会议基本问题、影响调查专门调查会［2012］）。

上教育的女性，就业率较低。 如图表 16-1 所示，在受教育方面，虽然男女之间依然存在着差距，但是受过高中以上教育的女性比例（特别是女性的大学升学率）一直在增加。 2015 年，女性的大学本科升学率为 47.4％，大学专科升学率为 9.3％，两者相加，即女性的大学升学率为 56.7％。

图表16-1　各类学校男女升学率的长期变化

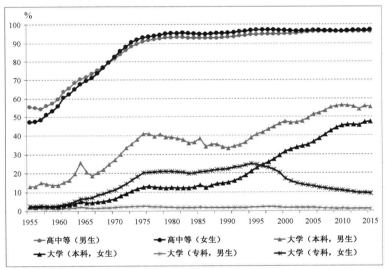

注：（1）初中升高中的升学率，指的是初中毕业生以及中等教育学校前期课程已修者中，升入高中、中等教育学校后期课程以及特别支援学校高中部的本科、别科加上高专的学生（包括在职就读生，但不包括往届初中毕业生）所占比率。
　　（2）大学本科、专科的升学率，指的是大学本科、专科的入学人数（包括往届高中毕业生）占三年前初中毕业生以及中等教育学校前期课程修了者人数的比例。
出处：笔者根据文部科学省《学校基本调查》制成。

　　可是，在拥有高中以上学历的女性当中，有着随年龄的增加，正式员工的比率反而下降的趋势。 特别是，在 30 岁至 39 岁的年龄层，拥有大学学历的女性中，身为正式员工的比率降至六成左右，

而到了 40 岁至 49 岁的年龄层，该比率更是降至五成左右（图表 16－2）。OECD（经济合作与发展组织）［2015］也指出，受过高中以上教育（短期课程除外）的日本女性的就业率远远低于受过同等教育的男性。拥有高中以上学历者中，男性的就业率为 90％左右，而女性的就业率只有 71％，与 OECD 平均 79％的水准有较大差距。

图表16-2　不同学历、不同年龄层的正式员工比率

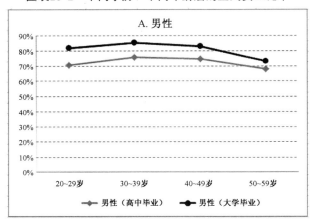

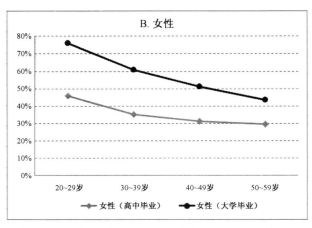

出处：笔者根据总务省总务局《2012 年就业构造基本调查》制成。

　　受过高中以上教育的女性就业率低，意味着很多高学历的女性没有进入劳动市场，通过教育培养、发展起来的能力未能以就业的形式在社会上被加以有效利用。 也就是说，女性所拥有的很多潜力，还处在未被利用的状态。 对此现状，安倍晋三首相提出"让女性将尚未发挥出来的良好能力发挥出来是把充满闭塞感的日本经济重新引上增长轨道的原动力"、"现在日本最没有得到充分利用的人才就是女性，要把女性的活跃置于经济增长战略的核心地位"（安倍晋三［2013］），在国内外大力宣传自己有关女性的政策。

　　自《男女雇佣机会均等法》（1985 年制定，翌年开始实施 ）实施以来，在不断重复试行错误的过程中，政府层面上一直进行着相关摸索以促进女性走上社会、促进女性人才得到有效利用。[1] 1992年，以所有劳动者为对象的《关于育儿休业等的法律》（育儿休业法）开始施行（成立于 1991 年），该法规定男女员工在孩子满一周岁之前均可获准育儿休业。 1995 年，以"家庭责任不仅限于育儿，也应包括看护老弱病残"为由，又将看护休业的有关规定加入《育儿休业法》中，出台了《育儿、看护休业法》（1999 年开始实施）。 据此，男女员工有以下两种权利受法律保护——在孩子满 1周岁之前有获取育儿休业的权利；家中若有需看护的家庭成员（配偶、父母、子女等 ）可得到连续三个月的看护休业的权利。 2009年，为实现男女都能兼顾工作和家庭，《育儿、看护休业法》被修改，规定企业有义务制定如下制度：对于正在养育不满 3 岁幼儿的

---

[1] 其背景包括联合国的《消除对妇女一切形式歧视公约》（1979 年通过，日本 1985年批准 ）及 ILO（International Labour Organization，国际劳工组织 ）的第 156 号公约《有家庭责任工人公约》（1981 年通过，日本 1995 年批准 ）等国际舆论的影响、出生率的大幅度降低（比如，1989 年表示妇女一生平均生育人数的总出生率降至 1.57 的所谓"1.57 危机" ）等。

男女员工，若本人希望，便可利用"上短班制度"（一天的工作时间原则上为 6 小时）。 2012 年 7 月 1 日起，被修改的《育儿、看护休业法》全面实施，效力涵盖员工不足百人的企业（即中小企业）。

在上述促进女性就业的法律政策得以制定及完善、女性教育水准得以提高等背景下，日本女性的就业机会在增加。 譬如，从 1985 年到 2015 年间，女性被雇佣者增加了 450 万人（图表 16－3）；而在 1997 年之后，双职工家庭的数量一直持续超过单职工家庭（即男性工作、女性为专业主妇的家庭）的数量（图表 16－4）。

图表16-3　男女被雇佣者人数的长期变化

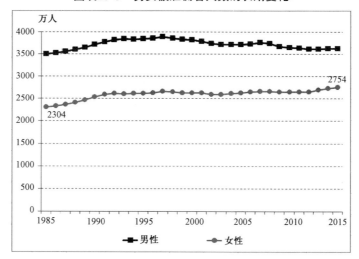

出处：笔者根据总务省统计局《劳动力调查》制成。

然而，男性与女性之间，在参与劳动市场方面依然存在着很大的差距。 据总务省统计局《劳动力调查（详细合计）》（2015）显示，虽没有进行求职活动但有就业意愿的所谓"希望就业者"人数

图表16-4　双职工家庭数量的长期变化

出处:同上。

男女共计有 412 万人，但其中近四分之三（301 万人）为女性。　另外，如果我们分男女来观察非正式员工占被雇佣者全体的比例，可以发现，女性的数据远高于男性，工作女性的近 60％均为工作条件差、劳动权益未得到充分保障的非正式员工（图表 16-5），如临时工、短期合同工、派遣工等，被置于弱势地位。　而且，处于领导地位的女性比率也非常低，在社会的各层面上，女性参与决策的程度都很低。　据内阁府［2015］显示，在员工人数 100 人以上的企业，管理层的级别越高，女性在管理层所占比率越低，譬如，科长级别时女性比率为 9.2％，到了处长级别，女性比例仅为 6.0％（即 100 位处长里只有 6 位是女性）。　在所有行业中，女性在上市公司董事人数中所占比率仅为 1.2％，处于极其低下的水平（内阁府［2015］）。　日本国内大型数据服务公司"帝国数据银行"进行的

图表16-5　男女不同雇佣形式被雇佣者比例

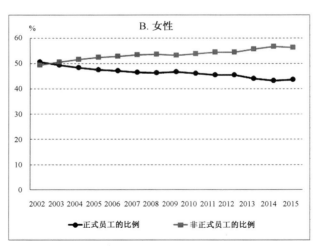

出处:笔者根据总务省统计局《劳动力调查（详细结果）》（2015 年）
制成。

有关起用女性的调查（以全国 23176 家企业为调查对象）发现，大约八成的被调查企业，其公司管理层（科长以上级别）中，女性所占比例不到 10％，而大企业更甚，女性在管理层所占比率平均只有 4.6％（帝国数据银行［2015］）。①

日本女性参与社会经济活动的程度，从国际上来看也是很低的，而且，状况得以改善的进程也十分缓慢。 根据 OECD ［2011］，衡量雇佣领域男女差别的六项指标中，日本有五项均落后于 OECD 平均水平，而且"临时雇佣者比率"指标中，男女差别在 OECD 成员国中是最大的（图表 16 - 6）。 另外，女性在管理人员中所占比率在先进国家中明显处于低位，仅为 11.3％（图表 16 - 7）。 世界经济论坛（World Economic Forum）发表的《2015 年世界男女平等差距报告书》（The Global Gender Gap Report 2015）显示，日本的综合得分（0.67）在全世界 145 个国家中排名 101 位，与 10 年前的 2006 年得分（0.645）相比，其改善度微乎其微。②

---

① 在该调查中，对于和五年前相比，本企业女性管理人员的比率有何变化这一问题，约有七成的企业回答"无变化"；对于今后本企业女性管理人员的比率将有何变化这一问题，约有六成的企业预测"无变化"。

② 世界经济论坛从"经济参与和机会（Economic Participation and Opportunity）"、"教育程度（Educational Attainment）"、"健康和生存（Health and Survival）"、"政治赋权（Political Empowerment）"等四个领域将各国男女间的性别差距指标化（最大值为 1），每年发布全球性别差距指数（Global Gender Gap Index）。 2015 年日本在四个领域的排名分别是："经济参与和机会"第 106 位，"健康和生存"第 42 位，"教育程度"第 84 位，"政治赋权"第 104 位。

图表 16-6 通过与 OECD 的比较来看日本雇佣领域的男女差别

指　　标	OECD 平均值 （2009 年）	日　本 （2009 年）
劳动参与率（Labor force participation rate）： （男性－女性）/男性	＋18	＋26
就业率（Employment to population ratio）： （男性－女性）/男性	＋18	＋25
全职就业者比率（Employment to population ratio—full-time equivalent）（注 1）： （男性－女性）/男性	＋32	无数据
临时就业者比率（Temporary employment as a proportion of dependent employment）（注 2）： （女性－男性）/女性	＋15	＋78
平均每日无偿劳动时间（Average minutes of unpaid work per day）： （女性－男性）/女性	＋50	＋78 （2006 年值）
工资的中位值（Median earnings）： （男性－女性）/男性	＋16	＋31

注：（1）以"被雇佣者比例×被雇佣者平均每周工作时间/40 小时"的方法算出。
　　（2）临时就业者，指的是有固定雇佣期的被雇佣者。
出处：笔者根据 OECD［2011］制成。

如果我们仔细观察年龄，日本女性就业状况的特征就显得更加清晰。譬如，从年龄层来看日本女性的劳动参与率，可以发现在 30 岁至 39 岁这一年龄层——相当于结婚生育期和育儿期，出现较大幅度的下落，形成明显的"M 型曲线（M-Curve）"（图表 16-8A）。① 另外，在 20 岁至 49 岁这个年龄段，女性潜在的劳动参与率比实际的劳动参与率高出 6％到 12％。由此，可知尽管有工作意

---

① 在瑞典、美国等欧美各国，当我们观察不同年龄层的女性劳动参与率时，看不到像 M 型曲线那样的低谷，而是形成倒 U 型曲线（inverted U-curve）。另外，关于日本的 M 型曲线，也有必要指出其最底部呈现逐年上升的趋势。

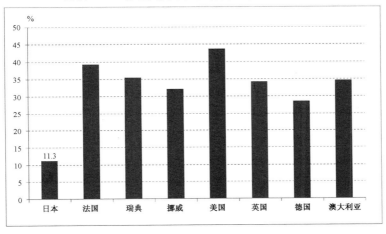

图表16-7　管理人员中女性所占比率（国际比较）

注：“管理人员”的定义因国家的不同而不同。在日本，其指公司董事、企业科长以上
　　职务者、管理层公务员等。
出处：笔者根据内阁府［2015］制成。

愿，但实际上因某种原因无法就业的女性大有人在。

　　若再按照是已婚还是未婚来详细观察女性各年龄层的劳动参与率，可以发现，20 岁到 49 岁的已婚女性的劳动参与率，大大低于未婚女性的劳动参与率。而且，未婚女性劳动参与率的顶峰是 25 岁至 29 岁，而已婚女性劳动参与率的顶峰 45 岁至 49 岁（图表 16 - 8B）。

　　接下来，我们按雇佣形式分类来看看男女各自不同年龄层的劳动参与率。2014 年，除 60 岁以上者，在男性所有年龄层中，“正式员工”的比例大大超过“非正式员工”。而女性呢，在 20 岁至 34 岁的年龄层中，“正式员工”比例也超过“非正式员工”，不过，过了 35 岁，则发生逆转，即“非正式员工”的比例超过“正式员工”（图表 16 - 9）。

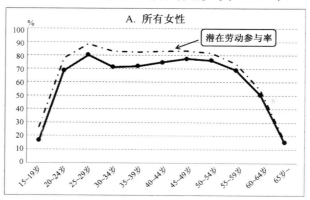

图表16-8　不同年龄层的女性劳动参与率（**2015年**）

A. 所有女性

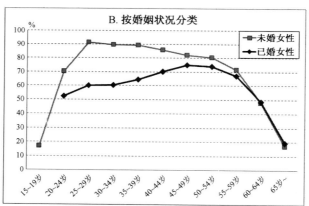

B. 按婚姻状况分类

注：(1) 劳动参与率＝劳动力人口/15 岁以上人口；劳动力人口＝
　　　　就业者＋完全失业者
　　(2) 潜在劳动参与率＝(劳动力人口＋非劳动力人口之中的希
　　　　望就业者)/15 岁以上人口
出处：笔者根据总务省统计局《劳动力调查（详细结果）》(2015 年)
　　　制成。

图表16-9　不同年龄层、不同雇佣形式的男女就业状况

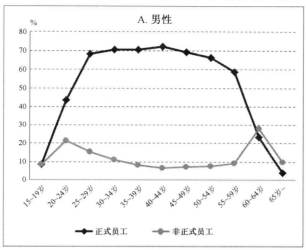

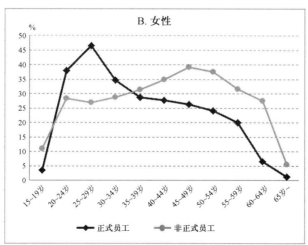

注：数值是"正式员工"和"非正式员工"分别占男女15岁以上人口
　　的比例。

出处：笔者根据厚生劳动省《2014年国民生活基础调查》制成。

最后，我们把关注的焦点对准非正式员工，看看男女间不同年龄层的非正式员工比例的长期变化。 通过比较，我们可以发现，虽然男女双方的非正式员工比例均呈上升态势，但是，在除 15 岁至 24 岁以外的所有年龄层，女性的非正式员工比例一直大幅高于男性。 2015 年，在所有的年龄层中，女性的非正式员工比例均超过 40％，而且，在女性 35 岁以上的年龄层，还存在着非正式员工的比例随年龄的增加而增加的倾向（图表 16－10）。

由以上分析可知，在日本，不仅男性和女性的就业模式有着明显的差异，而且即使在女性之间，未婚女性（年轻女性）与已婚女性（中高年女性）的就业模式也大不相同。 与未婚女性（年轻女性）相比，已婚女性（中高年女性）的就业率低，而且，即便就业也主要是作为非正式员工做一些补贴家用的工作，并非是为实现自我价值或寻求职业发展。 这种女性就业中存在的双重结构严重阻碍着日本女性在工作岗位上的活跃。

那么，这种"女性就业的双重结构"是如何产生的呢？ 身为经济发达国家的日本，为什么在女性走上社会、参与社会的领域却成为落后国呢？ 为什么该状况迟迟得不到改善呢？ 可以说，这些问题与日本的经济、社会密切相关，是我们理解日本经济与社会时重要且有益的视点。 下面，我们将从家庭、企业、政府这三个侧面来对这些问题加以分析。

首先，我们从在日本经济社会中影响力最广泛且最强大的企业部门入手。 正如我们在第 9 章和第 11 章所论述的那样，在确立于战后的日本式雇佣体系中，男性员工的职业生活也好，家庭生活也好，均从属于企业。 男性员工一方面因终身雇佣制度，生活得到长期保障，并且受到企业的精心培训；但另一方面，正如频繁换岗、

图表16-10　男女不同年龄层非正式员工所占比例的长期变化

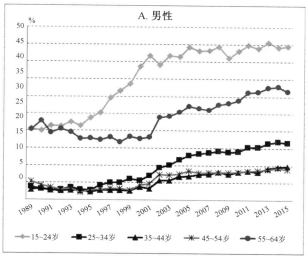

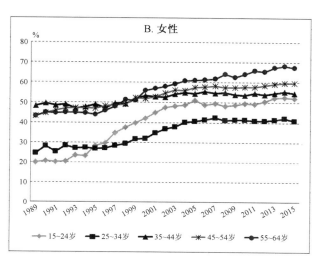

出处：笔者根据总务省统计局《劳动力调查》制成。

单身赴任所代表的那样，被课以必须不受工作岗位、时间、场所的限制来工作的义务，即"无限定就劳义务"。 因此，男性正式员工便得加班、长时间工作、被频繁调动工作岗位或地点，不得不将工作优先于生活和家庭。 社会上还甚至曾出现过称赞像"企业战士"般克己奉公的工作方式的风潮。 为了能让"企业战士"无后顾之忧而一门心思地扑在本单位的工作上，在家专门做家务、带孩子，打点好家里一切的专业主妇则必不可少。 因此，女性员工的雇佣便以结婚退职（因结婚而退职）前短短的几年为前提，其极端的例子便是把结婚或者比男性员工年轻得多的年龄定为退休的"结婚退职制"和"青年退休制"。 女性因结婚而辞去工作曾是非常普遍的事儿，而且人们还用"寿退社"这样一个颇为喜庆的说法来形容。 另一方面，对结婚、生育后仍然继续工作的女性，加以百般刁难使其不得不自动退职的例子也屡见不鲜。 而且，企业往往给男性正式员工分配责任重大且对企业贡献大的工作，而给女性正式员工分配的尽是一些辅助性的、事务性的、无关紧要的杂务（即所谓的"OL型女性工作模式"）。①

也就是说，对青年女性员工，尽管企业给予了其正式员工的身份，但那终究只不过是限定于婚前的短暂期间，因此，女性员工实际上是被排除在终身雇佣之外，在以长期稳定雇佣为核心的日本式雇佣体系中被边缘化了。 其背后，有着企业这样一种认识：女性员工婚后必须对家务、育儿负责，由此工作容易受到影响、生产效率将变得低下，故而针对女性员工，仅在其生产效率较高的婚前加以

---

① 滨口桂一郎［2014］指出，OL型女性工作模式带有把女性员工看作男性员工配偶候选人的色彩，而且，还曾有过不接受与同事结婚的女性婚后继续在同一家公司工作的氛围。

雇佣，更具有经济合理性。　由于企业对女性员工仅限于短期雇佣，因此对其不进行教育、培训等得以长期回收的人力资源投资，只让其做一些不需要多少熟练性、技能及判断力，且容易替代（即谁都能做）的辅助性工作。　在这种以女性不长期就业为前提的日本式雇佣体系中，不仅女性自身缺乏职业意识，人们对女性职业能力也不抱什么期望。

　　企业的人事、工资管理也是以男性长期工作、女性短期工作为前提而进行的。　譬如，工资体系和退职金制度，是以女性到一定年龄便自动辞职为前提的。　因此，鼓励女性走上工作岗位的《男女雇佣机会均等法》实施以后，由于男女有别的雇佣管理无法再继续，企业方面便产生了制度性矛盾：长期工作的女性员工虽然和过去一样从事的是辅助性业务，但是在男女应享受同等年功工资的法定前提下，她们和从事重要工作且工作强度大的男性员工一样，工资随着年龄的增长而增加，对企业来说，这增加了企业经营的不合理性。

　　为了解决这个制度性矛盾，日本企业采取了被称为"复线式雇佣管理"的方法。　企业让员工从两种路线中选一：一种被称为"综合性职务"——从事重要且强度大的业务，通过经历企业内部不同岗位的配置调换来积累工作经验，有晋升，不过需要在全国范围内调动岗位；另一种被称为"一般性职务"——从事辅助性业务，一般没有晋升，即使有也只是永远停留在某一职位，没有异地岗位调动。　在选择何种路线时，男性员工和女性员工各自被给予的选择权其实并不完全相等。　尤其是在大企业，男性员工只能选择综合性职务，而女性员工可在两种路线中选一的情况十分常见。　不用说，这两种路线的工作条件、待遇以及晋升机会、晋升速度都不一

样。 单纯从制度上来说，男性也可担任一般性职务，女性员工也可担任综合性职务，但实际上，男性几乎没有担任一般性职务的，而女性要想担任综合性职务则必须得像男性一样工作，譬如，被要求加班、长时间工作或异地调动。 对于肩负有做家务、育儿等责任的已婚女性来说，要满足这些要求是非常困难的，因此，选择一般性职务的女性占绝大多数。 因此，可以说，"复线式雇佣管理"将男性正式员工的工作模式（"综合性职务"）和女性正式员工的工作模式（"一般性路线"）定型化，从而实质上仍然是延续着过去的"男女有别的雇佣管理"。① 厚生劳动省［2007］明确提出了"复线式雇佣管理"存在变相性别歧视的可能性。

歧视女性的雇佣方式导致了很多人觉得在工作单位男女地位存在不平等。 据内阁府 2012 年进行的舆论调查结果显示，认为工作单位中男女地位"平等"的占 28.5％，认为"男性受到优待"的占 57.7％，认为"女性受到优待的"仅占 4.6％。 从年龄层来看，20 岁至 50 岁的在职人员认为"男性受到优待"的比例高于整体平均值的 57.7％（铃木英子［2012］）。

其实，像"女性员工是辅助男性员工的"、"女性员工结婚生育后继续工作会导致生产效率低下"这种普遍存在于日本企业社会的想法是"男主外女主内"、"妻子应该在家庭中支撑丈夫"等传统家庭观念的延伸。 特别值得一提的是，在战后经济复兴期和经济高度增长期，企业对男性员工的劳动需求大，而育儿设施、看护设

---

① 山口一夛［2009］指出，与综合性职务相比，一般性职务的晋升机会和工资中的年功成分很少，而且女性多担任一般性职务，因此，复线式雇佣管理也成为男女间工资差距的原因。 另外，据内阁府［2015］显示，2014 年，如果假定男性一般员工的工资水平为 100，则女性一般员工的工资水平为 72.2。

施、社保、财政等社会经济资源又不足，在那种传统家庭观念之下，"丈夫管工作，妻子管家务、育儿和看护"这种家庭内性别角色分工便在日本社会中定型，且不断得到强化，变得越来越巩固。

基于家庭内性别角色分工，社会上对男女有着不同的期待——男性不用管家庭生活而一身轻地投入工作以挣钱养家；而女性无偿地承担起家务、育儿、看护等家庭内工作，扮演贤内助的角色，全力支持在外工作的丈夫。从这个意义上说，家庭内性别角色分工也可谓是支撑日本雇佣惯例的社会及文化基础。其结果，女性以结婚或生育为契机辞去工作成为专业主妇，一心一意做家务和育儿，便成了一种社会规范，正如前面的图表 16 - 8 所示，女性的劳动参与率便呈现出在结婚生育期和育儿期陷入最低谷的 M 型曲线。

即使在现代日本社会，人们的家庭内性别角色分工意识依然很强烈。如图表 16 - 11 所示，赞成"丈夫应在外工作，妻子应照料家庭"这种想法的人，尽管比起 1979 年首次调查有所减少，但现在持赞成意见的男女双方依然各自超过 40%，而且，男性赞成派超过女性赞成派的情况，35 年间一直没有改变过。另外，家庭内性别角色分工意识在 2009 年至 2012 年间有所回潮，这一点也值得注意。最近的厚生劳动省的调查结果也显示，15 岁至 39 岁的单身女性每 3 人中便有 1 人抱有若结婚便希望当专业主妇的想法，可见青年女性想当"专业主妇"的愿望依然很强烈（日本经济新闻［2013］）。

在定型化、固定化了的家庭内性别角色分工意识下，家务、育儿、看护等活动主要由女性来承担。据总务省《社会生活基本调查》（每隔五年实施）的最新结果显示，关于做家务的时间，男性平

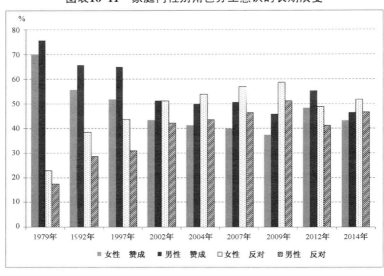

图表16-11 家庭内性别角色分工意识的长期演变

注：对于"丈夫应在外工作，妻子应照顾家庭"这一家庭观念，要求被调查人从"赞
成"、"基本赞成"、"基本反对"、"反对"、"不知道"中择一回答。在这里，"赞成"和
"基本赞成"都归纳为"赞成"，"基本反对"和"反对"都归纳为"反对"。
出处：笔者根据内阁府《2015 年版男女共同参与社会白皮书》制成。

均为 42 分钟，女性平均为 3 小时 35 分钟，男女之间的差距悬殊，
而差距最大的年龄层便是相当于育儿期的 35 岁至 39 岁（图表 16 -
12）。

　　不用说，男性做家务时间之短与其在工作单位工作时间之长相
对应。 从图表 16 - 13 可知，如果我们分不同年龄层来观察 1 周工
作时间超过 60 小时［参考：按照国际劳工组织（ILO）的基准，1 周
工作时间 50 小时即为"过劳"］的男性员工比例的长期变化，可以
发现相当于育儿期的 30 岁至 49 岁的比例长期以来一直高于其他年
龄层。

图表16-12　男女不同年龄层做家务的时间

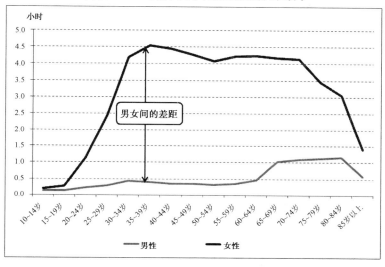

注："做家务的时间"指的是家务、看护老人、护理病人、育儿及购物等活动所用的时间。数值为一周内平均到每天的时间。

出处：笔者根据总务省统计局《2011 年社会生活基本调查》制成。

图表16-13　1周工作时间超过60小时的男性员工比例（不同年龄层）

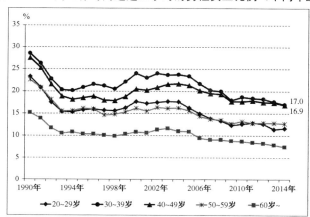

出处：笔者根据内阁府《2015 年版男女共同参与社会白皮书》制成。

　　如果我们按照男女分类，并根据结婚与否、是否双职工家庭等再进行细分，则家庭中家务劳动负担偏重于妻子的事实能看得更清楚。 譬如，根据结婚与否来看做家务的时间长短（图表 16－14），

图表 16－14　　男女生活时间比较（一周内平均到每天的时间）

比 较 项 目	男性	女性
未婚者做家务的时间（注 1）	27 分	1 小时 6 分
已婚者做家务的时间	47 分	5 小时 2 分
"双职工家庭"的二次活动时间（注 2）	9 小时 9 分	9 小时 27 分
"丈夫有工作、妻子无工作的家庭"的二次活动时间	9 小时 10 分	8 小时 47 分

注：（1）"做家务的时间"指的是家务、看护老人、护理病人、育儿及购物等活动所用的
　　　　时间。数值为一周内平均到每天的时间。
　　（2）"二次活动"指的是工作、家务等社会生活中义务性质较强的活动。
出处：笔者根据总务省统计局《2011 年社会生活基本调查》制成。

可以发现男性已婚者比男性未婚者仅长 20 分钟，而女性已婚者却比女性未婚者长 4 个小时！ 其次，我们来比较一下"有孩子夫妇家庭"当中，"双职工家庭"（夫妇均有工作的家庭）和"丈夫有工作、妻子无工作的家庭"的"二次活动时间"（工作、家务等社会生活中义务性质较强的活动所用的时间），可以发现，"双职工家庭"的丈夫和"丈夫有工作、妻子无工作的家庭"的丈夫相比，几无差别（仅短 1 分钟），而"双职工家庭"的妻子却比"丈夫有工作、妻子无工作的家庭"的妻子长 1 个小时 40 分钟！ 而且，在"双职工家庭"中，妻子的"二次活动时间"比丈夫长。 再看一看有不满 6 岁幼儿的家庭中丈夫平均一天的行动者比率（图表 16－15），可以发现，不管是"家务"还是"育儿"，"双职工家庭"和"丈夫有工作、妻子无工作的家庭"之间并没有明显的差别：不管妻子是否工

图表16-15　有不满6岁幼儿的家庭中丈夫家务、育儿行动者率（一周内平均每天的结果）

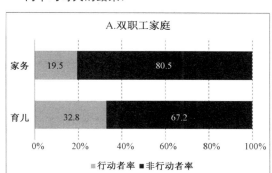

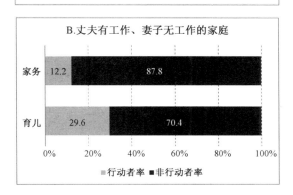

注：行动者率＝从事某种行动的人的比例；非行动者率＝100％－行动者率
出处：笔者根据总务省统计局《2011年社会生活基本调查》制成。

作，80％以上的丈夫不做家务，70％的丈夫不参与育儿。 也就是说，从整体来看，我们观察不到丈夫因妻子有工作就积极分担家务和育儿的行动。 通过以上这些结果，我们可以看出，在日本，已婚女性，特别是"双职工家庭"的妻子，其家庭内劳动负担是非常重的。 也就是说，有工作的妻子在家庭内与家庭外分别从事着家务劳动和工作，承受着负担很重的"双重劳动"。

在根深蒂固的"丈夫工作、妻子照顾家庭"这种社会意识以及长时间工作等企业惯例之下，很多已婚女性只好对丈夫分担家务和育儿不再抱有期待（图表 16－16）。

图表 16－16　妻子对丈夫做家务、参与育儿期待与否的回答比例

妻子的年龄	对丈夫做家务		回答数	妻子的年龄	对丈夫参与育儿		回答数
	抱有期待（%）	不抱期待（%）			抱有期待（%）	不抱期待（%）	
29 岁以下	41.7	58.3	218	29 岁以下	62.1	37.9	145
30～39 岁	36.8	63.2	929	30～34 岁	67.0	33.0	291
40～49 岁	28.6	71.4	1341	35～39 岁	55.9	44.1	476
50～59 岁	28.8	71.2	1319	40～44 岁	50.5	49.5	550
				45～49 岁	42.1	57.9	411

注：妻子对丈夫的期待是让妻子在"非常期待"、"有些期待"、"不太指望"、"几乎不指望"、"本来就没指望"中择一回答。在这里，"非常期待"和"有些期待"都归纳为"抱有期待"；"不太指望"、"几乎不指望"、"本来就没指望"都归纳为"不抱期待"。

出处：笔者根据国立社会保障、人口问题研究所《第 5 次全国家庭动向调查》（2013 年）制成。

家庭内的家务劳动基本上由妻子承担这个社会事实使有工作的已婚女性难以兼顾工作和育儿，即使是现在，尽管有工作但因结婚或生育辞职的女性依然很多。 图表 16－17 显示，"因为结婚"、"因为生孩子或带孩子"、"因为看护老人或护理病人"等理由离职的女性比男性多得多，而且这些是女性离职的主要理由。 譬如，离职的 25 岁至 34 岁女性中有两成左右是"因为结婚"，离职的 25 岁至 39 岁女性中有四成左右是"因为生育或育儿"，而且，其中很多都是正式员工。 另外，据总务省《劳动力调查（详细合计）》（2015 年），作为有就业意愿但没有进行求职活动的理由，回答"因为生育或育儿"的女性人数最多，达 95 万人，占女性"希望就业者"总

数的 31.6％。 我们再来看看女性生完第一个孩子后的就业情况。从 20 世纪 80 年代后期至今，生育后继续工作的妻子的比例一直是 25％左右，没有明显的增加，女性生完第一个孩子后的继续就业率也一直在 40％上下。 换句话说，日本工作女性中的 60％在生第一个孩子时便离职，该情况在这 20 年间没有变化（图表 16‐18）。富有工作经验和专业技能的女性有 60％辞去工作，而且其中很多都是受过大学教育的，这不管是对经济来说，还是对社会来说，都不能不说是个莫大的损失。

图表 16‐17　过去五年间因结婚、育儿、看护等而离职、现在无业的人数及其比例　　（单位：人、％）

年龄	因为结婚				因为生育或育儿				因为看护老人、护理病人			
	女性	其中：前职为正式员工	男性	其中：前职为正式员工	女性	其中：前职为正式员工	男性	其中：前职为正式员工	女性	其中：前职为正式员工	男性	其中：前职为正式员工
15～19 岁	1100 (1.22)	0 (0.00)	—	—	5200 (5.76)	300 (0.33)	—	—			100 (0.12)	
20～24 岁	25700 (8.06)	12600 (3.95)	400 (0.16)	400 (0.16)	62400 (19.57)	21600 (6.78)	100 (0.04)	—	1900 (0.60)	300 (0.09)	500 (0.20)	
25～29 岁	122700 (20.40)	80000 (13.30)	400 (0.20)	300 (0.15)	238100 (39.58)	90400 (15.03)	600 (0.30)	600 (0.30)	2800 (0.47)	1600 (0.27)	800 (0.39)	100 (0.05)
30～34 岁	123600 (17.24)	76200 (10.63)	900 (0.56)	400 (0.25)	343900 (47.96)	117500 (16.39)	400 (0.25)	200 (0.12)	4900 (0.68)	2000 (0.28)	800 (0.50)	500 (0.31)
35～39 岁	58000 (10.12)	31400 (5.48)	300 (0.20)	300 (0.20)	231500 (40.40)	68000 (11.87)	500 (0.34)	100 (0.07)	10300 (1.80)	2800 (0.49)	1700 (1.14)	1300 (0.87)
40～44 岁	26700 (6.84)	15100 (3.87)	900 (0.57)	500 (0.32)	68800 (17.61)	18500 (4.74)	300 (0.19)	100 (0.06)	15600 (4.00)	1900 (0.49)	1700 (1.08)	1100 (0.70)
45～49 岁	6500 (2.32)	3100 (1.11)			5700 (2.04)	1200 (0.43)	400 (0.31)	200 (0.16)	21000 (7.51)	4200 (1.50)	2100 (1.64)	500 (0.39)
50～54 岁	4100 (1.38)	1000 (0.34)			1400 (0.47)	400 (0.14)	300 (0.22)	300 (0.22)	42000 (14.18)	8900 (3.01)	5800 (4.32)	3100 (2.31)

续　表

年龄	因为结婚				因为生育或育儿				因为看护老人、护理病人			
	女性	其中：前职为正式员工	男性	其中：前职为正式员工	女性	其中：前职为正式员工	男性	其中：前职为正式员工	女性	其中：前职为正式员工	男性	其中：前职为正式员工
55～59岁	2100 (0.54)	500 (0.13)	—	—	2300 (0.59)	400 (0.10)	100 (0.05)	100 (0.05)	59900 (15.30)	19700 (5.03)	10700 (4.98)	7300 (3.40)
60～64岁	600 (0.07)	400 (0.35)	—	—	1900 (0.23)	900 (0.11)	200 (0.02)	200 (0.02)	73200 (9.03)	18100 (2.23)	22300 (2.42)	14100 (1.53)

注：括号内为占同一年龄层男性或女性离职者总数（现在无业）的比例。
出处：笔者根据总务省统计局《2012年就业构造基本调查》制成。

图表16-18　女性生完第一个孩子后的继续就业率

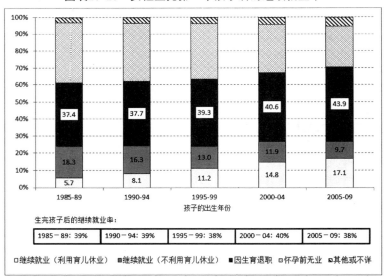

注：生完孩子后的继续就业率为生完孩子后继续就业者人数占生孩子前有工作者总
　　数的比例。
出处：笔者根据国立社会保障、人口问题研究所《第14次出生动向基本调查（夫妇调
　　查）》制成。

　　除了对女性有歧视的雇佣惯例、家庭内性别角色分工以外，阻碍女性在工作岗位上活跃的另一个结构性原因是优待专业主妇家庭的国家政策和制度。 譬如，日本的税制和社保制度也是以家庭内性别角色分工为前提而发展至今的，其中存在着所谓的"103 万日元之墙"、"130 万日元之墙"，阻碍着女性的积极就业。

　　103 万日元是适用所得税配偶扣除的年收上限。 简单地说，就是如果妻子年收在 103 万日元以下，则妻子本人不用交所得税，其丈夫也可适用"配偶扣除"——工资中的 38 万日元可不必纳税。而 130 万日元是缴纳社会保险费的年收下限。 在现行的社保制度下，如果妻子的年收不满 130 万日元，那么，便被认定为是由加入厚生养老金或共济组合的第 2 号被保险人（丈夫）所扶养的家属（第 3 号被保险人），妻子本人即不必缴纳保险费便可加入健康保险和国民养老金，接受社保给付。 反过来说，如果妻子的年收在103 万日元或者 130 万日元以上，那么"配偶扣除"或者"第 3 号被保险人"等制度将不再适用，整个家庭的实际到手收入则可能会减少。 因此，很多日本已婚女性控制工作时间，进行所谓"就业调整"，即将劳动供给限制在不超过"103 万日元之墙"、"130 万日元之墙"的收入范围之内。 实际上，看一看日本已婚女性工资收入的分布图可以发现，收入为 100 万日元左右的为数最多，这种趋势在40 岁至 60 岁的年龄层尤为明显。 由于未婚女性中观察不到这种趋势，因此这说明已婚女性就业时有意识地避开"103 万日元之墙"和"130 万日元之墙"。

　　值得注意的是，"103 万日元之墙"和"130 万日元之墙"，除了是收入之墙之外还具有另一层含义，即它们也是阻碍女性积极工作之墙。 之所以这样说，是因为现行的税制、社会保障制度会让女

图表16-19　有工资收入的已婚女性收入分布图（不同年龄层）

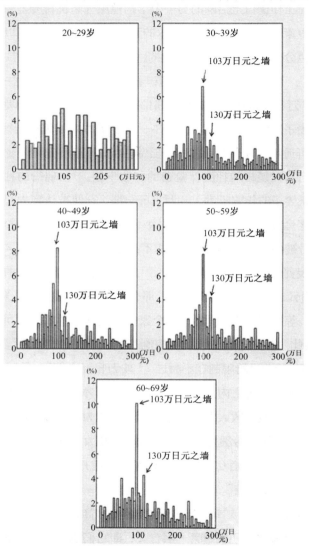

出处：内阁府《2012年版男女共同参与社会白皮书》

性认为"如果丈夫的收入可以维持家计，那还是当家庭主妇划得来"、"即便工作，也还是以非正式工、临时工等补贴家用的形式为好"，削弱了女性的工作积极性。

据内阁府［2012］显示，丈夫的收入越高，配偶扣除的适用比例以及妻子是被扶养家属（第 3 号被保险人）的比例也越高。 譬如，年收 300 万日元以下的家庭中，仅有大约 10％适用配偶扣除，而年收在 800 万日元的家庭中，却有一半以上享受着该制度的好处。 另外，丈夫的劳动收入（雇佣者所得、事业所得、农耕或畜产所得、家庭内劳动所得等的总称）超过 500 万日元时，60％以上的妻子都成了被扶养家属。 这种情况也暗示了在日本，女性（尤其是已婚女性）工作的目的并不是通过工作、职业来实现自我价值或使自己获得经济上、社会上的自立，而普遍是为了补贴家用。 即使在日本当代社会，已婚女性的社会身份仍然是家庭主妇。

至此，我们从家庭内性别角色分工、对女性歧视性的企业雇佣惯例、优待专业主妇家庭的政策制度这三大原因，探讨了为什么在日本未婚女性（青年女性）和已婚女性（中高年女性）的就业模式不同，为什么日本女性在工作岗位的活跃问题会迟迟没有进展等问题。 前面我们已经谈到，家庭内性别角色分工是对女性歧视性的企业雇佣惯例、优待专业主妇家庭的政策制度的前提，而且，这三大原因相互统一，相辅相成，有着强烈的相互依存的关系。 关于这一点，我们再举一例：

在第 9 章和第 11 章我们已经讲过，作为日本式雇佣惯例，企业向（男性）员工支付补助生计的"生活工资"以行使保障员工生活的功能。 这个"生活工资"的一个组成部分便是家属津贴。 所谓家属津贴，顾名思义，就是企业根据扶养家属大致所需的经费，向

有配偶和子女的员工发放的补助津贴，日本企业通过这种方式在经济上支援员工及其家属。 据人事院（日本的中央人事机构）发布的《平成 27（2015）年民间不同职务工资实际情况调查》显示，现在，员工人数在 50 人以上的日本企业中，实行家属津贴制度的占 76.5%，而这其中的 90.3% 是向员工发放配偶津贴。[①]

这个配偶津贴制度也是基于男性（丈夫）是赡养家庭的顶梁柱这种家庭内性别角色分工意识、优待专业主妇家庭的。 而且，配偶津贴制度本质上进一步提高了前面提到的"103 万日元之墙"和"130 万日元之墙"。 之所以这么说，是因为企业大多也是把配偶津贴的发放对象设定为配偶年收低于 103 万日元或 130 万日元的员工。[②] 也就是说，一旦配偶的年收超过了 103 万日元或 130 万日元，那么本该能领到的配偶津贴也拿不到了。 该制度也促使已婚女性选择一定收入限额以下的非正式工、零时工等就业形式。

就这样，家庭层面的性别角色分工、企业层面的雇佣惯例、政府层面的政策制度，这三者相互影响、相互强化，我们在思考日本推进女性活跃相关问题时，有必要对这三者加以一体性的把握。在这个坚固的体系中，以男性员工（家庭收入的主要来源）为中心的长时间超负荷的工作方式以及男性局限于企业、女性局限于家庭这种因性别而完全被分割开的生活方式，深深地在日本经济社会扎下了根。 从这个意义上来说，日本在世界范围内也是个很特殊的社会。 然而，今天，这种工作方式和生活方式已经到了和整个日本

---

① 该调查还显示，实行配偶津贴制度的企业中，有 94.1% 表示"没有变更配偶津贴制度的计划"。

② 根据前面提到的人事院调查，68.8% 的被调查企业将配偶的收入限额设定为 103 万日元，25.8% 的被调查企业将其设定为 130 万日元。

经济社会的利益产生尖锐矛盾的地步，少子化问题可谓其最明显的体现。 在推进女性活跃之际，首先，直面这个现实非常重要。

由于"推进女性的活跃"，并非是作为社会政策，而是作为经济政策被定位于安倍经济学经济增长战略的核心，故而，安倍政权高举的活用女性的政策在海外又被称为"女性经济学"（Matsui, et al. ［2014］、Pilling［2014］、Warnock［2015］）。 以能产生经济效果为由来推进女性活跃，对此笔者不敢苟同。 本来，不管和经济有没有关系，都应该大力推进女性的活跃。 而且，该政策听上去好像日本女性至今从未活跃过。 实际上，日本的主妇们一直大大地活跃在"家庭里"。 做家务、生孩子、带孩子、看护年迈父母，再走出家庭，到社会上工作——对女性期待所有这一切，真的能带来女性的活跃吗？ 抑或是导致女性疲于奔命，使在参与社会方面的男女差别、少子化问题更尖锐化，带来与政策目标相违背的反效果呢？

若要将女性活跃的场所从过去的"家庭"拓展到"工作岗位"，男性在家庭里的活跃必不可少。 另外，从根本上改革企业的工作方式，如削减工作时间、引进上短班制度等，也不可或缺。 而且，对政府来说，重新审视削弱女性就业动机的政策和制度，完善保育设施、加强育儿支援，将政策方针由过去的"优待专业主妇家庭"转变为"支援双职工家庭"也很必要。 无疑，这些个个都是困难重重的课题，需要时间，但最重要且最困难的恐怕还是为了创造男性和女性都能兼顾工作和家庭的环境而变革整个社会的意识，譬如，女性的就业意识和职业观念、男女的家庭观念、企业对男女持有的不同人才观念等。

日本政府表明，作为安倍经济学的第二阶段，通过"新三支

箭"政策来实现所有国民都能大显身手的"一亿总活跃社会"①，
另外，为了推进占人口半数的女性的活跃，提出在 2020 年之前使
担任管理层等领导职务的女性比例达到 30％的目标。 无论怎么作
为经济增长战略来强调"推进女性的活跃"，若不从根本上改变相
关社会机制，那么最终只能是空喊口号吧。

　　由于女性相关政策和整个社会的意识以及社会机制密切相关，
而且深刻影响到少子化问题、劳动市场和雇佣体系的改革、社保改
革等迫在眉睫的课题，因此，说其是现代日本最棘手也最重要的政
策课题之一并不过言。 让女性真正能得以活跃的种子在日本社会
中生根发芽，可谓是任重而道远！

---

①　 "新三支箭"分别是"孕育希望的强有力经济"、"构筑梦想的育儿支援"和"令
人安心的社会保障"。 作为具体指标，日本政府提出了"国内生产总值（GDP）
增至 600 万亿日元"（现为约 500 万亿日元）、"希望出生率（笔者注：生育愿望
得以完全实现情况下的出生率）达到 1.8"（现为 1.4）、"杜绝为看护家人而辞
职"、"将无法上幼儿园的等待入园儿童数降至零"等。

参考文献（REFERENCES）

第 1 章

石弘光［2014］『国家と財政：ある経済学者の回想』,東洋経済新聞社。

内閣府［2013a］「日本経済再生に向けた緊急経済対策」,1 月 11 日。

内閣府［2013b］「好循環実現のための経済対策」,12 月 5 日。

内閣府［2014］「地方への好循環拡大に向けた緊急経済対策」,12 月 27 日。

日本経済新聞［2015］「軽減税率『必要』74％　本社世論調査、内閣支持率 41％」,10 月 25 日。

ロイター［2013］「黒田日銀の政策発動期待、消費増税に大きな心配ない＝浜田内閣官房参与」,11 月 15 日。

BBC［2014］"Shangri-La dialogue：Japan PM Abe urges security role", May 30.

Hausman, Joshua K. and Wieland, Johannes F. ［2015］"Overcoming the lost decades？ Abenomics after three years", *the Brookings*

Papers on Economic Activity，2015．

McGee，Patrick and Harding，Robin［2015］"S&P downgrades Japan amid concerns over Abenomics"，*Financial Times*，September 16．

The Wall Street Journal［2015a］"Abenomics Sputters in Japan：Failure to push structural reform leads to another recession"，November 17．

The Wall Street Journal［2015b］"Rebooting Abenomics：Japan's Prime Minister Shinzo Abe still hasn't shot his third reform arrow"，December 11．

Wolf，Martin［2016］"The risks of central banks' radical treatments"，*Financial Times*，May 26．

第 2 章

王凌［2012］《透过流行语看现代日本（日中双语）》，中国科技大学出版社。

内閣府［2013a］「日本経済再生に向けた緊急経済対策」，1 月 11 日。

内閣府［2013b］「好循環実現のための経済対策」，12 月 5 日。

内閣府［2014］「地方への好循環拡大に向けた緊急経済対策」，12 月 27 日。

中里透［2014］「デフレ脱却と財政健全化」，『わが国の財政問題と金融システムへの影響（金融調査研究会報告書・第 2 研究グループ）』，金融調査研究会。

日本経済研究センター［2013］「第 156 回短期経済予測［2013 年10 － 12 月期～2016 年 1 － 3 月期］」，11 月 25 日。

日本経済新聞［2013］「消費増税、賛成 47％・反対 48％ 日経世論

調査詳細」,9 月 29 日。

財務省［2015］「日本の財政関係資料（平成 27 年 9 月）」。

第 3 章

自民党［2014］「安倍晋三内閣総理大臣　消費増税延期・衆議院解散に関する記者会見」（https://www.jimin.jp/news/press/president/126548.html）,11 月 18 日。

週刊ダイヤモンド［2014］「GDP2 期連続マイナスの衝撃　消費税増税先送りが招く負の連鎖」,11 月 25 日。

Reuters［2015］"Japan government says won't meet FY 2020 fiscal discipline targets", July 22.

第 4 章

環境省［2012］『平成 24 年版 図で見る環境・循環型社会・生物多様性白書』,日経印刷。

環境省［2014］「京都議定書目標達成計画の進捗状況について」,7 月 3 日。

United Nations［2015］"Kyoto Protocol 10th Anniversary: Timely Reminder Climate Agreements Work", Framework Convention on Climate Change, Press Release, February 13.

第 5 章

王凌［2012］《透过流行语看现代日本（日中双语）》,中国科技大学出版社。

環境省［2006］「本年度の『COOL BIZ』の成果について」,11 月

10 日。

小林弘造・北村規明・清田修・岡卓史・西原直枝・田辺新一
　［2006］「執務空間の過熱環境が知的生産性に与える影響—コ
　ールセンターの長期間実測—」，日本建築学会大会学術講演梗
　概集（関東），pp.451—454。

IT media［2009］「職場でのクールビズ実施が5 割を超す　内閣府」，
　7 月 13 日。

Ban Ki-moon［2008］"Secretary-General's Message on receiving the
　'Cool Biz' Award"，Statement，October 8.

BBC［2011］"Japan Promotes 'Super Cool Biz' Energy Saving Cam-
　paign"，June 1.

Kwon Mee-yoo［2009］"Cool Biz Campaign Effective"，The Korea
　Times，August 16.

NPR［2011］"Japanese Told to Beat the Heat with Hawaiian Shirts"，
　June 9.

The Japan Times［2013］"Super Cool Biz Season Starts Again"，June 4.

TUC［2006］"Hot Workers Urged to Adopt Cool Japanese Summer
　Dress Code"，Press Releases，July 17.

第 6 章

川口太郎［2007］「人口減少時代における郊外住宅地の持続可能
　性」，『駿台史学』（明治大学），第 130 号，pp.85－113。

国立社会保障・人口問題研究所［2013］「日本の世帯数の将来推計
　（全国推計）——2010（平成 22）年〜2035（平成 47）年——」，
　2013（平成 25）年 1 月推計。

榊原渉［2014］「2015 年の住宅市場〜除却・減築が進まなければ、空き家率が20％を超える時代に〜」，第 215 回 NRI メディアフォーラム，9 月 18 日，野村総合研究所。

榊原渉・今井絢・杉本慎弥［2015］「2015 年の住宅市場〜アンケート調査から見えてきた空き家の実態と、有効活用に向けた検討〜」，第 221 回 NRI メディアフォーラム，4 月 8 日，野村総合研究所。

米山秀隆［2012］「空き家率の将来展望と空き家対策」，研究レポート No.392，富士通総研。

Harding, Robin［2015］"Is this the solution to Japan's glut of empty homes", *Financial Times*, July 17.

第 7 章

王凌［2012］《透过流行语看现代日本（日中双语）》，中国科技大学出版社。

大竹文雄［2000］「雇用不安をめぐって」，『季刊　家計経済研究』，第 48 号（特集　雇用不安），pp.13–21。

経済産業省［2015］「自動車産業を巡る構造変化とその対応について」，製造産業局自動車課，7 月 22 日。

厚生労働省［2014］「平成 25 年若年者雇用実態調査の概況」，9 月 25 日。

伍賀一道［2010］「規制緩和による雇用と働き方・働かせ方の変容」，『労務理論学会誌』，第 19 号（現代日本の働き方を問う──規制緩和下の労働と生活──），pp.27–41，晃洋書房。

ソニー損保［2015］「〜2015 年　新成人のカーライフ意識調査〜」，

1月6日。

鶴光太郎［2011］「労働市場制度・雇用システム改革—労働市場二極化問題を中心に—」,『経済研究所年報』,第 24 号,pp.7 - 23。

内閣府［2014］「特集　今を生きる若者の意識〜国際比較からみえてくるもの〜」,『平成 26 年版　子ども・若者白書』,日経印刷。

日経 MJ［2007］「MJ 若者意識調査　巣ごもり20 代」,8 月 22 日。

日本自動車工業会［2009］「2008 年度　乗用車市場動向調査〜車市場におけるエントリー世代の車意識〜」,3 月。

樋口美雄［2012］「経済教室　若年雇用どう増やす（上）」,『日本経済新聞』,7 月 3 日。

マクロミル［2008］「若者の生活意識調査 2008」,2 月 29 日。

松田久一［2009］「『嫌消費』世代の研究—経済を揺るがす『欲しがらない』若者たち」,東洋経済新報社。

山岡拓［2009］『欲しがらない若者たち』（日経プレミアシリーズ 061）,日本経済新聞社。

FOURIN［2015a］「世界自動車調査月報 2015 年 5 月号」（No.357）。

FOURIN［2015b］「世界自動車調査月報 2015 年 6 月号」（No.358）。

OECD［2008］"Japan could do more to help young people find stable jobs", December 18。

第 8 章

新生代市场检测机构、中华全国学生联合会、中国青年校园先锋文化有限公司［2006］《2005 年度中国大学生消费与生活形态研究（China Undergraduates Consumption and Lifestyle Study）》,1 月

7日。

朝日新聞［2010］「シューカツ2010 新卒になりたくて…希望留年　大学側も支援の制度」，3月31日。

厚生労働省［2012］「平成24年版労働経済の分析」，9月14日。

国立教育政策研究所［2014］「大学生の学習状況に関する調査について（概要）」，4月。

大学経営・政策研究センター［2009］「A票（大学4年生、1222名）」，『全国大学生調査　追加調査2009』，東京大学大学院教育研究科。

田中博秀［1980］『現代雇用論』，日本労働協会。

辻太一郎［2013］「勉強しない大学生が、量産されるメカニズム：悪いのは大学生ではなく「構造」だ」，東洋経済ONLINE（http://toyokeizai.net/articles/-/13540），4月5日。

日本経済新聞［2012］「働けない若者の危機　第1部鳴り響く警鐘①　明日担う力、陰り」，7月16日。

濱口桂一郎［2013］『若者と労働：「入社」の仕組みから解きほぐす』，中公新書クラレ465，中央公論新社。

文部科学省［2015］「日本人の海外留学状況」，2月。

労働政策研究・研修機構［2013］「『構造変化の中での企業経営と人材のあり方に関する調査』結果—事業展開の変化に伴い、企業における人材の採用・活用、育成戦略は今、どう変わろうとしているのか—」，調査シリーズNo.111，12月18日。

矢野眞和［2011］「日本の新人—日本的家族と日本的雇用の殉教者」，『日本労働研究雑誌』，No.606（特集：日本的雇用システムは変わったか？—受け手と担い手の観点から），pp.51-61。

読売新聞［2010］「就職留年 7 万 9000 人、大卒予定 7 人に 1 人」，7 月
　　6 日。

読売新聞［2014］「不本意な内定より留年…『卒業せず』10 万人超」，
　　7 月 20 日。

NSSE［2012］"Promoting Student Learning and Institutional Improve-
　　ment：Lessons from NSSE at 13：Annual Results 2012"，NSSE.

第 9 章

伊藤大一［2014］「ブラック企業問題と日本的雇用システム」，『立命
　　館経済学』（立命館大学），第 62 巻第 5/6 号，pp.500－518。

今野晴貴［2012］『ブラック企業：日本を食いつぶす妖怪』，文藝
　　春秋。

川村遼平［2014］『若者を殺し続けるブラック企業の構造』，角川
　　書店。

厚生労働省［2013a］「若者の『使い捨て』が疑われる企業等に関する
　　無料電話相談の実施結果（速報）を公表します」，Press Release，9
　　月 2 日。

厚生労働省［2013b］「若者の『使い捨て』が疑われる企業等への重
　　点監督の実施状況 ―重点監督を実施した約 8 割の事業場に
　　法令違反を指摘 ―」，Press Release，12 月 17 日。

厚生労働省［2014］「『過重労働解消相談ダイヤル』・『労働条件相
　　談ほっとライン』の相談結果を公表～長時間労働・過重労働、
　　賃金不払残業に関する相談が多数～」，11 月 11 日。

厚生労働省［2015a］「平成 26 年度『過重労働解消キャンペーン』の
　　重点監督の実施結果を公表～重点監督を実施した事業場の約

半数にあたる2,304事業場で違法な残業を摘発〜」,1月27日。

厚生労働省［2015b］「平成26年度『過労死等の労災補償状況』を公表〜精神障害の労災請求件数1,456件、支給決定件数497件、ともに過去最多〜」,6月25日。

厚生労働省［2015c］「『過重労働解消相談ダイヤル』・『労働条件相談ほっとライン』の相談結果を公表〜長時間労働・過重労働、賃金不払残業、休日・休暇に関する相談が多数〜」,11月24日。

濱口桂一郎［2013］『若者と労働：「入社」の仕組みから解きほぐす』,中公新書クラレ465,中央公論新社。

森岡孝二［2011］『就活とブラック企業：現代の若者の働きかた事情』,岩波書店。

連合総合生活開発研究所［2013］「第26回　勤労者短観―連合総研・第26回『勤労者の仕事と暮らしについてのアンケート』調査報告書―」,12月。

山口一男［2009］『ワークライフバランス：実証と政策提言』,日本経済新聞出版社。

International Labour Office［2008］"Measurement of Decent Work", *Discussion Paper for the Tripartite Meeting of Experts on the Measurement of Decent Work*, Geneva, 8 – 10 September.

第10章

青木昌彦・奥野正寛［1996］『経済システムの比較制度分析』,東京大学出版会。

朝日新聞［2012］「配属先は『追い出し部屋』」,「限界にっぽん」(連載),12 月 31 日。

朝日新聞社［2013］「全世代から『お荷物度』1 位　50 代男性は会社の過積載」,『AERA』,9 月 23 日号。

川村遼平［2014］『若者を殺し続けるブラック企業の構造』,角川書店。

楠木　新［2013］「『就活』が、働かないオジサンを生む!?」,東洋経済ONLINE,12 月 11 日。

玄田有史［2001］『仕事のなかの曖昧な不安：揺れる若年の現在』,中央公論新社。

厚生労働省［2009］『平成 21 年賃金事情等総合調査（退職金、年金および定年制事情調査)』。

菅山真次［1998］「〈就社〉社会の成立—職業安定行政と新規学卒市場の制度化,1925 - 1970 年」,『日本労働研究雑誌』(労働政策研究・研修機構),No.457,pp,2 - 16。

菅山真次［2011］『「就社」社会の誕生』,名古屋大学出版会。

田中博秀［1980］『現代雇傭論』,日本労働協会。

日本生産性本部［2013］「第 13 回 日本的雇用・人事の変容に関する調査」,1 月 29 日。

日本生産性本部［2014］「第 14 回 日本的雇用・人事の変容に関する調査」,3 月 19 日。

濱口桂一郎［2014］『日本の雇用と中高年』,ちくま新書 1071,筑摩書房。

藤原道夫・上嶋正博［1996］「第 8 期調査研究：日本労働研究機構委託調査研究　ホワイトカラー高資格スタッフの働き方—中京

地区自動車産業の事例から—」,日本労働研究機構編,財団法人中部産業・労働政策研究会。

米川明彦［2002］『明治・大正・昭和の新語・流行語辞典』,三省堂。

The Wall Street Journal［2014］"Ex-BOJ Governor Sees Limits to New Stimulus Policies", May 15.

第 11 章

王凌［2011］《谚语与日本商业文化的特性（Proverbs and Fundamental Features of Japanese Business Culture）》,《外国问题与研究（*Journal of Foreign Studies*）》（东北师范大学）,第 4 期（总第 202 期）,pp.80－84。

王凌［2012a］《透过日语谚语看日本民族的经济观》,《日本研究集林》（复旦大学）,总第 38 期,pp.64－71。

王凌［2012b］《通过谚语对比中日两国的经济文化》,《日语教学与日本研究:中国日语教学研究会江苏分会 2012 年刊》（揭侠、汪平总主编、彭曦主编）,博雅文库丛书,华东理工大学出版社,pp. 139－147。

王凌、王述坤［2010］《「ことわざ」中的经济学》,《抛砖集:日本文化的解读》（王述坤著）,南京大学出版社,pp.193－204。

王凌、王述坤［2014a］《透过中日成语、谚语的互译看文化差异（An Analysis of Cultural Differences between China and Japan from the Perspective of the Translation of Idioms and Proverbs）》,《长春大学学报（*Journal of Changchun University*）》（长春大学）,第 24 卷第 3 期（总第 169 期）,pp.339－343。

王 凌、王述坤［2014b］《中日文化的互动与差异（*Cultural Interaction and Contrasts between China and Japan*）》，南京大学出版社。

アンドルー・ゴードン（安德鲁・戈登）［2012］『日本労使関係史：1853—2010』（二村一夫訳），岩波書店。

大蔵省財政史室［1999］『昭和財政史：昭和 27－48 年度（19）統計』，東洋経済新報社。

笹島芳雄［2012］「日本の賃金制度：過去，現在そして未来」，『経済研究』（明治学院大学），第 145 号，pp.31－54。

田中博秀［1980］『現代雇傭論』，日本労働協会。

中根千枝［1967］『タテ社会の人間関係：単一社会の理論』，講談社現代新書 105，講談社。

日経連［1955］『職務給の研究』，日本経営者団体連盟弘報部。

日経連［1969］『能力主義管理：その理論と実践』，日本経営者団体連盟弘報部。

日経連［1995］『新時代の「日本的経営」——挑戦すべき方向とその具体策』，日本経営者団体連盟。

日本経済新聞［2014a］「ソニー、10 年ぶり人事・賃金改革　高コスト是正」，7 月 25 日。

日本経済新聞［2014b］「パナソニック、年功廃止　賃金制度 10 年ぶり見直し」，7 月 30 日。

日本経済新聞［2014c］「日立、国内管理職の賃金制度を世界共通基準に：1 万 1000 人対象、年功要素を廃止」，9 月 26 日。

日本経団連［2010］「『2010 年人事・労務に関するトップ・マネジメント調査結果』の概要」，9 月 30 日。

日本経団連［2012］「『2012 年人事・労務に関するトップ・マネジ

メント調査結果』の概要」,10 月 25 日。

日本能率協会 [2005]「『成果主義に関するアンケート』調査結果」,
　3 月。

労働政策研究・研修機構 [2004]「労働者の働く意欲と雇用管理の
　あり方に関する調査」,7 月。

八代尚宏 [2015]「日本企業の人事部も『脱ガラパゴス』が必要」,日
　経 BizGate,6 月 30 日。

Abegglen, James C.[1958] *The Japanese Factory*, Arno Press.

Lazear, Edward. P. [1979] "Why Is There Mandatory Retirement?"
　Journal of Political Economy, Vol.87, No. 6, pp.1261—1284.

OECD [1973] Manpower Policy in Japan, *OECD Reviews of Manpower
　and Social Policies*, 11, Organization for Economic Co-operation
　and Development.

Gordon, Andrew [1985] The Evolution of Labor Relations in Japan:
　Heavy Industry, 1853—1955, *Harvard East Asian Monographs*
　117, Council on East Asian Studies, Harvard University.

Gordon, Andrew [1998] *The Wages of Affluence: Labor and
　Management in Postwar Japan*, Harvard University Press.

第 12 章

王凌 [2011]《谚语与日本商业文化的特性(Proverbs and Fundamental
　Features of Japanese Business Culture)》,《外国问题与研究
　(*Journal of Foreign Studies*)》(东北师范大学),第 4 期(总第 202
　期),pp.80‐84。

王 凌[2012a]《透过流行语看现代日本(日中双语)》,中国科学技术大

学出版社。

王 凌［2012b］《通过谚语对比中日两国的经济文化》，《日语教学与日本研究：中国日语教学研究会江苏分会 2012 年刊》（揭侠、汪平总主编、彭曦主编），博雅文库丛书，华东理工大学出版社，pp. 139‐147。

跡田直澄・高橋洋一［2005］「郵政民営化・政策金融改革による資金の流れの変化について」，内閣府 Discussion Paper No.0502。

宇都宮浄人［2011］「戦後復興期の金融仲介構造に関する一考察：1949～52 年度末の資金循環統計の推計」，『金融研究』，第 30 巻第 1 号，日本銀行金融研究所，pp.253‐305。

浦西友義［2012］「自助努力による年金制度への見直しに向けて―公的年金の将来の姿と確定拠出年金の重要性」，月刊資本市場，No. 327，11 月，pp.60‐65。

大蔵省［1980］『大蔵省財務局三十年史』，大蔵省大臣官房地方課。

金融庁［2015］「NISA 口座の開設・利用状況調査（平成 27 年 9 月末現在）」，12 月 15 日（2016 年 2 月 19 日訂正）。

金融庁［2016］「NISA 口座の開設・利用状況調査（平成 27 年 12 月末時点（速報値））」，2 月 19 日。

経済企画庁［1997］『平成 9 年　年次経済報告　改革へ本格起動する日本経済』，7 月。

杉原薫［1999］「東アジア型経済発展の構図」，『九州史学』，第 123 号，pp.47‐57。

杉原薫［2004］「東アジアにおける勤勉革命経路の成立」，『大阪大学経済学』，第 54 号，pp.336‐361。

内閣府［2001］「今後の経済財政運営及び経済社会の構造改革に関

する基本方針」,6 月 26 日。

日本銀行調査統計局［2015］「資金循環の日米欧比較」,12 月 22 日。

日本経済新聞［2012］「株の手数料自由化、証券各社に痛手　原点に返る（2）データで読む」,9 月 5 日。

橋本龍太郎［1996］「「わが国金融システムの改革−　2001 年東京市場の再生に向けて」,11 月。

速水融［1989］「近世日本の経済発展と Industrious Revolution」,速水融・斎藤修・杉山伸也編『徳川社会からの展望　発展・構造・国際関係』,同文館,pp.19‒32。（新保博・安場安吉編『近代移行期の日本経済』,数量経済史論集 2,日本経済新聞社,1979 年からの転載）

速水融［2003］『近世日本の経済社会』,麗澤大学出版会。

三菱 UFJ 国際投信［2015］「日本版 ISA の道 その101　NISA に求められる若年層や投資未経験者、40 歳代や50 歳代へのすそ野拡大〜英国 ISA と日本の NISA の比較〜」,5 月 18 日。

Allen，Franklin and Douglas Gale［2000］*Comparing Financial Systems*. MIT Press.

De Vries，Jan［1994］"The Industrial Revolution and the Industrious Revolution," *Journal of Economic History*，54(2)，pp.249‒70.

De Vries，Jan［2008］*The Industrious Revolution*：*Consumer Demand and the Household Economy*，1650 *to the Present*. Cambridge University Press.

Wang，Ling［2016］"Unconventional Monetary Policy and Aggregate Bank Lending：Does Financial Structure Matter?" *Journal of Policy Modeling*，forthcoming.

第 13 章

王凌・古川　顕［2007］「リレーションシップ・レンディング、ロック・イン効果と銀行のリファイナンス行動」,『甲南経済学論集』(甲南大学),第 48 巻第 1 号,pp.33 - 68。

自由民主党・日本経済再生本部［2014］「日本再生ビジョン」,5 月 23 日。

東京証券取引所［2015］「コーポレートガバナンス・コード～会社の持続的な成長と中長期的な企業価値の向上のために～」,6 月 1 日。

日本経済再生本部［2014］「日本再興戦略改訂 2014—未来への挑戦—」,6 月 24 日。

日本経済再生本部［2015］「日本再興戦略改訂 2015—未来への投資・生産性革命—」,6 月 30 日。

日本経済新聞［2015a］「上場企業の手元資金、100 兆円超す　14 年度」,日本経済新聞社,7 月 8 日。

日本経済新聞［2015b］「『モノ言う株主』が日本株買い増し 保有比率 5％超、181 社に」,日本経済新聞社,9 月 16 日。

日本版スチュワードシップ・コに関する有識者検討会［2014］「『責任ある機関投資家』の諸原則《日本版スチュワード シップ・コード」》～ 投資と対話を通じて企業の持続的成長促すために～」,2 月 26 日。

ポール・シェアード（保罗・谢尔德）［1997］『メインバンク資本主義の危機—ビッグバンで変わる日本型経営』,東洋経済新報社。

道野真弘［1997］「従業員持株制度の問題点」,『立命館法学』（立命館大学）,256 号,pp.1552 - 1578。

宮島英昭・新田敬祐［2011］「株式所有構造の多様化とその帰結：株式持ち合いの解消・『復活』と海外投資家の役割」, *RIETI Discussion Paper Series* 11 - J - 011,独立行政法人経済産業研究所（RIETI）。

藪下史郎［1997］『金融システムと情報の理論』東京大学出版会。

Aoki，Masahiko and Patrick，Hugh T.［1994］ *The Japanese Main Bank System：Its Relevance for Developing and Transforming Economies*，New York：Oxford University Press.

Aoyagi，Chie and Ganelli，Giovanni［2014］ "Unstash the Cash! Corporate Governance Reform in Japan," *IMF Working Paper*，WP/14/140.

Beniot，David and Monga，Vipal［2015］ "Are Activist Investors Helping or Undermining American Companies?" *The Wall Street Journal*，October 6.

Beniot，David［2015］ "Activists Through the Decades：From the 1600s to Carl Icahn"，*The Wall Street Journal*，December 26.

The Economist［2015］ "Japanese Companies：Winds of Change"，June 6.

第 14 章

朝日新聞［2015］「トヨタ、新型株発行　元本を実質保証、申し込み5倍超か」,7 月 24 日。

東京証券取引所［2015］「コーポレートガバナンス・コード〜会社

の持続的な成長と中長期的な企業価値の向上のために〜」,6
月 1 日。

北川哲雄・林順一［2014］「投資情報開示とインベストメント・チ
ェーン〜ケイ報告書の意義」,『商学研究』（愛知学院大学）第 54
巻第 2・3 号,pp.155－178。

経済産業政策局企業会計室［2014］「『持続的成長への競争力とイン
センティブ〜企業と投資家の望ましい関係構築〜』プロジェク
ト最終報告書」（伊藤レポート）,経済産業省,8 月 6 日。（http://
www. meti. go. jp/press/2014/08/20140806002/20140806002—2.
pdf）

トヨタ自動車株式会社［2015］「AA 型種類株式に関する Q&A（平成
27 年 6 月 16 日更新版）」,6 月 16 日。

中山興・藤井崇史［2013］「株式市場における高速・高頻度取引の
影響」,『日銀レビュー（Bank of Japan Review）』（日本銀行）,
2013－J－2。

日本経済新聞［2014］「トヨタや日立、外国人持ち株比率が最高に 3
月末」,6 月 15 日。

毎日新聞［2015］「トヨタ：元本保証の新型株人気　申し込み、発行
の4〜5 倍」,7 月 25 日。

山田雄大［2015］「トヨタが編み出した"元本保証"の新型株」,『週刊
東洋経済』,6 月 20 日号。

The Aspen Institute［2009］ "Overcoming Short-termism：A Call for a
More Responsible Approach to Investment and Business Manage-
ment", *Business & Society Program*, September 9. （https://www.
aspeninstitute. org/sites/default/files/content/docs/pubs/overcome

_short_state0909_0.pdf)

Barton, Dominic [2011] "Capitalism for the Long Term", *Harvard Business Review*, March Issue.

Barton, Dominic and Wiseman, Mark[2014] "Focusing Capital on the Long Term", *Harvard Business Review*, January-February Issue.

Graham, John R., Harvey, Campbell, R., and Rajgopal, Shiva [2005] "The Economic Implications of Corporate Financial Reporting", *Journal of Accounting and Economics*, 40, pp. 3－73.

Kay, John [2012] "The Kay Review of UK Equity Market and Long-Term Decision Making, Final Report", July. (https://www.gov.uk/government/uploads/system/uploads/attachment _ data/ file/ 253454/bis-12-917-kay-review-of-equity-markets-final-report.pdf)

Keynes, John Maynard [1936 *The General Theory of Employment, Interest and Money*, London: Macmillan.

Rappaport, Alfred [2011] *Saving Capitalism From Short-Termism: How to Build Long-Term Value and Take Back Our Financial Future*, McGraw-Hill Education.

第 15 章

王凌 [2012]《透过流行语看现代日本（日中双语）》,中国科技大学出版社。

厚生劳働省[2012]「社会保障に係る費用の将来推計の改定について」,3 月。（http://www.mhlw.go.jp/seisakunitsuite/bunya/hokabunya/shakaihoshou/dl/shouraisuikei.pdf)

厚生労働省［2013］「アジア諸国の高齢化の現状とActive Agingにおける国際協力の方向性について（資料 2）」，第 1 回「国際的なActive Agingにおける日本の貢献に関する検討会」,6 月 14 日。

厚生労働省［2014］「平成 25 年国民生活基本調査の概況」,7 月 15 日。

厚生労働省［2015］「平成 26 年度 医療費の動向」,保険局調査課,9 月 3 日。

国立社会保障・人口問題研究所［2013］「日本の世帯数の将来推計（全国推計）- 2010（平成 22）～2035（平成 47）年」,2013（平成 25）年 1 月推計。

堺屋太一［1976］『団塊の世代』,講談社。

総務省［2015］「統計トピックス No.90　統計からみた我が国の高齢者（65 歳以上）-『敬老の日』にちなんで-」,9 月 20 日。

東京新聞［2014］「2025 年問題とは？ 団塊の世代　75 歳　負担増が問題」,2 月 5 日。

内閣府［2015］『平成 27 年版高齢社会白書』,日経印刷。

日本経済新聞［2012］「社会保険料　25 年度に年収 3 割超『見えない増税』企業　雇用抑制も」,4 月 17 日。

日本経済新聞［2014］「介護職員確保へ数値目標、厚労省　賃上げ・資格緩和」,10 月 27 日。

日本経済新聞［2015］「介護職員『25 年度に30 万人不足』　厚労省調べ 賃上げなど対策強化」,1 月 16 日。

二羽はるな［2014］「大学側の学生募集に配慮し計画策定を約 1 カ月半前倒し　2015 年入学の医学部定員、65 人増の9134 人に」,日経メディカル,10 月 22 日。

湯原悦子［2011］「介護殺人の現状から見出せる介護者支援の課題」,『日本福祉大学社会福祉論集』（日本福祉大学）,第 125 号,pp.41‑65,9 月。

読売新聞［2011］「増える『介護離職』（上）親を世話、働き盛りが…」,12 月 26 日。

読売新聞［2015］「介護職の外国人を増員…技能実習制度を活用」,1月 6 日。

Martin, Alexander［2013］"High Bar for Foreign Nurses in Japan," *The Wall Street Journal*, October 10.

第 16 章

安倍晋三［2013］「成長戦略スピーチ」,4 月 19 日。（http://www.kantei.go.jp/jp/96_abe/statement/2013/0419speech.html）

厚生労働省［2007］「男女別になっていませんか　コース別雇用管理の留意点―コース等で区分した雇用管理についての留意事項―」,『平成 19 年リーフレット』,No.2。
（http://www.mhlw.go.jp/general/seido/koyou/danjokintou/dl/koyoukanri-b.pdf）

鈴木英子［2012］「家庭で職場で、男女は『平等』か?『妻は家庭を守るべき』に『賛成』が半数以上に」,日経ウーマンオンライン,12月 19 日。
（http://wol.nikkeibp.co.jp/article/trend/20121219/142221/? rt = nocnt）

男女共同参画会議基本問題? 影響調査専門調査会［2012］「男女共同参画会議基本問題? 影響調査専門調査会報告書」,2 月。

帝国データバンク [2015]「女性登用に対する企業の意識調査: 女性管理職割合は平均 6.4％ も、ゼロの企業が50.9％ ～女性の活躍促進、『社会』『家庭』『職場』における環境整備で業績改善に～」,8 月 13 日。

内閣府 [2011]『平成 23 年版 男女共同参画白書』,男女共同参画局。

内閣府 [2012]『平成 24 年版 男女共同参画白書』,男女共同参画局。

内閣府 [2015]『平成 27 年版 男女共同参画白書』,男女共同参画局。

日本経済再生本部 [2013]「日本再興戦略—JAPAN is BACK—」,6 月 14 日。

日本経済新聞 [2013]「独身女性、3 人に1 人が専業主婦希望 厚労省調査」,9 月 24 日。

濱口桂一郎 [2014]『日本の雇用と中高年』,ちくま新書 1071,筑摩書房,5 月。

山口一男 [2009]『ワークライフバランス 実証と政策提言』,日本経済新聞出版社,12 月。

Daly, Kevin [2007] "Gender Inequality, Growth and Global Ageing", *Global Economics Paper No*: 154, Goldman Sachs, April 3.

Matsui, Kathy, Suzuki, Hiromi, Tatebe Kazunori, and Akiba, Tsumugi [2014] "Womenomics 4.0: Time to Walk the Talk", Portfolio Strategy Research, Goldman Sachs, May 30.

OECD [2011] "Report on the Gender Initiative: Gender Equality in Education, Employment and Entrepreneurship", *Meeting of the OECD Council at Ministerial Level Paris*, May 25 - 26.

OECD [2015] "Education at a Glance 2015: OECD Indicators", November 24.

Pilling，David［2014］"Abe's 'womenomics' needs revolution not evolution"，*Financial Times*，February 12.

Steinberg，Chad and Nakane，Masato［2012］"Can Women Save Japan?" *IMF Working Paper WP/12/248*，International Monetary Fund，October.

Warnock，Eleanor［2015］"A Step Forward for 'Womenomics' in Japan"，*The Wall Street Journal*，August 28.

World Economic Forum［2015］"The Global Gender Gap Report 2015".

（http://www3.weforum.org/docs/GGGR2015/cover.pdf）